序　言

没有人比美军更懂得如何生存了，所以，这本杰出的野外生存指南是同类书籍中最权威的。

本手册最初由美国陆军司令部制定，用以训练特种部队在各种气候及地形下的生存技能。发布以后，根据使用情况，经过了若干次升级更新。本中文版来源于其最新升级版，定位于“最好的民用绝处求生指南”。同时，也保留了原版中的一部分军事内容。

本书为露营者、徒步旅行者、探险者、极限运动者、向导以及其他需要熟悉野外活动的人士的必备手册。本书配以清晰的图解说明，详细介绍了在各种气候和条件下的医疗、工具制造、食物和水的获得、搭建避身场所、辨别方向、发信号以及其他种种技能。这些技能在人迹罕至的偏远地区可能会决定你的生死。

同时，这本书也将给读者带来足不出户的冒险体验。

警告：本手册中介绍的各种技能，仅适用于个人安全受到威胁的紧急情况。在通常情况下，不得将这些技能用于伤害各种动物。

目录

序 言

第1章 引 言

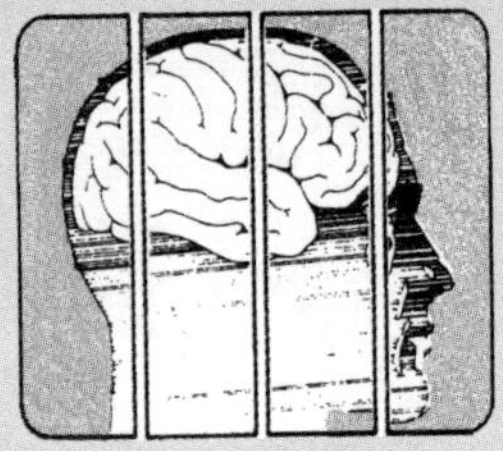

求生行动 ………………………………… 1
生存方案 ………………………………… 6

第2章 生存心理学

对心理压力的审视 ……………………… 8
自然反应 ………………………………… 12
做好准备 ………………………………… 15

第3章 生存计划和生存工具箱

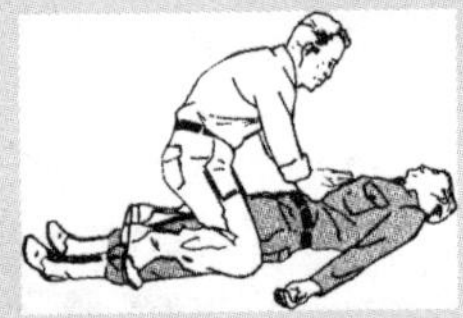

计划的重要性 …………………………… 19
生存工具箱 ……………………………… 20

第4章 基本的生存医学

保持健康所需 ………………… 24
紧急医治 ……………………… 30
救生步骤 ……………………… 31
骨伤和关节伤 ………………… 40
昆虫叮咬 ……………………… 43
伤 口 ………………………… 49
环境伤害 ……………………… 54
草 药 ………………………… 58

第5章 避身场所

最基本的避身所——军服 ……………… 60
避身所地点的选择 ……………………… 60
避身所类型 ……………………………… 61

第6章 水的获得

水 源 …………………………………… 83
蒸馏器的制作 …………………………… 92
水的净化 ………………………………… 97
水过滤装置 ……………………………… 100

第7章 生 火

火的基本原理 ……………………… 103
选择地点,准备生火 ……………… 103
生火材料 …………………………… 106
如何生火 …………………………… 108
如何点火 …………………………… 109

第8章 获取食物

动物类食物 ………………………… 115
陷阱和套索 ………………………… 125
猎杀工具 …………………………… 140
捕鱼装置 …………………………… 142
鱼及猎物的烹饪和贮藏 …………… 150

第9章 可食和药用野生植物

植物的可食性 ……………………… 158

药用植物 …………………………………… 168
植物的多种用途 ………………………………… 173

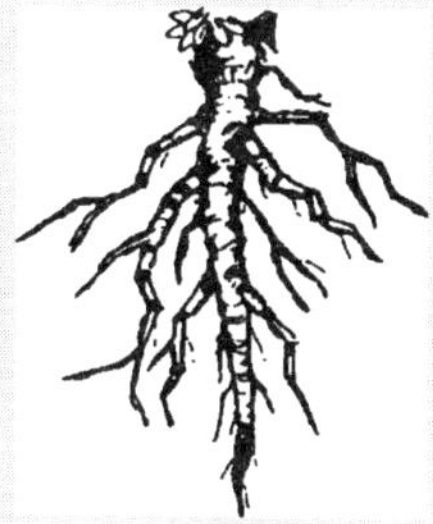

第 10 章　有毒植物

植物中毒由何引起 ……………………………… 174
有关植物的方方面面 …………………………… 175
避开有毒植物的准则 …………………………… 176
接触性皮炎 ……………………………………… 177
摄入中毒 ………………………………………… 178

第 11 章　危险的动物

昆虫和节肢动物 ……………………… 180
水　蛭 ………………………………… 183
蝙　蝠 ………………………………… 183
毒　蛇 ……………………… 184
无蛇地区 …………………… 186
危险的蜥蜴 ………………… 186
河流中的危险动物 ………… 186
港湾和江口的危险动物 …… 187
海洋中的危险动物 ………… 188
其他危险的海洋生物 ……… 190

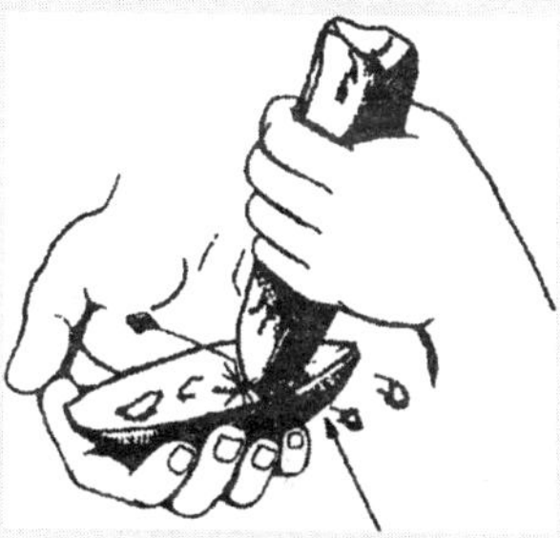

第 12 章　野外应急武器、工具和装备

手　杖 ………………………………… 193
棍　棒 ………………………………… 193
带刃武器 ……………………………… 195
其他应急武器 ………………………… 199
绳索和捆扎绳 ………………………… 202
制作背包 ……………………………… 204
衣服与保暖物 ………………………… 205
烹调和食用器具 ……………………… 206

第 13 章　沙漠生存

地　形 ……………… 210
环境特征 …………… 212
水的需求 …………… 217
热伤害 ……………… 219
预防措施 …………… 221
干旱地区的危险 …… 221

第 14 章　热带生存

热带气候 …………… 224
丛林类型 …………… 224
穿越丛林地带 ……… 228
紧急事项 …………… 230
取　水 ……………… 230
食　物 ……………… 232
有毒植物 …………… 233

第 15 章　寒冷气候生存

寒冷地区 ……………………………………… 234
冷风降温 ……………………………………… 235
寒冷气候中生存的基本原则 ………………… 237
个人卫生 ……………………………………… 240
医疗方面 ……………………………………… 240
冻　伤 ………………………………………… 241

避身所 …………………………… 246
火 ………………………………… 251
饮用水 …………………………… 254
食　物 …………… 256
行　进 …………… 259
天气征侯 ………… 260

第 16 章　海上生存

远　海 ………………………………………………… 262
海　岸 ………………………………………………… 297

第 17 章　渡　水

河与溪流 ………………………………………………… 301
急　流 ………………………………………………… 303
筏 ………………………………………… 306
漂浮装置 ………………………………… 311
其他水障碍 ……………………………… 313
植物障碍 ………………………………… 314

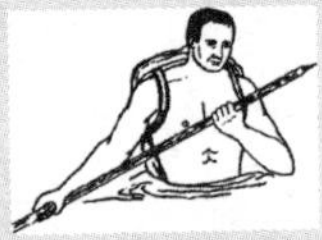

第 18 章　野外识别方向

利用阳光和阴影 ………………………………………… 315
利用月亮辨别方向 ……………………………………… 319
利用星辰 ………………………………………………… 319
制作临时指南针 ………………………………………… 322
确定方向的其他办法 …………………………………… 323

第 19 章　发信号的技巧

应　用 …………………………………………… 325
发信号的方法 …………………………………… 326
代码和信号 ……………………………………… 338
引导飞机的程序 ………………………………… 341

第 20 章　敌占区里的生存活动

计划阶段 ………………………………………… 343
执　行 …………………………………………… 346
返回友军控制区 ………………………………… 351

第 21 章　伪　装

个人伪装 ……………………………… 355
潜行的方法 …………………………… 359

第 22 章　与人接触

与当地人接触 ………………………… 364
生存行为 ……………………………… 366
政治忠诚 ……………………………… 367

第 23 章　人为危害中的生存

核武器环境 ……………………………………………………………… 368
生物环境 ………………………………………………………………… 383
化学环境 ………………………………………………………………… 388

附录 A 生存工具箱

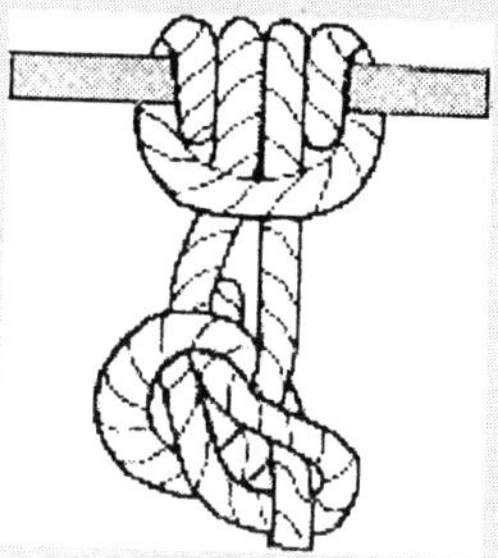

附录 B 绳 结
术 语 …… 397
基本绳结 …… 399
各种工程结 …… 407

附录 C 危险的昆虫和节肢动物

附录 D 危险的鱼类和软体动物
攻击人类的鱼 …… 413
有毒的鱼类和无脊椎动物 …… 416
肉有毒的鱼 …… 423

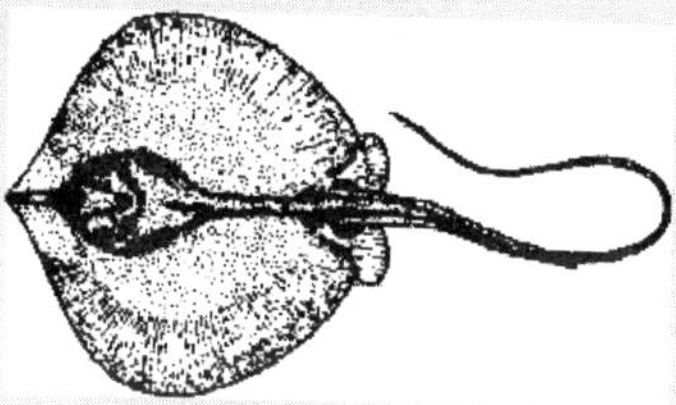

附录 E 毒 蛇
避免被蛇咬的方法 …… 425
毒蛇的种类 …… 425
毒蛇的介绍 …… 427

附录 F 可食植物

附录 G 有毒的植物

附录 H 云层——天气预报员
卷 云 …… 544
堆积云 …… 545
层 云 …… 545
雨 云 …… 545
积雨云 …… 545
卷层云 …… 546
飞云 …… 546

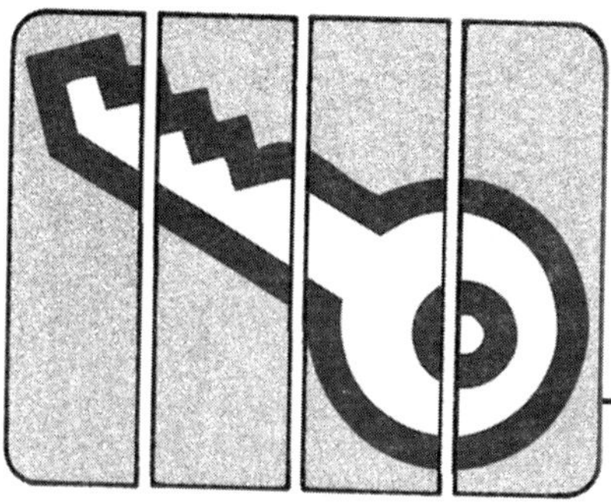

第1章

引 言

本手册完全建立在关键词SURVIVAL（生存）之上。这个词中的字母可以在任何生存状况下帮助指导你的行动。要了解每一个字母代表什么并要在进行生存训练中实际应用这些指导原则。记住SURVIVAL（生存）这个词。

求生行动

下面是对**SURVIVAL**（生存）这个词中的每一个字母的展开说明。要研究并记住每一个字母的含义，因为有一天你或许必须让这个词为你效劳。

S **评估**（size up）

评估形势

如果是在战斗的情形下，要首先找一个藏身之处。记住，安全第一。动用你的听觉、嗅觉、视觉去摸清战场情况。敌人在干什么？是在前进？还是按兵不动？还是在后撤？当你执行你的生存计划时，你必须知道战场上的形势。

评估环境

确定你所在区域的规律。先对周围的情形有一个大致的了解，每种环境——不管是森林，灌木丛，还是沙漠——都有一个规则或者说模式，模式包括动物和鸟类的声音、活动，昆虫的鸣叫，有时还包括敌人的交通和平民的活动。

评估生理状况

战斗的压力，或者生存的刺激可能会使你注意不到自己已经受了伤。检查伤口，并自己采取急救措施，还要尽量避免身体进一步受到损伤。例如，不管在什么气候下都要大量补充水分，防止脱水。如果是在湿冷的气候下，要多穿衣服，防止体温过低。

评估装备

在激烈的战斗中，你的部分装备可能已经遗失或者受损，检查一下，看看你还有哪些装备，并检查它们的性能。

你已经评估了你所处的形势、环境、生理状况、装备情况，现在你可以制定生存计划了。与此同时，要牢牢记住最基本的生理需要：水、食物和避身场所。

U 盲目（undue）

运用你的全部感觉，盲目冒进只会浪费时间

如果没有慎重思考和详细的计划而盲目追求速度，很可能会犯致命的错误，导致被俘或死亡。不要只是为了行动而行动，在决定行动之前要对形势进行通盘考虑（评估形势）。如果你轻率地采取行动，你可能会忘记或者丢失某些装备，可能会迷失方向，不知道该往哪个方向走。如果敌人就在你附近，行动前一定要计划好，行动不但要迅速，而且不能危害到自己。要运用你的全部感觉去评估形势。要注意声音和气味。要对温度变化保持敏感。要始终保持机警。

R 记住（remember）

记住自己在哪儿

在地图上标出你所处的位置，并且画出它和周围地形的关系，这是一个你应该遵循的基本原则。如果还有其他人和你在一起，那么要确保其他人也知道他们自己的位置。一定要知道在你的团队中谁有地图和指南针。如果那个人死了，你必须从他那儿拿过地图和指南针。密切注意你在何处以及将要去何处。不要指望别人提供路线，要坚持自己判断方位，至少你应该努力尝试判断你的位置和下面位置的关系——

- 敌人的位置以及他们控制的区域。
- 友军的位置以及他们控制的区域。
- 水源（这在沙漠地区尤为重要）。
- 能够提供隐蔽和掩护的区域。

这些信息在你求生或脱逃时能够帮助你做出明智的决定。

V 克服（vanquish）

克服恐惧和惊慌

求生过程中最大的敌人是恐惧和惊慌，如果不加以控制，你就难以做出明智的抉择，它们会让你跟着感觉走，被想象牵制，而不顾实际情形；它们会使你紧张，导致一些消极情绪的产生。先前提到的生存训练以及自信能帮助你克服恐惧和惊慌。

I 应急措施（improvise）

在美国，我们可以买到各种各样的物品，很多物品坏了的时候重新替换是很方便的，这种“来得容易，去得容易，换得容易”的文化使得应急措施在我们的日常生活中没有必要，这种能力的缺乏在求生环境中可能会成为你的致命伤。所以，你需要学习当场制作的应急本领。拿一个有特别用途的工具，看看它还有多少其他的用途。

要学会就地取材，例如拿石头当锤子用。无论你带了多么齐全的求生工具，在经过一段时间之后，它们都会用完或者损坏。在你的工具用完之后，想象力就非常重要了。

V 珍惜（value）

珍惜生命

我们每个人都是拳打脚踢地来到这个世界的，但是渐渐地我们习惯了舒适的生活。我们把生活变得越来越舒适，不喜欢不便和不适，所以当我们处于极度不适、不便、充满压力的求生困境时会发生什么呢？这个时候，求生的意志——珍惜生命——是极为重要的。你从日常生活以及军校的训练中获得的经验、知识都和你的求生意志有重大关系。面临困境绝不屈服的顽强意志会给你精神上、体力上带来巨大的力量，忍受种种痛苦，而坚持下去。

A 行事（act）

像当地人一样行事

一个地区的当地居民和动物已经适应了当地的环境，所以若想了解那个地区，最好去观察当地人是如何进行日常生活的。他们什么时候吃饭？吃什么？他们什么时候、在哪里以及如何获得他们的食物？他们什么时候、去哪儿找水？他们通常什么时候睡觉？什么时候起床？作为一个求生者，这些事情对你很重要。

该地区动物的活动也可以给你提供生存线索。动物也需要食物、水和避身场所。观察它们，你就可以找到水和食物。

警告：动物并非食物和水的绝对可靠的向导。很多动物会吃一些对人类有毒的植物。

记住，你的出现引起的动物反应可能会把你的行踪暴露给敌人。

如果你是在一个友好的地区，那么和当地人搞好关系有一个很好的办法，就是对他们的工具以及获得食物和水的途径表现出极大的兴趣。多多地向他们学习，你会尊敬他们，而且很可能会交到很好的朋友，最重要的是，你可以学会如何适应他们的环境，从而增加你生存的机会。

L 活下去（live）

靠自己的智慧活下去，**但是现在**，要学习基础技能。

没有经过生存及战场求生的基础技能训练，那么你在战场上求生的机会是微乎其微的。

现在就去学习这些基础技能，不要等到上战场前或者已经到了战场上才去学。战斗之前的准备程度决定着你是生还是死。你需要知道你将要去的地方的环境，必须练习适合那个环境的基础技能，比如说，如果你要去的地方是沙漠地区，那么你需要学习如何在沙漠中寻找水源。

在训练中要不断实践、应用那些生存的基础技能。生存训练可以减少你对未知环境的恐惧，增强你的自信，教你如何靠自己的智慧活命。

生存方案

你需要设计一套生存方案来克服生存的种种困难。这套方案需要包括以下求生物资：食物、水、避身场所、火、急救用品、信号。这些物资需要按重要性的次序排列好。比如，在寒冷的环境中，你需要生火取暖，需要避身场所遮挡冷空气、风、雨或雪；需要设计一些陷阱或套索以获得食物；需要一个给友方飞机发信号的方式；需要疗伤治病的急救用品。如果你受伤了，无论身处何种气候环境，急救用品都是第一需要。

你需要根据不同环境中不同的生理需要改变生存方案。在你阅读这本手册后面的内容时，要时时刻刻记住“SURVIVAL”这一关键词，它的每一个字母的含义（见图 1-1），另外还要记住生存方案的要素。

S	评估形势（环境，生理状况，装备）
U	运用你全部的判断力，盲目冒进只会浪费时间
R	记住自己在哪儿
V	克服恐惧和惊慌
I	应急措施
V	珍惜生命
A	像当地人一样行事
L	靠自己的智慧活下去，但是现在，要学习基础技能。

图 1-1　生存的指导原则

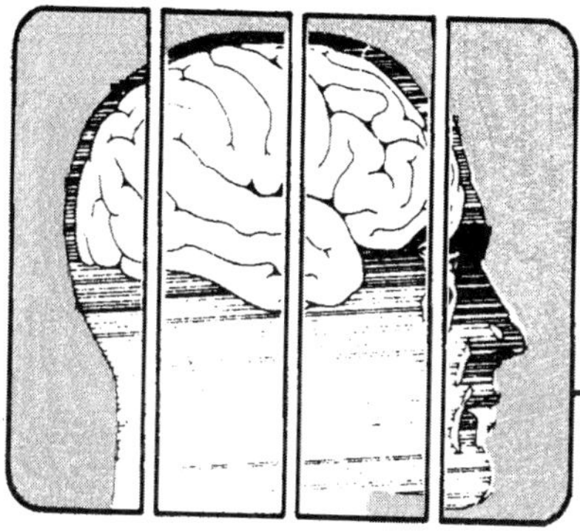

第2章

生存心理学

要成功地度过生存困境而活下来，所需要的东西要比建造避身场所、获取食物、生火以及不用标准导航仪就能到达任何地点的知识和技术多得多。有些只经过很少甚至没有经过生存训练的人设法在对生命构成威胁的环境中生存了下来。而有些经过生存训练的人没有运用自己的技能并死亡了。在任何生存条件下，一个关键的因素是个人的心理态度。拥有生存技术是重要的，但拥有生存愿望是最根本的。没有生存的愿望，获得的技术就没什么用处，拥有的知识也是无价值的浪费。

有一种生存心理学。在一个求生环境中，你会面临很多终究会影响到你的神志的压力源。如果对此不了解，这些压力源造成的想法和情绪就会使一个自信而训练有素的人变成一个生存能力值得怀疑的优柔寡断、毫无效率的人。因而，你必须了解并能够辨别那些通常会与生存相伴的压力源。你还必须知道自己对这些压力源的反应。这一章将对心理压力的本质、生存的压力源以及你在面对实际求生状况中的压力源时体验到的内部反应进行明确和解释。你在这一章和本手册其余部分中获得的知识，将会使你为度过最艰难的时光做好准备。

对心理压力的审视

在我们能够理解我们自己在生存环境下的心理反应之前，首先了解一点心理压力及其影响的知识是有帮助的。心理压力不是你能够治疗并消除的一种疾病，而是我们都经历过的一种状况。心理压力可以被描述为我们对于外部压力的反应，是我们对生活中的紧张状况所作出的生理、心理、情绪以及精神反应。

对心理压力的需要

我们需要心理压力，因为它有许多积极的方面。压力给我们提供挑战，它为我们了解自己的价值和优点提供了机会。心理压力能使我们表明自己能够处理外部压力而不会逃避。它能考验我们的适应性和灵活性，并能够刺激我们竭尽所能。因为我们通常不会把不重要的事情当成压力，所以，压力还是一个极好地显示我们对一件事情的重视程度的指示器——也就是说，它显示了对我们重要的是什么。

我们在生活中需要有一些压力，但当任何东西太多的时候，它都会成为坏事。目标是有一些压力，但压力不能超出限度。太多的压力会对个人和组织造成伤害。太多的压力会导致苦恼，而苦恼会造成我们试图逃脱或逃避的、令人不舒服的紧张感。下面列出的是你在面临太多压力的时候，可能会遇到的苦恼的常见征兆：

- 难以作出决策。
- 大发脾气。
- 易忘。
- 干劲不足。
- 持续担忧。

- 容易出错。
- 死亡或自杀的念头。
- 难以与别人相处。
- 不合群。
- 躲避责任。
- 心不在焉。

就像你看到的一样，压力既可以是建设性的，也可以是破坏性的。它能够鼓励人，也能够使人泄气；既能够让我们沿着既定的方向前进，也能够让我们半途而废；既可以使生活富有意义，也可以使之毫无意义。压力可以激励你在求生环境中成功应对并以自己最高的效率履行职责。它也能使你惊慌失措并把自己受过的训练忘得一干二净。生存的关键在于你处理将会遇到的不可避免的压力的能力。能够生存的人是那些能面对压力而不为压力所左右的人。

生存的压力源

任何事件都能导致压力，而且，正如每个人都经历过的那样，不会每次只出现一个事件。通常，造成压力的事件会同时发生。这些事件不是压力，但造成了压力，因而被称为“压力源”。压力源是明显的原因，而压力是反映。一旦身体识别出一个压力源的出现，它就会采取行动，保护自己。

在对压力源的反映中，身体既准备“战斗”，也准备“逃跑”。这种准备包括在身体内部发送一个 SOS 信号。当身体对这个 SOS 信号作出反应时，就会出现下列行为：

- 身体释放出储存的燃料（糖和脂肪）以提供快速能量。
- 呼吸速度加快，以向血液供应更多的氧气。

- 肌肉紧张度增加，为行动做好准备。
- 凝血机制被激活，以减少伤口出血。
- 各种感觉更加敏锐（听觉更加灵敏，瞳孔扩大，嗅觉更敏锐），使你能更好地了解环境。
- 心跳速度和血压上升，为肌肉提供更多血液。

这种保护性姿态使你能够应付潜在的危险。然而，你不能无限地保持这种警觉水平。

刺激是不速之客；而且可能接踵而至，越来越多。人如果连续遭受多个轻微的刺激，会导致精神上的极端痛苦。体内抵抗压力的机能逐渐消耗而压力却源源不断（或者越来越大），最终将导致人精力衰竭。此时，抵抗紧张或正确利用紧张的能力耗尽，危险的信号出现。正确预估刺激和想出应对之策是有效控制精神紧张的两大因素。所以，了解自己将要遇到哪些刺激非常关键。以下是一些相关解释。

受伤、疾病或死亡。受伤、疾病和死亡都有可能发生，唯一的办法就是面对。在一个陌生的环境里，攻击、事故或某种致命的食物都可能导致死亡，一个人孤零零地待在这样的地方自然感到无比的压力。伤病会限制你的机动性以及寻找食物、水、避身所和自卫的能力，进而导致更大的压力。控制好伤、病和死亡对自己的袭击才能使你有勇气接受与生存任务相关的各种风险。

不确定性和难以控制。有些人在进入陌生的环境后活动便出现障碍。在野外生存的情况下，唯一的保证就是一切都没有保证。在陌生的环境中，自己对周围的控制力有限，靠有限的信息开展活动是件压力很大的事。这种不确定性和难以控制的感觉会使你更加紧张，从而更易患病、受伤或死亡。

环境。即使处在最理想的环境中，大自然也足以令人生畏。在野外生存中，你将不得不应对天气、地形和不同地区的生物带来的各种刺激。热、冷、雨、风、山、沼泽、沙漠、昆虫、危险的爬行动物以及其他动物只是你生存斗争中的一小部分挑战而已。处理压力的方式不同，结果也完全两样：处理得好，周边环境可以成为食物与保护的来源；处理不当的话，你会感到极端不适，从而引发伤、病甚或死亡。

饥渴。失去了食物和水，你将逐渐虚弱并最终死亡。所以，在野外生存环境中的时间越长，获取与保存食物和水的能力越显重要。之前习惯了接受发放辎重的你会感到寻找食物和水是件压力很大的事情。

疲倦。在身体逐渐疲乏的情况下强迫自己继续生存下去并非易事。有时，你甚至疲倦到连保持清醒的力气都没有了。

与世隔绝。在逆境中有人为伴有很多好处。作为一名士兵，你学会了不少技能，但前提都是在一种团队的环境里。尽管我们可以抱怨我们的上级，但还是要感谢他们在你自己感到迷惑的时候所提供的信息和指导。与他人保持联系也能带来更多的安全感，让你觉得一旦有问题出现可以寻求某个人的帮助。野外生存环境中的一个相当大的压力因素就是你经常不得不一切都靠自己。

本节中提到的野外生存刺激绝不是你能碰到的唯一麻烦。记住，对一个人来说压力很大的事，在另一个人的眼里也许算不得什么。你的经验、训练以及个人的生活态度、身心条件、自信程度都是你在野外生存环境中能否成功面对压力的决定因素。

对野外生存中可能出现的压力和刺激有了一些常识性了解之后，我们来检验一下一旦情况出现，你如何反应。

自然反应

人类在历史长河的无数变迁中生存了下来。人类调整身心、应对世界变化的能力使我们在其他物种相继灭绝的环境中得以生存。这样的生存机能让我们的祖先生存了下来，同样，这种生存机能也能让你活下来！不过，如果你不能理解和预期你所拥有的生存机能，厄运也许会降临到你的头上。

一般的人在野外生存的环境中都会有一些心理反应，这是不足为奇的。下面几段内容讲述了一些你和与你在一起的人在经历前段所描述的野外生存刺激时可能会产生的一些主要的内心反应。

恐惧。恐惧是对认为可能导致死亡、受伤或疾病的危险环境的一种情绪反应。这种伤害不仅限于身体，对情绪和心理状态的威胁也能令你产生恐惧。在生存环境中，鲁莽行事可能会导致受伤，如果恐惧能促使你谨慎行事，那么它便起到了积极的作用。不幸的是，你也可能被吓得动弹不得，甚至连最基本的生存活动也做不了。多数人在陌生的逆境中都或多或少会感到恐惧。没什么丢脸的！你必须训练自己不被恐惧压倒。最理想的是通过现实的训练，你能够获得使自己增加自信的知识和技能，从而克服恐惧。

焦虑。恐惧会带来焦虑。害怕是自然的事，同样，感到焦虑也是很正常的。焦虑可能是面对危险情形（身心或情绪）时不安但可控的情感。如果积极利用焦虑，它能促使你奋斗到底或至少让你战胜威胁生命的危险。如果你从未感到过焦虑，也不会有改变生活的动力。在野外生存的环境中，你可以演习恶劣环境中的各种生存任务，从而减少你的焦虑。焦虑程度降低后，你也能将焦虑的祸首——恐惧——克服掉。这种情形下，出现焦虑是件好事；然而，焦虑同样能带来破坏性的影响。焦虑能完全压倒你，使你很容易被迷惑，甚至达到根本无法思考的地步。一旦此种情形出现，对你来说，做出正确的判断和决定也变得越来越困难。为了继续生存，你必须学会让自己镇静下来，使焦虑保持在有益无害的范围内。

愤怒与挫折。如果在努力实现一个目标的过程中屡屡受阻，挫折感便会产生。生存的目的是活下来，也就是在获得帮助或者在帮助能够到达你以前让自己活着。为了达到这个目标，你必须利用最少的资源完成一些任务。实施这些任务的过程中出现错误是不可避免的；有的情形你无法控制也是自然的；而在生命的危急关头，任何错误的严重性都将被放大。所以，最终你将不得不应对由于某些计划受阻而产生的挫折感。挫折感过大会产生愤怒。在野外生存环境中，很多事情都能使你感到挫折和愤怒：迷路、装备受损或丢失、天气、不利地形、敌人巡逻以及自然的限制只是挫折和愤怒的一小部分成因。挫折与愤怒会产生一些本能的反应：不理智的行为、草率的决定，有时还会使你产生“放弃”（人们有时会逃避做一些自己无法控制的事情）的念头。如果你能利用并正确发泄与愤怒和挫折相关的紧张情绪，你就能在野外生存挑战中积极应对。如果你不能正确利用愤怒情绪，你将浪费大量精力做一些于生存无益的事。

沮丧。在野外生存中遇到困难时，如果你丝毫不感到忧愁，的确难得。忧愁逐渐发展将演变为“沮丧”。沮丧与挫折和愤怒紧密相连。挫折将导致你变得更加愤怒，因为你无法达到自己的目标。如果这种愤怒没有帮助你获得成功，则挫折感也会升级。一个由愤怒与挫折构成的恶性循环将继续发展，直到你的身体、情绪和心理完全崩溃。当你到了这种地步的时候，你开始放弃，你的注意力也从思考“能做什么”转变为“我无能为力”了。沮丧是这种无望、无助的一种表达。暂时想念心爱的人和回忆在“文明”或“世上”的生活并没有错。这种想法实际上能给你一种更加努力、争取活下去的欲望。另一方面，如果你放任自己于沮丧的状态，你的精力尤其是你求生的意志会逐渐衰竭。不能向沮丧屈服。

孤独与无聊。人类是一种社会动物。人类喜欢与其他人为伴。没有人喜欢孤独终了！野外生存环境是一种截然不同的与世隔绝的状态。与世隔绝未必是坏事。孤独和无聊能让你也具有你一直认为只有其他人才有的本事。你的想象力和创造力会让你吃惊。当需要你发挥想象力和创造力的时候，也许你会发现自己的一些天才与能力被埋没了。最重要的是，你可能开发出你之前认为自己不具有的、无穷的内在力量。反过来说，孤独和无聊也能让你产生沮丧的念头。另外，你必须开发出一定的自我满足感，必须相信自己有能力“独立完成”。

内疚。使你陷入野外生存环境的因素有时是充满戏剧性的悲惨事件，可能是有生命危险的意外事故或者军事任务的结果。也许你是唯一的幸存者或少数幸存者之一。在庆幸自己生存下来的同时，你也会为那些不幸的人感到悲伤。很多幸存者都会因为只有自己活了下来而他人均丧命九泉而感到内疚。如果积极地利用这种情感，能使人产生努力生存下去的勇气，相信自己活下去会完成更加伟大的使命。有时，幸存者活下去的目标就是继续完成那些故去的人没有完成的工作。不管给自己找个什么样的理由，不要让内疚妨碍自己生存下去。放弃生存机会的人将一事无成。这样的举动才是最大的悲剧。

做好准备

野外生存中，你的任务就是活着。你将经历的思想与情感能帮助你也能瓦解你。恐惧、焦虑、愤怒、挫折、内疚、沮丧和孤独都是在野外生存中对刺激的反应。积极控制、利用这些反应能增加你生存的可能性。它们促使你在训练中更加注意以下情形：恐惧时回击、采取行动确保获得食物与安全、相信自己的队友、遇到非常不利的情况时奋力挣脱。如果你不能积极利用这些反应，你将束手无策。如果不让自己重新振作起来，而是任恐惧控制自己，它们将使你的精神先于身体垮掉。记住，野外生存对于每个人来说都是很自然的事，而由于意外使自己身陷生与死的困境却不是。不要让自己被这种“意外情形的自然反应”吓倒。做好准备，尽力去控制这些反应，使之服务于你的最终利益——高贵尊严地活下去。

做准备时需要明确：在野外生存中，自己的反应应该是积极的而不是破坏性的。野外生存的挑战已经铸就了无数个英雄精神、勇气和自我牺牲的范例。如果你已经做好准备，野外生存也将把你所具有的这些品质挖掘出来。以下是一些使自己在心理上做好准备的建议。通过学习这个手册并参加野外生存训练，能开发出你的一种“生存态度”。

了解自己。花时间通过训练、自己的家庭和朋友来了解自己的内在品质，进一步发挥你的优势，同时训练野外生存所必须的技能。

预期恐惧。不要假装你将无所畏惧。设想在不得不独自作生存斗争的情况下什么将是你最害怕碰到的。训练自己比较担心的内容。目的不是消除恐惧而是在恐惧中树立斗争的信心。

面对现实。不要害怕正确估计形势。直视现实，消除主观臆想。在对形势的估计中保持希望和憧憬。如果在野外生存环境中抱着不切实际的期望，你可能会放弃基础工作而陷入深深的失落中。依照这句格言去做：“抱最好的希望，做最坏的打算。”适应意外惊喜比适应意外困难要来得容易得多。

态度积极乐观。学会看到事情潜在的积极一面。积极向上不仅能修身养性也能使你更好地发挥想象力与创造力。

警惕危险。不能充分地做好应对野外生存的心理准备将导致自己产生沮丧、粗心、注意力不集中、失去信心以及抉择失误和主动放弃等反应。时刻记住：你的生命以及其他依赖你的人的生命正在受到威胁。

训练。通过军事训练和生活经验，开始让自己准备好应对严酷的野外生存环境。在训练中运用自己的技能可以让你在需要这些技能时马上发挥出来，使自己充满信心。记住，训练越真实，实际野外生存就变得越不那么可怕。

学习控制压力的技能。如果不是训练有素，或者没有做好面对任何可能出现的情况的准备，处于压力之下的人潜意识里会产生惊慌。你通常无法控制野外生存环境中的种种状况，但你可以控制的是你对各种情况的反应。学习控制压力的技巧能极大地提高你保持冷静，继续集中精力于生存斗争。放松的窍门、时间控制方法、保持自信和自觉调整技能（控制自己如何看待形势的能力）都是行之有效的技能。记住："活下去的信念"也就是"拒绝放弃"。

第3章

生存计划和生存工具箱

一份野外生存计划是否成功取决于三部分内容：计划、准备与实践，这三部分内容相互独立也互有影响。

生存计划就是要意识到可能会发生哪种事情使你陷入求生困境中，有了这样的认识之后，就要采取措施增加你生存的机会。每个人都可能随时随地遇到这种情况，所以要记住：**没有计划就等于你计划失败。**计划建立在考虑脱险与营救（E&R）以及重新获得补给和紧急处理的能力之上。你必须考虑任务的时限和与友军的距离、环境以及地势和天气，并且考虑到在任务延时期间可能出现的天气变化、你工作的平台，比如飞机、多用途机动车或者也许只是一个旅行背包。计划还要有详细的脱险与营救路线以及通过记忆掌握的主要地理特征，以防自己万一把地图或指南针丢失。你可以通过传统或非传统的资源帮助自己制订计划，公开的资源包括互联网、百科全书和地理杂志等。

准备意味着针对计划中那些意外事件而进行的自身准备和野外生存工具准备。没有准备的计划只是一张纸而已。它不能使你活命。确保你的免疫和牙齿保健处于最佳状态。要准备最新的军服以应对紧急情况，新军服抵御红外线的作用也最大。你可以提前将信号工具和套索钢丝缝进军服里。试穿你的靴子，确保鞋底没有问题，并检查鞋的防水性。研究该地区气候、地势以及当地获取食物和水的土办法。你应该不断地评估数据，即使计划已经制定完毕也应该随时更新，使自己获得最大的生存机会。作好准备的另一个实例是在登机时就寻找到紧急出口。实际使用一下你的生存工具箱中所列出的工具。检查一下，以确保这些工具都能正常工作并且确保你已掌握它们的使用方法。在雨中生火，让自己明白在必要时自己知道如何生火取暖。检查工具箱中的医疗工具以及印在上面的使用说明，以便自己即使在面对压力时也不会犯致命的错误。

计划的重要性

详细的预先计划对于生存是至关重要的。在任务计划中添加生存计划能够增加紧急情况发生时自己的生存机会。例如，如果你的工作必须在一个狭小、封闭的地方完成，而这限制了你能随身携带的工具，那么你就要计划出放旅行背包和单兵负载装备（LBE）的位置。要把它放在一个不妨碍你迅速离开而又容易拿到的位置。

预先计划的一个重要内容是预防性药物。要确保你的牙齿没有问题，并且接受了最新的免疫注射，这将有助于你避免潜在的牙病和健康问题。有些牙科疾病甚至可以严重到无法食进一些仅维持生存的东西。而没有注射最新的疫苗意味着你的身体对于该地区流行的疾病没有免疫力。

准备和携带一个生存工具箱与上面提到的内容同样重要。所有的军用飞机上都备有多种工具箱，以针对将要飞越的不同地区，包括海上工具箱、酷热地带工具箱和严寒气候的生存工具箱。每一位机组成员还要穿飞行生存背心（附录 A 中分别介绍了这些生存工具）。要了解这些工具箱在飞机上的什么位置和箱子中装的是什么东西，以防坠机和水上迫降情况的出现。也有为热带和温带气候准备的士兵生存工具箱。这些工具箱造价昂贵并且通常不是每个士兵都能配备。不过，如果你了解这些工具箱中装的都是什么工具并且知道这些工具的针对对象的话，你就可以自己计划并准备自己的生存工具箱了，也许你自备的生存工具箱比统一配备的更适合你自己。

即使是最小的工具箱，如果准备适当的话，在遇到生存麻烦的时候也将是无价之宝。不过，在准备你的生存工具箱之前，一定要考虑你所在小组的任务、执行任务的环境、装备和分配给你们小组的车辆等问题。

生存工具箱

环境是决定你工具箱中装什么的最重要因素。决定工具箱中装多少装备的因素是你如何携带你的工具箱。随身携带的工具箱显然应该比用车辆拉运的工具箱小。你的工具箱应该考虑到身体、辎重背心或枪械以及工作平台（旅行背包、车辆或者飞机）等因素。把最重要的东西带在身上，地图和指南针以及生存的基本工具（小刀、打火器）应该始终带在身上。将不太重要的物品放在你的负载装备里。大件放到旅行背包中。

在准备生存工具箱时，一定要选择那些多用途、紧凑、重量轻、耐用的工具，而且最重要的是功能。中看不中用的工具不要选。各种工具应该相互补充。口袋中的信号镜也可以用负载装备中的信号枪和旅行背包中的信号板代替。军服中的打火器可以用负载装备中的镁条和旅行背包中的干燥火绒来替代。

工具箱不需要很精致，你只需要有用的东西，然后找一个装这些东西的容器。你也许会用绷带箱、肥皂箱、烟草罐、急救箱、弹药袋或者其他合适的容器，但这个容器必须——

- 防水。
- 便于携带或绑在身上。
- 适合装各种尺寸的工具。
- 耐用。

在你的工具箱里应该分为以下几部分：

- 水。
- 生火用具。
- 容身用品。
- 食物。
- 药品。
- 发信号的工具。
- 其他物品。

每种清单中都应包括满足人最基本需要的物品。比如，水——你应该备有可以挖、抽、浸、吸水的工具；还要有能够接雨水、水珠和汗水的工具；还要备有能装水和净化、过滤水的工具。对每种类别的工具举例如下：

- 水——净化药片，可以装水用的无润滑剂的避孕套，漂白粉，碘酒，三角绷带，海绵，小的塑料或橡胶管，可折叠水壶或水袋。
- 生火用具——打火器、金属火柴、防水火柴、镁条、蜡烛和放大镜。

- 容身用品——550 降落伞绳、大型刀具、弯刀或短柄斧、雨布、太空毯、吊床、蚊帐和钢锯。
- 食物——小刀、圈套钢丝、渔钩、渔网和捕捉小动物的网、汤料包、高热量的食物条、格兰诺拉麦片条、捕动物的网、铝箔、冷藏袋。
- 医药——土霉素片（治疗痢疾或者感染）、外科手术刀或者手术准备刀、蝶形缝合线、唇膏、安全别针、缝合线、预防痢疾的药物（洛哌丁胺）、预防疟疾的药物（强力霉素）、广谱抗生素（菌必治希舒美）和广谱热带眼用抗生素、抗真菌类药物、消炎药（布洛芬）、矿脂纱布和肥皂。医药类物品可能占工具箱中全部物品的50%。
- 发信号的工具——信号镜、滤波镜、信号枪、哨、美国国旗、飞行员围巾或其他亮橙色丝巾、闪烁带、激光指示器、太阳能毯。
- 其他物品——腕部指南针、针线、钱、备用镜片、铅笔刀、软木塞、伪装棍、生存手册。

只有在环境需要时才能携带武器。外交官和战区司令在极端环境中也可能被禁止携带武器。阅读并练习该手册中的生存技能，将这些基本的概念运用到你在其他民间出版物中读到过的情形中。要考虑你将要执行的任务和遇到的环境。然后，准备自己的生存工具箱，将耐用、功能多、分量轻的工具放进工具箱。想象力可能会成为你工具箱中最大的组成部分。它可以代替你工具箱中的很多东西。你的工具箱再加上你的生存意志将决定你是载誉而归还是命丧他乡。

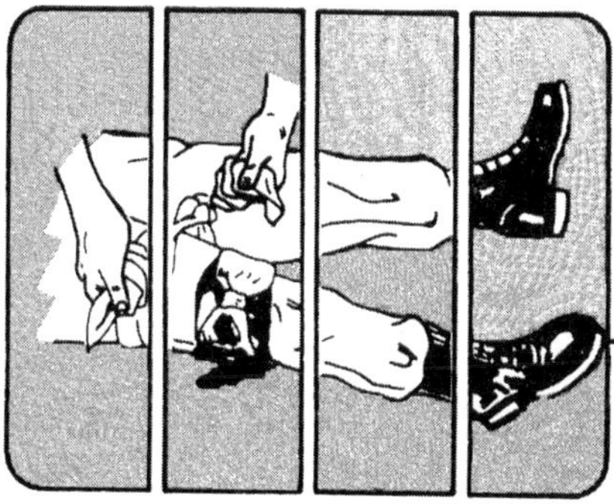

第4章

基本的生存医学

由意外事件比如迫降或坠机、极端天气、地面战斗、脱险和囚禁时生病等引起的医疗问题是威胁你的生存能力和你遇到的麻烦中最棘手的问题。

许多成功的脱险者和幸存者都在报告中反映由于训练不足和医药供给不足致使处理伤病难以进行，这个原因导致一些士兵被俘或投降。

由于在这种环境中无法治疗自己的伤病，求生者感到了冷漠与无助。自我治疗的能力在生存中能够鼓舞你的士气并获得更多帮助，从而最终使你能够回到友军的阵营。

具有不错的基础医疗知识的士兵能够帮助很多人。在没有专业医务人员的情况下，你必须知道如何使自己活下去。

保持健康所需

要想生存，你需要水和食物。你还必须保持良好的个人卫生。

水。人体正常的生理活动，如出汗、排尿、通便等都会消耗身体的水分。当大气温度为20℃（68℉）时，一个成年人每天要消耗2~3升的水，如果遇到其他情况，如暴露于酷暑或严寒、剧烈运动、高海拔、灼伤、患病等，身体消耗的水分更多。消耗掉的水分必须及时补充。

如果体液流失而没有足够的补充就会造成脱水。脱水会降低你的工作效率，如果你受伤了，脱水还会增加你严重休克的可能性。以下是体液流失的后果：

- 5%的体液流失，导致口渴，烦躁，恶心，虚弱。
- 10%的体液流失，导致晕眩，头痛，行走困难，四肢感到刺痛。
- 15%的体液流失，导致眼花，小便有刺痛感，舌头肿胀，耳聋，皮肤麻木。
- 超过15%的体液流失，可能导致死亡。

脱水最常见的信号和症状是：

- 尿液颜色深且味道浓烈。
- 尿量少。
- 眼睛颜色变黑并凹陷。
- 疲倦。
- 情绪不稳。
- 皮肤失去弹性。

- 指甲部位微细血管循环迟缓。
- 舌尖至舌中部分出现斑线。
- 口渴。（最后一个症状，因为当你感到口渴的时候已经是 2% 脱水了。）

水分流失的时候必须及时补充。在生存环境中想要补足水分确实很困难，口渴并不能使你清楚自己需要多少水分。

大多数人都不能一次喝下超过 1 升的水。所以，即使不渴，每小时也要定时喝少量的水，以防止脱水。

如果你处于身体和精神压力之下，或者严重状况之下，就要增加水的摄入量。要喝足够的水，以保证每 24 小时至少排尿 0.5 升。

在进食少的情况下，每天喝 6 ~ 8 升水。在极端天气中，尤其是干燥天气，一个人每小时流失 2.5 ~ 3.5 升水分。在这种天气下，你应该每 30 分钟喝 355 毫升水。更好的办法是通过适当的活动与休息的交替来调节水分的流失，因为如果每小时饮水超过 1.4 升会造成过度水合作用。过度水合作用能够使免疫血清钠的水平降低，从而发生能够致命的大脑及肺部水肿。

水分流失的同时，人体的电解液（体盐）也随之流失。通常饮食能够补充流失掉的体盐，但是在极端的条件下或生病时，需要额外补充体盐。你应该保持摄入碳水化合物和其他必须的体盐。

生存环境中身体出现的所有问题中，水分流失最易预防。以下是预防脱水的一些基本原则：

- 吃东西的同时也要补充水分。消化的过程需要消耗水分，能够导致脱水。
- 适应当地水土。在极端条件下如果适应了当地的水土，身体的机能会更加有效。

- 留住汗水而不是水。尽量减少使你出汗的活动，而且注意饮水。
- 控制水分。在找到合适的水源之前，控制排汗，而不是控制你的存水。控制活动和热度的增减。

你可以通过几种方法来估计水分的流失。野战服能够吸收0.25升（水壶的1/4）液体。T恤衫可以吸收0.5~0.75升液体。

你还可以利用脉搏和呼吸频率估计水分的流失。方法如下：

- 流失0.75升水分时，脉搏的跳动频率每分钟会低于100次，呼吸频率为每分钟12~20次。
- 流失0.75~1.5升水分时，脉搏的跳动频率在每分钟100~120次，呼吸频率为每分钟20~30次。
- 水分流失1.5~2升时，脉搏的跳动频率在120~140次/分钟，呼吸频率在30~40次/分钟之间。如果严重超过以上范围则需提起特别注意。

食物。尽管没有食物你依然可以存活几个星期，但你还是需要足够的食物来保持健康。没有足够的食物补充，你的精神状况和生理状况都会迅速恶化，最后变得虚弱无力。食物提供能量并补充人体燃烧掉的物质，提供维生素、矿物质、盐以及人体健康所必需的其他物质，而且更重要的是，它能帮助提高士气。

三个基本的食物来源是植物、动物（包括鱼）和配给食物。尽管程度不同，但每种方式都能提供人体正常活动所需要的卡路里、碳水化合物、脂肪和蛋白质。你应该在配给食物外增加动植物食物，这样能够增加和帮助保持饮食平衡。

卡路里是热量和潜在能量的衡量标准。一般人每天的活动至少需要 2000 卡路里。如果只摄入足够的碳水化合物、脂肪和蛋白质而卡路里的摄入量不足，人就会感到饥饿，身体将通过消耗自身组织来获得能量。

植物性食物。植物类食物提供碳水化合物，这是能量的主要来源。很多植物能提供对于保持人体的正常效率所需的足够的蛋白质。尽管植物可能无法提供均衡的饮食结构，但是却可以维持你的体力，即使是在北极地区——正常来讲，在那里生活，提供热量的肉类食品是必需的。很多植物类食物例如坚果、种子等，能够提供足够的蛋白质以保证你正常的工作效率。植物的根部、绿叶部分等都含有天然的糖分，能供应卡路里和碳水化合物，提供身体必需的能量。

如果你在躲避敌人，或者身在一个野生动物缺乏的地区，植物的食物价值会变得更加重要。例如——

- 你可以用风、空气、阳光或者火使食物变干，延长其保质期，这样你可以储存并随身携带，需要时就可以食用。
- 获得植物类食物要比获得动物类食物容易，也安静得多。这一点在敌人就在附近的情况下尤其重要。

动物性食物。肉类食物比植物类食物更有营养。事实上，在有些地方，肉类食物可能比植物类食物更容易获得。但是要获得肉类食物，必须了解各种野生动物的习性以及如何捕捉。

为了满足急需，你应该首先寻找量大且更容易捕捉的动物，如昆虫、甲壳类动物、软体动物、鱼以及爬虫动物。在你准备用来捕捉大型动物的陷阱和套索时，这些东西可以让你先填一下肚子。

个人卫生。在任何情况下，清洁都是预防感染和疾病的重要因素，在生存困境中，那就更加重要了。糟糕的卫生状况会减少你的生存机会。

每天用肥皂洗一个热水澡是最理想的，但即使没有这些奢侈品，你一样能够保持清洁。用一块布和肥皂水擦洗自己。特别要注意双脚、腋窝、胯部、双手以及头发，这些部位容易受到病菌侵扰和感染。如果水很紧张，那就洗“空气”浴：根据实际情况，尽可能多地脱掉衣服，让身体暴露于阳光和空气中至少一个小时。要注意别被太阳晒伤。

如果没有肥皂，你可以用草木灰或者沙子，或者如果情况允许，你可以用动物脂肪和草木灰来制造肥皂。制造肥皂的步骤如下——

- 把动物脂肪切成小条，然后放到锅中煮，提炼油脂。
- 煮的时候要不时加水防止干锅。
- 要慢慢煮，经常搅拌。
- 等脂肪里的油脂提取出来之后，把油脂倒入容器冷却。
- 把木灰放入另一个容器，接近容器底部的地方开一个小的出水口。
- 把水倒入灰中，用另一个容器接住从小口中滴下来的溶液，溶液里含有钾和碱。

另一个获得碱液的方法是把灰浆（草木灰和水的混合溶液）用滤布过滤。

- 把油脂和钾碱溶液按照2∶1的比例倒入煮锅。
- 放到火上去煮，一直煮到粘稠为止。

当混合物（肥皂）冷却之后，你就可以直接使用这种半液体状的肥皂了，也可以等到它凝固之后切成小块，留待以后使用。

保持双手干净。手上的细菌会污染食物、感染伤口。在接触了任何可能携带细菌的物体之后、上完厕所之后、照顾了病患之后，接触任何食物、食物器具前或者喝水前，切记要洗净双手。保持指甲整洁，不要把手指放入嘴里。

保持头发干净。你的头发可能会成为细菌或跳蚤、虱子或者其他寄生虫的栖身地。保持头发干净，梳理平顺，修剪整齐，可以避免这些危险。

保持衣服干净。尽可能保持衣服和被褥干净整洁，减少皮肤感染的机会，减少寄生虫的滋生机会。外衣脏了要及时清洗，每天都要换洗内衣和袜子，如果缺少水，就用“空气”洗（把衣服抖几下，然后置于空气和阳光下两个小时）。睡袋每次使用之后都要翻过来抖抖，通通风。

保持牙齿干净。用牙刷和牙膏彻底清洁口腔和牙齿，每天至少清洁一次。如果没有牙刷，可以找一根长约 20 厘米（8 英寸）、宽约 1 厘米（1/3 英寸）的小树枝，做一根“咀嚼棒”。将其一端嚼开，使树枝的纤维分开。然后，用这根咀嚼棒彻底清洁牙齿。另一种方法就是在手指上缠一根干净的布条，擦去牙齿上的食物残屑。你还可以用一点沙子、小苏打、盐或者肥皂刷牙。你还可以用细线或者纤维作为洁牙线来清洁牙齿，保持口腔卫生。

如果你的牙上有洞，你可以用烛蜡、烟草、辣椒、牙膏或牙粉、生姜把它暂时填上。在填牙洞之前，要漱口或把其中的残渣剔出来，要确保牙洞里是干净的。

保护双脚。为了防止脚出问题，在出发前要先试穿一下鞋子。每天都要清洗并按摩脚部，指甲要剪平。鞋里要垫上鞋垫，袜子要合脚、干爽。每天都要搽脚粉并检查脚上有没有长水泡。

如果长了小水泡，不要弄破它。没有破损的水泡不会感染。用一块衬垫垫在水泡周围，以减轻其承受的压力、减少摩擦。如果水泡破了，要像处理伤口那样对待它——每天都要清洗并包扎起来，在其周围垫上垫子。大水泡不要弄破。为了避免水泡在压力之下破损并造成疼痛和伤口，可以按照下面的方法处理：

- 找一根缝纫针和一根干净的或消过毒的线。
- 清洁水泡，用针和线穿过水泡。
- 把针从线上拿下来，使线的两头都在水泡之外。线将会吸收水泡中的液体。这会使水泡的破损口较小，而且不会闭合。
- 在水泡周围垫上衬垫。

充分的休息。你需要充足的休息以确保能够继续前进。要在每天的活动中每小时安排至少 10 分钟的休息时间。要学会在不太理想的环境下尽量让自己舒服。在时间或情况不允许你完全放松休息的情况下，体力和脑力活动的交替可以使你振作起来。

保持营地清洁。不要在营地周围大小便。如果有厕所一定不要偷懒。如果没有厕所的话，要将大小便掩埋掉。要从营地的上游取水，并且将所有的水进行净化处理。

紧急医治

你可能会面临的医疗问题和急症包括呼吸问题、大出血，以及休克。下面对这些问题以及出现这些问题时你应该怎么办，进行了逐个解释：

呼吸问题。下列任何一项原因都可以导致气管阻塞，从而使人窒息——

- 口腔或者喉咙里有异物阻塞了气管。
- 面部或者颈部受伤。
- 口腔和喉咙发炎肿胀。炎症可能是由于吸入了烟火或刺激性烟雾引起的，也有可能是由过敏反应引起的。
- 喉咙中的结（这是由颈部向前弯曲直至下巴靠在胸口上引起的）。
- 在失去知觉时，舌头阻挡住了空气和肺之间的通道。失去知觉会导致下颚和舌头肌肉的完全放松，如果颈部向前弯曲，下颚随之下垂，舌头往后退，就会阻住气流的通道。

大出血。身体任何部位的主动脉大出血都是极其危险的。失血 1 升会导致轻度休克，失血 2 升就会严重休克，这时就相当危险了，失血 3 升通常就会死亡。

休克。休克（对严重压力的反应）本身并不是一种疾病，而是由于心脏向动脉供血的压力不足，导致器官和细胞组织得不到适量血液供应而产生的临床症状。

救生步骤

控制住自己和患者不要惊慌。安慰患者并且让其保持安静。进行快速身体检查。寻找受伤的原因并按照急救基础知识进行抢救。有些时候，人死于动脉失血的速度要比死于呼吸阻塞快。以下几段讲解如何处理紧急呼吸不畅、失血和休克。

使呼吸道保持畅通。你可以采取以下步骤使呼吸道保持畅通：

步骤1　你应该检查一下患者的呼吸道是否被部分或全部阻塞了。如果他能咳嗽或说话，就让他把阻塞物自然地清理出来。站在他身边，安慰他，并做好在他失去知觉的情况下清理其呼吸道并进行人工呼吸的准备。如果他的呼吸道完全阻塞了，就要实施腹部挤压，直到清理出阻塞物。

步骤2　用手指抠出患者嘴里面的任何异物：断齿、假牙、沙石等等。

步骤3　采用抬升下巴法——用双手从两侧握住患者的下巴，使之往前移动。为了保持稳定，把你的两肘放到患者所躺的平面上。如果他的双唇紧闭，就用你的拇指将其下巴轻轻打开（图4-1）。

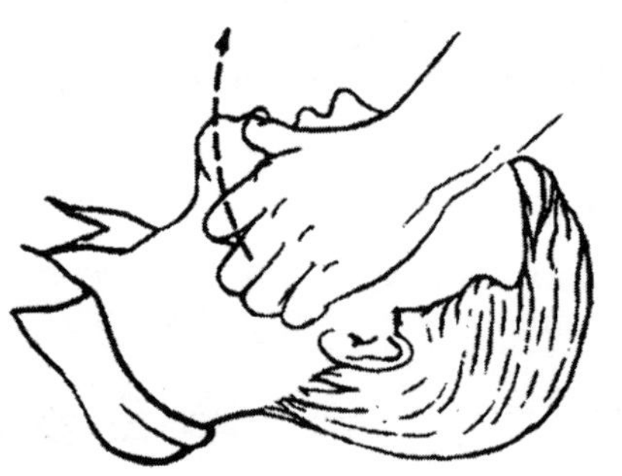

图4-1　抬升下巴法

步骤4　呼吸道畅通后，用你的拇指和食指捏住他的鼻子，将满满的两口气吹入他的肺中。看患者是否有下面的表现：

- 看看其胸部是否上下起伏。
- 听听是否有气呼出。
- 用你的面颊感觉一下是否有气吹过。

步骤 5　如果强制呼吸没有激发起患者的自主呼吸，就用人工呼吸保持其呼吸。

步骤 6　在人工呼吸时，患者会有呕吐的危险。要定时检查患者的嘴中是否有呕吐物并进行清理。

注意：在清理过呼吸道后，实施心肺复苏术可能是必要的，但只能在控制住大出血后进行。

控制出血。在求生困境中，一旦出现严重出血，必须马上加以控制，因为输血通常是不可能的，患者随时都会死亡。外部出血可以根据出血源分为以下几个类型：

- 动脉出血。把血液从心脏输往身体各个部位的血管称为动脉。动脉破裂之后，鲜红色的血液会从伤口处很明显地喷涌出来，或者随着心脏跳动的节奏往外冒。因为动脉里的血液受到较大压力，所以动脉破裂可能会在短时间内失去大量鲜血，因此，动脉出血是最严重的出血类型，如果得不到迅速的控制，就会导致死亡。
- 静脉出血。血液从全身回流至心脏经过的血管称为静脉。静脉失血的特征是血液呈现暗红色、褐红色，或者紫色，血流持续稳定。通常来说，静脉止血比动脉止血要容易一些。
- 毛细血管出血。毛细血管是连接在动脉和静脉之间的微细血管。毛细血管出血通常是由于轻微割伤或者擦伤造成的。毛细血管出血很容易得到控制。

控制外部出血的方法有：直接按压、间接（按压点）按压、抬高肢体、手指止血或者用止血带。各种方法介绍如下：

直接按压。控制外部出血最有效的方法就是直接按住伤口，按压不但要有力以止住流血，而且要保持足够长的时间来使伤口表面闭合。

如果30分钟的按压还不能止血的话，那就需要用敷布来压住伤口。敷布由厚厚的纱布或者其他相配的材料组成，直接包敷在伤口上，然后用绷带牢牢绑住（图4-2）。敷布应该绑得比平常的绷带紧，但是不能紧到危害肢体其余部分的血液流通。敷布一旦绑上就**不要拿下来**，即使绷带被血浸透了。

敷布需要保留1~2天，之后拆掉重新换一块小一点的敷布。在长期的求生环境中，要每天更换敷布，并检查伤口是否有感染的迹象。

抬高肢体。尽量抬高受伤肢体，使之高过心脏，这样可以帮助血液回流至心脏，并且降低伤口的血压，从而减少流血。但是单纯地抬高肢体并不能完全止住流血，还必须同时直接按压伤口。在治疗蛇咬伤时，要确保受伤的肢体**低于**心脏的位置。

按压点。按压点是主动脉通向伤口的靠近皮肤表层的一个位置，或者是人体的骨头隆突处上直接经过的动脉（图4-3）。你可以用手指按压，以降低动脉血流速度，直到绑上缚布。按压点控制出血不如对伤口直接按压的效果好。因为由一个主动脉向受伤部位供血的情况比较少见。

如果你记不住按压点的确切位置，可以这样：在伤处上面最近的关节处加压。手、脚、头部受伤的按压点分别是手腕、脚踝和脖颈。

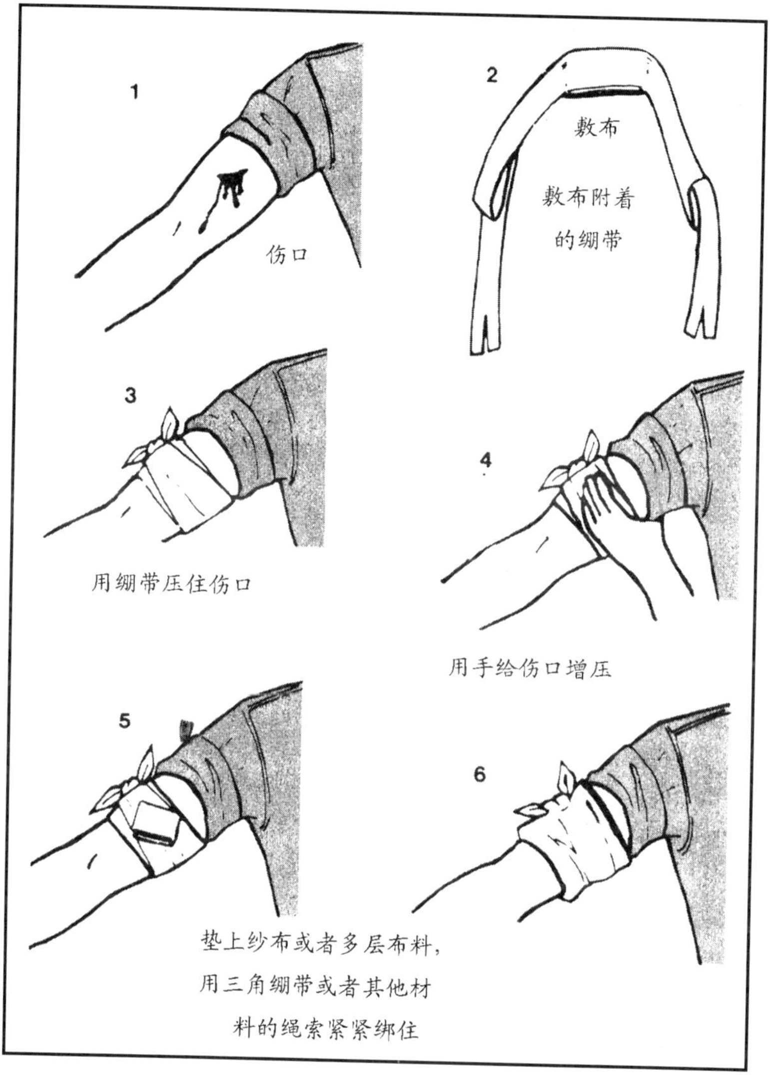
1
伤口
2
敷布
敷布附着
的绷带
3
用绷带压住伤口
4
用手给伤口增压
5
6
垫上纱布或者多层布料，
用三角绷带或者其他材
料的绳索紧紧绑住

图 4-2　敷布的包扎

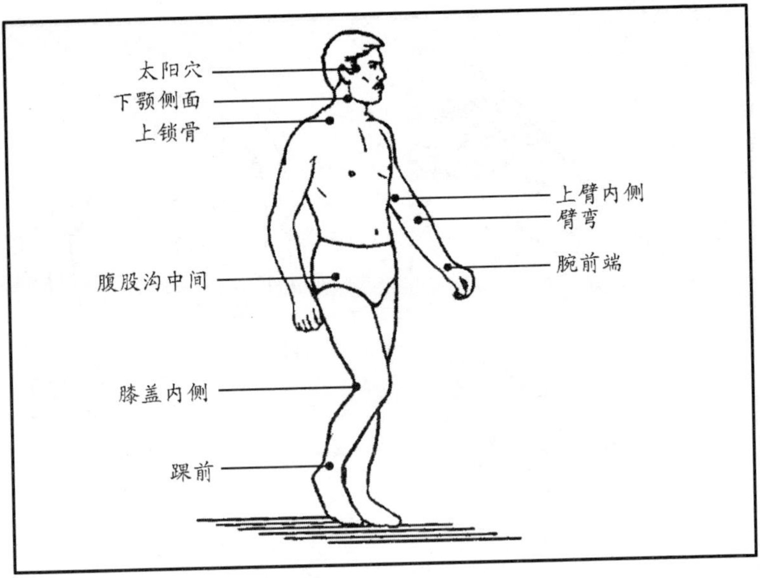

图 4-3　按压点

警告： 在脖颈上加压时要小心。过大、过久地加压能导致昏迷或死亡。在脖子上不能用止血带。

在关节处绑一根圆木棍可以保持按压点的压力，在木棍上方将关节弯曲，然后捆扎。这个办法可以保持压力，使你可以腾出手去处理其他部位。

手指止血。你可以用一到两个手指直接压在动脉或静脉的出血端上，来阻止大量出血或降低出血速度。要压到出血停止或出血量变小使你能够来得及采取捆扎止血绷带或抬高肢体等措施。

止血带。只有当直接施压和其他方法都不能成功止血时，才需要用到止血带。如果止血带绑缚的时间太长，损害会逐渐严重，导致坏疽产生，最后使整个肢体坏死。止血带使用不当，还会对周围的神经和其他组织造成永久性伤害。如果必须使用止血带，就要把它绑在伤口和心脏之间、位于伤口之上 5 ~ 10 厘米的位置上。绝对不要把止血带绑在伤口上或骨折处。图4- 4解释了如何使用止血带。

把止血带放好后，要对伤口进行清洗和捆扎。如果只身一人便无法移动或解开止血带。如果在一个小队里，队友可以帮你每隔 10 ~ 15 分钟松 1 ~ 2 分钟的止血带以免末端供血不足导致截肢。

休克的预防及医治。所有受伤的人都可能会休克。无论出现何种症状，都要按照下面的方法对伤者进行治疗（图 4-5）：

- 如果患者是清醒的，将他放在一个平整的表面上，下肢抬高 15 ~ 20 厘米（6 ~ 8 英寸）。
- 如果患者已经失去了知觉，让他侧躺，或者面朝下而头部歪向一边，以防止他被呕吐物、血或者其他液体呛着。
- 如果拿不准采用什么姿势，就把患者放平。如果患者进入了休克状态，不要移动他。
- 保持患者体温，有些时候，需要从外部给患者提供热量。
- 如果患者浑身湿透了，要尽快脱下他的湿衣服，换上干的衣服。
- 临时搭建一个避身场所使患者与外界隔开。
- 从外部给患者提供热量可以用以下方式：热的饮料或食物；预热过的睡袋；他人体温；壶装热水；用衣服包住的热石块；或者在患者两边生火。
- 如果患者清醒，小口地给他喂热的盐水或糖水，如果有的话。
- 如果患者失去了知觉，或者腹部受了伤，不要给他喝任何东西。

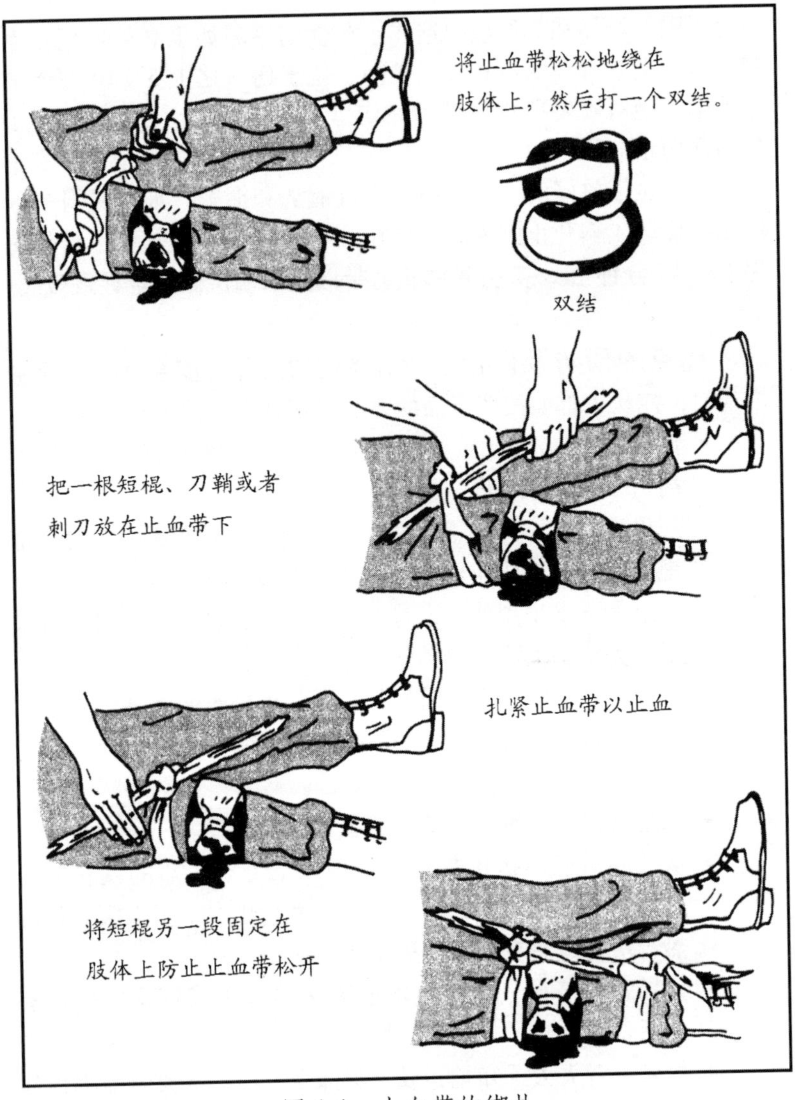
将止血带松松地绕在
肢体上，然后打一个双结。
双结
把一根短棍、刀鞘或者
刺刀放在止血带下
扎紧止血带以止血
将短棍另一段固定在
肢体上防止止血带松开

图 4-4　止血带的绑扎

清醒的患者

- 将患者放在一个平整的表面上
- 脱掉所有湿衣服
- 给他热的饮料
- 至少休息24小时
- 与地面隔开
- 避免置于露天之下
- 保持体温
- 将下肢抬高15～20厘米

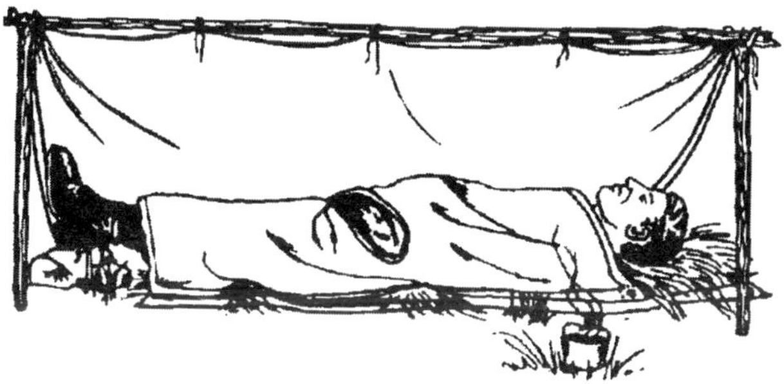

失去知觉的患者

与医治清醒的患者一样，除了——

- 让患者侧躺，并把他的头拨向一边以免他被呕吐物、血液或者其他液体呛着
- 不要将其四肢抬高
- 不要给他喝任何东西

图 4-5　医治休克病人

- 患者必须休息至少 24 小时。
- 如果你是孤身一人，应找一个地方躺下，洼地里、树下或者其他可以避开风雨的地方都可以，要使头部比脚部低。
- 如果你还有一个同伴，要随时对患者的状况作出估计。

骨伤和关节伤

你可能会遇上骨伤和关节伤，包括骨折、脱臼和扭伤。按照下面的方法处理以上每种伤情。

骨折。骨折基本可以分为两类：开放式骨折和闭合骨折。如果发生开放式（复合）骨折，骨头会穿过皮肤露出来造成伤口，使骨折变得更加复杂。所有从伤口突出来的骨头都应该进行抗菌清洁并保持湿润。你应该用夹板夹住受伤部位并不断监控流经伤口的血量。只有伤口不流血时，才能进行固定。

闭合骨折没有外部伤口。按照下面的方法（第 43 页）进行固定并用夹板夹住。

骨折的迹象和症状是疼痛、触碰痛、变色、肿胀变形、无法活动和摩擦声（骨折接口互相摩擦时发出的声音或感觉）。

骨折的危险在于对骨折处的神经或血管造成挤压。所以，尽量不要动骨折的地方或者要十分小心地处理。如果你注意到骨折处下面的部位变麻木、肿胀、摸起来变凉或者变得苍白，并且伤者出现休克症状，可能是主动脉受到了压迫。你必须要控制住这种内部出血。重新固定骨折处，处理伤者的休克并且给他补充流失的液体。

在做夹板和治疗的过程中经常必须伴随使用牵引。你可以用手有效地拉动较小的骨头如手臂以及小腿。你可以将一只手或脚楔入树的 V 形口，然后用另一只手或脚反向推树，起到牵引的作用。然后可以用夹板固定骨折处。

当股骨（大腿骨）被有力的肌肉夹住后很难在治疗中进行牵引。你可以利用天然材料（图 4-6）制作临时牵引，方法如下：

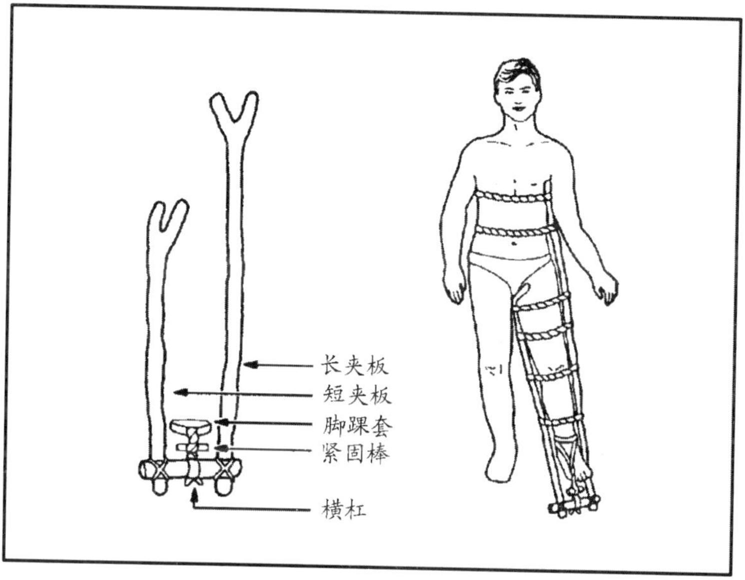

图 4-6　临时牵引夹板

- 找两根直径至少为 5 厘米（2 英寸）的叉形树枝或小树苗。将其中一根截成按照伤者未受伤的腿一侧从腋窝往下 20 ~ 30 厘米（8 ~ 12 英寸）处至脚底的长度。另一根截成未受伤的腿一侧从腹股沟往下 20 ~ 30 厘米（8 ~ 12 英寸）处至脚底的长度。要确保两者到脚底的长度相同。
- 给两个夹板加上衬垫。在底部开槽并在两个夹板之间捆一个由5厘米粗的树枝截成的长20～30厘米（8～12英寸）的横杠。

- 利用手边的材料（蔓藤、布或生牛皮），将夹板从身体的上半身顺着受伤的腿向下捆扎。
- 利用手边的材料，作一个脚踝套，将其两端系在横杠上。
- 将一根10厘米长、2.5厘米粗的紧固棒放到脚踝套上。紧固棒可使牵引更容易。
- 拧紧紧固棒，直到伤腿和没受伤的腿一样长或比没受伤的腿稍长一些。
- 系紧紧固棒以维持牵引。

注意：一段时间后，由于材料变松可能使牵引失去作用。要定期检查牵引。如果你必须换掉或修理夹板，要用人力临时保持牵引状态。

脱臼。脱臼是骨关节分离引起骨头的错位。这些非正常错位能够引起极大疼痛并导致神经受损或该区域下方的循环功能受影响。你必须尽快将这些关节恢复到正常位置。

脱臼的迹象和症状是关节疼、触碰痛、肿胀、异位、移动范围受限以及关节变形。可通过还原、固定和恢复来处理脱臼。

还原或“归位”就是把骨头放回原来的位置。你可以通过几种不同的方法进行，但人工牵引或用重物拉伸是最安全也是最容易的。一旦还原完毕，伤者的疼痛就会减轻并且恢复正常的功能和血液循环。在没有X光的情况下，你可以通过关节的外观和感觉以及与另一侧的关节做比较来判断。

固定就是在将脱臼的骨头还原后用夹板夹住。你可以用临时找来的任何材料做夹板，或者将肢体末端固定到身体上。以下是夹板固定的基本方法：

- 将骨折处的上、下方用夹板固定。
- 在夹板上加衬垫来减少不适。
- 在绑好夹板后检查骨折下方的血液循环情况。

要使脱臼恢复，应在 7 ~ 14 天后将夹板去除。在完全康复前，要逐渐使用受伤的关节。

扭伤。筋腱和韧带会由于意外伸拉过度而引发扭伤。扭伤的迹象和症状就是疼痛、肿胀、触碰痛和变色（呈黑色或蓝色）。

处理扭伤可以遵循下面的 RICE 口诀进行：

- R（rest）——让伤处休息。
- I（ice）——冰敷 24 ~ 48 小时。
- C（compression）——紧紧包扎或者上夹板以帮助稳定。如果可能的话，扭伤踝关节的脚应该不穿靴子，除非血液循环不受影响。
- E（elevate）——将扭伤处抬高。

注意：冰对扭伤是最好的，但在生存环境中冷泉水可能更容易获得。

昆虫叮咬

昆虫及相关害虫对求生状态是一种危害，不仅仅因为它们的叮咬本身带来的不舒服，还因为有些昆虫会携带病菌，有些会引起严重的过敏反应。在世界其他地方，你可能会遇到在美国从来没有遇到过的严重甚至致命的疾病。

- 扁虱可能携带并传播疾病，例如落基山斑疹热，这在美国许多地区很常见。扁虱还传播淋巴疾病。
- 蚊子可能携带疟疾、登革热等疾病。
- 苍蝇可以通过接触传染源传播疾病。它们可能是嗜睡症、伤寒症、霍乱的病源，有时还会携带痢疾病毒。
- 跳蚤可以传播瘟疫。
- 虱子会传染斑疹伤寒症、回归热。

避免昆虫叮咬造成并发症的最好方法是注射最新的免疫针(包括增强剂)、避开昆虫污染的地方、使用网状物把自己罩起来并使用驱虫剂、穿适当的衣服。

如果被昆虫叮咬了，不要抓，因为可能会引起感染。每天至少检查一次身体，看是否有虫子叮在身上，如果发现身上有扁虱，用诸如凡士林、重油，或者树液等物质涂抹在它们身上，这些物质会切断它们的空气来源。没有空气，扁虱就会松开口，这个时候你就可以把它们从你身上弄走了。注意要把整个扁虱都弄掉，如果有的话，可以用镊子。捏住它叮住你皮肤的嘴的部分，但是不要捏碎它。在捉完扁虱之后要洗净双手。要每天清洗伤口直到愈合。

治疗。列出每一种叮咬的治疗方法不太现实。不过你可以按照以下方法应对所有的蚊虫叮咬：

- 如果你手边备有抗生素，那么在涂抹和使用前一定要先熟悉其性能。
- 预先注射疫苗可以预防由蚊子和苍蝇携带的大多数常见疾病。
- 一般由苍蝇传播的常见疾病都可以用盘尼西林和红霉素治疗。
- 由扁虱、跳蚤、虱子和螨类寄生虫传播的疾病可以用四环素治疗。
- 多数抗生素都是 250 或 500 毫克的药片。如果你不能记住准确的用药剂量，一天 4 次，一次 2 片，持续 10 ~ 14 天后通常就能将细菌杀死。

蜜蜂与黄蜂蜇咬。如果被蜜蜂蛰到，应立即把蜇刺和毒囊拨出，如果粘连住了，可以用指甲或者刀片进行刮擦。不要挤或抓蜇刺或毒囊，因为如果挤的话会使更多的毒液进入伤口。用肥皂和水彻底清洗叮咬处以减少二次感染的机会。

如果你知道或者怀疑自己对昆虫叮咬过敏，就应将防昆虫叮咬工具随时带在身边。

以下方法可以缓解蚊虫叮咬引起的瘙痒和不适：
- 冰敷。
- 用凉的泥和木灰糊外敷。
- 用蒲公英汁涂抹。
- 用椰子果肉。
- 用大蒜沫。
- 洋葱。

蜘蛛和蝎子叮咬。黑寡妇蜘蛛腹部有红色沙漏形状的图案。只有雌性的才咬人，它的毒液含有神经毒素。起初疼痛感不强，但被咬部位很快就会出现剧痛。疼痛很快会传遍全身，最后，腹部和双腿会持续疼痛。会出现腹部痉挛并逐渐出现恶心、呕吐等症状，并可能出现皮疹。也可能会产生虚弱、颤抖、出汗和流口水等症状。有时可能会产生过敏反应。之后的三天症状会恶化，在接下来的一周会逐渐减轻。治疗休克。时刻准备做心肺复苏术。要清洗并包扎叮咬处以减少感染的危险。准备好抗蛇毒血清。

漏斗网蜘蛛是在澳大利亚发现的一种棕色或灰色的大蜘蛛。被咬的症状和治疗方法与黑寡妇蜘蛛造成的叮咬相同。

棕色的室内蜘蛛或棕色隐士蜘蛛是一种浅棕色的小蜘蛛，其背部有一个深棕色小提琴形状的图案。被这种蜘蛛叮咬不会感到疼痛或者只有轻微疼痛，以至于被它咬到都不知道。在几个小时之内，会出现一片有青紫色中心斑点的红色疼痛区域。不是所有的叮咬处都会出现疽，但通常在 3 ~ 4 天内，叮咬处会出现星状的坚硬的深紫色区域。一两周内叮咬处颜色变深、并且变干瘪。待结痂脱落后，留下裸露的溃疡面。二次感染和局部肿胀的淋巴腺通常在这个时候可以看见。棕色隐士蜘蛛叮咬的显著特征是出现持续几周甚至数月的溃疡。除了溃疡，还有一系列严重的甚至可能致命的反应。通常只有儿童和体弱者会出现反应（发烧、寒战、关节疼痛、呕吐和皮疹）。

狼蛛很大，身体多毛，主要出现在热带地区。大多数不释放毒液，但南美地区的一些狼蛛释放毒液。它们生有硕大的毒牙。如果被它咬到，疼痛和流血是难免的，也很有可能感染。对待狼蛛咬伤要像对待其他伤口一样，要预防感染。如果出现中毒症状，可采取处理黑寡妇蜘蛛叮咬的方法处理。

蝎子或多或少都是有毒的。根据蝎子的种类，被叮咬后的反应有两种：

- 只有严重的局部反应，在叮咬处周围有疼痛和肿胀。嘴部周围可能会有刺痛感，并感到舌头变厚。
- 严重的系统反应，而没有或只有很小可见的局部反应。局部疼痛可能会出现。系统反应包括呼吸困难、舌头增厚感、身体痉挛、流口水、胃胀、视觉重影、失明、眼珠不自觉地移动加速、大小便失禁和心脏衰竭。致命的情况不多见，主要发生于儿童和有高血压或患病的成年人。

采取处理黑寡妇蜘蛛叮咬的方法处理蝎子叮咬。

蛇咬伤。如果你熟悉蛇的种类和生活习性，那么被蛇咬伤的概率很小，但是，只要存在被咬伤的可能性，你就应该知道如何医治蛇咬伤。因蛇咬而致死是很少见的。被蛇咬了的受害者超过一半以上不会中毒，只有四分之一的人会有严重的中毒生理反应。不管怎么说，在求生状态下被蛇咬的可能性会影响士气，而且如果没有采取预防措施，或者咬伤了之后疏于医治，都会造成不必要的悲剧。

治疗蛇咬伤最需要关注的是要把伤口周围组织的损伤程度降到最低。

不管何种类型的动物造成的咬伤，伤口都可能会被动物口腔黏液中的细菌感染，无毒蛇的咬伤也是一样，这种局部感染是造成之后的损伤的主要原因。

蛇的毒液不仅含有攻击中枢神经系统和血液循环的有毒成分，而且含有帮助它们消化猎物的消化酶。这些有毒成分能引起大片的组织坏死，留下大面积伤口。这种情况下如果不治疗将会导致截肢。

被蛇咬了之后的休克和惊慌也会影响恢复。兴奋、歇斯底里、恐慌都会加速血液循环，从而使身体更快地吸收毒素。休克的征兆会在被蛇咬后的30分钟内出现。

医治蛇的咬伤前，要先弄清楚咬你的蛇是有毒的还是无毒的。无毒的蛇咬的伤口会呈现出一排牙印。毒蛇咬的伤口也可能会呈现出一排牙印，但还会有一个或多个穿孔，这是毒蛇的尖牙造成的。被毒蛇咬伤的症状可以是鼻孔和肛门出血、尿血、被咬处疼痛并肿胀，这些症状在被咬后几分钟、最多2个小时内出现。

呼吸困难、瘫痪、虚弱、抽搐和麻木也是毒害神经毒液的迹象。这些迹象通常出现在被咬后的一个半到2个小时内。

如果你确定是有毒的蛇咬伤了某个人，那么就要采取如下步骤：

- 安慰遭到蛇咬的人并让他保持安静。
- 为休克做准备，灌水或者采取静脉（IV）注射的方法。
- 摘掉手表、耳环、手镯或其他束缚身体的物品。
- 清洗咬伤处。
- 保持呼吸通畅（尤其当伤口靠近面部或脖颈时）并准备好进行人工呼吸或心肺复苏术。
- 在伤口和心脏之间绑上缚紧带。
- 固定伤处。
- 使用医用抽吸装置尽快将毒液排出体外。不要挤伤口。

治疗蛇咬的过程中你还应该记住四个非常重要的指导原则。

不要——

- 给伤者酒精饮料或者烟草制品。千万不要给他用阿托品！给他吗啡或者其他抑制中枢神经系统的药物。

- 在伤口处深切。切口会使毛细血管全部打开，使毒液和感染直接进入血液。

注意： 在治疗 1 小时以后，在每一个穿孔上切开一个小口（长度不超过 6 毫米，深度不超过 3 毫米），深度只要能够将毒牙穿孔掰大即可，但只能穿过第一或第二层皮肤。在伤口上放一个抽吸杯，以保持真空状态。抽吸伤口处 3～4 次。**至少要抽吸 30 分钟**。**只能**在没有其他办法的情形下才能用嘴吸毒液，而且要保证你的嘴里没有伤口。将毒液吐出，用水漱口。这种方法可以吸出 25～30% 的毒液。

- 把手放在脸上或者揉眼睛，因为你的手上可能有毒液。毒液可能会导致失明。
- 将伤口周围形成的水泡挤破。

按照上面的方法照料过伤员之后，可采取如下步骤使局部受到的影响降到最小：

- 如果出现感染，要保持伤口敞开和清洁。
- 24～48 小时后用高温来帮助防止局部感染的扩散。高温也能消除感染。
- 用经过消毒的干布盖住伤口。
- 让伤员大量饮水直到感染消失。

伤　口

伤口的特征是皮肤的整体性被破坏。这些伤口可能是外伤、皮肤病、冻伤、战壕足病或烧伤。

外伤。在求生状态下，外伤都是严重的，不仅仅是因为外伤会使组织受损并失血，还因为伤口有可能受到感染。致使你受伤的物体上的细菌，或者你皮肤上、衣服上的细菌，或者其他东西上的细菌，如果碰到伤口都可能会引起感染。

对伤口进行正确的处理可以减少伤口感染，加速愈合。受伤之后要尽快清洗伤口：

- 脱掉或者剪开伤口周围的衣服。
- 如果是被尖锐物、子弹或投掷物所伤，一定要寻找伤口另一端的出口。
- 彻底清洁伤口周围的皮肤。
- 用大量的水——尽量用干净的水——冲洗（不要擦洗）伤口。如果没有水，可以用新鲜的尿液。

“开口疗法”是在求生状态下处理伤口最安全的方法。不要想通过缝合或类似方法把伤口闭合起来。让伤口开着能使因感染而产生的脓液排出。只要伤口能够逐渐变干，一般就不会致命，不要管伤口多么难看或难闻。

用一块干净的敷布敷在伤口上，用绷带扎好。每天更换敷布，检查伤口是否感染。

如果伤口裂开，你可以用切成“蝴蝶形”或“哑铃形”(图 4-7)的胶布将伤口的边缘粘在一起。在没有抗生素的情况下，采用这种方法要极其小心。你必须为伤口留出适当的通道排脓，以避免感染。

在求生状态下，一定程度的伤口感染几乎是无法避免的。伤口感染后会发生以下症状：伤口疼痛、红肿；体温升高；伤口或

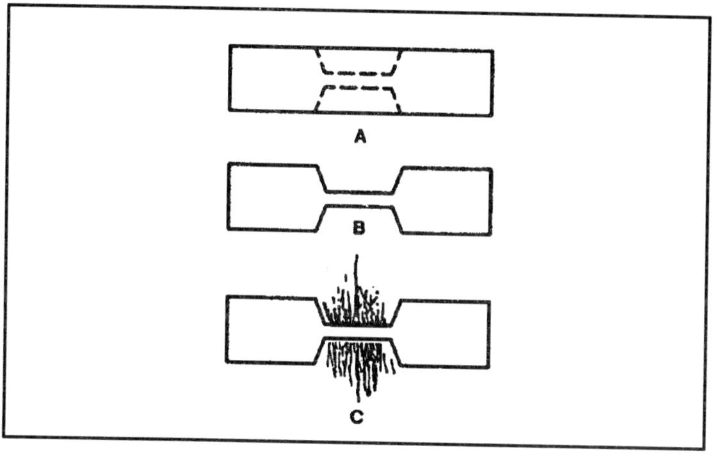

图 4-7　蝴蝶形封闭胶布

者敷布上有脓液。

如果伤口受到了感染，可以采取以下措施治疗：

- 将一块潮湿的热敷布敷在伤口上，当敷布变凉之后更换新的，总共敷 30 分钟左右，每天敷 3 ~4 次。
- 排脓。用消过毒的器具小心打开并探入伤口。
- 敷上敷布并包扎好伤口。
- 喝大量的水。
- 如果是枪伤或其他严重伤，最好的方法是每天用能够找到的最干净的水强力冲洗伤口。如果饮用水或净化饮用水的方法受到限制，就不要用饮用水冲洗。每天都要冲洗伤口，直至伤口愈合。这样，伤口留下的疤痕可能会大一些，但你受感染的机会大大降低了。
- 每天重复以上措施，直到感染消除。

如果你没有抗生素而且伤口严重感染、不愈合，普通的清创术也无法进行的情况下，可以考虑蝇蛆疗法，尽管这种疗法存在风险：

- 将伤口暴露，使苍蝇能够接近伤口，一天后再盖上。
- 每天检查生蛆的情况。
- 一旦生蛆，要继续包着伤口，但要每天检查。
- 在蛆将坏死的组织清理干净但还没有破坏健康组织的时候将蛆清除掉。疼痛加剧并出现鲜红的血表示蛆已经接触到了健康组织。
- 用消毒后的水或新鲜尿液反复冲洗伤口将蛆清除。
- 接下来的几天，每隔 4 小时检查一下伤口，以确定蛆虫已经被完全洗掉。
- 包扎好伤口，然后像处理其他伤口一样来处理，伤口会自行愈合。

皮肤病和一些小疾病。疖子、真菌感染和皮疹通常不会发展为严重的疾病。它们只是引起不适，可以按照以下方法处理：

疖子。用热敷布敷在脐疮上，使疖子的脓头长出来。然后用经过消毒的小刀、金属丝、针或类似工具将脓头挑开。用肥皂和清水彻底清洗脓水。将疖子包好，定期检查以确保没有进一步感染。

真菌感染。保持皮肤清洁干爽，将感染部分尽可能多地暴露于阳光下直晒。**不要抓**感染的部位。在东南亚冲突期间，士兵们用防真菌粉、肥皂、氯漂白粉、酒精、醋、浓盐水、碘酒来治疗真菌感染，都取得了一定的效果。就像任何“**非常规的**”治疗方法一样，在用这些方法时要**小心**。

痱子。要想有效地治疗痱子，首先要确定产生痱子的原因。即便在最佳情况下要找出原因也许都会存在困难。治疗痱子要遵循以下原则：

- 如果生痱子的地方是湿润的，要使其保持干爽。
- 如果生痱子的地方是干的，要保持其湿润。
- 不要抓生痱子的地方。

用沾有醋或者来自于茶水中或煮橡树皮或硬木树皮的丹宁酸的敷布轻擦因干燥而生了痱子的患处。要使干痱子保持湿润，可在患处涂上少量的动物油脂。

要记住，对待痱子要像对待伤口一样；每天都要清洁并包扎。对于求生者来说，野外或被囚禁的地方有很多种东西可以用来作为治疗伤口的杀菌剂。下面是一些推荐：

- 碘片。把5~15片碘片放入1升水中就可以制成一种很好的伤口洗液。
- 大蒜。用大蒜擦拭伤口或者用开水将蒜油煮出，然后用这种水冲洗感染部位。
- 盐水。每升水加2~3大汤匙盐也可以起到杀菌作用。
- 蜂蜜。可以直接敷蜂蜜或者用水稀释蜂蜜。
- 苔藓。全世界的沼泽地都可以找到苔藓，它是天然的碘酒，直接外敷。
- 糖。直接敷于伤口处，待变为光滑多水的状态后彻底清除掉。然后再重新敷。
- 果汁。在极端环境下，蜂蜜和糖的一些相同功用能够通过所有的高含糖物质表现出来。

注意：使用非商业化制造的材料时要小心。

灼伤。下面的一些措施能适当减轻灼伤引起的疼痛，对治愈可能会有帮助，还能保护伤口免受感染：

- 首先要灭火。把着火的衣服脱下来，往上面泼水或沙子，或者在地上打滚。用冰或水冷却烧伤的皮肤。对于白磷引起的着火，要用镊子把白磷捡出来，不能用水灭火。
- 将敷布或者干净的布块放到煮沸的丹宁酸溶液（将茶、阔叶树内皮或橡树子经过水煮可获得）中浸泡10分钟。
- 等敷布或干净的布块冷却之后，敷在伤口上。糖和蜂蜜对烧伤也有疗效，而且蜂蜜对促进新皮肤的生长和阻止感染特别有效。可以在伤口上涂蜂蜜和糖。
- 像其他伤口那样治疗。
- 补充水分的流失。水分的补充可以通过喝水（这是最好的方式）以及静脉注射。还有一种选择是通过直肠。水不需要消毒，只要干净就行。通过管子往直肠送水，一个人每小时可以有效地吸收大约1～1.5升水。
- 保持呼吸道通畅。
- 治疗休克。
- 考虑使用吗啡，除非烧伤部位在脸部附近。

环境伤害

中暑、体温过低、痢疾和肠内寄生虫都是在生存环境中能够碰到的环境伤害。按照以下原则去做。

中暑。身体温度调节系统的损坏（体温高于40.5℃或105℉）引起中暑。其他高温病如痉挛或脱水不一定总会在中暑之前出现。中暑的迹象和症状有——

- 脸红且肿。
- 眼白变红。
- 不出汗。
- 失去知觉或者精神错乱，会导致肤色苍白、唇色和指甲变蓝（黄萎病）以及皮肤变凉。

注意：这种情况表明受伤者处于严重休克状态。要尽快为患者降温。把他放到清凉的水流中。如果环境不允许，用尿液、水或者至少要用清凉的敷布外敷所有的关节，尤其是颈项、腋窝和胯部。一定要将伤者的头部弄湿。头皮可以大量散热。可以做静脉注射并补充水分。还可以为伤者扇风。

在降温过程中你会发现如下症状：

- 呕吐。
- 腹泻。
- 挣扎。
- 颤抖。
- 喊叫。
- 长时间失去知觉。
- 在 48 小时内再次中暑。
- 心搏停止。准备好进行心肺复苏术。

注意：用淡盐水处理脱水症状。

冻疮。冻伤初期是在脸上、耳朵和手足处出现硬、冷、白色或灰色区域，伤后两到三天会起水泡或者像晒伤一样可以剥落。冻伤或冻疮是身体组织暴露于严寒中的结果，也是冻伤病的开始。细胞里和细胞周围的水分冻结，细胞壁破裂后使组织受到损害。可以用两只手或其他温热的东西温暖受伤部位。寒风也是造成冻伤的原因之一；预防措施包括多穿几层干衣服以及防止受湿与受风。

战壕足病。足浸病和战壕足病是由于在冰点气温下，长时间——数小时，甚至数天——暴露于潮湿的环境中引起的。神经和肌肉是主要受损的地方，不过也可能会生坏疽，严重时，肌肉会坏死，最后可能不得不将整只脚或腿切除。防止这种病最好的方法是保持双脚干爽。带上备用的袜子，用防水的包装包好。将湿袜子放在身上慢慢焐干。要每天洗脚，并换上干袜子。

冻伤。冻伤是由于组织冻僵而造成的伤害。冻伤会深入至皮肤以下的组织，使组织变硬、变僵。脚、手以及暴露在外的脸部特别容易冻伤。

有队友的情况下，可以通过团队预防冻伤。经常与队友互相检查脸部。如果你独自一人，要定时用手套捂住鼻子和脸的下部。

不要尝试将冻伤部位贴近火来解冻。可以把冻伤的组织浸入37～42℃（99～109 ℉）的水中直到解冻。（可以通过手腕内侧来确定水温。）将冻伤部位擦干并靠近自己的皮肤利用体温取暖。

低体温症。低温症是指人体的核心温度达不到36℃（97 ℉）。暴露于寒冷环境中或长或短的时间都能造成低温症。脱水以及缺乏食物和休息都可能造成低温症。

立即进行治疗非常关键。应把患者移到不受风、雨和寒冷侵扰的避身所里。脱下所有的湿衣服并给患者穿上干衣服。用温水补充患者流失的水分，并将他与另外两个人（如果可能）一起放到睡袋中对其进行肌肤相触的温暖。如果患者无法喝水，可以采用直肠补水。

痢疾。这是常见的、让人虚弱的小毛病，它可能是由于以下某些原因造成的：水土不服；喝了被污染的水；吃了变质食品；疲劳；或者使用了不干净的盘子。如果你得了痢疾，又没有任何止泻药，你可以试试以下任一措施：

- 24 小时内限制流食摄入量。
- 每 2 小时喝一杯浓茶直到腹泻次数减少或者停止。茶里面的丹宁酸能有效制止腹泻。将硬木树的内皮煮两个小时以上，使之将丹宁酸释放出来。
- 用一把白垩土、木炭或干骨，再加处理过的水制成溶液。如果有苹果糊或者柑橘类水果的果皮，按同等比例加入混合物中会更加有效。每隔两小时服用两汤匙，直到腹泻次数减少或者停止。

肠内寄生虫。如果预防措施得当，通常都能避免蠕虫或其他肠内寄生虫的产生。例如，绝对不要光着脚。预防肠内寄生虫的最佳途径是：不要吃未煮过的肉，不要吃生的蔬菜，因为它们很可能被未加工过的污水或人的粪便肥料污染了。如果你肠内已经长了寄生虫，并且缺乏必要的药品，那么你可以试试下面一些土办法，不过要记住，这些方法的多数作用是改变肠胃环境。以下是可以采用的土办法：

- 盐水。将 4 汤匙盐混入 1 升水中，然后喝下去。不要重复使用这种方法。

- 烟草。吃 1～1.5 根香烟或大约 1 茶匙烟草。香烟中的尼古丁能杀死蠕虫，或者使它们昏厥足够长的时间，然后将它们排出来。如果情况比较严重，在 24～48 小时内，重复这个治疗措施，**记住不要太快重复**。
- 煤油。喝 2 汤匙煤油，**不要喝多**。如果需要，在 24～48 小时之内重复该治疗措施。小心不要把煤油的气味吸入肺中，这会造成肺部疼痛。

注意：烟草和煤油疗法很危险，要小心。

- 辣椒。只有经常吃辣椒才会有效。辣椒可以生吃，或放进汤里、米饭里和肉里。辣椒可以造成一个阻止寄生虫进入的环境。
- 大蒜。将 4 瓣大蒜切碎或压碎，与 1 杯液体混合，每天喝 1 杯，喝 3 个星期。

草　药

在现今社会，有各种疗效神奇的药品、精良的器材和装备，而古代的治疗方法——测定、常识以及一些原始的治疗方法——早已被人们忘记。但是在世界其他许多地方，人们依然依靠当地巫医或术士治病。许多药草（植物）和药品与现代医学一样有效。事实上，现代医学药品很多来源于对草药的提炼。

警告：要十分小心地使用草药，只有当你缺乏药品的时候再去尝试草药。有些草药很危险，可能会导致进一步的伤害，甚至引起死亡。第 168～173 页解释了一些基本的草药疗法。

第5章

避身场所

避身场所可以保护你，使你免受阳光曝晒，免受风吹雨淋，可以使你避开昆虫侵扰，躲避酷暑和严寒，躲避敌人的搜查。避身所还可以给你安全感，帮助你维持求生意志。

在某些地区，寻找避身所可能比寻找食物更重要，甚至比寻找水更重要，比如，长时间暴露于严寒天气下可能会导致极度疲劳和虚弱（筋疲力尽），而极度虚弱的人可能会产生消极的态度，对前景悲观，因而丧失求生的意志。

找到天然避身场所或对之进行改造以满足你的需要，会节省很多精力。在建造避身所时常见的一个错误是把它做得太大。避身所必须足够大以保护你，但也要足够小，以保持你身体的温暖，特别是在严寒天气里。

最基本的避身所——军服

你在生存环境中最基本的避身所就是你的军服。无论你是身处炎热、寒冷、热带、沙漠或极地，都是如此。由于军服要保护你，你必须使其尽可能状态良好并正确穿着。我们用第237～239页介绍的COLDER（冷）这个字来提醒我们要做什么。

避身所地点的选择

当你身处一个求生环境中，并认识到避身所的极端重要性时，就要尽早开始寻找避身场所。寻找时，要记住你需要什么样的地点。避身场所必需的两个条件是——

- 必须有建造避身场所的材料。
- 必须足够大、足够平，可以让你舒舒服服地躺下来。

在考虑这两个条件时，你必须以你的战术位置和安全为中心。你必须同时考虑这个地点是不是具备以下条件——

- 足够隐蔽，能够躲开敌人的搜索。
- 有伪装起来的脱险路线。
- 如果必要，藏身地点要能够发信号。
- 能够提供保护，没有野生动物、滚落的岩石，或可能倒下的枯树的危险。
- 没有昆虫、爬虫或有毒植物。

你还必须注意以下可能会在你的环境中出现的问题，例如——

- 如果是在山脚下，避开山洪暴发的区域。
- 如果是在山区，避开山石崩落的区域。
- 如果是在水域附近，避开最高水位线以下区域。

在有些地区，选择藏身地点时要考虑季节因素。理想的避身场所在冬天和夏天是不一样的。在寒冷的冬季，你选择的地方要不但能遮蔽严寒和冷风，还要有燃料来源以及水源。同地区的夏季，避身场所附近要有水源，还要尽量避开昆虫大批滋生的地方。

在你考虑避身所地点的选择时，要记住 BLISS（福佑）这个词和下面的指导原则：

- B（Blend）——与周围环境融合。
- L（Low）——阴影要低。
- I（Irregular）——不规则的形状。
- S（Small）——要小。
- S（Secluded）——地点要隐蔽。

避身所类型

当你寻找避身场所的地点时，要考虑到你需要的避身所类型，然而，你还需要考虑以下问题：

- 建避身所需要多少时间和精力？
- 避身所能保护你免受以下因素的困扰吗（太阳、风、雨、雪等等）？
- 你有建避身所的工具吗？如果没有，你能临时制作吗？
- 你有建避身所需要的材料吗？

要回答以上问题，你必须懂得如何制作不同类型的避身所，以及其建造需要哪些材料。

雨披单坡避身所。建造这种避身所只需要很短的时间以及很少的装备就可以了（图 5-1）。你需要一件雨披，一根 2 ~ 3 米（7 ~ 10 英尺）长的绳子或降落伞伞绳。三根约 30 厘米（1 英尺）长的木桩，以及两棵相距约 2 ~ 3 米（7 ~ 10 英尺）的树木或者两根杆子。在你选择需要的树木或者选择在哪里放置杆子前，要检查风向，要保证避身所的背面迎风。

图 5-1　雨披单坡避身所

搭建步骤如下——

- 将雨披的帽子打结。将帽子上的拉绳拉紧，把帽子纵向卷起，折三折，然后用拉绳紧紧系住。
- 将绳子从中间剪断，然后将所得的两根绳子分别系在雨披较长一边两侧的边角扣眼上。

- 在每根绳子距离扣眼2.5厘米（1英寸）处各系一根滴水棒（长约10厘米的木棒）。滴水棒会阻止雨水沿着绳子进入避身所。另一种阻止水进入避身场所的方法是使用滴水线。在雨披顶端的两个边角扣眼上各系上一根线或绳子（长约10厘米），雨水会沿着绳子流淌，而不会进入避身所。
- 将绳子系在树上（或杆子上），高度齐腰即可。系绳子时先将绳子绕树一圈，然后打两个半结，结应是一拉就开的那种。
- 迎风展开雨披，把雨披固定在地面，可以用三根削尖的木桩穿过扣眼，然后将木桩插入地里。

如果你打算在避身所住不止一个晚上，或者你觉得会下雨，那么就要给避身所加一个中部的支撑。可以用一根绳子作为支撑。将绳子的一端系到雨披帽子上，另一端系到上面的树枝上。要确保绳子是绷紧的。

还有另外一种方法，可以将一根棍子竖在雨披中部下面，但这种方法会限制你的空间和活动。

要想更好地防风遮雨，可在雨披两边放一些灌木，或者把你的背包或者其他装备放在两边。

要想减少热量从地面流失，可以将一些隔热的材料，如树叶、针叶等铺在地上。

注意：休息时，80%的体热会被地表吸收。

如果想增加隐蔽性，不被敌人察觉，可以做两个修正来降低避身所侧面的高度：首先，将系在树上的支撑线高度调为齐膝高（而不是齐腰高），将两根齐膝的棍子穿过雨披两边的中间扣眼中；第二，将雨披斜着展开拉向地面，用削尖的棍子将雨披固定在地面上。

雨披帐篷。这种帐篷（图 5-2）比较低，两边都有保护。但是比起单坡避身所，这种帐篷可使用的范围较小，而且视线也不够开阔，会影响你对敌人侦察的反应。搭这种帐篷，你需要一件雨披，两根 1.5 ~2.5 米（5 ~8 英尺）长的绳子，六根大约 30 厘米（1 英尺）长的削尖的棍子，以及两棵相距约 2 ~3 米（7 ~10 英尺）的树。

图 5-2　利用悬挂树枝的雨披帐篷

搭建步骤如下——

- 系紧雨披的帽子，方法和做单坡避身所时一样。
- 在雨披两边的中间扣眼里各系一根 1.5 ~2.5 米（5 ~8 英尺）长的绳子。

- 将两根绳子的另一端系在相距约为2~3米（7~10英尺）的树木上，高度齐膝，使雨披绷紧。
- 将雨披一边拉紧，用三根削尖的棍子穿过扣眼插入地面，将雨披紧紧固定在地上。
- 重复以上步骤，将雨披的另一边也固定在地上。

如果你需要一个中部支撑，可采用与搭建雨披单坡避身所同样的方法。中部支撑的另外一种类型是外置的A型支架，置于帐篷之上（见图5-3）。找两根0.9~1.2米（3~4英尺）的长棍子，其中一根棍子的一端要有分叉，用这两根棍子做一个A型支架。把帽子上的拉线系在A型框架上，这样帐篷的中部就支撑住了。

三杆圆锥形降落伞帐篷。如果你有一个降落伞和三根杆

图5-3 用A型框架支撑的雨披帐篷

子，而且战斗形势允许的话，你可以做一个降落伞圆锥形帐篷。这种类型的帐篷很容易做，需要的时间不长，可以提供保护，免受自然界的各种伤害，还可以作为发信号装置用，因为它可以增强火或蜡烛发出的微光，而且这种帐篷足够大，可以供几个人使用，可以在里面睡觉、煮饭，还可以贮存木柴。

做这种帐篷（图5-4），你可以使用主降落伞或后备伞的部分伞盖或整张伞盖。如果你使用的是标准的人员降落伞，那么你还需要三根3.5～4.5米（12～15英尺）长、直径约为5厘米（2英寸）的杆子。

搭建这种帐篷步骤如下——

- 将三根杆子放在地上，将其一端系在一起。
- 将架子竖起来，支开，形成一个三脚架。
- 如果需要更多的支撑，你可以多砍一些杆子，将它们竖起来撑住三脚架，最好再加上五六根，不用捆绑。
- 检查风向，确定帐篷的入口，入口要与风向呈90°角或者更大，以避开讨厌的风。
- 将降落伞铺在支架上，并使其拉环（尼龙网环）位于帐篷的顶部。
- 把拉环放到一根未绑缚的杆子顶端，然后，把这根杆子靠到被绑在一起的三根杆子形成的支架上，使帐篷的最高点与三根杆子的绑缚处处于同一高度。
- 沿着三角支架的一侧将帐篷包住。当你将整个降落伞都包上去后，帐篷应该是双层的。你只需要包住三角支架的一半，因为其余部分会在另一半包住三角支架。
- 把帐篷折起来的边裹住两根未绑缚的杆子，做成入口。然后，你就可以把杆子排起来封闭帐篷的入口。

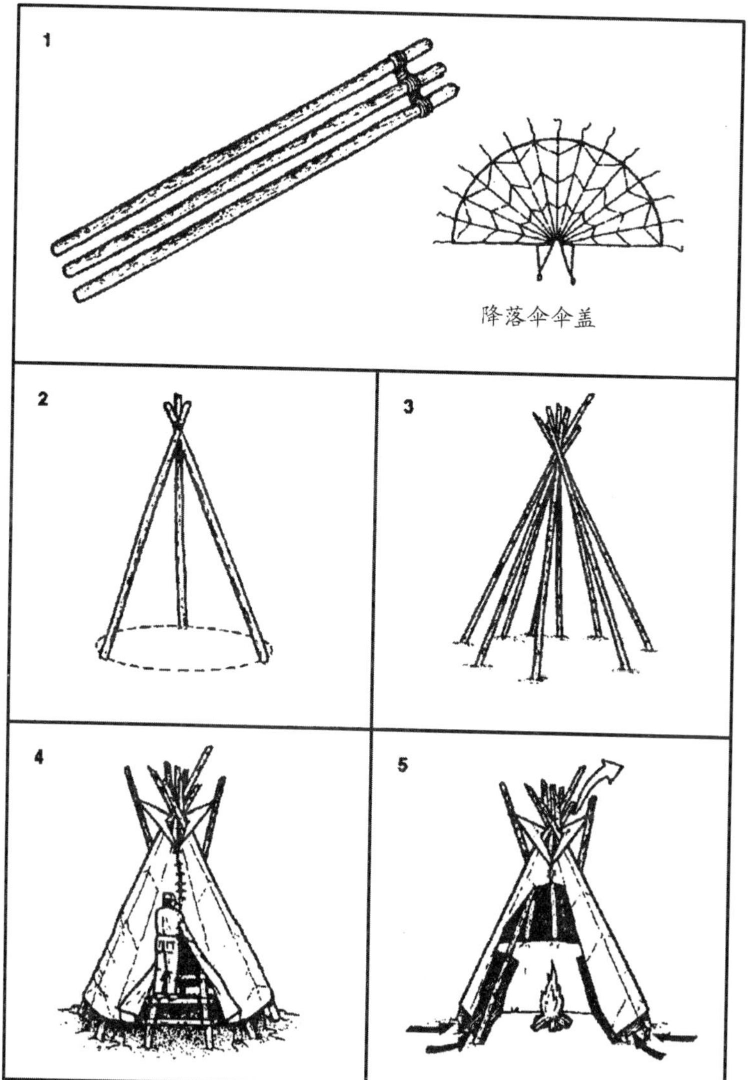

图5-4　三杆圆锥形降落伞帐篷

- 把降落伞底下其余的部分放到帐篷里面作为避身所的地板。
- 如果你打算在帐篷内生火，你必须在帐篷顶端留一个30～50厘米（12～20英寸）的开口，用来通风换气。

单柱降落伞帐篷。你需要降落伞上的14片三角形布、几个小木桩、一根较粗的中心支杆以及一根针来建这样一个帐篷（图5-5）。把降落伞伞绳裁下，但要留下40～50厘米（16～18英寸）长以备用。

图5-5　单柱降落伞帐篷

要做这样一个帐篷，你应该——

- 选一个地点，在地上画一个直径4米（13英尺）的圆圈。
- 把裁下来的三角形布块放到地上。
- 在确定好帐篷的入口开在哪里之后，把一个小木桩打入地下，牢牢地扎上第一根线（降落伞下部的线）。

- 将三角形布块展开，系上一根线，把一个小木桩打在画好的圆圈上，把三角形布块扎牢在小木桩上。
- 继续上面的过程，直到扎好所有的线。
- 用裁好的伞绳将三角形布的顶端松松地系到中心支柱上，通过尝试，找到将中心支柱树起来后三角形布的顶端应该在中心支柱上扎牢的位置。
- 将三角形布的顶端扎牢在支柱上。
- 用裁下的伞绳将三角布的两边缝起来，留出一个1～1.2米（3～4英尺）的入口。

无支柱降落伞帐篷。如果没有中心支柱，你可以用同样的材料建一个无支柱降落伞帐篷（图5-6），搭建方法与建单支柱降落伞帐篷相同。

图5-6 无支柱降落伞帐篷

要搭这种帐篷，你应该——

- 把预先裁下来的一根伞绳系到三角形布的顶端上。
- 把伞绳扔过一根大树枝，并把绳子系到树干上。
- 从与帐篷的门相对的那一面开始，在画出的直径为 3.5 ~ 4 米（12 ~ 14 英尺）的圆圈上打入一个小木桩。
- 把三角形布底端上的伞绳绑到木桩上。
- 继续打入木桩，绑上伞绳。

在所有伞绳都系好之后，解开绑在树干上的伞绳，把帐篷拉紧，再把伞绳系到树干上。

单人避身所。你可以用一个降落伞、一棵树以及三根杆子很容易就做成一个单人避身所（图 5-7）。其中一根杆子需要长约 4.5 米（15 英尺），另外两根长约 3 米（10 英尺）。

图 5-7　单人避身所

建这种避身所的步骤如下——

- 将4.5米（15英尺）长杆子的一端牢牢绑在一棵树上，高度齐腰即可。
- 将另外两根3米（10英尺）长的短杆子放在长杆子两边的地上，方向和长杆子一致。
- 将折叠过的伞盖搭在长杆子上，让两边垂下的部分长度相等。
- 将伞盖多出的部分塞入短杆子的下面，然后在避身所里面的地上平摊好，当底面用。
- 用桩挡住入口处的两根短杆子，或者拿一根棍子撑在它们之间，防止它们往里滑动。
- 用其他材料把入口盖起来。

降落伞布使得该避身所的防风性能很好，而且这种避身所面积小，保温性能也比较好，一根蜡烛——用的时候要小心——就可以使避身所里很温暖了。不过下雪时，这种避身所就不能令人满意了，即使雪下得不大，也能使它塌下来。

降落伞吊床。你可以用6~8块降落伞三角形伞布和两颗相距4.5米（15英尺）的树做一个吊床（图5-8）。

野外应急单坡避身所。如果你身在树木繁茂的地区，有足够的天然材料，那么即使没有工具或者只有一把小刀，你也能做一个应急的单坡避身所（图5-9）。搭建这种避身所所花的时间要比搭建其他避身所花的时间长，不过它也能保护你，使你免受天气的影响。

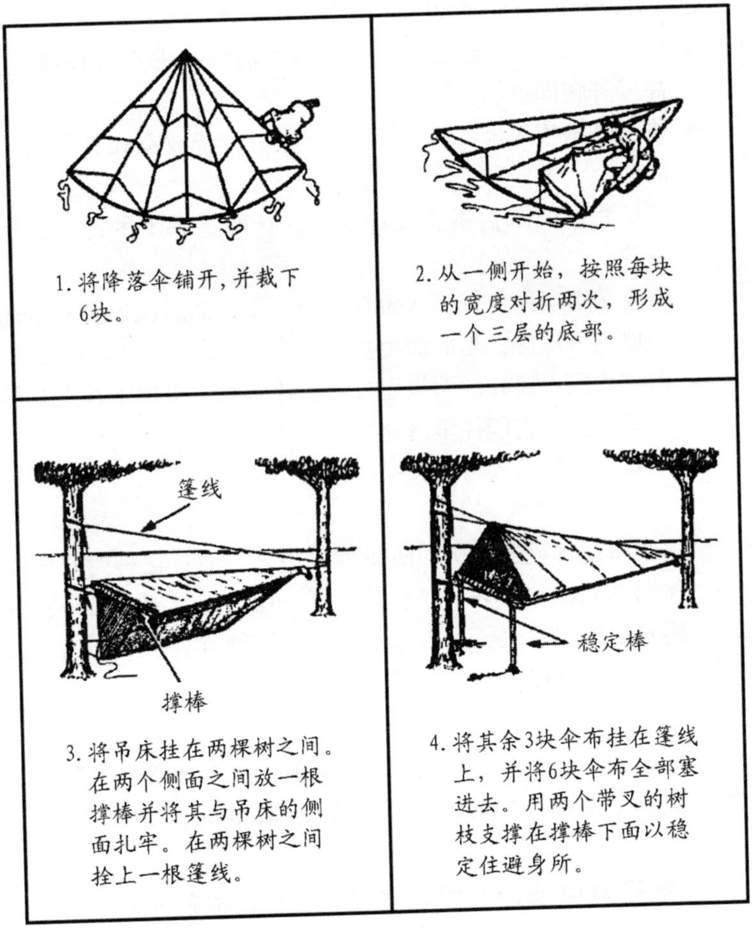

图 5-8 降落伞吊床

你需要两棵相距约为 2 米（7 英尺）的树（或者两根直的杆子），一根长约 2 米（7 英尺）、直径约为 2.5 厘米（1 英寸）的杆子作横梁，5 ~ 8 根长约 3 米（10 英尺）、直径约为 2.5 厘米

图 5-9 野外应急单坡避身所和围火墙

（1英寸）的杆子作桁梁用，绑缚用的绳子或藤条，以及其他用来覆盖在桁梁上的棍子、树枝或藤条等。

搭建该避身所步骤如下——

- 将2米（7英尺）长的杆子系在两棵树之间，高度约齐于腰部到胸部。这是横梁。如果找不到合适的树，可以用Y状的棍子做两个人字架或两个三脚架来代替树木。
- 将桁梁（3米长的杆子）的一端放在横梁上。所有单坡型的避身所都必须确保单坡的背部朝着风向。
- 把一些树苗、藤条横七竖八地放在桁梁上。
- 用灌木、树叶、针叶或草覆盖在避身所的骨架上，覆盖时，从下至上覆盖，如同盖屋顶一样。

- 在避身所里面用茎干、树叶、针叶或草铺成床。

在寒冷的天气中，你可以搭一个围火墙（图 5-9）来使避身所里更加舒适。将四根长约 1.5 米（5 英尺）的棍子打入地里，这四根棍子是用来支撑墙的。在支撑棍子之间堆一堆未干的新鲜木头。在两排木头之间形成一个空间，你可以在其中填上土，这不仅使墙更坚固，而且，反射热的能力更强。将支撑棍子的顶部绑起来，这样新鲜木头和土就可以固定住了。

只要再做点小小的努力，你就可以有一个烘烤架了。切一些直径约为 2 厘米（3/4 英寸）的杆子，其长度取决于避身所横梁到围火墙顶部的距离。将杆子的一端放在避身所横梁上面，另一端放在围火墙上面。在这些杆子之间放上一些小树枝并绑好。现在你可以用这个架子烘衣服、烤肉、烤鱼。

湿地床铺。在沼泽地或湿地，或者任何积水或潮湿的地方，湿地床铺（图 5-10）可以使你避免待在水中。选择地点时，需要考虑的因素包括天气、风、潮汐以及可用的材料。

做湿地床铺的步骤如下——

- 找四棵呈矩形排列的树，或者砍四根杆子（竹子是比较理想的），将它们牢牢打入地面，使之呈矩形排列。它们之间要有足够的距离可以使你睡在上面，也要足够坚固，能够承受你的体重。
- 砍两根杆子，长度要足够横跨矩形的长度。同样，它们也必须足够坚固以承载你的体重。
- 将这两根杆子绑在树上（或者杆子上），确保其离开地面或水面的高度要足够使潮汐或上涨的水可以通过。

图5-10 湿地床铺

- 再砍一些杆子，长度要足够横跨矩形的宽度，将它们架在另外两根长杆子上，并绑起来。
- 用宽树叶或草铺在架子上面，形成一个松软的睡觉床面。
- 在床铺的一角铺上黏土、淤泥或污泥做一个火垫，用它烘干。

另外一种能使你不沾水或湿地的避身所，用的是像湿地床铺一样的长方形结构。你只需要把枯枝和大树枝纵向铺起来，直到其高度到远离水面就行。

天然避身所。不要忽视天然的藏身之所，例如洞穴、岩石之间的裂缝、灌木丛中、小型的凹陷处、处于下风的山脚处的大岩石、树枝生得较矮的大树，以及枝叶浓密的倒下的树木。不过在选择天然避身所时，需要注意——

- 避开地势较低的区域，例如沟壑、狭窄的山谷、或者小河的河床。地势低的地方晚上会受到冷风侵袭，因此会比附近的高地冷。而且灌木稠密的低地会有更多昆虫滋生。
- 检查是不是有毒蛇、扁虱、小虫子、蝎子、会咬人的蚂蚁等。
- 看有没有松动的石头，以及其他如枯木、坚果等天然生长物，很可能会砸到避身所。

残枝小屋。如果是为了取暖和容易搭建，做一个残枝小屋（图 5-11）是最好的办法之一。当避身所成为生存最迫切的需要时，可以建一个这样的避身所。

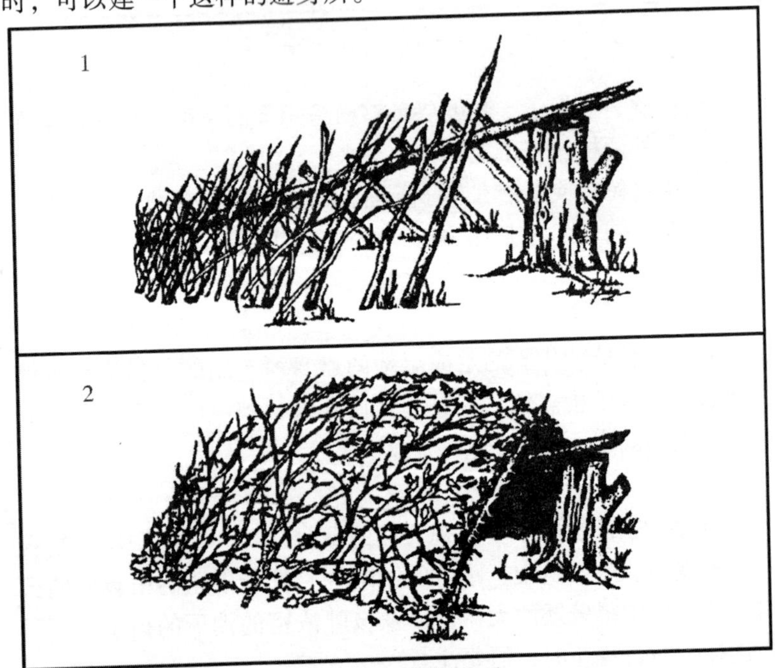

图 5-11　残枝小屋

为建造残枝小屋，你应该——

- 用两根短棒和一根长竿做一个三脚支架，或把长竿的一端置于一个结实的立柱上。
- 用三角支撑的方法把长竿固定住，或是把长竿固定在一棵树的齐腰高的位置上。
- 沿着长竿的两侧支撑上一些大树枝，做成一个楔形。要确保楔形内部能容纳得下你的身体，并且其斜度能够排掉湿气。
- 把小树枝和柴枝交叉着放到上面。这会形成一种使隔热材料（草、松针、树叶）能够保持在上面而不会掉进避身所里的小格子。
- 将又轻又干（如果可能的话）的软残枝放到上面，直到隔热材料的厚度至少达到1米（3英尺）——越厚越好。
- 在避身所里面铺上30厘米（1英尺）厚的一层隔热材料。
- 在入口处堆上一些隔热材料，使你在避身所里可以把这些材料拉过去封闭入口或做一扇门。
- 最后一步，在残枝层的上面放上一些小石头或大树枝，以防大风把隔热材料吹走。

雪地树坑避身所。如果你身处寒冷、积雪覆盖的地区，并且那里生长有常绿植物，而且你有一个挖掘工具，那么你可以做一个雪地树坑避身所（图5-12）。

搭建这个避身所步骤如下——

- 找一棵枝叶繁茂的树，繁茂的枝叶可以遮盖住头顶。

图 5-12　雪地树坑避身所

- 挖出树干周围的积雪，一直到你想要的深度以及直径，或者直接挖到地面。
- 将雪坑四边以及边缘的积雪压实，使之能够支撑住。
- 砍一些树枝盖在雪坑顶上，增加头顶上的保护。在坑底放一些常青的大树枝以隔热。

极地和严寒避身所的其他类型见第 246 ~ 251 页。

水滨避身所。水滨避身所（图 5-13）可以使你免受日光曝晒、风吹雨淋、高温酷暑，而且利用天然的材料很容易搭建。

图5-13 水滨避身所

搭建该避身所步骤如下——

- 收集一些浮木以及其他天然材料，可以用作梁，还可以用作挖掘工具。
- 选择一个搭建地点，要高于最高水位线。
- 挖一条沟，方向朝北，这样可以减少阳光的照射。沟的长度和宽度要能够使你舒服地躺在里面。
- 在沟的三边都堆上土，土堆得越高，避身所的活动空间就越大。
- 将支撑梁木（浮木或者其他天然材料）横跨沟放在土堆上，做成一个屋顶的框架。
- 在避身所入口处挖出更多的泥沙，扩大入口。
- 用天然材料，如草或树叶铺在避身所里面做床。

沙漠避身所。在干旱的环境中，搭建避身所必须考虑所需要的时间和精力，还要考虑需要的材料。如果你有雨披、帆布或降落伞，就可以在乱石丛生的地区、沙丘或者岩石或沙丘之间的洼地建造避身所。

在乱石丛生的地区，你应该——

- 将雨披（帆布、降落伞或其他材料）一端固定在岩石的一边，可以用石头或其他重物压在上面。
- 将雨披伸展开来，另一端也固定好，使其形状能最大限度地遮挡阳光。

在沙地，你应该——

- 堆一个沙堆，或者利用沙丘的一侧做避身所的一边。
- 将材料的一端固定在沙堆的上面，可以用沙子或其他重物固定。
- 将材料伸展开来，另一端也固定好，使其形状能最大限度地遮挡阳光。

注意：如果你的材料面积足够大，可以对折一下，使两层之间形成一个35～45厘米（12～18英寸）的空间，这样可以降低避身所里面的温度。

地下的避身所（图5-14）可以将正午的温度降低16～22℃（30～40℉）。不过比之其他类型的避身所，这种避身所建起来要花更多时间，付出更多体力。因为体力劳动或增加出汗，会加速脱水，因此你应该在白天气温升高之前开始建造。

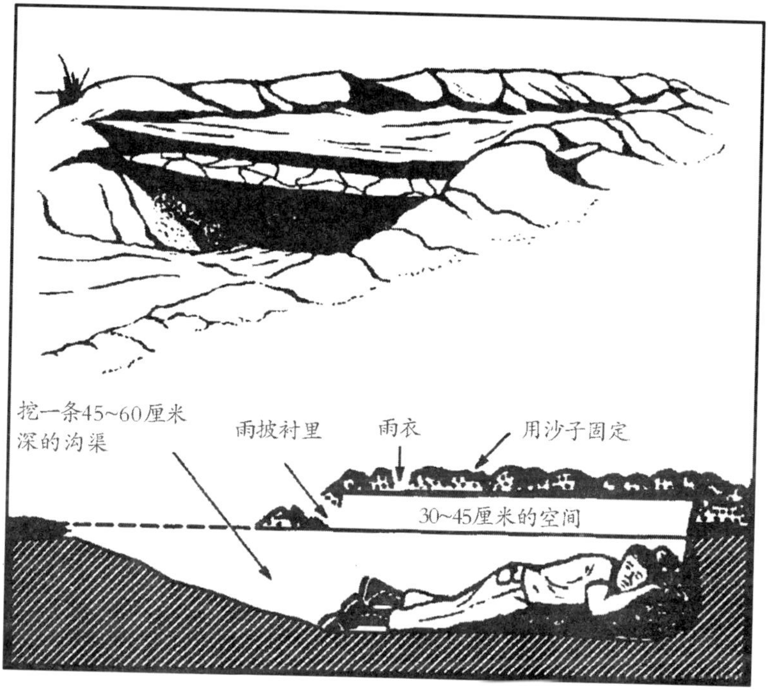

图 5-14 地下沙漠避身所

建这种避身所的步骤如下——

- 在沙丘或岩石之间找一处地势较低的地方或者凹陷处，如果需要，可以挖一条 45 ~ 60 厘米（18 ~ 24 英寸）深的沟，沟的长度和宽度要使你能够舒服地躺在里面。
- 将挖出的沙子堆在沟的三边，形成沙堆。
- 在沟开放的一面，挖出更多的沙子，便于你进出避身所。
- 用你的材料盖在沟的上面。
- 用沙子、石头或者其他重物固定覆盖材料。

如果你有多余的材料，可以进一步降低正午时沟内的温度，在覆盖材料上再加一层材料，两层材料之间的距离为 30～45 厘米（12～18 英寸）。这层材料可以使避身所里面的温度降低 11～22℃（20～40 ℉）。

在开阔的沙漠建避身所的方法是相似的，要使四周对气流敞开。为最大限度得到保护，你需要最少两层降落伞材料（图 5-15）。白色能最好地反射热量，最里面的一层应该是深颜色的材料。

图 5-15　开阔沙漠中的避身所

第6章

水的获得

在求生环境中，水是最重要的需要之一。没有水，人支撑不了多久，特别是在炎热地区，大量出汗使得人体流失大量水分。即使在寒冷地区，人一天也至少需要2升的水以维持生理的正常需要。

人体的3/4是由水构成的。热、冷、紧张、用力都会使人体流失水分，流失的水分必须得到补充以维持身体正常运作，所以你最重要的任务之一就是获得足够的水。

水 源

从某种程度来讲，几乎任何环境都有水存在。图6-1列出了不同环境中的水源，还告诉你如何使水变得可以饮用。

注意： 如果你没有水壶、杯子、罐子或者其他装水容器，你可以用塑料或者防水布料临时做一个。把塑料或者防水布折成碗状，用

环境	水源	获得可饮用水的方法	备注
寒冷地区	雪、冰	融化并净化	不要吃未经融化的雪和冰，因为它们会降低你的体温，从而导致更多的水分流失。 雪和冰并不比凝结成它们的水更干净。 灰色或者不透明的海水冰块是咸的，未经淡化处理不要饮用。如果是透明的，并有蓝色光泽，说明里面的盐分极少。
海洋上	海水	使用淡化水的工具。	不能饮用未经淡化处理的海水。
	雨水	用油布或其他防水材料或容器接雨水。	如果油布或者防雨材料表面有盐的结晶，使用前在海水里洗一下(基本上就不会再有盐残留在上面了)。
	海水冰块		见以上寒冷地区的备注。
海滩	土地	挖一个足够深的坑让水渗入；取几块岩石生火加热；把热岩石放到水中；拿一块布盖在坑口上吸收水蒸气；拧出布里的水。	如果有头盔或者罐子，还有另外一种方法：用头盔或罐子装满海水；生火煮水使之产生蒸汽；把布盖在头盔上吸收蒸汽；拧出布里的水。

图 6–1　不同环境中的水源

环　境	水　源	获得可饮用水的方法	备　注
沙漠地带	土地—— ● 凹处、低洼处 ● 干涸河床陷落河岸脚下 ● 悬崖或露出地面的岩层脚下 ● 干涸沙漠湖形成的沙丘背后第一个凹陷处 ● 任何发现潮湿沙子的地方 ● 任何发现绿色植物的地方	挖足够深的坑让水渗入。	在沙丘地带，最有可能找到水的地方是沙丘的边缘地带，那里是原始流域的河床。

图 6-1　不同环境中的水源(续表)

环境	水源	获得可饮用水的方法	备注
沙漠地带（续）	仙人掌(除了桶形仙人掌之外，仙人掌只发现于美洲沙漠地区，桶形仙人掌已经传到其他地区。)	把桶形仙人掌头部割下来并切开，捣碎里面的果肉。警告：不要直接吃果肉，应吮吸里面的汁液，然后丢掉果肉。	如果没有砍刀，切开仙人掌会有点困难，需要花一点时间，因为你需要避开那些又长又硬的刺，还要割开坚硬的外壳。
	凹陷处或岩石的洞孔中 岩石裂缝中	插入可弯曲的管子吸里面的水。如果裂缝够大，你可以用容器取水。	定期的降雨可能会积聚在水坑里，渗入到裂缝中，或者积集在岩石洞孔里。
	有气孔的岩石	插入可弯曲的管子吸水。	
	金属上凝结而成的水珠	用布吸收，然后拧出布里的水。	白天和夜晚的巨大温差可能会使金属表面凝结水汽。

图 6-1　不同环境中的水源(续表)

环境	水源	获得可饮用水的方法	备注
			注意：下面是帮你在沙漠中找到水源的一些“线索”： (1)所有的足迹都指向水源，朝所有足迹汇聚的方向寻找。足迹可能因营地痕迹而十分明显——营火灰烬，动物粪便，和凌乱的足迹。  (2)鸟群会在水源上空飞翔，有些鸟类在清晨和黄昏时分飞向水源，这时候它们飞翔的速度很快，而且飞得很低。晚上鸟类的飞行或啾啾的声音有时预示水源就在附近。

图6-1　不同环境中的水源(续表)

液 体	备 注
含酒精的饮料	使身体水分流失，影响判断能力。
尿液	含有有害的无用物质，大概含2%的盐分。
血液	有咸味，被当作食物，因此需要身体额外的水分去消化。
海水	大概含有4%的盐分，喝1夸脱(1.1升)的海水，身体需要消耗2夸脱(2.3升)的体液来去除海水带来的无用物质。

图6–2　代用液体的后果

大头针或者其他合适的东西，甚至你的手，固定住打折的地方。

如果你没有可靠的水源补充，那么一路上留心周围环境，可能会有帮助。

注意：不要用图6-2中列出的液体代替水饮用。

露珠也能提供水分。在脚踝处绑一些衣服或者几束细草，在太阳升起前蹚过露水覆盖的草丛，当衣服或者草束吸收了露水之后，把水拧到容器中。重复以上步骤直到获得足够的水，或者露水已经蒸发为止。澳洲一些原住民能用这种方法在一个小时内获得1升水。

蜜蜂或者蚂蚁爬到一个树洞中可能表明那个洞里有水。你可以用塑料管吸出洞里面的水，或者用临时做成的勺挖出里面的水。你还可以把衣服塞到洞里面吸收水，然后再把水拧出来。

有时候，水会积聚在树桠处，或者岩石的裂缝中，用上面提到的同样方法可以获得水。

在干旱地区，裂缝附近的鸟粪可能暗示裂缝附近有水源。

绿竹林是极好的可饮用水水源。从绿竹里收集的水是干净的，而且没有异味。收集水时，把一根竹子折弯，将顶端绑在地面上，切开顶端（见图 6-3）。夜间，水就自然会从竹子里面滴下。老的、裂开的竹子里面可能会贮有水。

图 6-3　从嫩竹中收集水

警告：喝之前必须先将水净化。

如果发现香蕉树、大蕉树或者甘蔗，你也可以找到水。将树弄断，留下 30 厘米（12 英寸）高的树桩，在树桩中心部位挖一个碗状的口，根部的水会马上渗满碗口，头三次获得的水可能有点苦，但是之后流出的水就可以饮用了。树桩（见图 6-4）能够持续供应 4 天的水，注意一定要拿东西盖好树桩，免得昆虫入内。

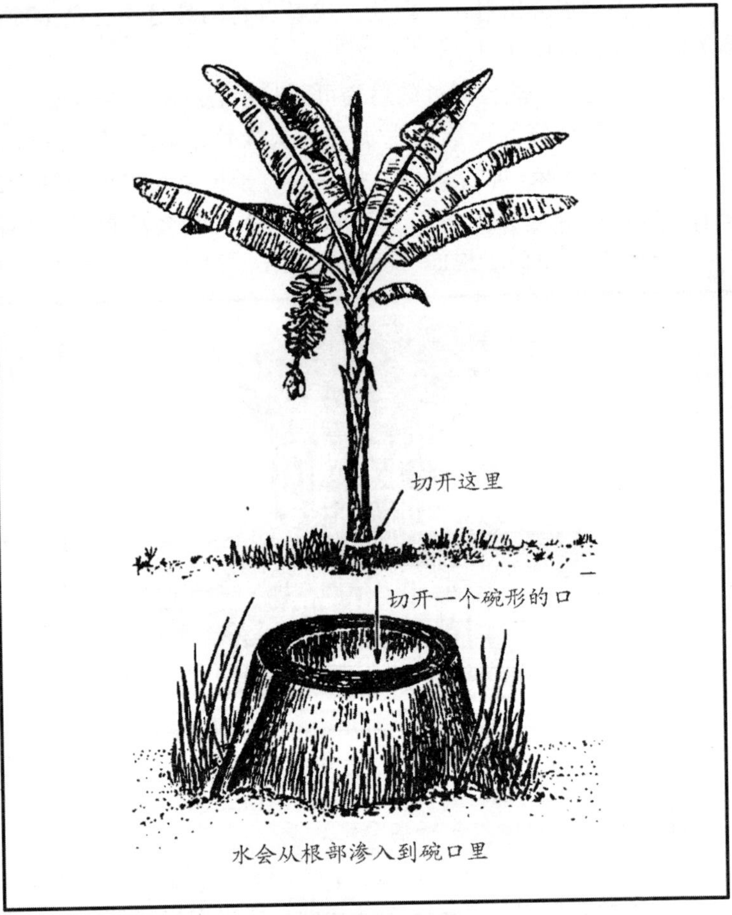

图 6-4　从大蕉树或香蕉树根部收集水

有些热带藤蔓植物也能提供水。在藤上割开一个 V 形槽口，越高越好，然后在靠近地面处将藤砍断，使水滴入容器中，或直接滴入口中（见图 6-5）。

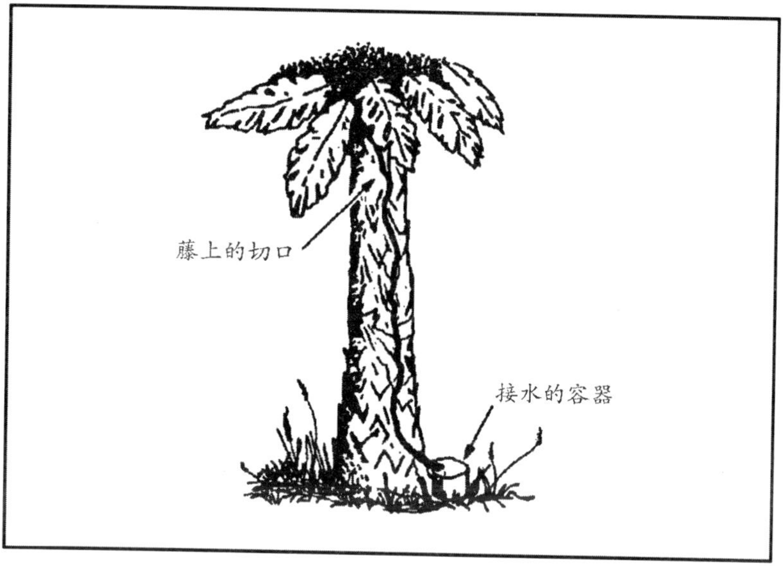

图6-5 从藤上获取水

警告：要确保藤蔓植物是无毒的。

绿色（未熟的）椰子的汁液是很好的止渴饮料。但是成熟椰子的汁液里含有一种油，能引起腹泻，所以要适量地喝。

警告：如果水呈粘稠状、奶白色或者味道发苦，那就不要喝。

在美洲热带地区，你会发现一些高大植物的树枝上长了许多气生植物，这些气生植物的重叠部分或者厚厚的叶子上可能含有不少雨水。用布过滤一下以去除昆虫和残渣。

有些植物的茎干柔软多汁，你也可以从中获取水分。切一段植物，挤榨其肉质部分使汁液流出，用容器装好。

植物的根部也可以提供水分。挖出植物的根，切成小段，压碎，使其水分流出，用容器接住。

肉质的叶子，或者茎干，如竹子的茎干，通常会含有水。在节的部位切开茎干，倒出里面的水。

下面的树木也可以提供水：

- 棕榈科植物，如扁形棕榈，椰子树、桄榔、藤、聂帕榈等，都含有水分，折断长得较低的叶子，树会从“伤口”渗出水来。
- 旅人蕉，马达加斯加的旅人蕉在叶子基部有杯状的叶鞘，里面往往贮有水。
- 木兰树，非洲西部热带地区的木兰树叶子和根部可以提供水分。
- 猴面包树，澳大利亚北部沙地平原地区及非洲的猴面包树、瓶状的树在雨季能储存水。通常在干旱季节开始后的几个星期之内都能从这些植物中找到水。

警告：从植物中获取的汁液不要保存超过 24 小时，因为之后它会开始发酵，饮用会很危险。

蒸馏器的制作

蒸馏器在世界各地都用得着，它能从地表及植物中吸收水汽，但是你需要特殊的材料来做蒸馏器，用蒸馏器收集水也需要比较长的时间，收集 0.5 ~1 升水需要大约 24 个小时。

用于地上的蒸馏器。你可以做两种地上蒸馏器。要做植物袋蒸馏器，你需要一个阳光照射的斜坡、一个干净的塑料袋、绿叶植物和一块小石头（图6-6）。

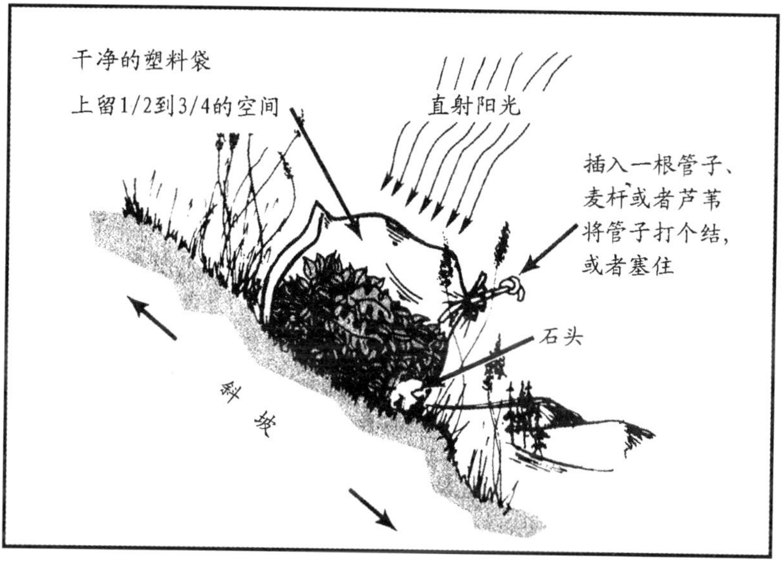

图6-6　植物袋蒸馏器

要做这种蒸馏器，你应该——

- 将一个塑料袋迎风或者做一个“舀”的动作，使之充满空气。
- 将塑料袋罩在植物上，使植物占袋子容积的1/2到3/4。务必清除植物上所有硬木棍或尖利的刺，以免塑料袋被戳破。
- 将一块小石头或类似物体放进袋子。
- 收紧袋子的口，尽量保持最大量的空气在袋子里，如果有吸管、麦杆或者中空的芦苇秆，在收口前插入袋子，并将管子打个结或者塞住，以免空气逸出，这样可以直接导出凝结水，而不需要解开袋子。

警告：不要用有毒的植物，它们会产生有毒的水。

- 袋子放置于一个阳光能够直射到的倾斜地面上，袋口朝下坡位置，并且应该稍稍高于袋子内部底端。
- 放好袋子，使岩石自动滚到袋子底部。

要取出蒸馏器中的凝结水，先松开袋口，倾斜袋子使小石头上的凝结水流出来。然后重新系好袋口，放置好袋子，以获得更多的水。

在收集过一丛植物的大部分水分之后，换一丛植物。这能保证你收集到更多的水。

做蒸发袋蒸馏器的方法与做植物袋蒸馏器相似，只是更容易。只需要把塑料袋绑在带叶的树上并插上一个管子，并把袋口环绕着树枝紧紧扎起来，把树枝的末端绑住，以使其低于袋口。水会在那里收集起来（图 6-7）。

同一个树枝可以用 3 ~ 5 天，不会对其造成长久损害。树枝会在除去塑料袋之后的几个小时内得到自我恢复。

用于地面以下的蒸馏器。做地下蒸馏器，你需要一个挖掘工具、一个容器、一块干净的塑料布和一块石头（图 6-8）。

先选择一个地点，确信那里的泥土含有水分（比如一条干涸的河床，或者雨水积聚的低洼处），那里的泥土必须容易挖掘，并且必须在一天的多数时间能受到阳光的照射。

图6-7　水蒸发袋

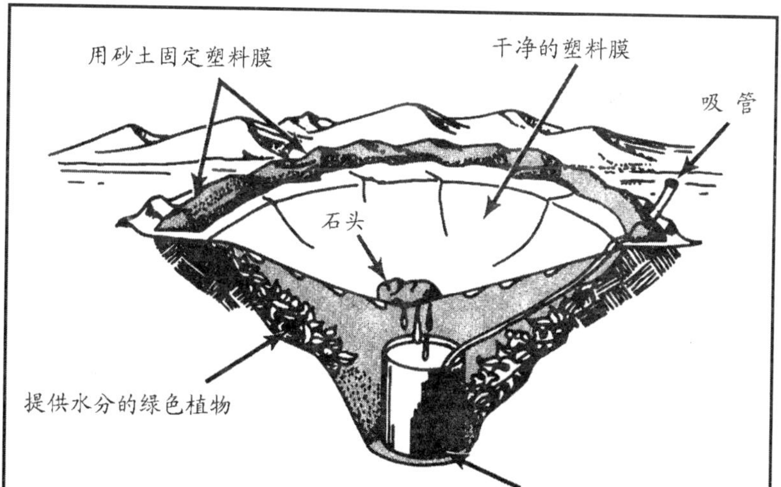

图6-8　地下蒸馏器

要做这样的蒸馏器，你应该——

- 挖一个 1 米（3 英尺）深的碗状坑，坑口直径约 0.6 米(24 英寸)。
- 在坑底挖一个小坑，小坑的深度和周长取决于你将要放置的容器大小。小坑的底部必须平整以确保容器能够口朝上放稳。
- 将吸管放置于容器底部，为了使之固定，可打一个松松的反手结。
- 将容器口朝上放置于小坑中。
- 将吸管没有打结的部位伸出地面。
- 用塑料膜盖住大坑，边缘盖上砂土使之固定。
- 在塑料膜中心部分放一块石头。
- 让塑料膜下陷至离地面 40 厘米（16 英寸）处，这样塑料膜形成了一个倒转的锥体，石头在它的顶部。务必让锥体顶部位于容器的正上方，同时不能让塑料膜接触坑的边缘，因为泥土会吸收凝结而成的水。
- 在塑料膜边缘放置更多的砂土，确保其固定，并且阻止水分流失。
- 吸管不用的时候要堵住，这样水分不会蒸发掉，而且能避免昆虫爬进去。

你可以用吸管喝水，这样不会妨碍蒸馏器继续工作。打开蒸馏器，就能把里面潮湿、温暖的空气放出来。

你也可以在坑内放一些绿色植物当成水源，如果要这样做的话，你需要在坑的一边挖出一个斜坡以放置植物，接下来的步骤同上。

如果你唯一的水源是被污染的，可以在距蒸馏器边缘 25 厘米

(10英寸)的地方挖一条水槽(见图6-9),水槽深约为25厘米(10英寸),宽约8厘米(3英寸),将污水倒进水槽内,要小心,千万不能让污水溅到塑料膜接触泥土的边缘附近。水槽的作用是储存水,这样,水在流进蒸馏器前会先经过泥土的过滤,然后水再凝结在塑料膜上,滴进容器中。当你唯一的水源是咸水时,这个方法也特别有效。

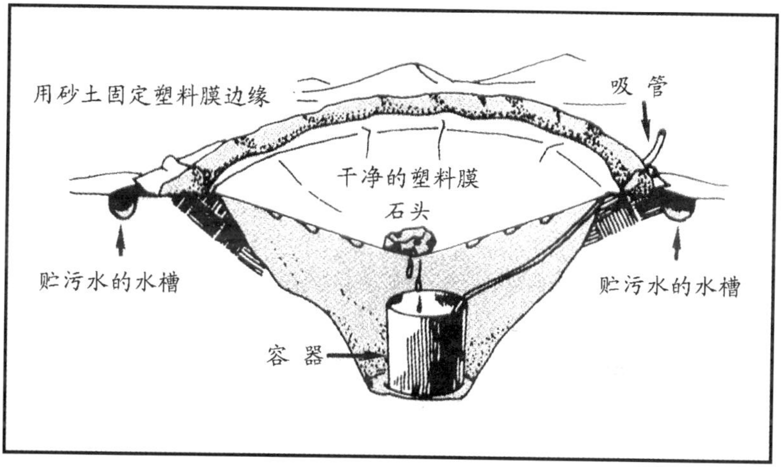

图6-9 污水地下蒸馏

你需要至少3个蒸馏器才能满足自己每天对水的摄入的需要。与地下蒸馏器和水蒸发袋相比,植物袋蒸馏器产生的水最多。

水的净化

用干净容器收集的雨水,或者从植物中收集的水通常来讲是可以直接饮用的。但是，从湖泊、池塘、沼泽、泉眼或者溪流中，特别是从那些靠近人类居住地或者热带地区的水源获得的水，饮用前必须要先净化。

从植物或地面获得的水，如果可能，一定要通过煮沸或用碘、氯消毒杀菌。在将一壶水净化之后，你必须把壶盖拧开一点，并使水壶口朝下，以冲走水壶嘴上沾着的未被净化过的水。

你可以用以下几种方法净化水——

- 用净化药片（依照使用说明）。
- 如果水是清澈透明的，一壶水滴入 5 滴含 2% 酊的碘酒；如果水是浑浊的，或者是凉的，一壶水滴入 10 滴碘酒（30 分钟之后再饮用）。
- 滴 2 滴聚维酮碘含量为 10% （军用标准）或含滴定聚维酮碘 1% 的碘酒。民用的含量通常为 2%，所以要滴 10 滴。静置 30 分钟。如果是凉的清水，静置 60 分钟。如果水很凉或很混浊，滴入 4 滴并静置 60 分钟。
- 在一壶水中滴入 2 滴氯漂白剂（含 5. 25% 次氯酸钠），静置 30 分钟。如果水凉或混浊，静置 60 分钟。记住，世界各地的漂白剂并非都是一样的，要检查一下你所用的漂白剂的次氯酸钠含量。
- 高锰酸钾——在市场上一般以“康狄结晶”的形式出售——有多种用途，包括对水进行紧急消毒。结晶的形状不规则，所以，你必须通过加入晶体后的水的颜色来判断实际用量。往 1 升水中加入 3 块小结晶。如果水在 30 分钟后变成了亮粉红色，水就得到净化了。如果变成深粉红色，就表明加入的高锰酸钾太多，水就不能喝了。可以再加水稀释，或者存起来作为消毒剂。如果水变成了红色

——像蔓越橘汁一样的颜色——可以用来作为防真菌的溶液。

- 把饮用水煮开。这是净化饮用水最安全的方法。任何水生病菌都不可能在沸水中存活。

喝了不适于饮用的水，很可能会使你接触到疾病或者吞下有害的微生物，并且很容易引起潜在的致命水生物疾病。

在世界各地大多数水源分布最广的两种病菌是——

- 贾第鞭毛虫，会引起贾第虫病（海狸热），其特点是伴有严重痉挛的强烈水状腹泻，能持续7～14天。
- 隐孢子虫，会导致隐孢子病。这种病与贾第虫病很像，只是更严重、病程更长，而且除了等待之外，没有治疗方法。腹泻也可能不太严重，持续3天到2个星期。

注意： 减轻隐孢子虫的影响的唯一有效的手段是把水煮沸，或采用微型过滤器或反渗透过滤系统。碘片或漂白剂之类的化学消毒剂并不能将隐孢子虫全部杀死。

其他疾病举例如下——

- 痢疾。你可能会经历严重的长时间腹泻，并伴有大便出血；发高烧；虚弱。
- 霍乱和伤寒。即使你已经注射过疫苗，可能还是会很容易感染。霍乱会造成严重的水状腹泻、呕吐和腿部痉挛。伤寒症状包括发烧、头痛、食欲减退、便秘以及肠道出血。
- 甲型肝炎。症状包括腹泻、腹部疼痛、黄疸、尿色暗。这种传染病可通过人和人之间的近距离接触或摄入被污染的水或食物传播。

- 吸虫。死水、污水——特别是热带地区——经常含有血吸虫，如果吞下血吸虫，它们会进入血液成为寄生虫，导致疾病。
- 水蛭。如果吞下一条水蛭，它会吸附在喉咙中或者鼻腔内部，它会吸食血液，造成创伤，然后转移到另一个地方，每个流血的伤口都有可能感染。

水过滤装置

如果发现的是泥浆水，浑浊、难闻，你可以这样使之净化——

- 用容器装好，然后放置 12 个小时以上。
- 用过滤器过滤。

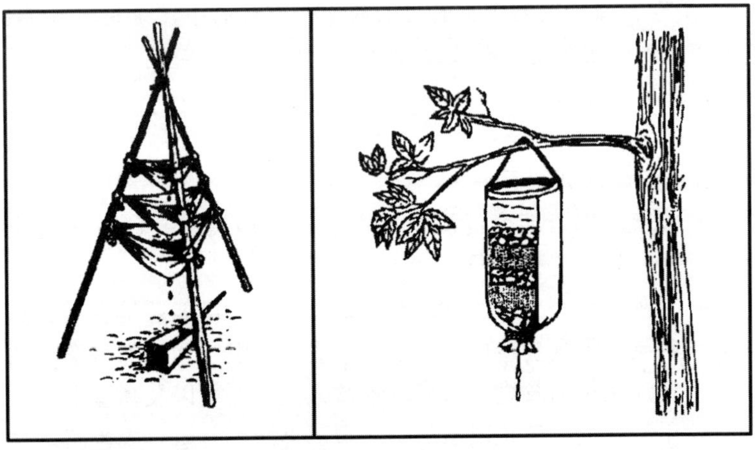

图 6-10　过滤系统

注意： 这样做只能使水的味道更加好一点，饮用前还是要先净化。

你可以用几厘米厚或者几层过滤材料来做一个过滤器，过滤材料可以用沙子、碎石、木炭、竹子内部的薄膜、中空的圆木、或者一块布等（图 6-10）。

要去除水的异味，可以放入木炭。木炭还有助于吸收农用或工业用化学制品。将水静置45分钟再饮用。

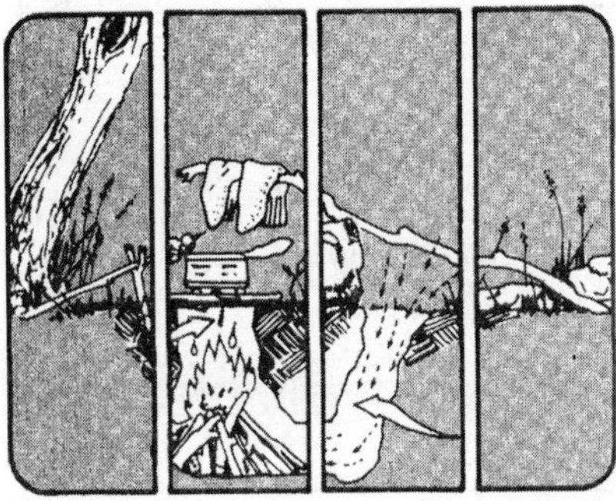

第7章

生　火

在很多求生环境下，生火的能力可以决定你的生死。火能够满足多种需要。它能提供温暖和舒适。火不仅可以用来煮食物并保存食物，还能够以加热过的食物的方式为我们提供热量，加热过的食物能节省我们身体中用来为身体制造热量的卡路里。你可以用火来净化水，为绷带消毒、发求救信号。火还可以保护你免受动物的袭击。你还可以用火制作工具和武器。

火也会造成问题。敌人能够侦察到火产生的烟和火光。火还可能造成森林火灾或烧毁重要的装备。火还会造成烧伤，在避身所里用火的时候，还可能造成一氧化碳中毒。

用火时，要在你的需要和躲避敌人之间做出权衡。

火的基本原理

要生火，就要理解火的基本原理。燃料（非气体状态）不会直接燃烧。当你对燃料加热时，它会产生气体，这种气体与空气中的氧结合，才能燃烧。

理解火的三要素概念，对于正确地生火和保持火的燃烧是非常重要的。火的三要素是**空气**、**热量**和**燃料**。你把其中的任何一项去除，火就会熄灭。

选择地点，准备生火

选择什么样的生火地点以及生火前该作哪些准备，需要考虑以下因素——

- 你前往执行任务的地区的地形和气候。
- 可用的材料和工具。
- 时间。你有多少时间？
- 需要。你为什么需要生火？
- 安全。敌人离你有多近？

找一个干爽的地点，该地点需要——

- 能够避风。
- 和你的避身所（如果有）位置关系适当。
- 能够使热量集中在你需要的方向。
- 有足够的木料或其他能燃烧的材料。（见图7-4列出的你能使用的燃料种类。）

如果你在一个林木茂盛或者灌木丛生的地区，选择好生火地点之后，要将该处的灌木清除，刮平地面的泥土。清理出的圈直径至少应该为1米（3英尺），这样引起火灾的可能性较小。

如果时间允许，用圆木或者岩石搭一个火墙，这堵墙可以帮助反射或辐射热量到你需要的地方（图7-1），还能够减少火星飞溅，减少风力。不过要保证有足够的风来保持火继续燃烧。

警告：不要用潮湿的或渗水的石头，因为它们加热时可能会爆炸。

有时候，地下火炉可能更符合你的需要，地下火炉能够更好

图7-1　火墙类型

地隐藏火，也更利于烹调食物。建地下壁炉或达科他生火洞步骤如下（图 7-2）——

- 在地上挖一个洞。
- 在洞迎风的一边挖一条通道和生火的洞相连，用来通风换气。
- 依照图示生火。

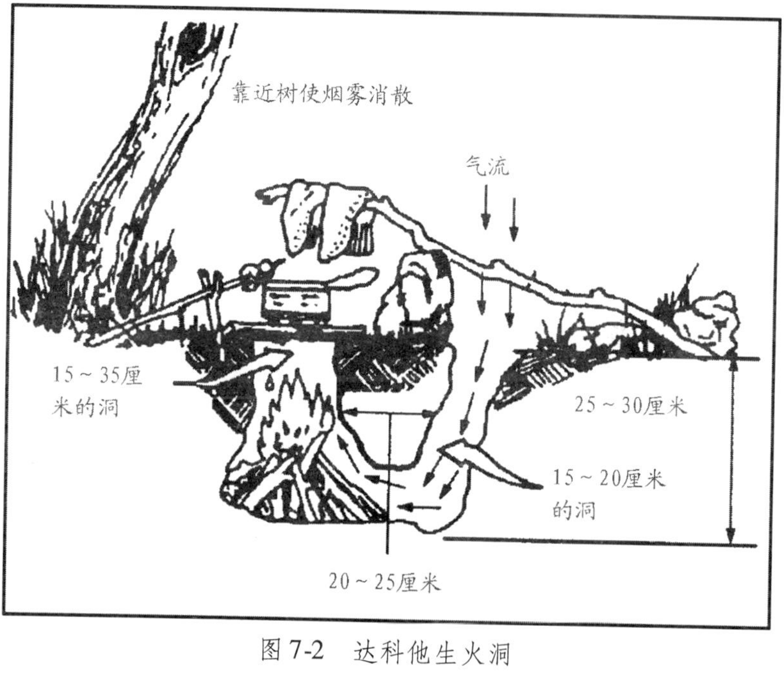

图 7-2　达科他生火洞

如果你身处积雪覆盖的地区，你可以用树木搭一个底座来生火（图 7-3）。手腕粗的树木在严寒地区是很容易弄断的。砍一些新鲜木头并排放在地上，再多加一层或两层木头，叠加时，要使上面一层的木头方向和其底下的木头方向交叉。

图 7-3　雪地生火底座

生火材料

你需要三种材料来生火（图 7-4）：

火绒是一种燃点很低——一个火星就能使其燃烧——的干材料。火绒必须绝对干燥，以保证一个火星就能把它点燃。如果你只有一个能产生火星的装置，烧焦的布料就是最基本的火绒。它能把火星保持很长时间，使你能把火绒放到热的地方以产生小火苗。你可以通过把布料加热，直到其变成黑色但又未燃烧起来来制作烧焦的布料。一旦它变成黑色，你必须将其保存在一个密闭容器里，以保持干燥。在任何求生环境中都要提前准备好这种布料，把它加到你的生存工具箱里。其他即时准备的物品应该是酒精片或胶状石油纱布。

引火物是一种易燃材料，可以将其添加到点燃的火种中。这种材料也必须绝对干燥，以确保能快速点燃。引火物可以增大火势，点燃不太容易烧着的材料。

薪材就是不太容易点燃的材料，但是一旦点燃，可以稳定地慢慢燃烧。

火 绒★	引火物★	薪 材
桦木皮	小枝条	干枯的树木以及树枝
雪松、栗子树、红榆树内皮的碎片	木头细条	干的、倒地的树干内部(树心)和它上面的大树枝
细刨花	木头劈成的木片	容易劈开的未干枯的木头
干枯的草、蕨类植物、苔藓、真菌	硬纸板	扭成一束的干草
稻草、麦秆	从较大的木头内部获取的木头碎片	泥煤（在底部下陷的河岸上可能会有）
锯屑	用易燃物质如汽油、油、蜡等浸泡过或弄湿的木头	干的动物粪便
非常细的油木碎屑		煤、油母页岩、或者油母页岩上面的油砂
常绿针叶树木的枯叶		
朽木(死掉的树木上完全腐烂的部分)		
常绿树木的树节		
鸟类的绒毛(非常细的羽毛)		
绒状花头(马利筋、灯心草、干的香蒲、加拿大蓟、一枝黄花、蒲公英)		
细的、干的植物纤维		
干枯马勃菌上像海绵一样的细线		
干枯的棕榈叶		
竹子里皮状的内膜		
从口袋处及缝接处收集得的棉绒		
烧焦的布料		
上过蜡的纸张		
竹子外部刮下来的碎屑		
火药		
棉花		
软麻布		★必须是完全干透了的

图 7-4　生火材料

如何生火

有几种生火方法，每一种都有各自的优点。你所处的状况将决定你采取下面哪种方法。

锥形。布置锥形火堆（图7-5），将火绒和引火用的树枝堆成锥形，在中间点燃火。当中心部分烧完时，外围的木头会倒向里面，从而向火里面添加薪材。这种类型的火堆即使用湿木材也会很好地燃烧。

单坡形。布置单坡形火堆（图7-5），将一根未干枯的树枝斜插入地面，使之与地面呈30°角，将树枝一端迎着风向。放一些火绒到倾斜树枝的下面，尽量往里。然后在倾斜树枝两边各放一些引火用的树枝。点燃火种，引火用树枝烧着之后，要不断添加。

交叉沟渠形。布置交叉沟渠形火堆（图7-5），在地上挖两道交叉形的沟渠，大约30厘米（12英寸）宽，深约7.5厘米（3英寸）。在交叉中心放足够量的火绒，将引火物堆在上面，使之呈金字塔形，浅浅的沟渠可以让空气从火下方通过，形成穿堂风。

金字塔形。布置金字塔形火堆（图7-5），将两根木头或树枝平行放在地上，然后在上面放一层木头，摆实了之后再加三到四层木头，每一层都要比下一层小并与下一层呈直角摆放。在塔尖生上火，火生起来之后会点燃下面的木头。这种形状的火堆是朝下燃烧的，而且在晚上的时候也不需要特别看管。

还有另外几种布置火堆的方法也相当有效。你的处境和在当地能够得到的材料可能会使另一种方法更适合。

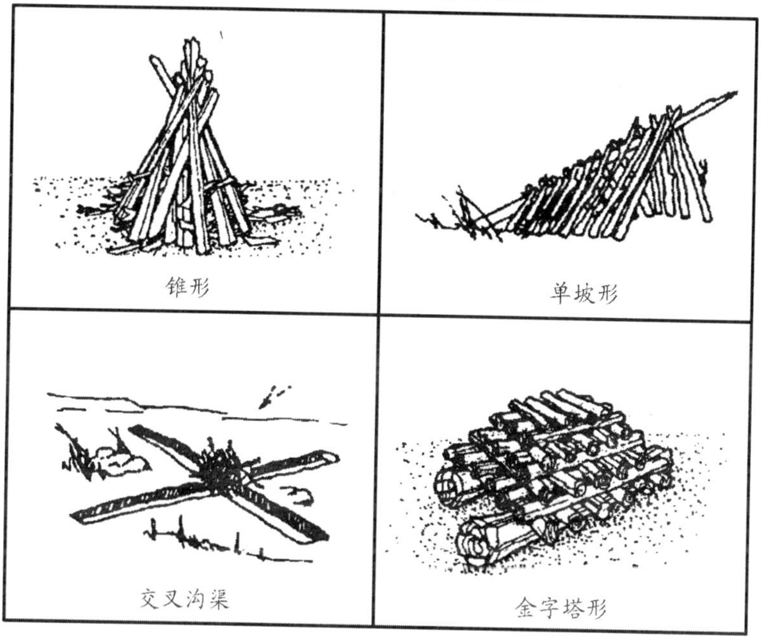

图7-5 布置火堆的方法

如何点火

点火时应该从迎风的一面开始点起。要保证你已经安放好了火绒、引火材料、薪材，保证火堆燃烧持续的时间能够如你所需。点火器为火绒的燃烧提供初始热量。点火方法分为两类：现代方法和原始方法。

现代方法

现代方法使用现代装置。这些装置是我们通常认为用来点火的物品。

火柴。要确保火柴是防水的。还要把火柴和擦片一起保存在防水的容器里。

凸透镜。这种方法（图 7-6）只能在晴朗、阳光充足的白天使用。凸透镜可以用望远镜、照相机，或者望远镜瞄准具，或者用放大镜。将凸透镜调整好角度，使阳光能够集中在火绒上。拿着凸透镜保持这个角度，使光线持续照在一个点上，直到火绒开始冒烟，轻轻扇动火绒，或者朝上面吹气，使之燃烧起来，并放到火堆上。

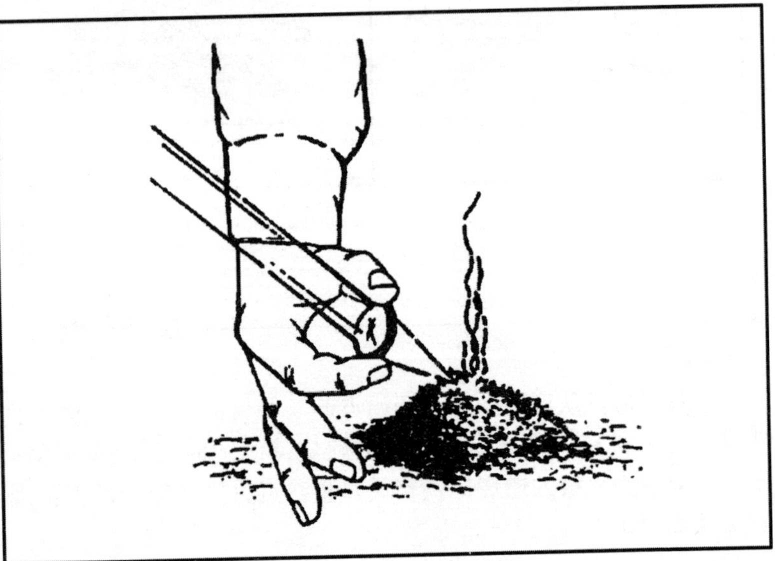

图 7-6　凸透镜点火

金属火柴。把一片平整的干树叶放到火绒下面，露出一部分。将金属火柴的一端放到干树叶上，一只手握住金属火柴，另一只手拿一把刀。用刀刮金属火柴，产生出火星。让火星溅到火绒上。当火绒开始燃烧之后，按照前面介绍的方法继续。

电池。你也可以用电池来制造火花。不过技术取决于你使用的电池类型。如果是车辆电池，在正负极上各连一根金属线。在靠近火绒的地方，将金属线两端裸露的部分相互接触，产生的火星会点燃火绒。

火药。通常，你的装备中都有弹药。通过前后移动弹头，将其从弹壳中小心地拔出来。用其中的火药作为火绒。将弹壳和火帽扔掉。一个火星就能把火药点燃。

注意：操作时要极其小心，因为火帽仍然很灵敏，而且即使一小点火药都能造成惊人的结果。

原始方法

原始点火法是我们的祖先使用的方法，可能需要花费较长的时间，这就需要你的耐心和执著。

打火石和打火镰。直接产生火星是原始方法中最容易采用的方法。打火石和打火镰是最可靠的产生火星的方法。用一块碳钢（不锈钢很难产生火星）敲击打火石或其他坚硬、尖边的石头。这种方法需要腕关节松弛并需要练习。在火星溅到火绒上之后，要向火绒吹气。火星会着成火苗。

火犁。火犁（图 7-7）是摩擦生火的一种方法。在一块软木上刻出一个凹槽，用一个钝头的硬木棒在凹槽里用力划。木棒的划动会产生一些木头纤维的碎屑。然后，随着你更用力地划，摩擦产生的热就会点燃木屑。

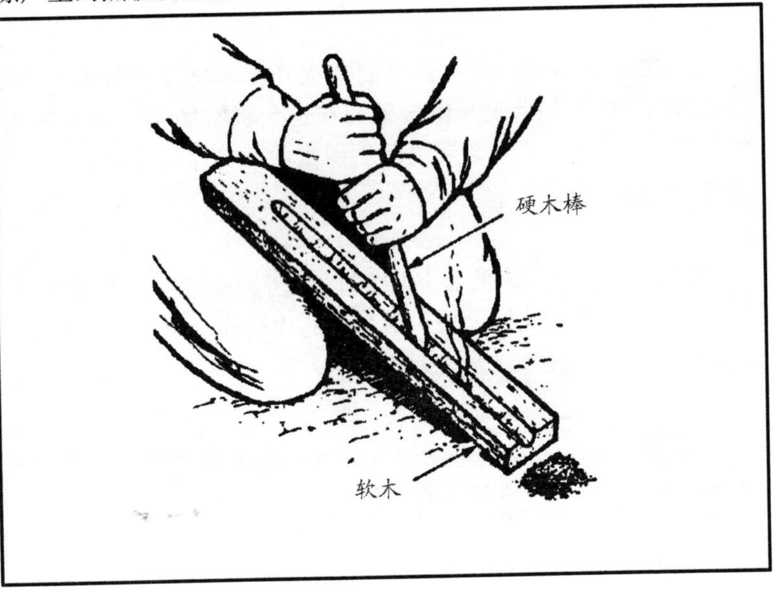

图 7-7　火犁

弓和钻。用弓和钻生火（图 7-8）的方法很简单，但你必须付出更多努力和坚持。你需要以下物品——

- 钻帽。钻帽是一块容易抓握的石头或硬木，一面有凹坑。用它来保持钻的位置并向下用力。
- 钻。钻应该是一根直的风干硬木棍，直径约 2 厘米，长约 25 厘米。
- 火板。尽管任何板子都可以用，但 2. 5 厘米厚、10 厘米宽的风干软木板最好。在板子的一侧、距其边缘约 2 厘米的地方挖一个凹坑。在朝下的那一面上，向着凹坑做一个V型切口。

- 弓。弓是一根有弹性的木棍，直径约2.5厘米，在上面系上弓弦。木棍的材质不重要。弓弦可以是任何绳索。把弓弦绑在弓上，不能有任何松弛的地方。

把一束火绒放到火板的V型切口下面，用一只脚踩住火板。把弓弦绕在钻上，并把钻头放到预先做好的凹坑里。用一只手拿起钻帽，放到钻顶上，以保持钻的位置。用力往下压住钻帽并前后拉弓（图7-8）。在拉到顺畅时，用更大的力气往下压并加快拉弓的速度。这会研磨出黑色的粉末落到火绒上，并产生火星。向火绒吹气，直到点燃。

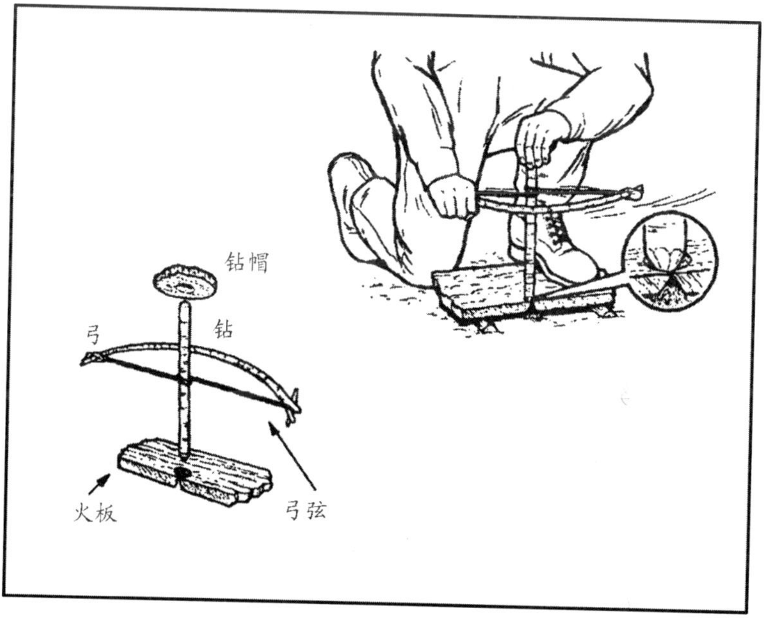

图7-8　弓和钻

原始点火法很费力气并需要练习才能确保成功。如果你的生存环境需要用到原始方法，要记住以下几点：

- 如果可能，要使用不带香味的风干硬木作薪材。
- 沿途收集火绒和引火材料。
- 倒一点驱虫剂在火绒上。
- 保持木柴干燥。
- 在火旁烘干潮湿的木柴。
- 让余烬着着，以使火种能保留过夜。
- 在可能的时候，随身携带点着的火捻。
- 在离开营地前，要确保把火熄灭。
- 不要用地上捡来的木头。这种木头表面上可能显得很干燥，但一般不会产生足够的摩擦力。

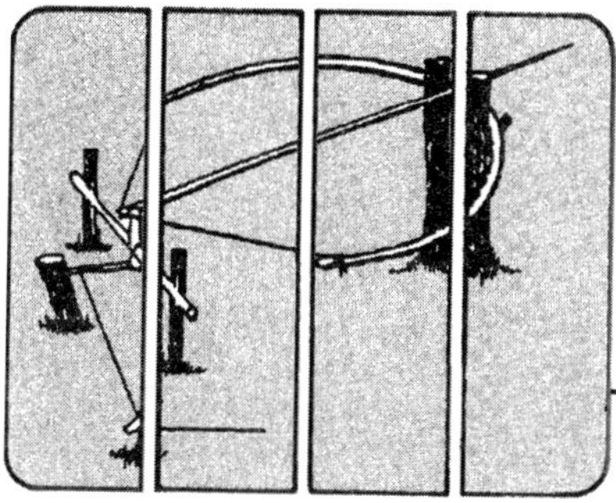

第8章

获取食物

人最紧急的需要之一便是食物。真实地设想生存环境时，头脑马上会转到食物上。除非是在干旱环境中，甚至维持人体功能最重要的水也通常排在食物的后面。求生者必须记住：生存的基本三要素——水、食物和避身所——是按照对实际情况的估计来定出优先顺序的。估计不仅必须要及时，还要准确。没有食物我们可以生存数周的时间，但是可能我们会需要好几天或者好几周用来确定哪些食物是安全的以及如何在该地区猎获动物。所以，你需要在生存的一开始就收集食物，因为你的耐力将一天不如一天。某些情况下避身所比食物和水都重要。

动物类食物

除非你有机会捕猎大型动物，否则你应该将精力放在较小的动物上。小型动物比较多，也更容易猎取。你不必通晓所有可食的动物；有毒的动物很少，容易记住。不过，了解不同动物的习性很重要。比如，哪些动物适于利用陷阱猎捕，哪些动物居住在特定范围内的巢穴；哪些动物有固定的猎食区域，哪些动物的活动领域会从一个区域到另一个区域。群居的大型动物比如麋鹿和驯鹿的活动区域很广阔，较难猎取。你也应该了解特定种类动物的食物选择，以便你选择适当的诱饵。

几乎所有的爬行动物、水生动物、天上飞的、地上跑的都可以食用。你必须首先克服对某种食物的厌恶感。历史证明，人们在遭受饥饿时曾经食用过能够想得到的任何有营养的东西。由于个人偏见或者认为味道不好而忽略了健康的食物是在拿自己的生存冒险。尽管起初有些困难，但你必须吃可以获得的维持身体健康的食物。有些动物和昆虫可以生食，不过，除了十分必要的情况以外，在具备条件时应该将所有的食物彻底烹熟以防疾病。

昆虫。地球上的生物中最多也最容易猎取的是昆虫。很多昆虫体内所含的蛋白质在 65～80% 左右，相比之下，牛肉中蛋白质含量只有 20%。这也是昆虫成为最重要的食物来源的原因。需要躲避的昆虫包括所有叮人的长毛或浅颜色的成体昆虫、毛毛虫以及有刺激性气味的昆虫。蜘蛛以及携带常见病的昆虫如扁虱、苍蝇和蚊子也要避开。

倒地的腐烂木头是寻找各种昆虫的好地方，包括蚂蚁、白蚁、甲壳虫和甲虫的幼虫——蛴螬。不要忽略地面上或土里的昆虫窝。多草的地方如田野也是寻找昆虫的好地方，因为在田野里昆虫很容易被发现。石头、板子或地面上其他物体都是昆虫建穴的好地方。应仔细检查这些地方。昆虫的幼虫也可以食用。甲壳昆虫如甲壳虫和蚂蚱带有寄生虫，食用前需要烹煮。要将翅膀和带刺的腿去掉。多数软壳的昆虫可以生食。每一种昆虫的味道都不一样。蛴螬没有什么味道，有些蚂蚁用身体储藏蜂蜜，所以吃起来有甜味。可以将大量的昆虫做成一团，和可食用的植物一起吃。烹食会使味道更好。

蠕虫。蠕虫（环节动物）是上好的蛋白质来源。在潮湿的腐土中可以挖到，草根上的土块或雨后的地面上都能看到它们。抓住之后，在干净的饮用水中浸泡大约15分钟。这些蠕虫便自然地排便并自己清洗干净，然后你就可以直接生着食用了。

甲壳类动物。淡水虾的大小在0.25~2.5厘米之间。它们能够在悬浮的藻类堆中或者池塘和湖底形成大的群落。

小龙虾是海生龙虾和螃蟹的同类。你可以通过它们的外骨骼和五双腿加以区分，前腿长有特大的钳子。小龙虾夜里非常活跃，但是你可以在白天的时候先观察溪流中的石头下面或者周围，看好它们的位置。你也可以通过其巢穴上像烟囱一样的透气孔附近的软泥找到它们。你可以将牲畜的下水或内脏系在一根细绳上，以此来捕捉小龙虾。在小龙虾咬住诱饵时，将其拽出来。

你可以在从海浪到达岸边之处一直到深达10米的海水中找到盐水龙虾、螃蟹和小虾。小虾在夜里会游向有光亮的地方，你可以用网捕捞到。用装了诱饵的网或鱼钩可以抓到龙虾和螃蟹。螃蟹会到浪边捕食诱饵，你可以在那里捕到它们。龙虾和螃蟹是夜行性的，捕捉它们的最好时间就是夜里。

注意：所有的甲壳类和软体动物以及鱼类都需要烹食。淡水中往往生有很多有毒生物（见第99页）、动物和人类的污染物，还有可能有工农业污染物。

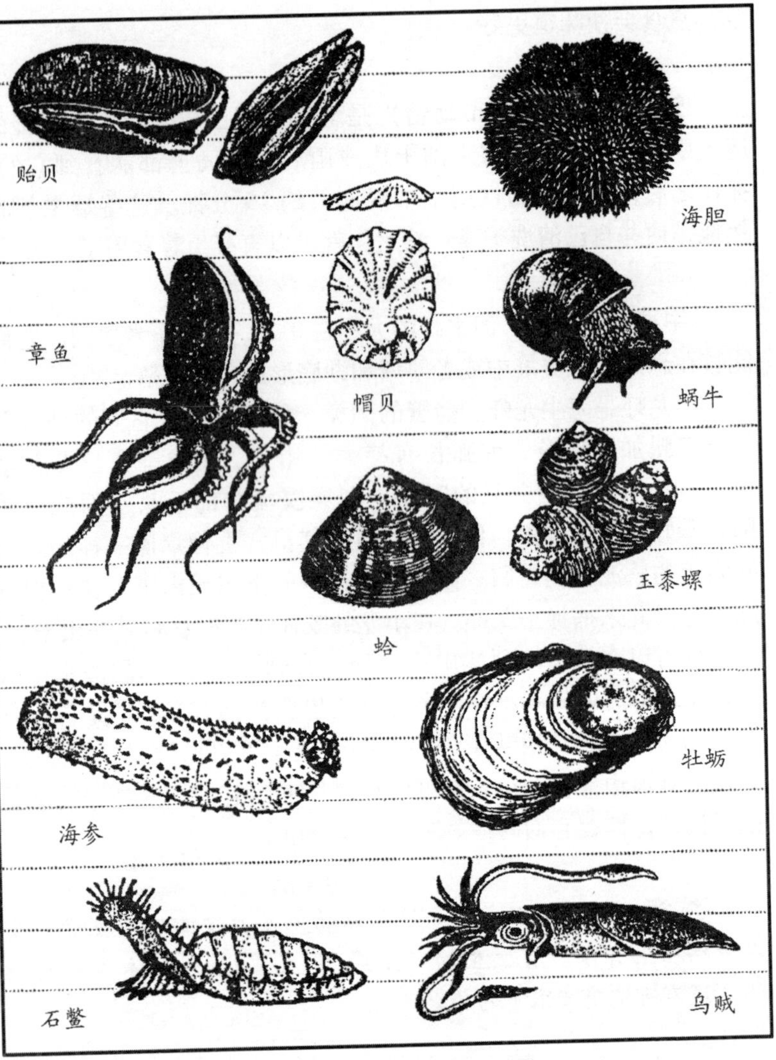

图 8-1　可食用的软体动物

软体动物。这一类动物包括章鱼和生活在淡水和咸水里的贝类，如蜗牛、蛤、贻贝、牡蛎、藤壶、玉黍螺、石鳖以及海胆等（图 8-1）。牡蛎和淡水贻贝很像，陆生及水生蜗牛分布世界各地，只要是有水的地方都会有。

北部针叶林地区的河流、溪水、湖泊中有很多蜗牛或淡水玉黍螺，这些蜗牛的形状可能是尖头的，也可能是圆头的。

在淡水中寻找软体动物时，要在浅水处寻找，特别是河底为沙质或淤泥的浅水中。寻找它们在泥上留下的细细的痕迹，或者隐秘的椭圆形的裂口，那是它们的藏身之处。

在海边，检查潮汐留下的小水坑和潮湿的沙子。海边的岩石上或者再深一点的海水中的珊瑚礁上经常会粘着许多贝类。蜗牛和帽贝粘附在岩石水位较低的部分，大一点的蜗牛，也叫做石鳖，则紧紧地依附在岩石水线以上的部分。

贻贝通常大量聚集在布满碎石的池塘中、圆木上，或者巨石的基部。

警告：在夏天，热带地区的贻贝可能是有毒的。如果在 72 小时之内出现过显著的红潮，就不要吃这些水域的任何鱼类和贝类。

食用软体动物前应该先将其蒸一下或煮一下，或者带壳烘烤。将它们和绿色植物及块根一起炖，味道十分鲜美。

警告：不要吃那些即使水位很高时也没有被水淹没的软体动物。

鱼类。鱼类是蛋白质和脂肪的好来源。它们对于求生者有明显的好处。它们比哺乳动物的数量多得多，捕捉起来也容易。若想成功地捉鱼，就需要了解其习性。比如，在风暴来临之前，鱼通常会大量进食。风暴过后水涨并变得浑浊，鱼类此时很少进食。夜晚的时候鱼会寻找亮光。当有强水流时鱼类会在有旋涡的地方休息，比如岩石附近。鱼类也会在深水塘中聚集，以及在水草下面、植物里或周围、木头或其他能给它们提供避身的地方。

淡水鱼都不带毒性。不过，鲶鱼的背翅和须子上有针状的尖尖的突出物。这些能够造成疼痛的穿孔伤口并在短时间内被感染。

所有的淡水鱼都要烹煮以杀死寄生虫。作为预防措施，在暗礁或受到淡水源影响的水域捕到的海水鱼也要烹煮。在远海捕捉到的海洋生物没有寄生虫，原因就是它们所处的盐水环境。这些海洋生物可以生食。

你遇到的大多数鱼类都可以食用。某些鱼类的器官对人有毒；还有些鱼类因其所吃的食物而变得对人有毒。对人有毒的雪卡毒素就是由热带和亚热带海鱼通过其食物而自然产生并在体内集聚起来的。这种毒素集聚在鱼身体的组织中。这些毒素来源于一些低纬度地区普遍存在的含雪卡毒素的藻类。烹煮无法杀灭这些毒素，干燥、烟熏或浸泡也无法杀灭这些毒素。导致雪卡毒素中毒的常见海鱼有梭鱼、黄合鲳、鲭鱼、鳞鲀鱼、鲷鱼和石斑鱼。很多温带水域的鱼类带有雪卡毒素。毒鱼的产生是零星的事件，而且并不是某一种类的鱼或某一区域的鱼就有毒。这就是红鲷鱼和石斑鱼在佛罗里达州近海和东海岸备受青睐的原因。它们是餐馆和渔夫的最爱，也是鱼市里最常见的，不过它们也是1988年发生在佛罗里达州帕姆海岸县的100例食物中毒案的原因。这次中毒案在全国引发了放弃食用在干龟岛海岸捕捉到的普提鱼、石斑鱼、红鲷鱼、琥珀鱼和梭鱼的浪潮。1981年4～6月间波多黎哥爆发了大规模雪卡毒素中毒事件，这引起了梭鱼、琥珀鱼和黑鲳鱼的禁售运动。其他有毒的海水鱼包括密斑刺鲀、角鱼、棘鱼、棘鳞蛇鲭和河豚（图8-2）。

两栖动物。青蛙很容易在淡水区域周围找到。青蛙极少离开安全的水边。一旦发现危险迹象，它们马上会跳进水中并将身体掩埋在泥土里。皮肤光滑、湿润是青蛙的身体特征。有些青蛙有毒。要避开颜色鲜艳或者背上有明显的“X”符号的青蛙以及树蛙。不要将蟾蜍混同于青蛙。蟾蜍的皮肤干燥、呈“疣状”或凹凸不平。它们通常生活在相对干燥的陆地环境中。有几种蟾蜍在抵御攻击时会通过皮肤分泌有毒物质。所以，为了防止中毒，不要触摸或食用蟾蜍。

不要吃蝾螈；只有25%的蝾螈可以食用，所以不要冒险从那么多的蝾螈中选择不带毒性的。蝾螈在水边活动。它们的皮肤光滑、湿润而且每只脚都只有四个脚趾。

爬行动物。爬行动物是很好的蛋白质来源而且相对比较容易捕获。食用爬行动物必须进行彻底清洗和烹煮。所有的爬行类动物的皮肤上都自然生有沙门氏菌，它们被认为是该种细菌的携带者。尤其是海龟和蛇，这两种爬行动物被认为最容易感染人类。如果你的营养状况和免疫系统比较虚弱，沙门氏菌对你来说就是致命的。烹煮时要煮透，并且在拿过任何爬行动物后都要极其认真地洗净双手。世界上绝大多数地方都有蜥蜴。干燥、带鳞的皮肤是它们的识别特征。蜥蜴的每只脚上有五个脚趾。只有两类蜥蜴有毒：希拉毒蜥和墨西哥珠毒蜥。触摸和准备绿鬣蜥和巨蜥时一定要格外小心，因为它们的嘴里和牙齿上有沙门氏菌。尾部的肉味道最好也最容易准备。

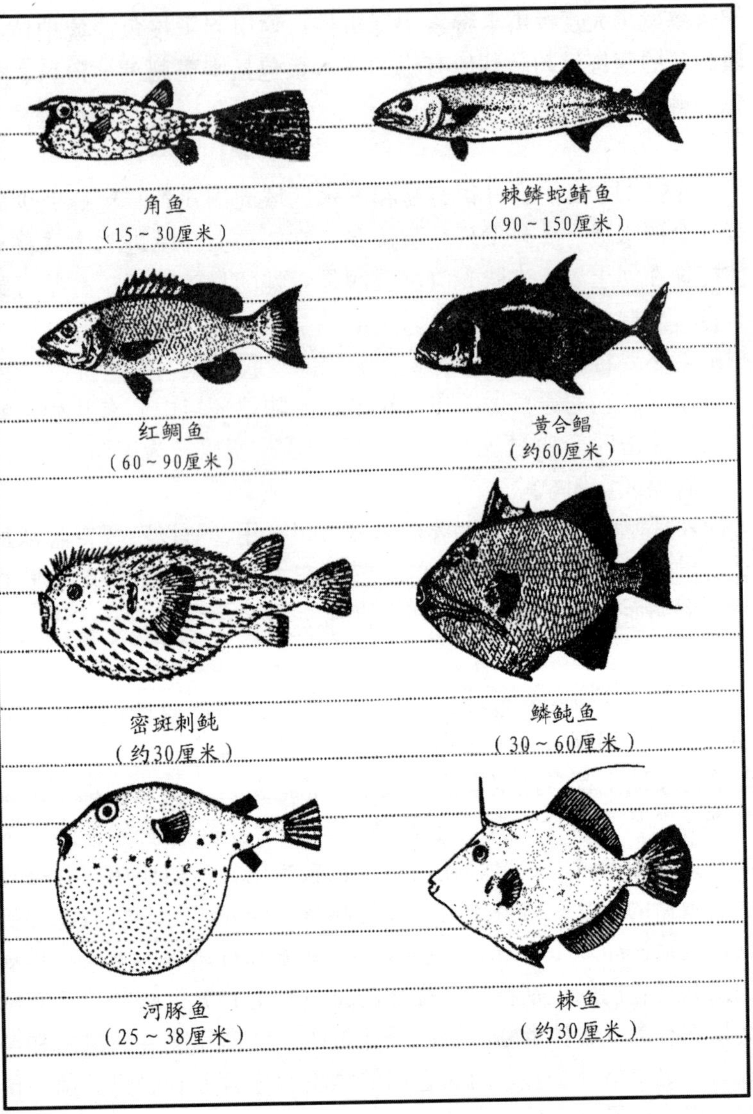
角鱼
(15～30厘米)
棘鳞蛇鲭鱼
(90～150厘米)
红鲷鱼
(60～90厘米)
黄合鲳
(约60厘米)
密斑刺鲀
(约30厘米)
鳞鲀鱼
(30～60厘米)
河豚鱼
(25～38厘米)
棘鱼
(约30厘米)

图 8-2　鱼肉有毒的鱼类

海龟是非常好的食肉来源。每个蛇鳄龟的肉都有七种不同的味道。肉大部分长在前后肩周围，大蛇鳄龟的脖颈上也可能有一些肉。闭壳龟（图8-3）是常见的一种不能食用的海龟。它以有毒的蘑菇为食物，在身体中积累了大量的毒素。即使烹煮也无法破坏这种毒素。玳瑁海龟（图8-3）生活在大西洋中，它的胸腺有毒，所以也要注意避开这种海龟。毒蛇、美洲鳄鱼、鳄鱼和大型海龟自然都是求生者的明显威胁。

图8-3　有毒的海龟

鸟类。所有的鸟类都可食用，尽管味道不尽相同。唯一一种有毒的鸟是新几内亚的黑头林鵙鹟。你可以把以鱼为食的鸟类的皮剥掉再吃，这样味道会好一些。像其他野生动物一样，要想有机会抓住它们，必须了解鸟类的习性。夜里，用手就可以直接在窝里抓到鸽子和其他一些鸟类。在筑巢时期，一些鸟类即使在受到威胁时也不离开自己的窝。了解其筑巢的时间和地点使你能更容易地抓到它们（图8-4）。鸟类通常都有一个飞往捕食、喝水等区域的常规路线。仔细观察应该能发现这些常规路线，这是用网捕鸟的好地点（图8-5）。筑巢地和水洼是理想的下网诱捕的场所。

鸟类	常见坐窝地点	坐窝时间
内陆鸟类	树木、森林、或者田野	温带、寒带的春天和夏初
鹤、苍鹭	红树林湿地或水边的高大树木	春天、夏初
一些猫头鹰类动物	高大的树木	12月下旬到第二年3月
鸭、鹅、天鹅	靠近水塘、河流或湖泊的苔原地区	寒带的春天和夏初
一些海鸟	沙洲或矮的沙岛	温带、寒带的春天和夏初
海鸥、海雀、海鸦、鸬鹚	有陡峭岩壁的海岸	温带、寒带的春天和夏初

图8–4　鸟类坐窝地点

图8-5　用网捕捉鸟类

筑巢的鸟还可以提供另一种食物来源——鸟蛋。留下一窝蛋中的两三个，其余全部拿走，留下的蛋要做上记号。鸟就会继续下蛋。你可以继续拿走新下的蛋，留下做过记号的蛋。

哺乳动物。哺乳动物是绝佳的蛋白质来源，在美洲人看来也是最可口的食物。猎取哺乳动物需要克服几个障碍。在敌方的环境中，敌人可以侦察到地上的任何陷阱或捕网。动物造成伤害的多少与其体型的大小有直接关系。所有的哺乳动物都长有牙齿，在自我防卫时几乎都会咬人。即使是一只松鼠也可能造成严重的伤害，并且任何咬伤都有感染的风险。而且所有的母动物在保护自己的幼崽时都无比凶猛。任何动物在无路可逃的时候都非常具有攻击力。

所有的哺乳动物都可以食用；不过，北极熊和海豹的肝脏中有带毒性的维生素 A。澳大利亚和塔斯马尼亚当地的鸭嘴兽是半水生卵生哺乳动物，后腿长着毒爪子。肉食哺乳动物比如负鼠可能携带疾病。

陷阱和套索

对于没有武器的求生者或脱险者来说，或者当枪声会招致麻烦的时候，利用陷阱和套索捕捉野兽是不错的选择。几个布置巧妙的陷阱可能比一个人带枪捕到的野兽更多。要想让陷阱或套索收获更大，你必须——

- 熟悉你想猎取的动物。
- 能够制作合适的陷阱并能很好地掩藏自己的气味。
- 不要留下你的踪迹引起动物的警觉。

没有哪种陷阱能让你捕捉到所有动物。你必须确定要设陷阱的区域有哪类动物，并针对这些动物来设陷阱。要寻找下面的迹象：

- 动物的路径和途经之处。
- 动物行走的路线。
- 兽粪。
- 动物咀嚼或摩擦的植物。
- 动物筑巢或栖息的地方。
- 动物觅食和喝水的区域。

要在有证据表明动物经过的地方设陷阱和套索。你必须确定那里是否是“途经之处”或“路径”。路径会显示出几种动物经过的迹象，并且会相当明显。途经之处通常较小并且不那么明显，而且只会显示出一种动物经过的迹象。你可能设了一个完美的套索，但如果你在森林中随便找个地方设套索的话，你将一无所获。动物有栖息地、饮水洼和猎食地，在这些地点之间会有路径相连。你必须将套索和陷阱设在这些地方才能有收获。

如果你处在一个敌对的环境中，陷阱和套索的隐蔽性就很重要。然而，同样重要的是，也不要造成引起动物的警觉并使其避开陷阱的对环境的改变。所以，如果你必须挖土，就要把挖出的新土转移到其他地方。大多数动物会本能地避开凹坑式陷阱。不要在设陷阱或套索的地点当场准备陷阱或套索的部件，而要在别处准备好，带到那里再设置。这样就不容易破坏周围的植被，从而使猎物不易警觉。不要用新砍的植物设陷阱或套索。新砍下的植物分泌的树液的味道会被猎物闻到。这对动物来说是一个警觉信号。

你必须把陷阱上和陷阱周围的人的气味去除或掩盖。尽管鸟类的嗅觉不发达，但绝大多数哺乳动物对嗅觉的依赖要甚于视觉。即使陷阱上有很微弱的人类气味也会引起动物的警觉并使其逃离。将人类气味去除并不容易，但将其掩饰起来却不难。用你之前杀死的动物的胆汁和膀胱中的尿液即可。不要用人类的尿液。烂泥也可以，尤其是腐烂植物周围的烂泥更好。在处理陷阱时用烂泥糊满双手；在设好陷阱后，在陷阱上也涂上烂泥。几乎在全世界的每一个地方，动物都了解植物燃烧和烟的味道。只有火烧起来之后它们才会警觉。因此，用烟熏陷阱的部件是掩饰你的气味的有效方法。如果这些技巧中的某个行不通，在时间允许的情况下，可以让陷阱风化几天然后再搭建。陷阱风化的过程中不要触摸它。设好陷阱之后，要尽量自然地将它伪装起来以防止被敌人侦察到，并避免惊到动物。

设在动物的路径和途经之处的陷阱和套索要使用喇叭口和通道。要建一个通道，就要设一个从动物路径的两端朝向陷阱的喇叭口形障碍，其最狭窄的部位要靠近陷阱。通道不要太明显以免引起动物的警觉。当动物靠近陷阱的时候，要使它不能向左或向右而只能继续朝陷阱走。很少有动物会后退，一般都会往前走。通道不能成为无法通过的障碍，你只需要给动物的通过造成一些不便即可。为达到最好的效果，通道应该将动物路径的宽度缩小到比目标动物的身体宽度仅仅宽一点的程度。这种限制所保持的距离至少要达到从陷阱后面到通道入口能够容纳动物体长的长度，然后向喇叭口的方向加宽。

使用诱饵。在陷阱或套索上放诱饵能增加捕获动物的机会。抓鱼的时候，你必须使用诱饵。未放诱饵的陷阱要想成功捕获动物就必须选择一个好位置。放有诱饵的陷阱能够切实地吸引动物靠近。诱饵必须是动物所认识的东西。然而，诱饵不能是动物在陷阱周围轻而易举就能得到的东西。例如，在一片玉米地里用玉米作为陷阱的诱饵，就不大可能管用。同样，如果这个地方不长玉米，用玉米作为陷阱的诱饵就有可能引起动物的好奇，在它考虑这种奇怪的食物的时候，就会保持警觉。在这种情况下，它可能就不会吃诱饵。对于小型哺乳动物效果很好的一种诱饵是平常食用的花生酱。盐也是不错的诱饵。在使用此类诱饵时，应在陷阱的周围也撒上一些，使猎物有机会先尝一下并产生出对诱饵的渴望。这样，动物就会放松警觉。

如果你为捕捉某种动物设了陷阱并放了诱饵，但另一种动物将诱饵吃掉了却没有掉进陷阱，你就要想办法确定这是一种什么动物。然后，以同样的诱饵为这种动物设合适的陷阱。

注意：一旦成功捕捉到一个动物，你不仅会对自己的能力获得自信，而且你还会获得用诱饵设置更多陷阱的新知识。

陷阱和套索的布置。陷阱和套索可以压住、窒息、悬吊或捆绑住猎物。一个陷阱或套索通常应具备这些功能中的两到三个。陷阱之所以有威力的原因通常是很简单的——动物的挣扎、重力或弯曲的小树的张力提供了这种威力。

任何陷阱或套索的核心都是触发装置。在谋划陷阱或套索时，要问问自己它将如何作用于动物、其威力从何而来、最有效的触发装置是什么。你的答案将有助于你设计出一个对付某种动物的特殊陷阱。陷阱的目的是抓捕并控制住动物，或者抓捕并杀死动物。套索是用一个圈套实现这两种功能。

简单套索。简单套索（图 8-6）是一个装在动物路径或巢穴口上的圈套，圈套要连接在牢固的树桩上。如果圈套是某种放在动物路径上方的绳索，要用小嫩枝或草叶将其固定。蜘蛛网的细丝对于保持圈套的张开很管用。要确保圈套足够动物的头穿过。被套住后如果动物继续动，圈套就会在其脖子上拉紧。动物越是挣扎，圈套就越紧。这种套索通常不会杀死动物。如果你用绳子做圈套的话，可能会变松并从动物的脖子上滑落。用金属线制作简单套索最好。

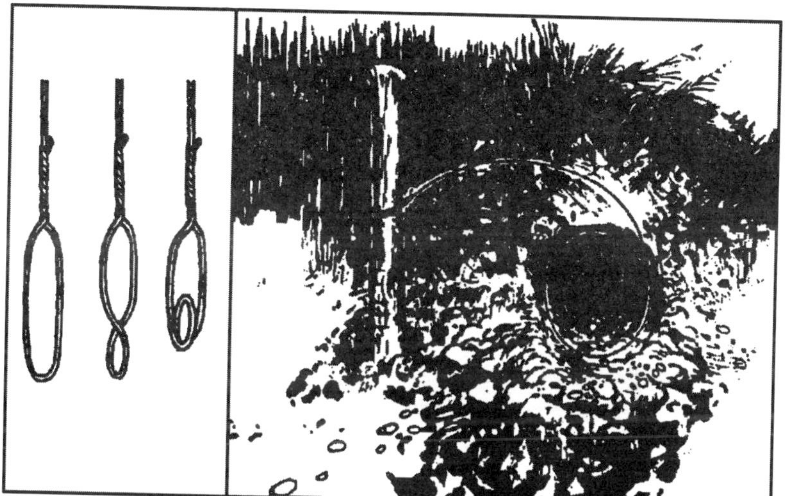

图 8-6 简单套索

拖曳圈套。在动物的途经之处用拖曳圈套（图 8-7）。将两根带叉的木棍插在动物途经之处的两侧，并在两根木棍的叉上放一根结实的横杠。把圈套绑到横杠上，并悬垂在比动物的头略高的高度（用来套动物头部的圈套放置的位置不能太低，否则猎物的脚会踏进圈套）。当圈套将动物的脖颈勒紧的时候，动物会将横杠拉下来并拖着跑。周围的植物很快就会绊住横杠，动物就会被缠住。

弹发装置。弹发装置是将一棵柔软的小树弯曲并用触发装置

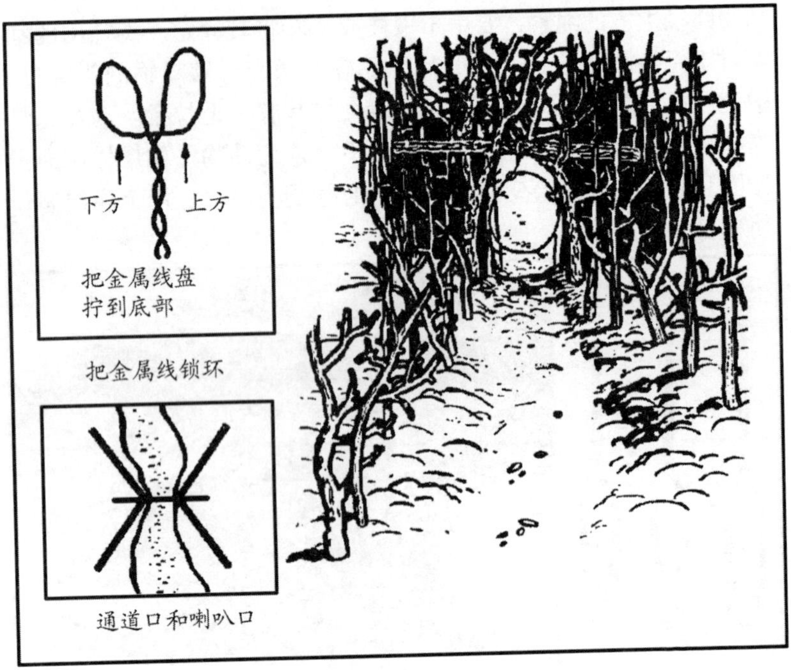

图 8-7　拖曳圈套

固定住，它能为各种套索提供力量。沿着动物的路径选择一棵山胡桃或其他硬木的树苗。如果将所有树枝和树叶都去掉，其弹起的速度会更快，力量也更大。

弹发套索。一个简单的弹发套索使用两根带叉的木棍，每根木棍上的叉子都是一条腿长、一条腿短（图 8-8）。将小树弯向地面，在其顶端指向的路面上做个记号。将一根木棍上的长叉牢牢地插入记号所在处的地里面。要确保这根木棍上的短叉的切口与地面平行。将另一根木棍上的长叉与系在小树顶端的一条绳子绑在一起，使其短叉勾住前一根木棍上的短叉。把一个圈套展开在路面上。当一个动物的头部被圈套套住时，它会将勾在一起的木

图 8-8　弹发套索

棍拉开，小树会弹起并将猎物吊起来。

注意： 不要用新鲜的树枝做触发装置。渗出的树液可能会将两个短叉粘在一起。

松鼠杆。松鼠杆是在松鼠活动的树上放一个长长的杆子（图 8-9）。在杆的顶端和侧面布置一些金属套以使在松鼠顺着杆上下时必须从其中经过。在离杆 2.5 厘米的位置上固定套索（直径 5 ~6 厘米）。顶端和底端的金属套索分别与杆的顶部和底部保持 45 厘米（18 英寸）的距离，以防止松鼠的脚蹬到地面或树木。如果那样的话，松鼠会把金属套咬断。松鼠通常有很强的好奇心。起初比较小心，然后它们将不停地顺着杆上上下下，最终被套住。挣扎的松鼠很快就会从杆子上掉下来。其他松鼠会被其叫声吸引过来。利用这个方法，你可以抓到好几只松鼠。多布置几根杆子能抓到更多的松鼠。

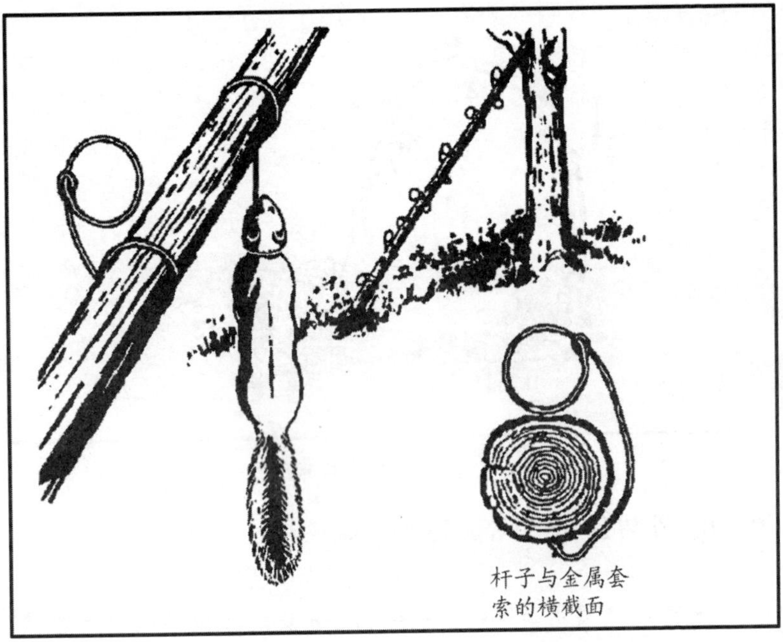

图 8-9　松鼠杆

欧吉布威捕鸟杆。欧吉布威捕鸟杆是土著美洲人使用了几百年的捕鸟工具（图 8-10）。为了更有效，应将捕鸟杆放在远离高大树木的开阔地。选择靠近鸟进食、梳理羽毛或者饮水的地点效果最好。把一根杆子截成 1.8 ~2.1 米长，并去掉所有的小树枝和树叶。不要用有树脂的木头比如松树。将顶端削尖，然后在离顶端 5 ~7.5 厘米（2 ~3 英寸）的地方钻一个直径很小的孔。裁一根 10 ~15 厘米（4 ~6 英寸）长的小棍，将棍的一头削到使其正好能放到那个孔中。这是鸟的栖木。将长杆插入地面，尖部向上。将一个和鸟的体重相当的重物系在一段绳子上。将绳子的自由端穿过那个孔，并做一个能在栖木上滑动的圈套。在绳子上打一个反手结，并将栖木抵在孔上。将绳子从孔中穿过，直到反手结滑到挨住长杆和栖木。反手结对杆子和栖木的张力会使栖木保持在其位置上。将圈套在栖木上面展开，要确保其沿着栖木的整个长度展开并在两侧垂下。大多数鸟喜欢落在高于地面的物体上，所以会落在栖木上。鸟一落下来，栖木就会倒下，反手结就会松开，重物落下。圈套将套住鸟的脚，将它抓住。如果重物过重，会把鸟的脚弄断，鸟就会逃走。也可以用有弹力的张紧装置比如树枝代替重物。

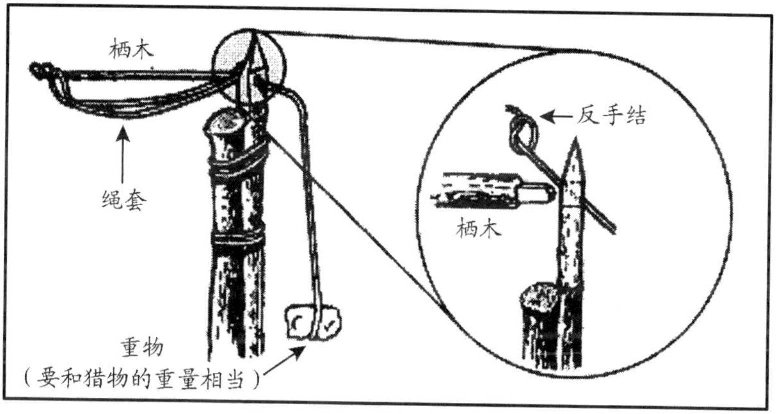

图8-10　欧吉布威捕鸟杆

套索棒。套索棍或“套索棒”可以用来捕捉坐窝的鸟或者小型哺乳动物（图8-11）。使用者必须要有耐心。这个工具更像武器而不像套索。套索棒是一根带金属线或硬绳滑动圈套的杆子（手握着舒服的长度）。捕捉动物的时候，要将滑动圈套套住坐窝的鸟的脖子，并拉紧。你也可以将它放在动物的巢穴口上并藏好自己。当动物从巢穴出来的时候，你猛拉杆子使圈套紧紧将动物套住，然后用结实的棍棒将猎物杀死。

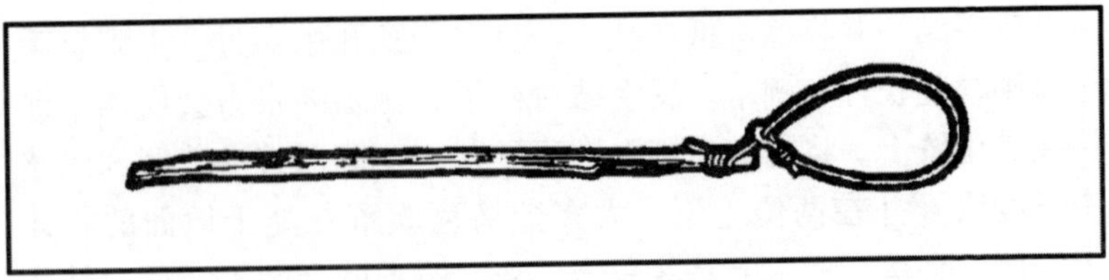

图 8-11　套索棒

弹力踏板套索。在动物的路径上用踏板套索对付小型猎物（图 8-12）。在路面上挖一个浅坑。在与浅坑同一侧的路径上、浅坑的两边将两根带叉（叉形向下）的棍子分别插入地面。选两根非常直的棍子横在叉子上。将这两根直木棍放好，使其两端与叉子接触。在浅坑上放几根木棍，将这些木棍的一端搭在下面的横棍上，另一端搭在浅坑另一侧的地面上。要用足够的棍子盖住坑，以便猎物至少踩到其中的一根从而使套索击发。将一根绳子的一端系在小树上或系在吊在树枝上的一个重物上。将小树弯曲或者将悬吊物举起来，以确定在何处设置触发棒。触发棒应该大约为 5 厘米（2 英寸）长。在绳子的另一端作一个圈套。将圈套在浅坑上面的木棍上顺好、张开。将触发棒靠在水平的木棍上，并将绳子顺好以便张力将触发棒固定。调整下面的横棍以便它正好固定绊住触发棒。当动物踩到浅坑上面的木棍时，下面的横棍就会掉下来，释放触发棒，并使圈套套住动物的脚。由于浅坑对动物的路径造成了破坏，动物会很警觉。因而，你必须采用通道法。为了增加这种方法的有效性，应该在浅坑的底部放一些诱饵，以引诱动物接近。

4 字形触发装置。4 字形触发装置是利用落下的重物压住猎物（图 8-13）。重物可以各式各样，但必须有足够的重量以杀死猎物或者使猎物立即失去活动能力。制作 4 字形触发装置需要三

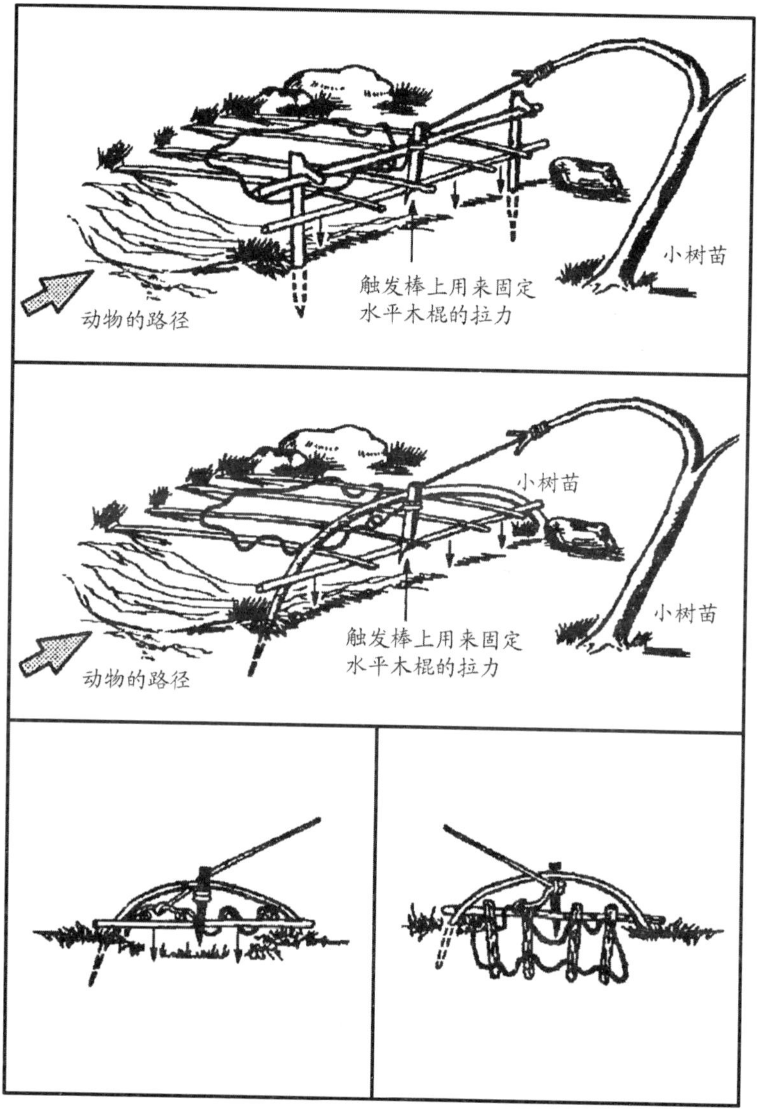

图 8-12　弹力踏板套索

根刻槽的木棒。这些槽使木棒在张紧状态下保持4字形状。应该提前练习制作这种触发装置；因为其设置要求木棒之间的紧密配合以及精确的角度。

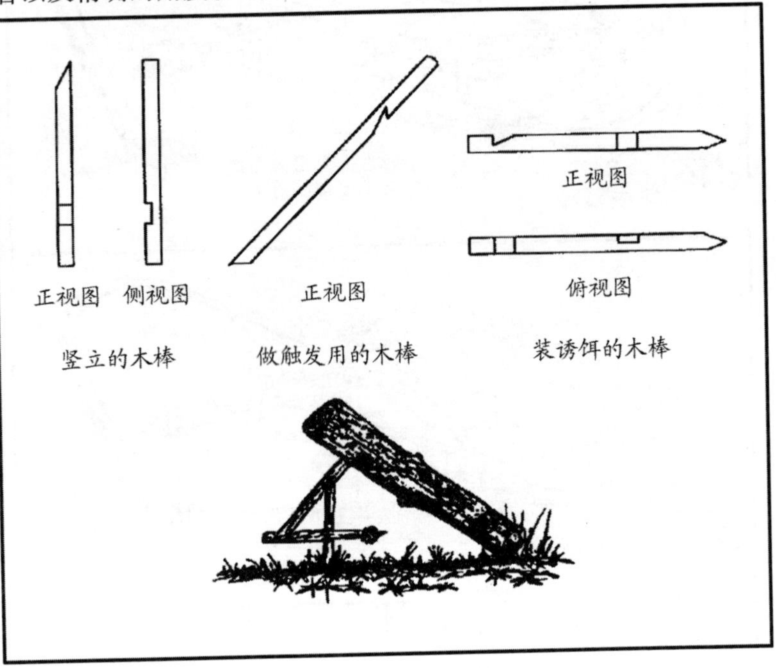

图8-13　4字形触发装置

帕巫特触发装置。这种装置与4字形触发装置相似，只是采用了一根绳子和一个绊棒（图8-14），其优点是比4字形触发装置更容易制作。将一根绳子的一头系在斜棍的低端，绳子的另一头系在一个长约5厘米（2英寸）的木棒上。这就是绊棒。将绳子在垂直棍上绕半圈，使绊棒与垂直棍呈90°角。将诱饵棍的一端抵在重物上或一个打入地下的短桩上，并将其另一端抵在绊

图 8-14 帕巫特触发装置

棒上。当猎物碰到诱饵棍的时候，棍子自然倒下，释放绊棒。当斜棍飞起来的时候，重物落下，压住动物。为了使其更有效，可以放一些诱饵，引诱动物靠近。

弓箭陷阱。弓箭陷阱是最致命的一种陷阱（图 8-15）。对人和动物都很危险。搭建这种陷阱，需要做一张弓并用木桩将其稳固在地面上。在固定弓的时候要调节瞄准点。在触发棍上绑上一个栓扣棒。将两根立柱打入地面以保持触发棍就位，并使栓扣棒绊住拉紧的弓弦。在栓扣棒和打入地面的一根立棒之间设置一个绊棒。将一根绊发线绑到绊棒上，并将其绕着立柱顺好，使其横跨在动物经过的路径上（如图 8-15）。当猎物碰到绊发线时，弓就会把箭射出去。在弓上开一个槽有助于瞄准。

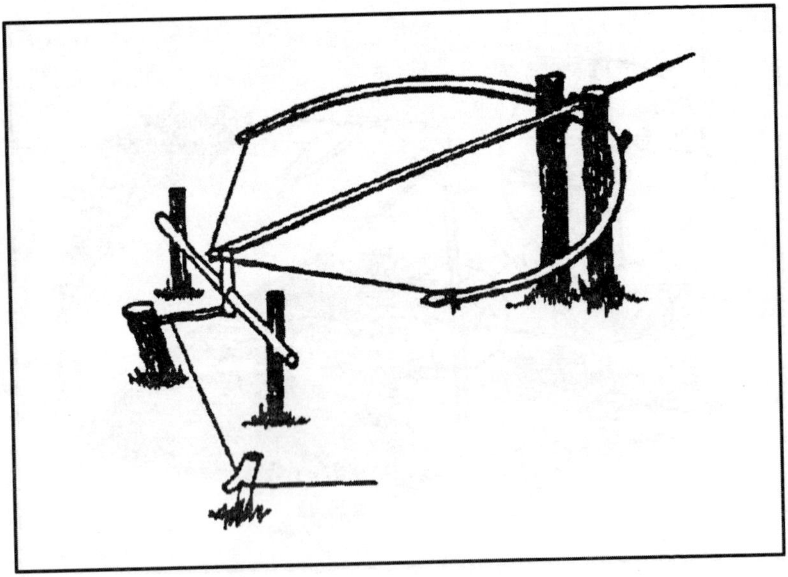

图 8-15　弓箭陷阱

警告：这是一种致命的陷阱。一定要从后面接近而且要十分小心。

猪尾矛杆。设置猪尾矛杆需要选择一根长约 2.5 米（图 8-16）的结实的杆子。在较细的一端捆上几根小木棒。将较粗的一端紧紧地捆在动物行走路线上的一棵树上。将一段绳子绑到路另一侧的一棵树上，将一根结实、光滑的木棒绑到这段绳子的另一端。在第一棵树上接近地面的位置绑一根绊发线，拉到路的另一侧并绑上一个绊棒。用蔓藤或其他材料做一个滑动环，将绊发线和光滑的木棒用滑动环套住。将另一根光滑木棒的一端放到滑动环里，另一端抵在第二棵树上。将矛杆的细端拉到路径的另一侧，并将其固定在短绳和光滑的木棒之间。当动物碰到绊发线时，绊棒会将滑动环拉离光滑的木棒，释放张紧的矛杆，并将猎物夹在树上。

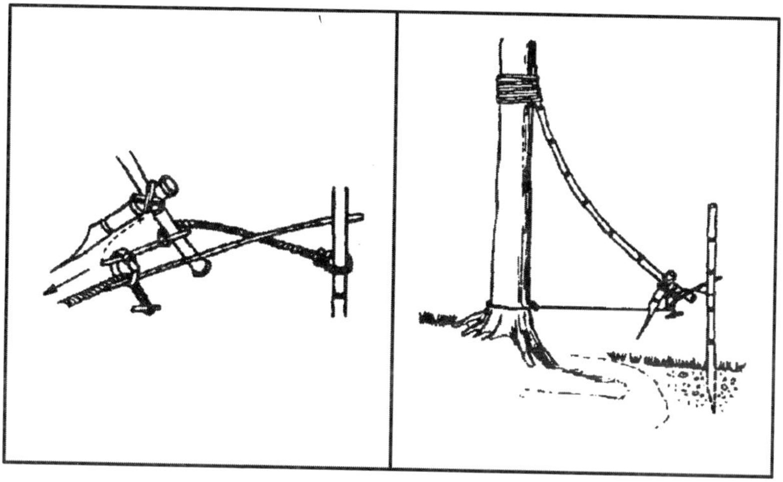

图8-16 猪尾矛杆

警告：这是一种致命的陷阱。从后面靠近而且要格外小心！

瓶形陷阱。瓶形陷阱是为捕捉老鼠和野鼠用的一种简单陷阱（图8-17）。挖一个深30～45厘米（12～18英寸）的坑，坑的底部要比顶部宽。要使顶部尽可能小。把一块树皮或木头放在坑的上方，并在下面垫上小石头，使树皮离开地面2.5～5厘米。老鼠或野鼠会到树皮下面躲避危险，从而掉进陷阱里。它们无法爬上来，因为坑壁是向中间倾斜的。检查这种陷阱时要小心；这里是蛇藏身的好地方。

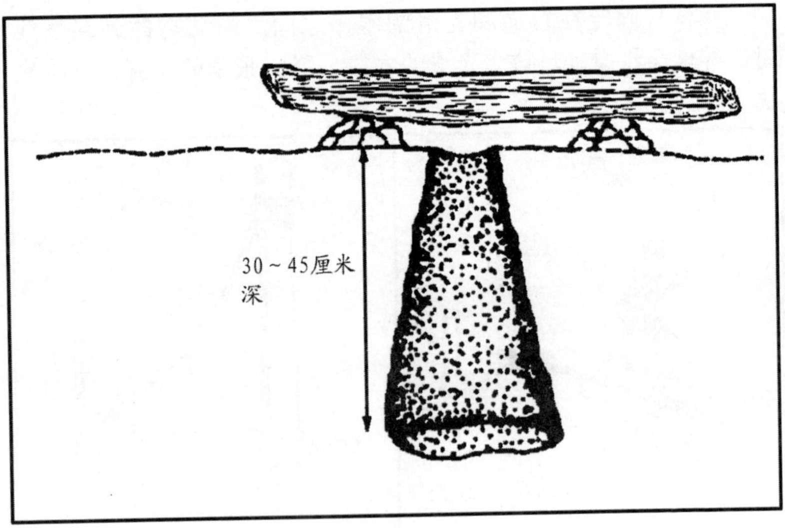

图 8-17　瓶形陷阱

猎杀工具

你可以制造几种猎杀工具帮你捕获小动物从而生存下来。打兔棒、矛、弓箭和投石器就是这种工具。

打兔棒。最简单、最有效的一个猎杀工具就是一根结实的木棒，其长度应该是从你的手指尖到肩膀的长度，可以叫它“打兔棍”。你可以将它举过头顶或从身体的侧面用力投掷出去。在投掷时，最好使它横着飞出去，这样可以增加击中目标的机会。对于那些受到攻击时停住不动的小型野生动物来说，这是一种非常有效的工具。

矛。你可以制作一个矛来猎杀小型野生动物和鱼。用矛猛戳，而不是把它抛出去。第147页还会介绍用矛叉鱼的方法。

弓和箭。做一张好弓需要花费很长时间。制作一个适合临时使用的弓却很容易。当失去弹性或者断了之后，你可以重新换一张弓。选一根长度为1米（3英尺）左右的硬木棍，棍子上不能有树结或分叉。仔细刮擦其较粗的一端使其与较细的一端拉力相当。仔细观察会发现木棍的天然弯曲方向。要刮擦拉开弓时面向你的那一面，否则你第一次拉就会将弓折断。干枯的木棍比新鲜的木棍要好。为了增加拉力，在这个弓上再面对面地绑上一张弓，从侧面看形成一个"X"形。将这两张弓的两头用绳子绑在一起，并只在其中一张弓上绑上弓弦。

选择手边最直的干木棍作箭。箭的长度应该是弓长的一半。将木棍的四周都刮擦光滑。你可能不得不将木棍弄直。在热炭上加热可以把箭弄直。不要把木棍烧焦或烧着。在木棍变凉前使它一直保持直的状态。

你可以用骨头、玻璃、金属或岩石碎片做成箭头。也可以将箭的顶端削尖并烧硬。"烧硬"实际上是用词不当。用火将木头烧硬，需要把木头悬在热炭上方或者将它埋进热炭底下的灰里，注意不要使木棍燃烧或烧焦。用火烧硬的目的是通过烘干其水分使木头变硬。

将箭顶端开槽以便将其放在弦上。要切或锉出槽口；不要劈裂。装上羽毛（在箭有槽口的一头加上羽毛）可以提高箭的飞行性能。这只是建议，临时制作的箭并不一定要装羽毛。

投石器。将两段长约60厘米（24英寸）的绳子的一端系在一起，另一端绑上一块手掌大小的皮革或布，就做成了一个投石器。将一块石头放进布里，一条绳子绕在你的中指上，并握在手掌里。将另一段绳子夹在食指和大拇指之间。为了将石头掷出，要将投石器抡几圈，并将拇指和食指间的绳子放开。多多练习才能使用熟练。投石器对于捕捉小动物十分有效。

捕鱼装置

你可以自己动手制作鱼钩、渔网和陷阱。下面介绍了几种捕鱼的方法。

制作鱼钩。你可以用大头针、缝衣针、金属线、小钉子或者其他任何金属材料制作简易鱼钩；也可以用木头、椰子壳、骨头、荆棘、燧石、贝壳、海龟壳等制作鱼钩；你还可以将这些东西组合起来制作鱼钩（图 8-18）：

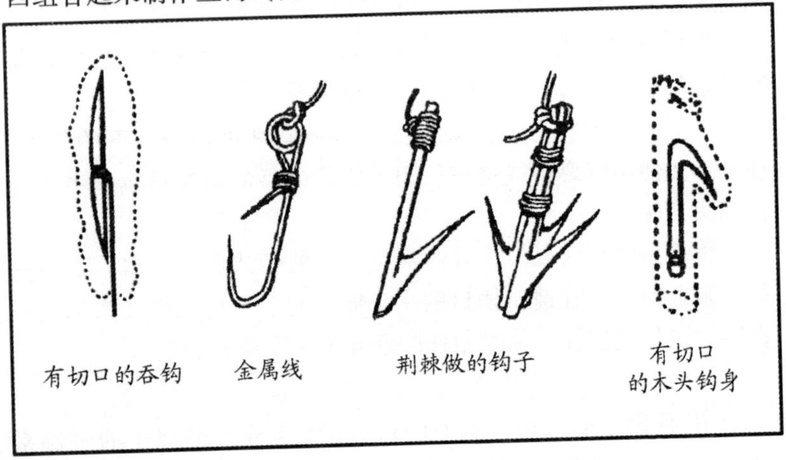

图 8-18　制作鱼钩

要做一个木制鱼钩，你可以砍下一块长 2.5 厘米、直径为 6 毫米的硬木。在其一端做一个切口，放入尖物（一小块骨头、电线、钉子）。将尖物固定在切口中，系紧以防止其掉落。这是一个相当大的鱼钩。要做小鱼钩，就要用小材料。

吞钩或扦钩是一个由木头、金属或其他材料制成的小短棒，其两端都是尖的，中间有一个槽，可以系上钓鱼线。在其纵向长度上放诱饵。鱼吞下诱饵的时候，也会吞下吞钩。如果鱼咬钩的时候，你正在看着钓鱼线，不要试图像使用一般鱼钩那样拉起钓鱼线。要让鱼吞下诱饵，以使吞钩进到鱼的喉部以下。

立桩监视。立桩是一种可以在敌对环境中使用的捕鱼方法（图 8-19）。要做立桩，应将两棵小树插到湖、池塘或溪流的底部，使其顶端略低于水面。在两棵小树之间系上一条绳子，并略低与水面。在这条绳子上拴上两条带鱼钩的短绳子，要确保它们不会缠绕在一起或缠绕在小树上，并且不能在大绳子上滑动。在渔钩上放上诱饵。

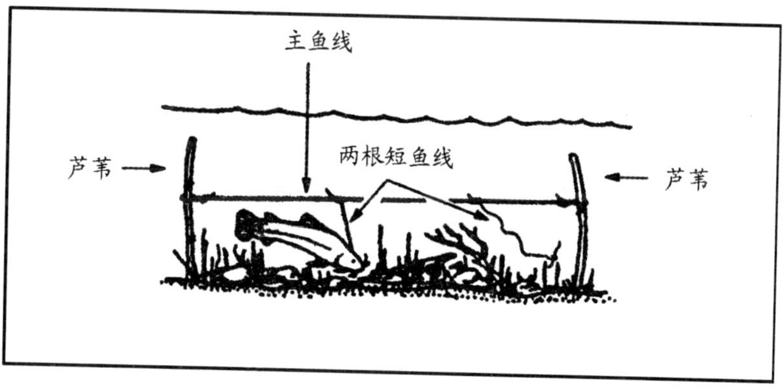

图 8-19　立桩监视

刺网。如果你手边没有刺网，你可以利用降落伞伞绳或类似的材料自己做一个（图 8-20）。从伞绳中取出芯线，并将伞绳护套绑在两棵树之间。将一些芯线折成双股，并用普鲁士结或围结将其连在伞绳护套上。这些线的长度要是做好后的网的深度的 6 倍（比如，180 厘米长的线，用围结绑在伞绳护套上之后，就成了两条 90 厘米长的线，做好网后，将是一个 30 厘米深的网）。网的长度和网眼的大小决定了用多少根芯线及其之间的距离。网眼的大小建议为 2. 5 厘米见方左右。从伞绳护套的一端开始，用反手结将第二和第三根芯线系在一起。然后将第四和第五根、第六和第七根系在一起，依次类推，直到系到最后一根芯线。此时，你应该将全部芯线都成对地与伞绳护套两端垂下来的一根芯线连在了一起。从第一根芯线开始系第二行，将第一根与第二根系在一起，第三根与第四根系在一起，等等。

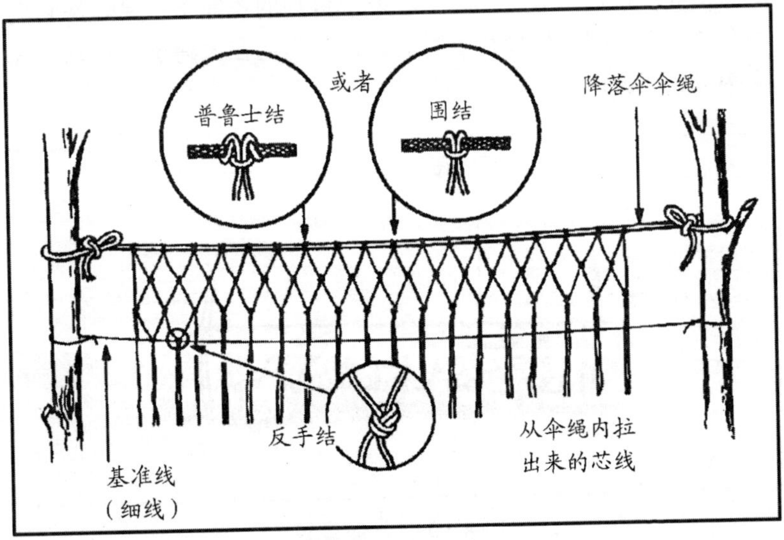

图 8-20　制作刺网

为了使行间距离相等并保持网眼同样大小，可以在两棵树之间系一根基准线。将基准线放在网的另一侧，以免妨碍你的工作。每系好一行后将基准线向下移。线绳总是成对悬在一起，你要始终将一股绳系到紧邻的另一股绳上。一直这样系下去直到网达到你所期望的宽度。在网的底部穿一根伞绳护套，以使网更结实。刺网的用法如图 8-21 所示。将刺网斜一个角度有助于减少网上积起的垃圾。要确保经常检查。

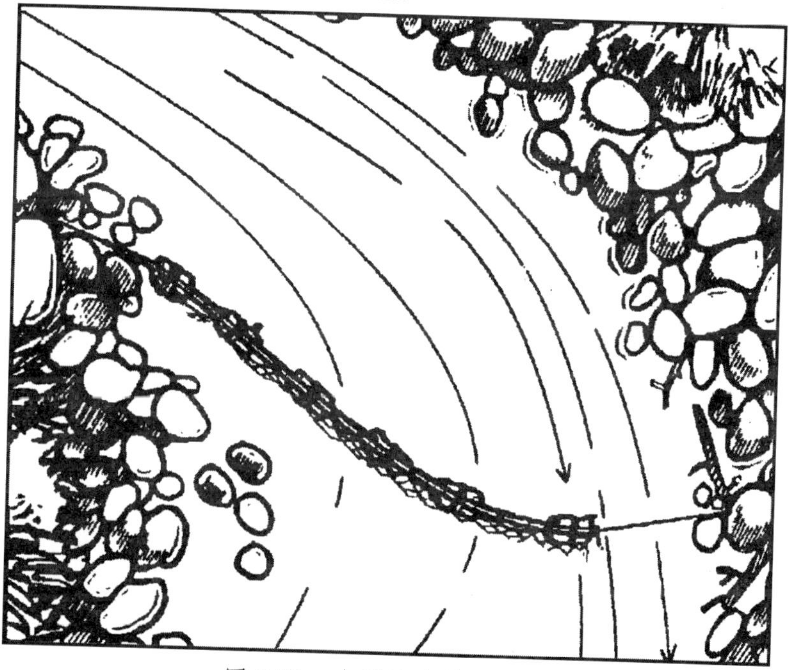

图 8-21　在溪流中放置刺网

捕鱼陷阱。你可以有几种方法用陷阱捉鱼（图 8-22）。鱼篮是其中的一种方法。将几根木棍用蔓藤捆在一起，做成漏斗状。将顶端封闭，留出一个鱼能游进去的开口。

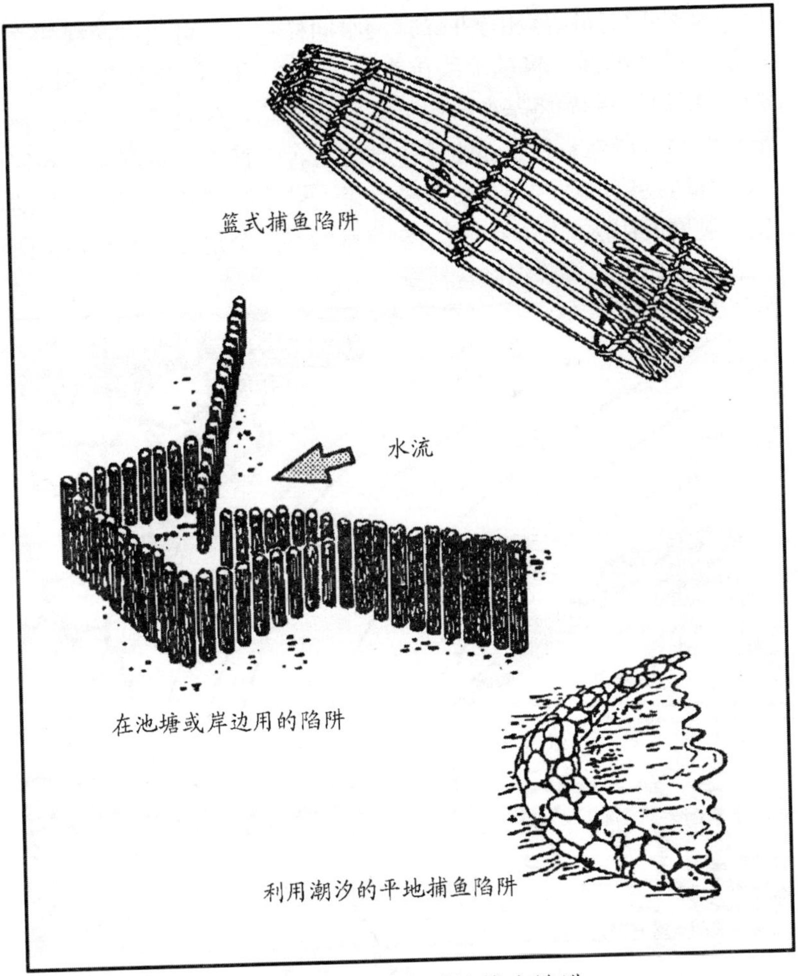

图 8-22　不同类型的捕鱼陷阱

你也可以用陷阱捕捉海鱼，因为鱼群会经常随着涨潮涌向岸边，并经常在平行于海岸的区域活动。可在涨潮时选择好设陷阱的地点，退潮后就去设陷阱。在多岩石的海滨，可以直接利用岩石间的水坑；在珊瑚岛上，利用珊瑚礁表面的天然水坑，可在退潮时堵住出口。在沙质海滨，可以利用沙坝以及沙坝围成的沟渠。围一圈低低的石墙，朝着水的方向向外延伸，并与海岸形成一定角度，这也是一种陷阱。

叉鱼。如果你离鱼又多又大的浅水（齐腰深）区域很近，就可以用矛扎鱼。砍一个长而直的小树来作矛（图8-23）。将其一端削尖或者绑上一把刀、尖骨片或带尖的金属。你也可以将木棍从头往下劈开几厘米并插入一片木头使其扩开。然后，将两半削尖。想要扎到鱼，你最好选择鱼聚集的地方或者有鱼群的地方。将矛的尖头放入水中并将其慢慢地向鱼靠近。然后，用力猛

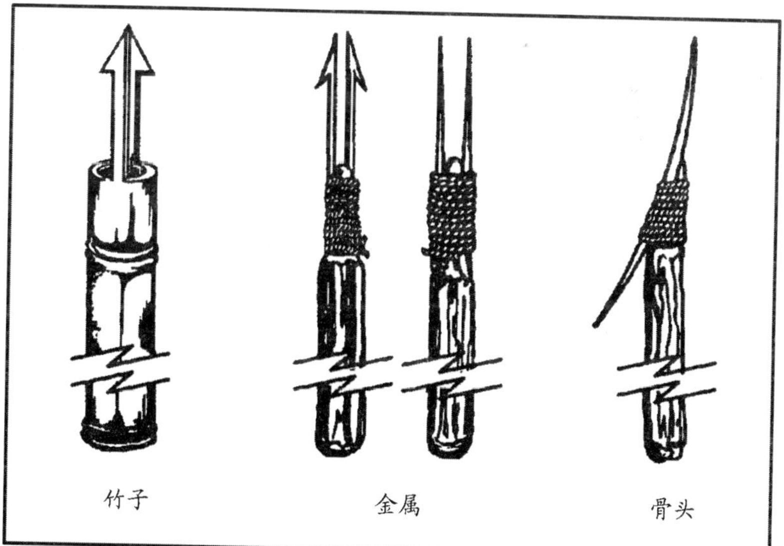

图8-23　鱼叉头的类型

扎将鱼叉在水底。不要用矛把鱼举起来，因为那样鱼容易从矛上滑落，而使你前功尽弃。用一只手握住矛，用另一只手抓鱼。不要投掷矛，尤其是带刀子的矛。在生存环境中，你千万不能失去刀子。在看水中的物体时，要注意光的折射产生的影响。瞄准时要比实际看到的低一些，通常要看准鱼的下部猛刺。

砍鱼。夜里，在鱼密集的地方，你可以用光亮来吸引鱼。然后用弯刀或类似工具的刀背猛击鱼。不要用刀刃，因为那样很容易将鱼砍断而损失一部分鱼肉。

药鱼。另一个抓鱼的方法是使用毒药。这种方法见效很快，而且可以隐蔽进行，并且可以一次获得很多鱼。在药鱼时，要确保把药到的鱼都捡起来，因为大量死鱼漂到下游会引起敌方的怀疑。有些温暖地区的植物含有鱼藤酮，该物质可以麻醉或杀死冷血动物，但是对食用该动物的人类并无影响。可以使用鱼藤酮或含有鱼藤酮的植物，这些植物生长在水塘或小溪的上游。在21℃（70 ℉）或以上温度的水里，鱼藤酮会很快起效，鱼会马上失去活力，浮出水面。如果水温在10℃～21℃（50～70 ℉）之间，鱼藤酮效果比较慢，而水温低于10℃（50 ℉），鱼藤酮就会失去效用。下述植物，如果按照说明使用，也能使鱼类昏迷或死亡。

- 防己属植物（图8-24）。这种木本藤蔓植物生长于南亚及南太平洋岛屿上。可将其豆状种子碾碎，然后撒到水中。
- 巴豆属植物（图8-24）。这种灌木或小型乔木生长在南太平洋岛屿开阔的荒地上，它的种子长在呈三角形的豆荚里。碾碎种子撒到水中。
- 玉蕊属植物（图8-24）。这些高大的乔木生长在马来亚及玻利尼西亚部分地区的海边，它们长有单种子的肉果。剥

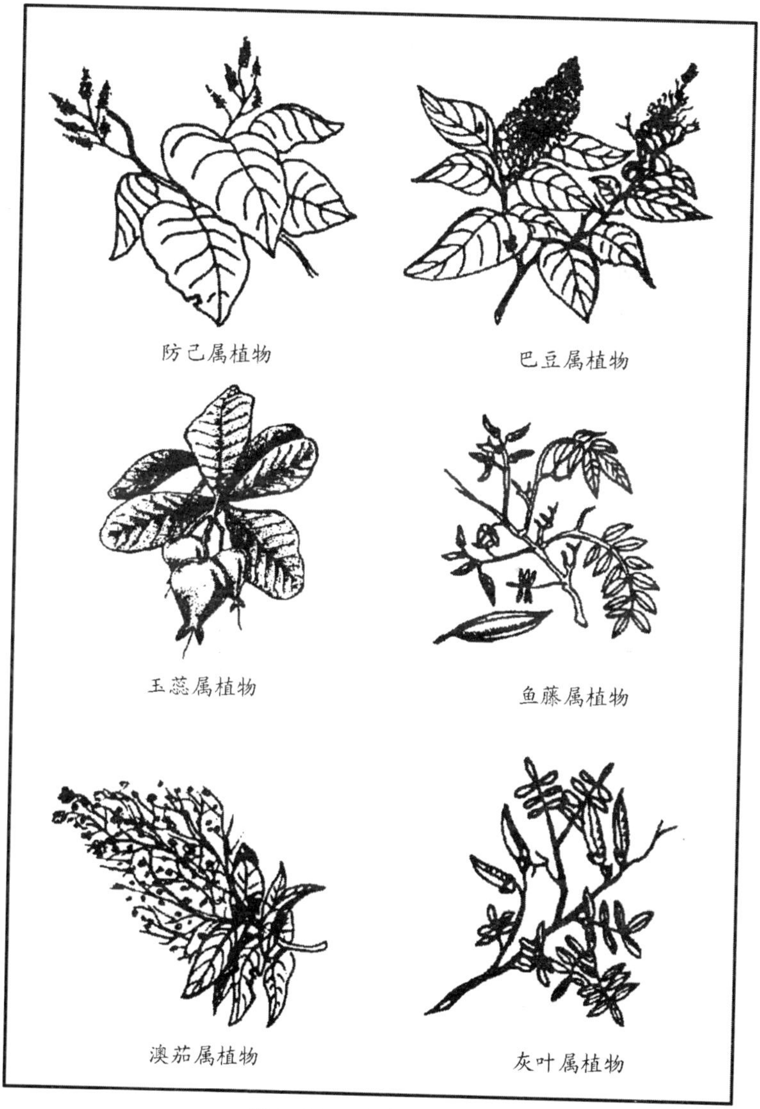

图 8-24　有毒的植物

去种子的外皮，碾碎种子，然后撒到水里。

- 鱼藤属植物（图8-24）。这种热带灌木或木本藤蔓植物是商业生产鱼藤酮的主要来源。将该植物的根部磨成粉，然后和水混合在一起，将混合溶液大量撒入水中。
- 澳茄属植物（图8-24）。该植物生长于澳大利亚，具有白色簇形花和草莓状果实。把植物捻碎然后撒入水中。
- 灰叶属植物（图8-24）。这是一种小型灌木，生有豆荚，几乎遍生于热带地区。将叶子和茎干碾碎撒入水中。
- 石灰。你可以从商业渠道和大量使用石灰的农业区域得到石灰。你也可以通过焚烧珊瑚或贝壳，自己制造石灰。把石灰撒入水中。
- 坚果壳。把白胡桃或黑核桃的绿色外皮碾碎，并撒入水中。

鱼及猎物的烹饪和贮藏

在生存环境中，你必须知道如何烹制鱼类和猎物，烹制前该如何准备，以及如何贮存它们。不正确的清洗方法和储存方法可能会使鱼和猎物变得无法食用。

鱼类。不要吃那些已有变质迹象的鱼。烹制并不能保证变质的鱼可以吃。变质的症状为——

- 鱼的眼睛凹陷。
- 奇怪的气味。
- 颜色可疑（腮的正常颜色应该是红色或粉红色；鱼鳞为明显的灰色，没有褪色）。

- 用拇指按压鱼肉之后会留下凹痕。
- 黏糊糊的身体，而不是潮湿的。
- 辛辣的味道。

吃变质或腐烂的鱼可能会引起腹泻、恶心、腹部绞痛、呕吐、瘙痒、麻痹，或者嘴里会有一股金属腥味。这些症状通常会在食用之后 1 ~ 6 小时之内突然发生。如果出现这些症状，要通过刺激喉咙呕吐出来。

鱼死亡之后会很快腐烂，特别是在炎热的天气，抓到鱼之后应尽快准备好食用。挖出腮和脊椎下的较大血管。如果鱼身长超过 10 厘米（4 英寸），就要取出内脏。将鱼鳞刮掉，或将鱼皮撕掉。

你可以将鱼整个叉在棍子上，然后放到明火上烤。但是，将鱼连着皮一起煮着吃是最好的，这样可以最大限度地吸收其营养。脂肪和鱼油都在皮肤下面，而且煮着吃，你可以得到鲜美的鱼汤。你可以用烹制植物类食物的任何方法来烹制鱼。把鱼用黏土裹成一个球，并埋到火的余烬里，直到黏土变硬。把黏土球敲碎，就能得到做熟的鱼。当鱼肉开始剥落时说明已经煮好了。如果你打算把鱼贮存起来以备后需，可以用烟熏或者晒干。熏制前，要割下鱼头，取出脊椎。

蛇类。剥蛇皮前，首先将蛇头砍掉，蛇头下面大约 10 ~ 15 厘米（4 ~ 6 英寸）的部位也要一起砍掉。这样可确保将位于蛇头底部的毒液囊砍掉。将毒液囊埋掉以免接触。然后在蛇皮上切 2 ~ 4 厘米（1 ~ 1.5 英寸）长的口。将皮向后翻，然后用一只手抓住蛇皮，另一只手抓住它的身体，将蛇皮与身体剥离（图 8-25）。取出内脏并丢弃。将蛇切为几段，煮或烤。

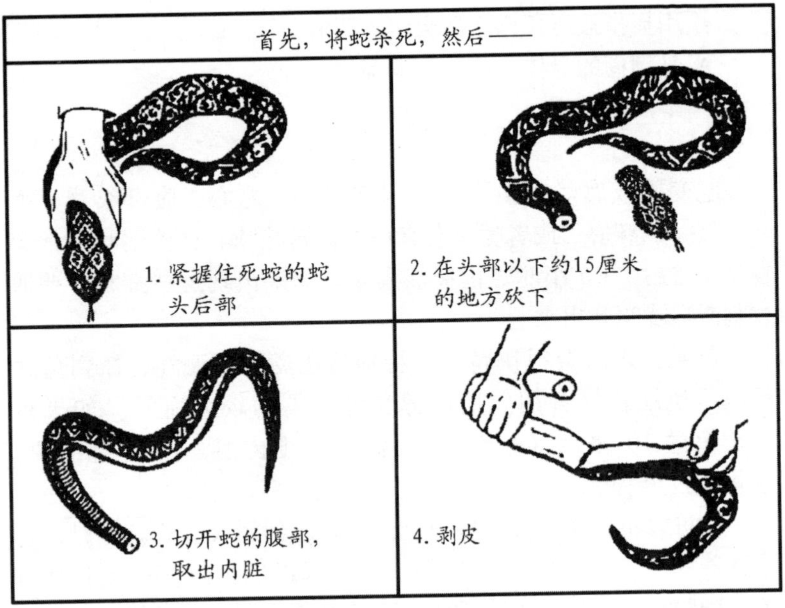

图 8-25　把蛇开膛去皮

鸟。将鸟杀死后，将毛拔掉或者将皮剥掉。记住，剥皮会使其丧失部分营养价值。切开腹腔取出内脏，留下嗉子（食种子的鸟类）、心脏和肝脏。砍掉爪子。煮熟或叉烤。在烹煮以腐肉为食的鸟之前，先煮 20 分钟左右杀死其所带的寄生虫。

猎物的剥皮和屠宰方法。割其喉咙使动物失血死亡。如果可能的话，在附近的小河里清洗干净。将腹部向上，将皮从喉咙剥到尾巴，尽量将生殖器官切除掉（图 8-26）。将 A 到 B 点的麝腺切掉以避免肉的味道受影响。若是小型哺乳动物，将其身体一周的皮切开，伸进两根手指到切口两端，一起将皮剥下（图 8-27）。

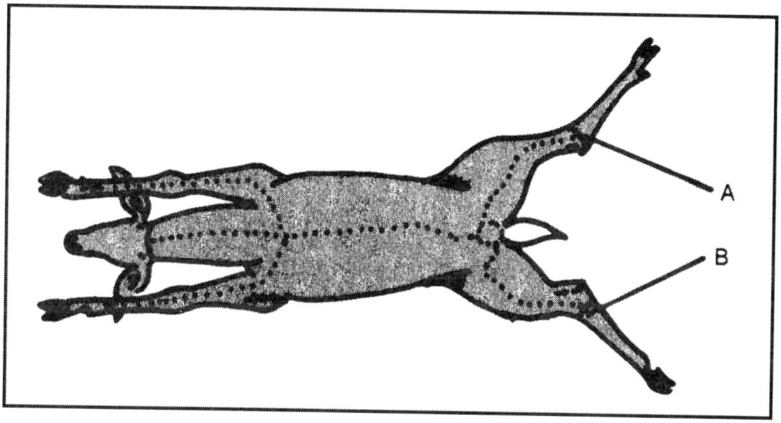

图 8-26 较大猎物的剥皮和屠宰方法

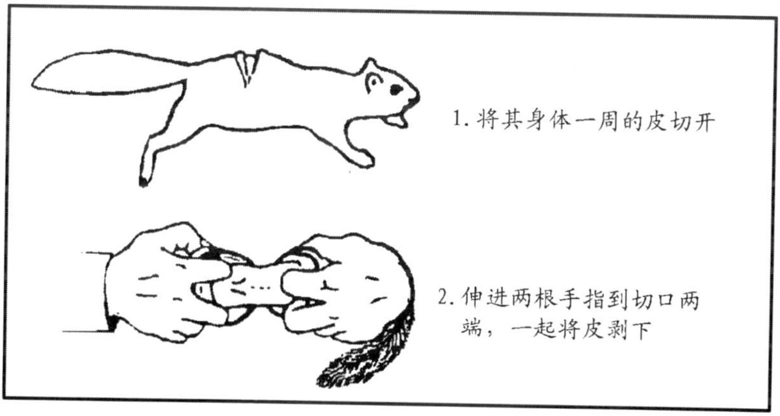

图 8-27 较小猎物的剥皮方法

注意：切割皮的时候，将刀刃插入到皮的下面，然后将刀刃向上翻过来，这样能确保只切割到动物的皮，也可以避免切到毛发而粘到肉里。

取出小型动物的内脏，可以直接将身体切开，用手指将内脏取出。不要忘记胸腔部位。对于稍大型的动物，将食道与隔膜切分。使内脏滚出身体。切开肛门，到达下腹部，抓住大肠，用力拉出体外。用手捏住膀胱，然后用刀在手指下方将膀胱切下。如果将尿溅到了肉上，一定要洗干净，以免影响味道。留下心脏和肝脏。切开观察是否有蠕虫或寄生虫。也要观察肝脏的颜色，看看是否是带有疾病的动物。肝脏的表面应该是光滑、湿润的，颜色深红或紫色。如果肝脏的颜色看上去不健康，就不要吃。不过，肝脏不健康不代表肉和肌肉组织不能吃。

从脚开始切，一直切到先前切开的口子。把皮从尸体上剥下，有组织连接的地方用刀切。将头和脚砍下。

将大型动物切成方便携带的若干块。首先，将连接前腿和身体的肌肉组织切断。四肢动物的前腿和身体间没有骨头或关节。切掉连接身体的后退及臀部。你必须在腿前端的大骨头周围切割，一直切到臀部的球状关节。将关节周围的韧带切开，向后弯曲使它们分离。将脊柱两侧的大肌肉取下（腰、背部分）。将肋骨和脊椎分开。首先将肋骨切断，这样不用很费刀，然后再沿着断口切割。

将大的肉块用水煮或者叉烤。小肉块尤其是还连着一些骨头的肉块可以用来煮汤。你也可以用同样的方法来处理动物的内脏器官如心脏、肝脏、胰脏、脾和肾脏。动物的脑子也可以食用。将舌头取出，剥皮，煮软后便可食用。

熏肉。先生火，然后在周围围成一个圈（图 8-28）。只需将两块雨布围在一起即可。火不用很大或很热。目的只是产生烟和热，不需要火苗。忌用树脂木头，因为这样的木头产生的烟会破坏肉的味道。用硬木来烧产生的烟可以恰到好处。木头要相对嫩一些。如果木头太干，可以浸泡一下。将肉切成小片，厚度不要超过6毫米（1/4英寸左右），悬吊在架子上方。肉片和肉片之间保持距离不要互相碰到。围好雨布防止烟流失，仔细看好火。不要让火太热。这样，经过一夜的时间熏出的肉可以保存1周左右。连续熏两天的肉能够保存2～4周。熏得恰到好处的肉看起来像一个深色、卷曲且脆的棍子，熏好以后就可以直接食用了。也可以挖个深坑来熏肉（图8-29）。

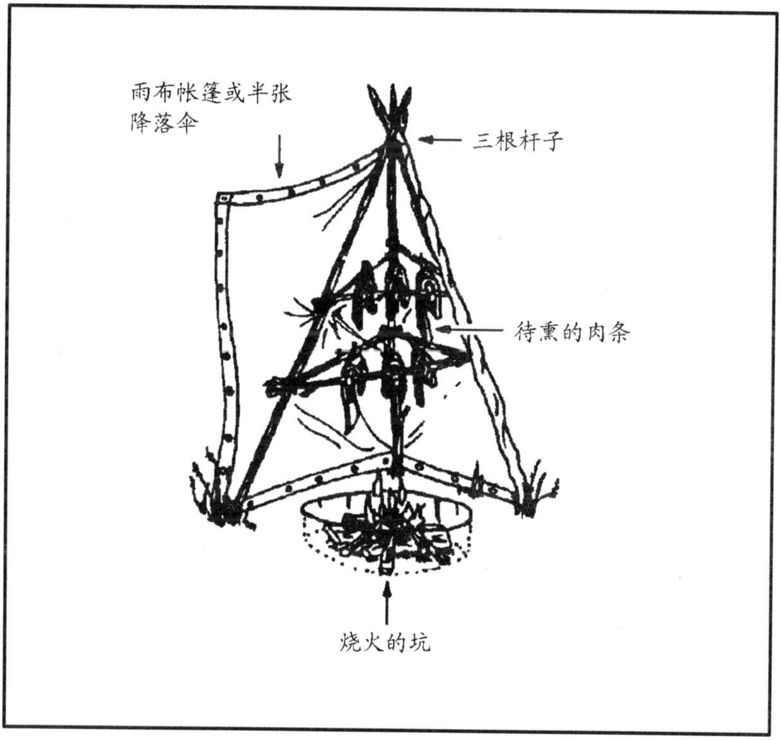

图8-28 圆锥形熏法

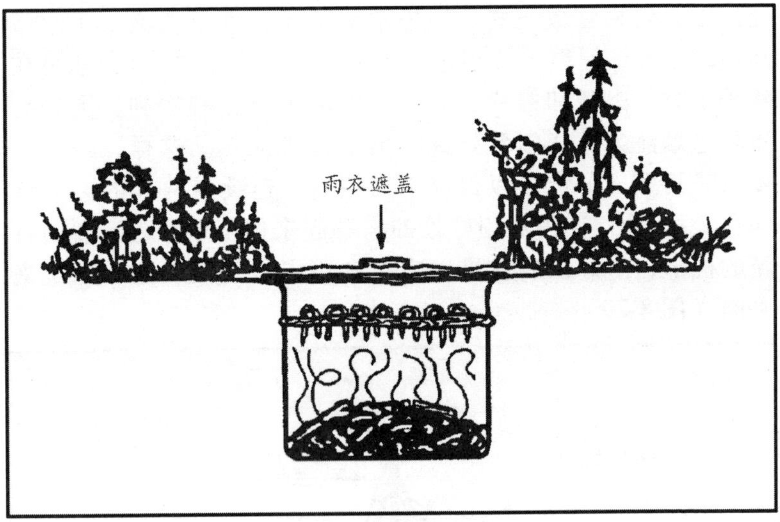

图 8-29　在火坑上熏肉

做肉干。用干燥的方法保存肉，需要将肉切成 6 毫米（1/4 英寸）左右的条。将肉条吊在架子上，放于干燥通风且动物够不到的地方。将肉条盖住防止被大苍蝇叮咬。食用前确保肉条完全变干。正确干燥过的肉口感脆而且摸起来也没有冰冷的感觉。

其他贮藏食物的方法。用冷冻或者盐及盐水也可以保存肉。在寒冷的气候里，你可以将肉冻起来长期保存。冷冻不是准备肉的方法。食用之前还需烹煮。将肉完全浸泡到盐水溶液里也可以达到保存的目的。溶液必须没过肉。也可以直接用盐来保存，但要确保在食用前将盐洗净。

第9章

可食和药用野生植物

在解决了找水、避身所和动物性食物的问题之后，你就要考虑可食植物的问题了。在生存环境里，你应该始终注意熟悉的野生食物和非陆生生物。

一定不要相信某些资料上所说的几天不吃食物也没问题的说法。即使在不需要你做任何事情的生存环境中，通过摄入全面而富有营养的食物来保持健康对于保持体力和头脑清醒都是十分重要的。

即使在最严酷的环境里，大自然都能为你提供生存所需的食物，只是不要吃那些不该吃的。所以，你必须提前尽可能多了解你将要活动的地区的植物群。在生存环境中，植物还能为你提供药材，也可以为你提供武器和建造避身所以及生火所需的材料。植物甚至还可以为你提供药鱼以及保存兽皮的化学原料，以及伪装你自己和武器的材料。

注意：你可以在附录F和附录G中找到本章介绍的各种植物的图例。

植物的可食性

植物是食物的珍贵来源，植物到处可见、容易获取，并且如果搭配适当还可以满足你的全部营养需要。

警告：食用植物的关键因素是要避免意外中毒。只能吃你认识并安全的植物。

以植物作食物之前一定要仔细辨认。毒芹（野芹菜）就因被误认作它的亲缘植物如野生胡萝卜和野生防风草而毒死过人。

你可能会发现自己身处的生存环境使你有机会了解该地区的植物。在这种情况下你可以用“可食性通用检验法”来确定哪些植物可以食用、哪些植物不能食用。

在生存困境中，无论是栽种的还是野生的植物，能够辨别出哪些可以食用是很重要的。本章中的大部分内容直接介绍野生植物的辨别，因为有关栽种植物的信息很容易获得。

在采集野生植物做食物时，要考虑以下几点：

- 生长在农家附近或建筑物周围或路边的植物可能已经喷过杀虫剂。这些植物要彻底清洗。在拥有很多汽车的发达国家，如果有可能，就要避免采集路边的植物，因为这些植物都受到了汽车尾气的污染。
- 在受到污染的水中或有蓝氏贾第虫或其他寄生虫的水中生长的植物都受到了污染。需要消毒或煮熟。
- 一些植物会长出极其危险的真菌毒素。为减少意外中毒的机会，不要吃开始腐烂出现发霉或真菌迹象的水果。
- 同种类的植物可能因为生长环境及基因的因素而毒性不

同。普通花椒果的叶子就是一个例子。有些花椒果的氰化物含量很高，有些则含量很低，甚至没有。很多马死于吃野樱桃的枯叶。要避开有杏仁气味的任何杂草、树叶或果实，这是氰化物的特点之一。

- 对植物类食物的反应因人而异，有些人容易产生胃部不适。如果你在这方面敏感，应尽量避免食用不认识的野生植物。如果你对毒叶藤极为敏感，那就应该避免食用同一属科植物制成的食品，包括漆树、芒果，以及腰果的任何部位。
- 有些可食野生植物，如橡树果、睡莲等，味道很苦，这些苦味物质——通常是丹宁酸化合物——使得这些植物非常难吃。用水多煮几遍可以帮助去除苦味。
- 很多重要野生植物的草酸盐（也称为草酸）含量很高。草酸盐通常会使你的嘴和喉咙里产生强烈的灼烧感，而且会损害到肾。烘、烤、干燥通常会破坏这些草酸盐的结晶。天南星草——也叫“印度芜菁”——的球茎（球根），你只能通过慢慢地烘烤或使其干燥、除去这些结晶之后才能吃。

警告：在求生环境中不要吃蘑菇！知道一个蘑菇能否食用的唯一途径是对其进行肯定特征识别，但你没有实验室。最危险的蘑菇造成的影响神经系统的症状，可能在吃了蘑菇几天之后才会表现出来。到那时，要治疗就太晚了。

植物的识别。你应该通过诸如叶子形状和叶缘、叶序以及根部结构等要素来识别植物，而不应通过记住各种特殊的种类。

植物叶子的叶缘可能是锯齿状、分裂状或者全缘或无齿（图 9-1）的。

叶子的形状可分为批针形、椭圆形、蛋形、矩圆形、楔形、三角形、尖长形以及倒圆锥形（图 9-2）。

叶序的几种基本类型包括：对生、互生、复生、单叶，以及基生莲座叶丛（图 9-3）。

植物的根有以下几种类型：直根、块茎、鳞茎、根茎、小鳞痉、球茎和冠茎（图 9-4）。我们比较熟悉鳞茎，它们像洋葱一样，被切成两半之后会呈现同心环。小鳞茎形状像球，能够让我们想起大蒜，被切开后自然分成小瓣。这一特点将野生洋葱和野生大蒜区分开来。直根的形状像胡萝卜，可能是单茎或者带有分

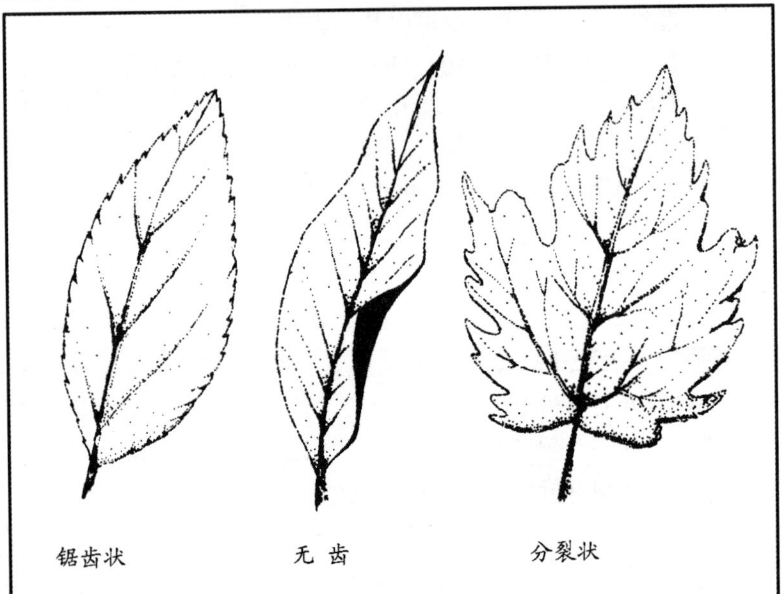

图 9-1　叶缘

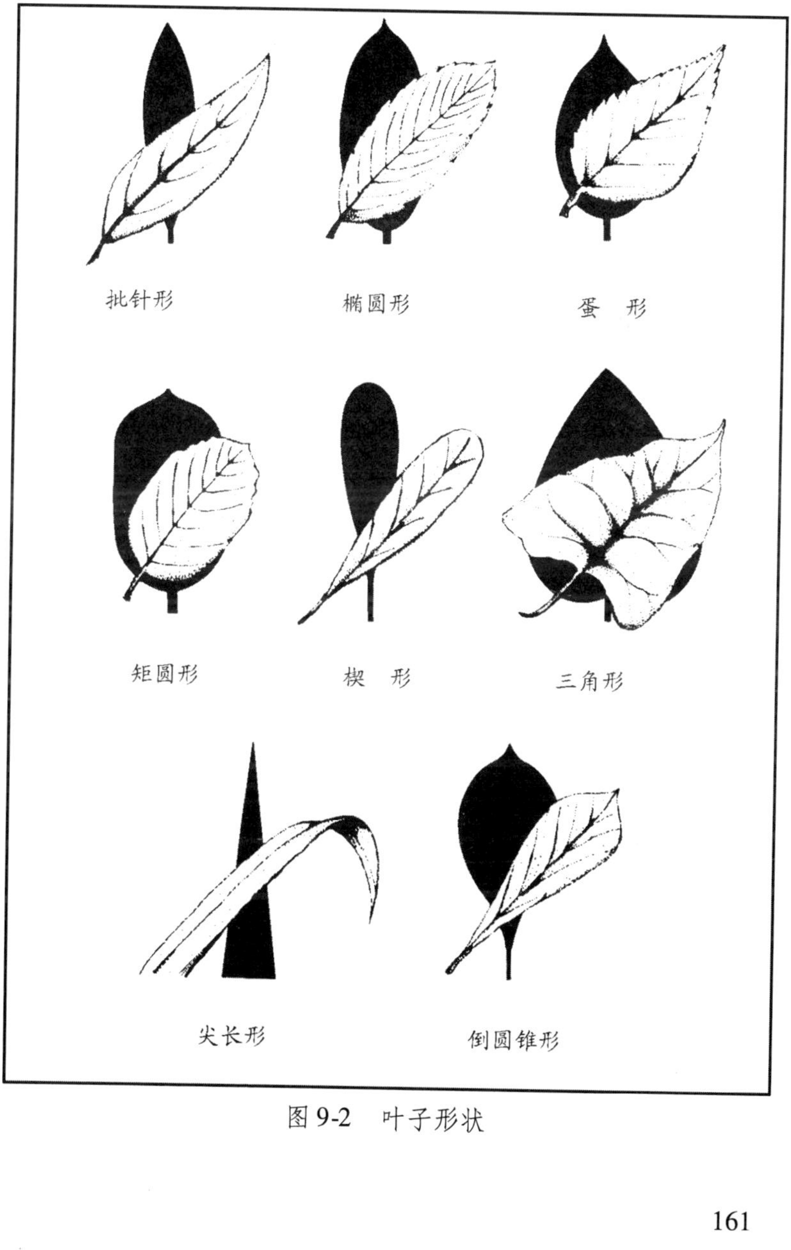

图 9-2 叶子形状

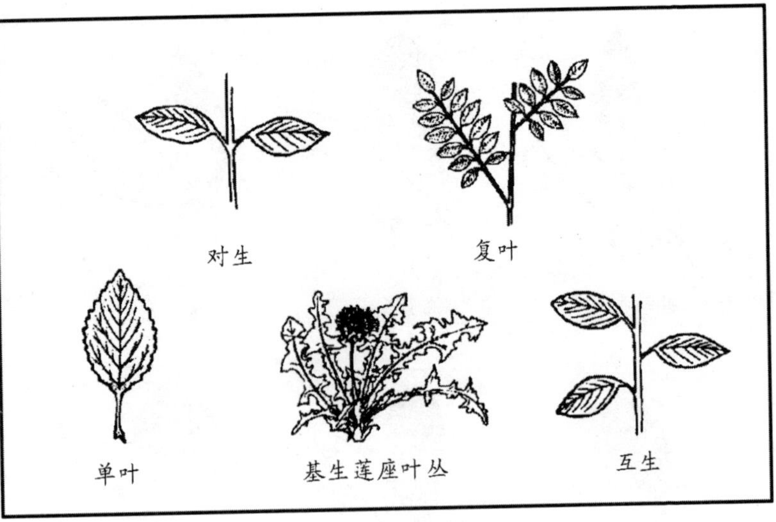

图 9-3　叶序

叉，不过通常一个根茎上只长出一根茎杆。块茎形状像马铃薯和百合花。在亲本植物下面可以发现呈条形或成丛的块茎结构。根茎是从地下爬出的一种大型根茎。这些根的“眼”里能长出很多植物。球茎与鳞茎类似只是切开后不变形、不呈环状。芦笋的根就是典型的冠茎。在地表下面冠茎看上去非常像拖把头。

要尽可能多地了解将要成为你的食物的各种植物的独特之处。有些植物体的一部分有毒，其他部分可食。很多植物只在一年当中的某一时期可以食用。有些植物可以食用或者作药材，但是它们与其有毒的亲缘植物形态近似。

可食性通用检验法。世界上有很多很多种植物，有些植物即使只吃了一点点也能使你极为不舒服，或者生理功能严重失调，甚至死亡。所以只要你对植物的可食性有一点点怀疑，吃之前都要先用可食性通用检验法检验一下（见图 9-5）。

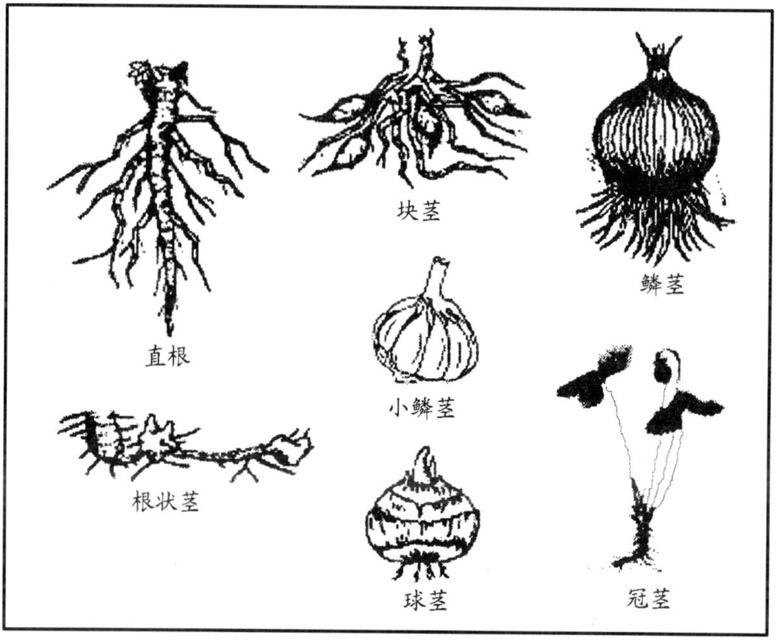

图 9- 4　根部结构

检验一株植物是否可食用之前，要保证有足够的植物供你检验，使你的时间和努力不致白费。植物每一部分（根、叶子、花等等）的可食性检验至少需要 24 小时。不要浪费时间检验那些在当地并不丰富的植物。

记住，植物类食物吃得太多可能会引起腹泻、反胃或腹部绞痛。例如，青苹果和野洋葱就很容易导致这种问题。即使你已经检验了食物是安全的，也要适量地吃。

从检验食物所需要的时间和步骤，你可以看出能够分辨植物是否可食是多么重要。

为了避免那些潜在有毒的植物，不要接触有如下特征的野生

1. 一次只检验植物的一个部分。
2. 分出植物的基本组成部分——叶子、茎干、根、芽和花。
3. 闻一闻植物是否有浓烈的气味或者酸味，不过要记住气味并不能说明该植物是不可食用的。
4. 检验前 8 小时内不要进食。
5. 禁止进食的 8 小时内，检验植物是否具有接触性毒性，将一片植物放在手肘内部或者手腕内部，如果有过敏反应，通常 15 分钟就能显示出来。
6. 检验过程中，除了喝干净的水和吃要检验的植物，不能进食任何东西。
7. 取一小部分要检验的植物，准备吃下去。
8. 在把检验植物放入口中前，先用外嘴唇触碰一下，看是否有灼烧或麻痒的感觉。
9. 如果三分钟后嘴唇没有过敏反应，可将植物放在舌头上面，含 15 分钟。
10. 如果没有反应，可嚼碎植物，继续含 15 分钟，不要吞下去。
11. 如果 15 分钟之内没有灼烧、痒、麻、刺痛或者其他不适感觉，可吞下植物。
12. 等 8 个小时，如果有任何不适，应使自己呕吐并喝大量的水。
13. 如果没有不适，用同样的方法吃半杯同样的植物，再等 8 个小时，如果仍然没有不适感，说明该植物可以安全食用。

警告：植物的每个部分都要检验，因为有些植物有些部分可以吃，有些部分不可以吃，也不要以为同一个部分煮熟了之后可以吃，那么生的也可以吃，生吃之前一定要检验，确保其安全性。

图 9–5　可食性通用检验法

或你不熟悉的植物——

- 有乳白色液体或脱色树液。
- 豆荚中的豆子、球形物或种子。
- 味道苦或有肥皂味。
- 带刺的、有漂亮的冠或荆棘的。
- 长着形状像莳萝、欧洲防风草和欧芹的叶子。
- 木质和叶子部分有杏仁味道。
- 颗粒状的头，头上带有粉红色、紫色或黑色的刺。
- 长成的形状为三叶型。

用以上标准作为使用可食性通用检验法选择植物的排除因素可能会使你错过一些可食植物，不过，这些标准能帮助你避免那些通过食用或触摸会中毒的植物，这一点更重要。

全部可食野生植物可以写一本百科全书，由于篇幅所限，这里只列举其中一部分。要尽量多地了解你定期受训或可能经过或工作的地区内生长的野生植物。图 9-6 列出了一些最常见的可食植物和药用植物。附录 F 中详细描述了这些植物和其他常见植物并且配有图片。

海草。海草也绝对不能忽视。这种海生藻类植物生长在海岸上或者海岸边的水域里，它们还有一些可食的淡水变种。海草里含有丰富的碘、其他矿物质以及维生素 C。但是，如果肠胃不适应的话，海草吃太多会引起腹泻。图 9-7 列出了各种可食性的海草。

采集海草时，要寻找那些附在岩石上或者漂浮在水中的海草。搁浅在海滩上的海草，不管搁浅了多长时间，都可能已经变质或者腐烂了。你可以把新鲜海草弄干，以备以后食用。

温　带
• 苋属植物 • 竹芋 • 芦笋 • 山毛榉坚果 • 黑霉 • 越橘 • 牛蒡属植物 • 香蒲 • 栗子 • 菊苣 • 荸荠 • 蒲公英 • 百合花 • 荨麻 • 橡木 • 柿子 • 车前草 • 美洲商陆 • 多刺梨形仙人掌 • 马齿苋 • 檫树 • 开红花的酸模 • 草莓 • 蓟 • 荷花和睡莲 • 野生洋葱和野生大蒜 • 野玫瑰 • 酢浆草

图 9-6　可食植物

热　　带
• 阿拉伯树胶 • 龙舌兰属植物 • 仙人掌 • 海枣 • 沙漠苋属植物

图 9-6　可食植物（续）

- 掌状红皮藻
- 绿藻
- 角叉菜
- 海草
- 紫菜
- 马尾藻
- 糖海草

图 9-7　可食海草的种类

不同种类的海草应该以不同的方法加工。纤细、柔软的海草可以放在阳光下晒干，或者放在火上烘烤使之变脆，然后弄碎，用来做汤，或者放入肉汤调料。厚实、革质的海草需要煮一会儿使之变软，然后当作蔬菜吃或者和其他食物一起煮食。有些品种可以生吃，不过在食用前要先检测其可食性。

植物类食物的准备。尽管有些植物可以生吃，但是有些必须烹制一下才能食用。“可食”意味着一种植物或食物能为你提供必需的营养；“可口”意味着吃起来令人愉快。很多野生植物是可食的，但很少可口。学会辨别、制备以及吃野生食物是一个好主意。

改善食物的口味有以下几种方法：浸泡、煮熟、烹制或者沥滤。沥滤时，要捻碎植物（例如，橡树子），放入过滤器中，然后浇入沸水或浸泡在流水中。

将叶子、茎秆、芽放入水中煮，直至变软，多煮几次有助于去除苦味。

煮、烘或者烤茎块和根。干燥有助于去除像疆南星属之类植物根部的草酸盐。

如果必要的话，在水中滤洗橡果去除苦味。一些坚果比如栗子生吃也不错，烤熟后味道更佳。

很多谷物完全成熟前都可以生食。当它们变硬变干之后，你可能不得不煮了或将它们碾成粉或面之后再吃。

很多种树液，比如枫树、白桦树、胡桃树和小无花果树都含有糖分。你可以将这些树液煮成糖浆来使味道变甜。35 升的枫树树液可以制出 1 升枫树液糖浆。

药用植物

用植物治疗伤病时，同样要准确进行识别，这一点与选择食用植物没有区别。正确的使用方法同样重要。

术语和定义。以下是和药用植物相关的术语和定义：

- 膏药。这是用树叶或植物的其他部分碾成的碎末，可能是加热过的，可以用布或纸包起来敷在伤口或疼痛的地方，也可以直接敷。热膏药能够增加粘贴处的血液循环，通过植物中所含的化学成分帮助伤口愈合。待膏药干后，伤口里的毒素会被它抽吸出来。膏药应该碾成“土豆泥”状，在患者能够忍受的程度内尽量热敷。

- 草药汤剂或草药茶。这是一种药用植物的混合，外敷或内服均可。将少量的草药放在容器中，用热水浇在上面，使用之前先浸泡（盖盖儿或敞口）。初期治疗的时候，一定注意不要一次喝太多，因为空腹喝太多可能会起到不良反应。
- 煎剂。将草药叶子或根煎煮后萃取其中的精华。将草药叶子或根放到水里，用开水长时间地煮使里面的化学成分进入水里。平均比例一般为28～56克（1～2盎司）的草药加0.5升水。
- 榨汁。这是从植物中挤出的液体或树液，可直接用于伤口或添加到其他药中。

许多自然疗法不如使用你熟悉的药物生效快。所以，起初要小剂量用药，让药慢慢生效。当然，有些可能会较快地产生作用。第4章中介绍了很多这种治疗方法。

特殊疗法。以下是仅适合用于生存环境中的治疗方法。不要经常使用，因为某些疗法可能具有潜在的毒性，产生严重的长期影响（比如，癌症）。

- 治疗腹泻。对于求生者或战俘来说这是最具有伤害力的疾病之一。饮用由黑霉和其亲缘植物的根泡的茶可以止泻。白橡树皮或其他含丹宁酸的树皮泡成的浓茶对腹泻也很有效。不过，这种方法对肾脏可能会产生副作用，所以，只能在没有其他药物的情况下谨慎使用。黏土、木灰、木炭、白垩粉末、骨末和果胶等可以混到含丹宁酸的茶中，效果也不错。这些粉末混合物要按每隔两小时、每次两汤匙服用。黏土和果胶混合在一起可以产生具有止泻效果的奴佛卡因（kaopectate）。果胶可从柑橘类水果皮的内侧或苹果渣中获得。由越橘、蔓越莓或榛树叶泡的茶也有效果。由于这些方法对于已经处于营养不良状况的求生者固有的危险性，即使一个健康的人也会很快出现脱水现象，所以在治疗腹泻的同时需要对这些方法进行试验。

- 止血。用车前草叶子做成的药剂可以止血，不过，由西洋蓍草或普通的治伤草制成的药剂效果最佳。这些都能阻止出血。仙人掌果（生的、去皮部分）或金缕梅可以用于伤口，都能产生很好的收敛作用（使血管收缩）。对于牙龈出血或口腔疼痛，可以嚼香枫叶或者用它做牙签。这会产生一些化学物质和抗菌物质。
- 治疗感染。用抗菌剂清洗伤口、蛇咬伤、疼痛或皮疹。野洋葱或大蒜榨的汁、繁缕叶榨的汁或者酸模叶碎末都可以制成抗菌剂。你还可以用牛蒡根、锦葵叶或根、白橡树皮（丹宁酸）煎汁制成抗菌剂。仙人掌果、红榆树皮、西洋蓍草和枫香也是很好的抗菌剂。所有这些都只能作为外用药剂。最好的两种抗菌剂是糖和蜂蜜。用糖外敷于伤口直到糖变成浆状，然后洗净，再敷。蜂蜜要一天敷 3 次（见第 4 章）。蜂蜜是迄今为止对于外伤和烧伤最好的抗菌剂，其次就是糖。
- 退烧。用柳树皮泡茶、接骨木的干花或果实的浸液、用菩提树的花泡茶，以及用大齿杨或红榆树皮做成的制剂都可以治疗发烧。西洋蓍草泡茶也可以退烧。薄荷茶也是退烧良药。

- 治疗伤风和咽喉痛。车前草的叶子或柳树皮煎的汁都可以治疗这些疾病。你还可以用牛蒡根、锦葵或毛蕊属植物的花或根、西洋蓍草或薄荷叶泡茶。
- 止痛。可以外敷酸模、车前草、繁缕、柳树皮或大蒜制成的膏药来治疗。枫香有止痛（减缓疼痛）的特性。咀嚼柳树皮或用其泡茶喝是镇痛的最好办法，因为它含有阿司匹林的成分。你还可以将这些植物的汁与动物脂肪或植物油混合制成软膏使用。
- 治疗瘙痒与接触性皮炎。用凤仙花属植物或金缕梅做成的膏药可以缓解昆虫叮咬、灼伤或植物中毒性皮疹引起的瘙痒。凤仙花属植物的汁可以帮助缓解常青藤的毒、皮疹或昆虫叮咬。凤仙花属植物和库拉索芦荟有助于缓解灼伤。另外，蒲公英液、大蒜末和香枫叶也可以用。将牛蒡的叶子研碎也可以，不过效果一般，但用嫩的车前草叶子研碎治疗后，几天就会见效。凤仙花属植物可能是这些植物中治疗效果最好的。烟草可以杀死神经末梢，也可以用来治疗牙痛。
- 镇静。用薄荷叶子或西番莲的叶子泡茶喝有助于睡眠。
- 痔疮。用榆树皮或橡树皮泡的水清洗可以治疗，或者用车前草榨的汁、玉竹根榨的汁也可以。丹宁酸或金缕梅也能缓解症状，因为它们具有收敛性。
- 痱子。丹宁酸或者金缕梅有缓解作用，但玉米淀粉或任何无毒植物研碎的粉末都有助于在对患处进行彻底清洗后使患处保持干爽。
- 便秘。用蒲公英的叶子、野玫瑰或胡桃树皮煎汁可以缓解便秘。生吃黄花菜也同样有效。大量饮水是缓解便秘的关键。

- 治疗蠕虫和肠内寄生虫。治疗蠕虫或寄生虫的大多数方法都是有毒的，只不过对蠕虫或寄生虫的毒性比对人的毒性更大。所以，任何治疗都应该剂量适中。用艾菊叶子或野生胡萝卜的叶子（有毒）泡茶可以用于治疗。使用很浓的丹宁酸也要小心，因为浓丹宁酸对肝脏有伤害。第57~58页有更多的祛虫技巧。
- 治疗胃部胀痛。用萝卜籽泡茶，薄荷叶子泡茶也可以平复胃部不适。
- 清洗杀菌。用胡桃叶子、橡树皮或橡子煎汁可以治疗足癣和香港脚。应经常将煎的汁涂于患处，并要直接晒太阳。宽叶车前草也有效，但如果有可能，任何治疗方法都应该辅以太阳直晒。凤仙花和醋是清洗的好材料，不过有时很难找到。
- 烧伤或灼伤。丹宁酸、糖和蜂蜜可以按照第54页介绍的方法使用。
- 治疗牙病。除了使用香枫叶进行消炎、止痛和杀菌外，还可以按照第29页介绍的其他技巧进行。
- 驱虫。大蒜和洋葱可以吃，而且其汁液涂在皮肤上还可用来驱赶昆虫。檫树叶子可以直接抹在皮肤上。雪松木片可以帮助你对付避身所周围的昆虫。
- 丹宁酸。因为丹宁酸可以治疗这么多疾病（烧伤、止血、祛除寄生虫、杀菌、止泻、抗真菌、治疗支气管炎、治疗皮肤发炎、驱赶虱子），了解如何制作丹宁酸就十分必要了。所有纤维植物，尤其是树，都含有丹宁酸。硬木树通常比软木树含的丹宁酸多。硬木树中，红橡木和栗子树中含有的丹宁酸最多。橡树上疣状树结里含有的丹宁酸能达到 28%。树结、树的内皮和松针（切成 2 厘米的条）经过煮都能释放出丹宁酸。煮的时间可长可短，15 分钟（释放出的丹宁酸较少）、2 小时（中等）、12 小时（很浓）都可以。较浓的溶液颜色较深，不同的树种呈现不同的颜色。所有的溶液都会慢慢释放难闻的气味，越浓味道越重。

植物的多种用途

只要你谨慎使用，植物可以成为你的盟友。要确保了解所要使用的植物及其用法。以下是植物的一些其他功用：

- 从不同植物上萃取染料，可以染衣服，或为自己的皮肤做伪装。通常，为得到最佳效果，应将植物煮一下。洋葱皮可以提取黄色，胡桃壳可以提取棕色，美洲商陆果可以提取出紫色。
- 用植物纤维制作纤维和绳索。最常用的就是荨麻和乳草属植物、丝兰属植物的树干和菩提树等树种的内皮。
- 从香蒲的绒毛、雪松的树皮中提取用于点火的火绒，从松树中提取引火结，或者从含有树脂的树木中提取变硬了的树液。
- 抖开雌性香蒲头或乳香的绒毛可以得到隔热材料。
- 在避身所里放檫树叶或点着熏香蒲种子的细纤维可以驱昆虫。

不论你以植物为食物、药物还是用来建造避身所或做武器，安全使用的**关键**是**准确辨认**。

第10章

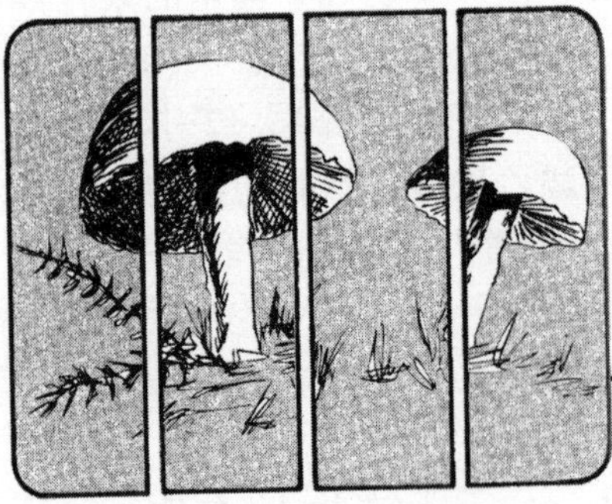

有毒植物

在生存环境中能否有效利用植物的关键在于准确辨认。认识有毒植物与认识可食植物同等重要。认识有毒植物可以使你避免受到其伤害。

植物中毒由何引起

植物通常通过以下途径导致中毒——

- 接触。与有毒植物接触会引起皮肤的各种不适或皮炎。
- 摄入。人吃了有毒植物从而摄入毒素。
- 吸收或吸入。这种情况发生在通过皮肤吸收了毒素或者将其吸入到了呼吸道系统。

植物中毒的后果可以从轻微的不适到死亡。经常被问到的问题是：“这种植物的毒性怎么样?”很难说植物的毒性怎么样，因为——

- 有些植物需要在大量接触后才会有不良反应，而另一些则在少量接触后就会致命。
- 每一种植物所含的毒素量会因为生长环境不同而有差异，其各个亚种毒素含量也不同。
- 每个人对毒素的抵抗力不同。
- 有些人可能对一种特定的植物比其他人敏感。

对有毒植物常见的**错误认识**是——
- 注意观察动物，它们吃什么你就吃什么。多数时候这种说法是对的，但有些动物吃了对人体有毒的植物却可以安然无恙。
- 用水煮，可以去掉植物中的毒素。用水煮可以去掉很多种毒素，但并不是全部。
- 红色的植物有毒。某些红色的植物有毒，但并非所有的红色植物都有毒。

关键的问题是，没有一个能帮助你识别有毒植物的准则。你必须努力尽可能多地了解这方面的知识。

有关植物的方方面面

很多有毒植物看上去近似其可食亲缘植物或其他可食植物。比如，毒芹菜与野生胡萝卜很像。某些植物在特定的季节或生长期内可以吃，但在其他季节或阶段就有毒。比如，美洲商陆的叶子在刚刚开始长出来的时候可以吃，但不久就变成有毒的了。有一些植物及其果实只有成熟之后才可以吃。例如，盾叶鬼臼的成熟果实可以食用，但其他部分以及绿色的果实有毒。有些植物既有可食部分也有有毒部分；马铃薯和番茄是常见的植物食物，但它们的绿色部分有毒。

有些植物枯萎后有毒。例如，当黑霉开始枯萎的时候，就会产生氰化钠。有些植物生着的时候有毒，但经过特殊的烹制后可以食用。印度天南星的球茎被切成薄片并经过彻底干燥后（其干燥可能需要一年的时间）可以食用，但是如果干燥不彻底就会有毒。

应该在进入生存环境之前就学会如何辨认和利用植物。小册子、书籍、电影、乡间小路、植物园、当地市场和当地的居民都是获得植物信息来源的渠道。要从各种来源收集信息并要将这些信息相互印证，因为很多来源都不会提供你所需要的全部信息。

避开有毒植物的准则

最好的方法就是能用眼睛准确辨认，并掌握植物的使用方法或其危险性。在很多情况下，绝对的确定是不可能的。如果你对当地的植物一无所知或知之甚少，就用以下准则选择植物来进行可食性检验。记住，要**避开**——

- 所有的蘑菇。辨别蘑菇十分困难，而且必须要十分精确，需要比辨别其他植物精确得多。有些蘑菇很快就能致命。有些蘑菇还没有已知的解毒剂。蘑菇中常见的两种毒是伤害胃肠和中枢神经系统的毒素。
- 不必要地接触或触摸植物。

接触性皮炎

因接触植物而在野外患上皮炎通常是最麻烦的事情。症状可能很顽固，抓挠会造成扩散，而且如果在眼睛里或眼睛周围出现会很危险。

这些植物的主要毒素通常是通过接触沾到皮肤上的一种油。这种油还有可能沾到装备上，接触到装备的人也会被感染。绝对不要用火烧接触性有毒植物，因为火烧冒出的烟的毒性不亚于植物本身的毒性。气温过热或出汗的时候，你受到影响的危险更大。感染可能是局部性的，也有可能扩散到全身。

症状出现的时间可能是几个小时到几天，包括发烫、变红、痒、肿胀和起水泡。

第一次接触有毒植物或第一次出现症状的时候，可以用肥皂和冷水洗掉毒油。如果没有水，可以用泥土或沙子反复擦拭皮肤。如果皮肤上起了水泡，就不要用泥土擦拭。泥土可能会将水泡磨破，使身体受到感染。去掉毒油后，让该部分皮肤变干。你可以用丹宁酸溶液清洗，并将碾碎的凤仙花抹到感染处，以治疗植物引起的皮疹。可从橡树皮中提取丹宁酸。

能够造成接触性皮炎的有毒植物包括——

- 豆科攀缘植物。
- 毒常青藤。
- 毒栎。
- 毒肤杨。
- 漆树。
- 美洲凌霄花。

摄入中毒

摄入中毒可能会非常严重，并能很快致命。除非你自己十分确定，否则任何植物都不要吃。应将吃过的所有植物作个日志。

摄入中毒的症状包括恶心、呕吐、腹泻、腹部绞痛、心跳和呼吸变弱、头痛、出现幻觉、嘴干、失去知觉、昏迷和死亡。

如果你怀疑发生了植物中毒，要尽快将有毒物质从中毒者的嘴里和胃里清除出来。如果中毒者还有知觉，就将手放到其喉咙的后部或用温热的盐水来引发呕吐，并让患者喝大量的水或牛奶来稀释毒素。

食用以下植物会引起摄入中毒：

- 蓖麻籽。
- 苦楝。
- 北美棋盘花属百合科草本植物。
- 马樱丹。
- 毒番石榴 。
- 夹竹桃。
- 马来亚大风子树。
- 蓖麻。
- 毒芹和水生毒芹。
- 鸡母珠。
- 马钱子树。

附录G提供了这些植物的图片和详细介绍。

第11章 危险的动物

动物的威胁比环境中的其他因素的威胁要小。然而，常识会告诉你要避免遭遇狮子、熊和其他大型或危险的动物。你还应该避开有角、蹄子以及大型的草食动物。在这些动物活动的区域你要小心，以免不期而遇。不要在你的帐篷周围放食物，那样会引来大型猛兽。在进入水中或森林前，要仔细观察环境。

实际上，小动物对你的威胁比大型动物的威胁更多。大自然赋予了小动物很多武器来弥补其体型的先天不足，如毒牙、刺等抵御进攻的武器。每年都有人被鲨鱼咬到、被鳄鱼袭击或遭到熊的攻击。这些事故的出现绝大多数是由于受害者的某种错误造成的。然而，每年被体形相对较小的毒蛇咬死的人要比死于大型危险动物的人多。甚至有更多的人死于对蜜蜂蜇咬的过敏反应。这些小动物就是那些你很容易在不经意间进入其领地而与它们相遇，或者在你不注意的时候溜进你的环境的动物。

如果你遵循一个简单的安全程序，并保持清醒的头脑、时刻注意周围的环境，就能使你活命。不要因好奇心和粗心大意而送命或受伤。

昆虫和节肢动物

昆虫，除了蜈蚣和倍足纲节动物之外都是6条腿，节肢动物有8条腿。这些小生物一旦咬、叮或刺你的时候，就成了害虫。

尽管它们的毒液可能会使人很疼，但蜜蜂、黄蜂和大黄蜂的叮咬很少会使对其毒液不过敏的人致命。即便是最危险的蜘蛛也很少致命，而且扁虱造成的疾病发病过程也很缓慢。然而，在任何情况下，躲避都是最好的防御。在有蜘蛛和蝎子的环境里，每天早晨都要检查你的鞋袜和衣服。床铺和避身所也要检查。翻动岩石和木头的时候要格外小心。可参见附录C中的危险昆虫和节肢动物。

蝎子。世界各地的沙漠、丛林和热带、亚热带的森林以及温带地区都会发现蝎子。它们多是夜晚出动。沙漠蝎子在如死亡大峡谷那样低于海平面的地方到高达3600米的安第斯山脉都可见到。湿润地带的蝎子呈典型的棕色或黑色，沙漠中的蝎子可能是黄色或嫩绿色。蝎子的平均体长大约是2.5厘米。然而，在美洲中部、新几内亚和南部非洲的丛林中有20厘米长的巨型蝎。蝎子叮咬致死的情况不多见，但在儿童、老人或病人中确实发生过。蝎子与小龙虾外貌相似，有一个竖立的顶端带刺的肢节尾巴。大自然造就了和蝎子相似的鞭尾蝎或醋蝎。这些蝎子是无害的，其尾巴像线或鞭子，而不像真正的蝎子那样长着肢节尾巴和刺。

蜘蛛。北美的棕色隐士蜘蛛或小提琴蜘蛛可以通过其背部明显的小提琴状的斑点加以识别。正如其名称所表明的那样，这种蜘蛛喜欢躲在黑暗处。尽管其叮咬很少致命，但却可以引起伤口周围组织的大量坏死，如果不加以治疗，则会导致截肢。

各种寡妇蜘蛛在全世界都能发现，尽管北美的黑寡妇可能是最知名的。地球上比较温暖地区的寡妇蜘蛛是一种形体较小的黑蜘蛛，其腹部常有沙漏状的白、红或橙色斑点。

漏斗网蜘蛛是一种体大、灰色或棕色的澳大利亚蜘蛛。体形短粗，短腿，可以快速地在圆锥形的蛛网上上下爬动，并因此得名。当地居民认为这种蜘蛛能够致命。夜晚，它们会出来觅食，在它们四处爬行时，不要碰到它们。被这种蜘蛛叮咬后的症状与被寡妇蜘蛛叮咬类似——剧烈的疼痛并伴有出汗和颤抖、身体虚弱、失去活动能力，可以持续一周的时间。

狼蛛体大而多毛，因为宠物店中有售，所以很知名。欧洲有一种狼蛛，但大多数狼蛛产自美洲的热带地区。南美的一些狼蛛确实能注射危险的毒液，但大多数狼蛛只是能造成叮咬疼痛。有些狼蛛能像餐盘一样大。它们都长有大毒牙，用来捕捉食物如鸟、老鼠和蜥蜴等。如果被狼蛛咬到，肯定会出现疼痛和流血，而且可能会感染。

蜈蚣和倍足纲节动物。蜈蚣和倍足纲节动物多数体形较小、无害，尽管有些热带和沙漠地带的种类可能达到 25 厘米（10 英寸）长。少数几种蜈蚣的叮咬有毒，但感染是最大的危险，因为它们锋利的爪子能够钻进并刺穿皮肤。为了避免皮肤被刺破，应顺着它们行进的方向将其划拉下去。

蜜蜂、黄蜂和大黄蜂。蜜蜂、黄蜂和大黄蜂有很多种，习性和栖息地也各不相同。蜜蜂身上有浓密的绒毛，而黄蜂、大黄蜂和胡蜂的身上近乎没有绒毛。有些蜜蜂群居生活。它们可以饲养也可以生活在野外的洞穴或树洞里。你也可能会发现其他蜂独自生活在木头缝里（例如熊蜂）或是地上的洞里（比如大黄蜂）。蜜蜂主要的威胁是它们腹部的刺。当蜜蜂蛰你的时候，它会将刺连同毒液从腹部猛拉出来，蜜蜂也就死了。除了杀人蜜蜂之外，多数蜜蜂都比长着光滑的刺并能够反复进行攻击的黄蜂、大黄蜂和胡蜂温顺。

自我保护的最好策略就是避开。要留心蜜蜂可能觅食的花蕾或果实。清洗鱼或野味的时候要小心食肉的胡蜂。一般人对蜜蜂蛰的反应相对较小而且短暂，在几小时内疼痛和头痛消失之后就会康复。对蜜蜂的毒液过敏的人会出现严重的反应，包括过敏性休克、昏迷和死亡。如果没有抗组胺剂或者找不到代替物，过敏的人在生存环境中就会处于十分危险的境地。

扁虱。扁虱在热带和温带地区很常见。大多数人对扁虱也很熟悉。扁虱是圆形节肢小动物。有的扁虱身体硬，有的身体软。扁虱需要血液寄主来维持生存和繁殖，这使得扁虱很危险，因为它们会传播诸如莱姆关节炎、洛基山斑疹热和其他能使人最终丧失能力或死亡的疾病。一旦感染，几乎没有什么治疗的方法，但是，时间是你的好帮手，扁虱需要在寄主身上呆 6 个小时以上才能传播疾病。所以，你有时间进行彻底检查，看你的身体上是否有扁虱。横穿浓密的植物地带时一定要小心，扁虱常沾附在上面，清洗寄主动物以用于食用时也要小心，寻找天然材料搭建避身所时也要小心扁虱。在可能的情况下，一定要使用驱虫剂。

水　蛭

水蛭是一种看上去像蠕虫的吸血生物。热带和温带地区都有水蛭。当你在受到污染的水里游泳或者涉水过河时，肯定会遇到水蛭。穿越湿地、热带植物林和泥沼时也能发现水蛭。当你清洗淡水中的动物（比如龟）时，也会发现水蛭。水蛭可以爬进小伤口，所以，尽量不要在有水蛭栖息的地方设营地。要始终把裤脚塞进靴子里。要经常检查是否有水蛭爬到身上。吞下或吃水蛭是十分危险的事情。所以，对于从有疑问的地方获取的水要煮开或者用化学水处理剂进行处理。有的求生者因为吞下水蛭而导致喉咙或鼻子里面出现伤口并受到感染，并发展成为严重感染。

蝙　蝠

尽管有很多传说，但实际上，蝙蝠对你的威胁相对较小。全世界有很多种蝙蝠，但只有在中部美洲和南部美洲才有真正的吸血蝙蝠。它们是十分敏捷的飞行小动物，吸血蝙蝠降落到睡着的动物身上，通常是牛或马，将其咬死，然后吸这些动物体内的血。它们的唾液中含有抗凝血剂，能够在吸血的时候使血液缓慢地流出。所有的蝙蝠都被认为带有狂犬病。任何身体接触都有感染狂犬病的风险。它们还携带其他疾病和感染病毒，并且在被触摸时会咬人。然而，在蝙蝠栖息的洞里避身是最危险的，因为容易吸入蝙蝠粪便的粉末。蝙蝠的粪便中有很多能致病的生物。食用经过彻底烹制的旧大陆狐蝠或其他蝙蝠不会感染狂犬病和其他疾病，但是，还是需要强调一下，要彻底烹制。

毒　蛇

在野外，没有绝对可靠的紧急辨认毒蛇的准则，因为所有的准则都要求对蛇做近距离的观察或把蛇拿到手里观察。最好的办法是不要惊扰蛇。蛇多并且有毒蛇的地方，被蛇咬的风险降低了其作为食物的价值。在有毒蛇的地方通过，要运用以下安全准则：

- 走路要小心，下脚的地方要注意观察。在生存环境中，踩到倒地的圆木上要比从上面跨过去安全。在逃离时，要跨过或绕过倒地的圆木，以尽量少地给追踪者留下痕迹。
- 摘水果或在水边活动时要仔细观察。
- 不要挑逗、骚扰或侵犯蛇。蛇的眼睛闭不上。所以，你无法判断它们是否在睡觉。有些蛇比如树眼镜蛇、眼镜蛇和孪斑金花蛇在被逼到绝路或守卫巢穴时的攻击力是很强的。
- 翻动圆木或岩石的时候要使用木棍。
- 穿适合的鞋袜，尤其是在夜晚。
- 仔细检查床铺、避身所和衣服。
- 遇到蛇时要保持冷静。蛇没有听觉，在睡觉或晒太阳的时候可能偶尔会被人惊吓。一般来说，如果有机会，蛇会逃跑。
- 如果你为了食物或安全必须杀死蛇的话，一定要万分小心。尽管并不常见，但温暖的熟睡中的人体有时会引来蛇。

附录 E 对图 11-1 中列出的蛇有详细介绍。

美　洲
• 美洲铜斑蛇 • 孪斑金花蛇 • 珊瑚蛇 • 水蝮蛇 • 矛头蛇 • 响尾蛇
欧　洲
• 欧洲蝰蛇 • 灰链鞭
非洲和亚洲
• 非洲树蛇 • 眼镜蛇 • 加彭奎蛇 • 青竹丝 • 波布 • 金环蛇 • 马来亚蝮蛇 • 曼巴树蛇 • 猪鼻蛇 • 犀角蝰蛇 • 锁链蛇 • 沙蝰 • 锯鳞蝰 • 蝮蛇
澳大利亚
• 奎蛇 • 泰斑蛇 • 巨斑花蛇鳗 • 黑背海蛇

图 11-1　世界上的毒蛇

无蛇地区

极地由于恶劣的环境而没有蛇。被认为没有毒蛇的地区有新西兰、古巴、海地、牙买加、波多黎哥、爱尔兰、波里尼西亚和夏威夷。

危险的蜥蜴

美洲西南和墨西哥地区有一种危险的有毒蜥蜴——吉拉蜥蜴，这种蜥蜴皮肤粗糙、颜色很深并有桃色斑纹，典型身长为35~45厘米（14~18英寸），尾巴粗短且厚。除非被困，否则一般不会咬人，但是有毒。

墨西哥珠蜥与它的亲缘动物吉拉蜥蜴外表相似。然而，它们的身体上呈现规则的斑点而不是彩色条纹。习性温良，有毒。从墨西哥到中美洲都可以发现墨西哥珠蜥。

科莫多龙是一种能长到3米多长的大蜥蜴。如果你要捕捉的话，会非常危险。印度尼西亚的这种蜥蜴可以重达135千克以上。

河流中的危险动物

常识会告诉你要避免遭遇河马、美洲鳄鱼、鳄鱼和其他大型河流动物。然而，下面的一些小型河流动物也应该小心。

电鳗身长可达2米（7英尺），直径可达20厘米（8英寸）。要躲避它们。在它们身体中的某些器官可以产生高达500伏特的电压。电鳗使用这种电击将猎物或对手击昏。一般在南美洲的奥里诺科河和亚马逊河流域可以发现这种鳗鱼。电鳗喜欢待在氧气和食物充足的浅水地带。它们的体形比美洲鳗大，其上半身是深灰色或黑色，下腹部颜色较浅。

食人鲳是奥里诺科河和亚马逊河流域的另一种危险动物，巴拉圭河内湾——食人鲳的原产地——也有这种鱼。这种鱼的体形和颜色各种各样，但是一般来说其腹部都呈橙色，背部颜色较深。它们白色的锋利牙齿像剪刀一样，非常醒目，身长可达 50 厘米（20 英寸）。在穿越有食人鲳的河流时要十分小心。血能吸引食人鲳。在干旱季节，食人鲳是浅水最危险的动物。

接触和捕捉大型淡水龟时要小心，比如北美洲的蛇鳄龟和甲鱼以及南美洲的枯叶龟和其他龟。所有这些龟在自卫时都会咬人，能够将手指和脚趾咬掉。

鸭嘴兽是其家族中的唯一成员，而且很容易辨认。鸭嘴兽身体很长，浅灰色，有短毛，尾巴似海狸，嘴巴像鸭子。鸭嘴兽体长可达到 60 厘米（24 英寸），可能看上去是一个不错的食物来源，但是，这种世界上唯一的产蛋哺乳动物是非常危险的。雄性的后脚上长有有毒的刺，可以造成严重的疼痛伤口。只有在澳大利亚才能见到鸭嘴兽，主要是在水道两侧的泥岸上。

港湾和江口的危险动物

在大海与河流的交汇区域，淡水和海水的结合会造成危险。在浅海水里，有很多能造成疼痛并导致感染的生物。比如踩到海胆会造成疼痛并感染。当你在浅水里活动的时候，要穿上鞋袜，擦着水底走，不要把脚抬起来迈步。

黄貂鱼是浅水区的真正威胁，尤其在热带水域中。从其尾部形状来看，好像各种黄貂鱼互不相关。各种黄貂鱼之间的区别很大，但尾巴上都有尖刺，尖刺可能有毒，如果踩到的话可能导致剧烈疼痛的伤口。各种黄貂鱼的鳍刺都类似风筝的形状。在美洲、非洲和澳大利亚的海岸线上都能发现它们。

海洋中的危险动物

有几种鱼不能拿、不能摸也不能接触。还有一些则不能食用。以下是对这些鱼的详细描述。

鲨鱼是大海中最令人恐惧的动物。通常，很难避开鲨鱼的攻击，人们认为被鲨鱼攻击是意外事故。你要采取一切措施避免和鲨鱼接触。鲨鱼的种类很多，但是总的来说，危险的鲨鱼都有宽宽的嘴巴和显眼的牙齿，而危害性较小的鲨鱼的头部下面的嘴较小。然而，被任何鲨鱼咬到或被其粗糙的皮肤擦到都会造成剧烈疼痛以及足以致命的伤害。

河豚或刺足鱼主要生活在印度洋和太平洋的珊瑚礁上。它们的鳍里有锋利并且可能有毒的刺。拿这种鱼时要小心，最好不拿。这种鱼和其他一些危险的鱼一样，当地人认为可食用，但处理不慎会致命。如果可能的话，尽量找其他没有毒的鱼食用。

刺尾鱼平均身长 20 ~ 25 厘米（8 ~ 10 英寸），通常色彩绚丽。因尾部的刺形状像外科手术刀而得名刺尾鱼。被这些刺伤到后会因为感染、中毒或因失血而招来鲨鱼。

蟾鱼生活在美国海湾沿岸的近海热带水域以及中美洲和南美洲海岸。这些晦暗颜色的鱼平均身长 18 ~ 25 厘米（7 ~ 10 英寸）。它们一般将自己埋在沙子里静候鱼和其他猎物，其背部长有锋利的剧毒刺。

毒蝎鱼或斑马鱼多数生活在热带印度洋和太平洋的暗礁周围，在地中海和爱琴海也发现过这种鱼。其平均身长为 30～75 厘米（12～29 英寸）。颜色差别很大，从红棕色到紫色或棕黄色。它们长有长长的波浪形的鳍和刺，被刺到后使人感到无比疼痛。其毒性稍小的亲缘动物生活在大西洋里。

石头鱼生活在太平洋和印度洋里。如果不小心踩到或拿鱼时不小心就会被它背上的刺注射进毒液。由于其块状的土褐色颜色，所以几乎很难被人看出来。其身长可达 40 厘米（16 英寸）。

螯鲈鱼平均长 30 厘米（12 英寸）。它们通常藏在欧洲、非洲和地中海近海岸的沙子里。其颜色通常是单一的棕色。腮部和背部长有毒刺。

注意：附录 D 中对于这些有毒的鱼和软体动物做了详尽的介绍。

北极熊的肝脏由于集聚了大量的维生素 A 而被认为有毒。吃其肝脏，可能导致死亡。玳瑁海龟的肉是另一种有毒的肉。这些动物可通过其向下似鸟嘴的嘴部以及其颈部和前脚上的黄色圆点来识别。其体重可达 275 千克（605 磅）以上，很难捕捉。

生活在湖里或江口以及海岸附近的暗礁里的很多鱼都有毒，不能食用，尽管其中一些只在特定的季节有毒。尽管有毒的大部分是热带鱼，但无论你在哪里都要警惕无法确认是否有毒的鱼。一些掠食类鱼如果其在浅水域中吃的鱼有毒，那么它自己也就有了毒性，例如梭鱼和甲鱼。毒性最强的是那些长着鹦鹉嘴一样的嘴巴以及硬壳似的皮肤，并且有刺、能把身体鼓成气球状的鱼类。然而，土生土长的当地人认为在一年的某些时候，河豚是一种美味。

河豚最能忍受冷水。在全世界的热带和温带海岸沿线都有，甚至在东南亚和非洲的一些河流里也有河豚。河豚身体短胖，圆形，很多长有短刺，在警觉或不安的时候会把身体充成球形。其血液、肝脏和性腺都有剧毒，只要28毫克（1盎司）就能致命。这些鱼在颜色和身长方面都不相同，最长可达到75厘米（29英寸）。

鳞鲀鱼分布很广，大部分在热带海域。一般为短体，像一个薄煎饼，体长能达到60厘米，长着大而尖的背刺。不要食用此类鱼，因为其中有许多种鱼的肉有毒。

尽管大多数人都因为梭鱼很凶猛而躲避它们，但人们偶尔也吃梭鱼。梭鱼大多生活在热带海域里，身长能达到1.5米（5英尺），并且曾经主动袭击过人类。有时梭鱼的肉里含有雪卡毒素，食用后可以致命。

其他危险的海洋生物

蓝环章鱼、水母以及芋螺、锥螺也是海洋里危险的生物。所以，在任何水体中都要始终保持警觉并小心活动。

大多数章鱼经过适当的烹制后都味美绝伦。不过，蓝环章鱼能用胡萝卜一样的嘴咬人，而且致命。幸运的是，只有在澳大利亚大堡礁里才有它们的踪迹，而且体形较小。它全身灰白并有不规则分布的蓝环，很容易辨认。权威人士的警告是对所有的热带章鱼都需谨慎，因为尽管它们的肉可以食用，但被它们咬到就会中毒。

水母很少能致命，但被它们刺到后会非常疼痛。僧帽水母非常像漂浮在海上的粉红或紫色的气球。它们的触须可达 12 米（40 英尺），长长地飘在身体下面。这些巨大的触须实际上是刺人的细胞群。因水母而致死的大多数已知事件就是僧帽水母造成的。其他水母也能刺人而且非常疼痛。要尽量避开所有的水母触须，包括那些被冲到海岸上表面上已经死了的水母的触须。

亚热带和热带的芋螺长着渔叉形的倒钩。壳上都有漂亮的网格图案。上面的隔膜可能使颜色变得稍微暗些。有一些芋螺毒性很大，在印度洋和太平洋中有一些甚至可以致命。一定要避开任何圆锥形的贝壳类生物。

锥螺比芋螺长很多，也细很多，但几乎可以致命。它们生活在温带和热带海域里。印度洋和太平洋中的锥螺上的倒钩中的毒素更多。不要吃这些生物，因为它们的肉可能有毒。

第12章

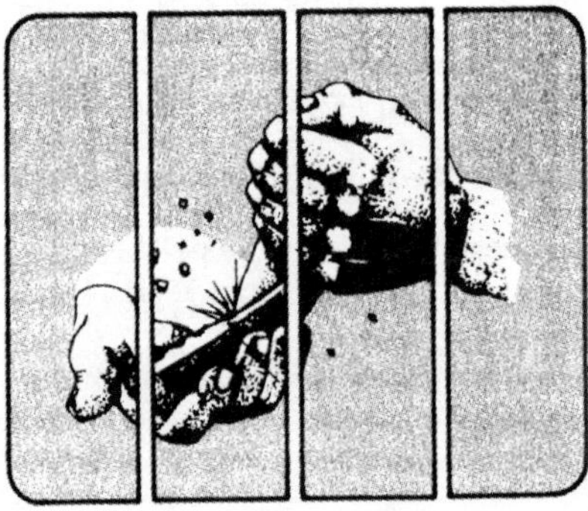

野外应急武器、工具和装备

作为一名士兵，你知道保管好并合理使用自己的工具、武器和装备的重要性。尤其是刀，要保持其锋利状态。在生存困境中，刀是最有用的工具之一。想象一下处于生存困境中除了一把刀之外没有任何其他武器和工具的情形。这是很可能会发生的！甚至连刀都没有。你也许会感到无助，但掌握了适当的知识和技能，你就可以临时制造出所需要的物品。

在生存环境中，你可能不得不制作任何数量、任何类型的战场临时工具和武器以继续生存。对一件东西的需要必须要超过制造这件东西所需的工作。你应该问自己，“这件东西非常必要，或仅仅是有比没有强?”要记住：鲁莽地忙活等于浪费。使你的生存变得轻松些的工具和装备包括绳子（附录B)、背包、衣服和网。

武器有两个作用。你可以用武器获取和处理食物，以及进行自卫。武器能使你有安全感并使你能够在行进中猎取动物。

手　杖

手杖应该是你首先要获得的工具之一。在走路的时候，它可以起到支撑身体的作用，还可以帮你上下陡坡。如果使用得当，尤其是碰到蛇和狗的时候，它还可以当武器用。手杖的长度应该和你的身高差不多或至少要到你的眉毛处。不要太长，以便在你疲惫和营养不良的时候能够有效使用。在黑暗的灌木丛和荆棘中行走时，它还可以很好地保护你的眼睛。

棍　棒

棍棒是用来握住的，不是用来扔的。然而，棍棒可以将你的防卫范围延伸到手指尖以外。棍棒还可以在不伤害自己的情况下增加打击的力量。以下是棍棒的三种基本类型。

简单棍棒。就是一根简单的棒子或者树枝，不能太长，否则不易于挥动，但是也不能太短，要足够长，足够结实，才能伤害到攻击你的敌人或动物。其粗细应适合你的抓握，但不能太细，否则在撞击中就容易折断。直纹的硬木最好，如果你能找到的话。

加重棍棒。加重棍棒就是在简单棍棒的一端增加重量，可以是自然的重量，如木头的节，也可以是人为加上去的，如一块石头。

要加重棍棒，首先要找一块石头，形状必须适合牢固地绑在棍棒上，沙漏形状的石头就很好用。如果你找不到形状合适的石头，那就通过“啄击”——用一块坚硬的石头反复敲打要绑在木棒上的石头——在石头上做一个凹槽。

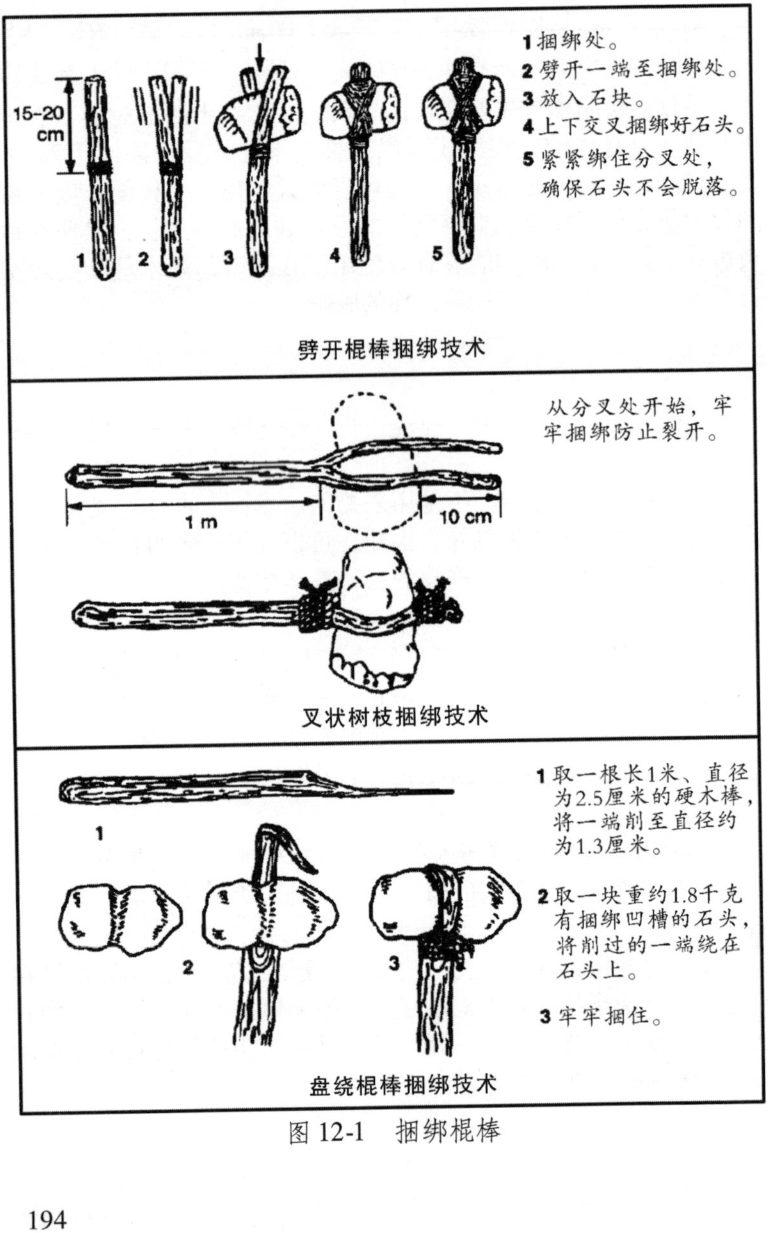
15-20 cm
1
2
3
4
5
1 捆绑处。
2 劈开一端至捆绑处。
3 放入石块。
4 上下交叉捆绑好石头。
5 紧紧绑住分叉处，
确保石头不会脱落。
劈开棍棒捆绑技术
从分叉处开始，牢
牢捆绑防止裂开。
1 m
10 cm
叉状树枝捆绑技术
1
2
3
1 取一根长1米、直径
为2.5厘米的硬木棒，
将一端削至直径约
为1.3厘米。
2 取一块重约1.8千克
有捆绑凹槽的石头，
将削过的一端绕在
石头上。
3 牢牢捆住。
盘绕棍棒捆绑技术

图 12-1　捆绑棍棒

然后，找一块长度适中的木棒，如果能找到直纹硬木最好。木棒的长度应该与石头的重量相匹配。最后，按照图 12-1 描述的方法把石头捆绑在木棒上。用哪种技术取决于棍棒的类型。

投石棒。投石棒是另一种加重棒。将一个重物用结实、柔韧的绳子悬挂在木棒上，重物与木棒的距离为 8 ~ 10 厘米（图 12-2）。这种木棒既扩大了你的打击范围，又大大增加了打击力量。

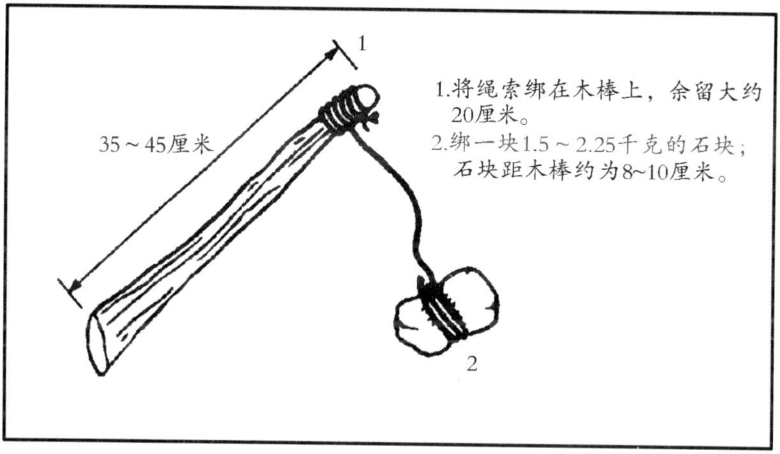

图 12-2　投石棒

带刃武器

刀子、矛头和箭头属于带刃的武器。下面介绍如何制作这种武器。

刀子。刀子有三个基本功能，可以刺、砍或削和切。刀子还是制造其他生存工具的重要工具。你可能会发现自己没有刀或者需要另一种刀或矛。你可以利用石头、骨头、木头或金属来临时制作一把刀或矛头。

石头。用石头做刀，需要一块边缘锋利的石头、一个凿具和一个刨具。凿具是一种钝边的轻工具，用来去除小石块。刨具是一种尖头工具，用来削薄而平的石头。凿具可以用木头、骨头或金属做成，刨具可以用骨头、鹿角上的尖叉或软铁来做（图 12-3）。

用凿具先把石头的锋利部分磨出想要的形状。要使刀尽量薄。然后，把刨具压到刀刃上。这会引起刀刃的另一面掉下薄片，形成剃刀一样锋利的刃。沿着整个刀刃用刨具磨。最后，你就会有一个可以像刀一样使用的工具了。

将刀刃绑上某种类型的手柄（图 12-3）。

注意：*石头可以做成非常好用的刺扎工具和砍削工具，但其刃部不能保持太久。诸如燧石或打火石之类的石头可以做出很好的刀刃。*

骨头。你还可以用骨头做成临时使用的利刃。首先，要找一根合适的骨头。最好是比较大的骨头，像鹿或其他中等大小动物的腿骨等。将骨头放在一个坚硬的物体上。用重物，如石头，击碎骨头。从中选出一片尖利的碎片，你可以把挑好的碎片在粗糙的岩石上磨成你需要的形状并使之更加锋利。如果碎片太小，无法抓握，你可以给它加上一个手柄。挑一块合适的硬木头做手柄用，将磨好的骨头绑在上面。

注意：骨刀只能用来刺穿，其他用法无法保持其刃部的尖利，并会使其剥落或折断。

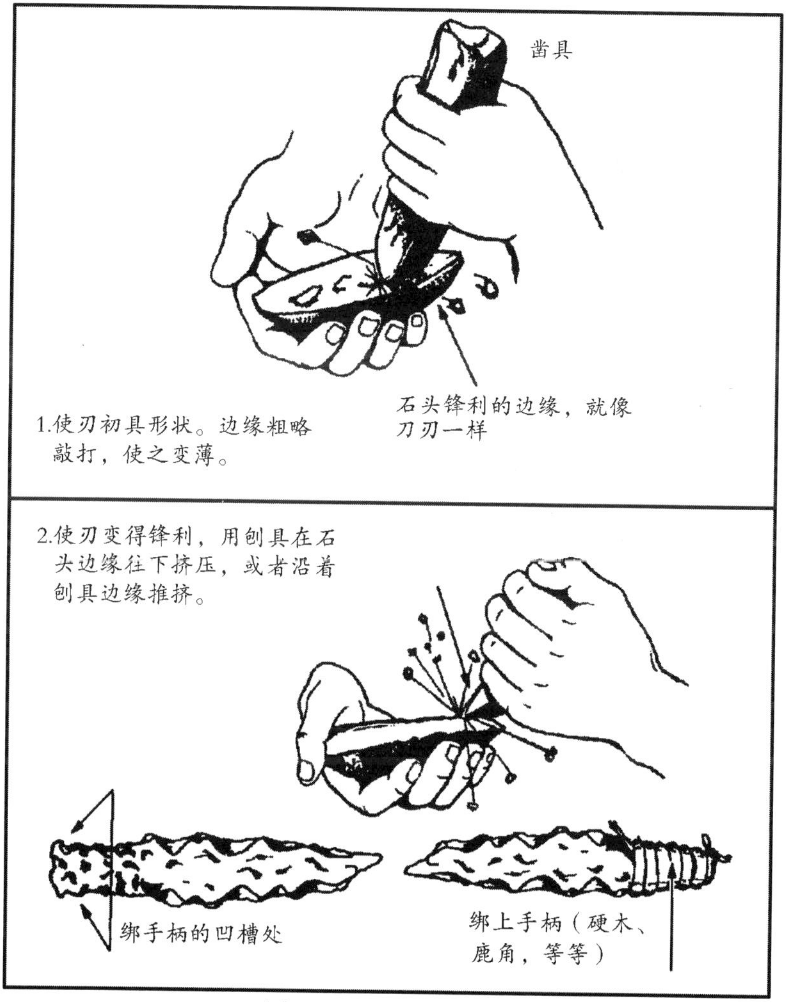

图 12-3　石刀的制作

木头。你可以用木头制作战场上临时的带刃武器。这种武器只能用来刺。竹子是唯一可以做出合适的刀刃的木材。使用木头制作刀，首先要选择一根直纹的硬木，长度大约为 30 厘米（12 英寸），直径在 2.5 厘米（1 英寸）左右。做一个长 15 厘米（6 英寸）左右的刀刃。削尖。只能用木头有直纹的那部分，不要用到木头上的芯部或木髓，这会使刀刃容易损坏。

用火把尖儿烧硬。如果可以生火，可将刀刃部分放到火上慢慢烘干，直到有些轻微烧焦。木头越干，尖儿越硬。在尖部轻微烧焦后，在粗糙的石头上磨，使其更锋利。如果用的是竹子，在制作好刀刃后，把竹子内部的其他木质去掉，使刀刃部分变得更薄。之所以要去掉其他部分，是因为竹子最硬的部分是最外层。尽量多保留最外层，以使刀刃最硬。竹子在火上烤的时候要注意，只能烤内层，不要烤外层。

金属。金属是制作战场临时带刃武器最好的材料。如果合理设计，金属能够实现刀的三个功能——刺、砍或削和切。首先，选一块合适的金属，其形状要与你最终要做成的东西最接近。根据其尺寸和原始形状，你可以通过在粗糙的石头上磨来做出刀尖和刀刃。如果金属足够软，你可以在金属冷却的同时锤打出一个刃。可用合适的平整硬表面做砧，小块的硬石头或金属做锤子锤出刀刃。用木头、骨头或其他材料做刀把来保护你的手。

其他材料。你还可以用其他材料制作带刃武器。如果没有其他材料，玻璃是一个不错的替代品。选玻璃与选择骨头的方法一样。玻璃天然带刃，但不耐用。你也可以将塑料削尖，当然塑料要足够厚或足够硬，用来做耐用的刺戳工具。

矛刃。制作矛刃的过程与制作刀刃的过程相同。选择一根长 1.2 ~ 1.5 米（4 ~ 5 英尺）的杆（直的小树）。长度的选择应该以你能挥动自如为标准。将矛刃捆到竹子上。比较好的方法是将一端劈开，将矛刃插入然后牢固地捆起来。你也可以不用加上矛刃，而用其他材料。选择一个 1.2 ~ 1.5 米（4 ~ 5 英尺）长的直硬木杆，将一端削尖。如果可能的话，用火烧法使尖变硬。竹子也可以做成很好的矛。选择一根 1.2 ~ 1.5 米（4 ~ 5 英尺）长的竹子。将一端开始的 8 ~ 10 厘米（3 ~ 4 英寸）做尖，削成 45°角（图 12-4）。记住，为了使刃部锋利，只能削内侧部分。

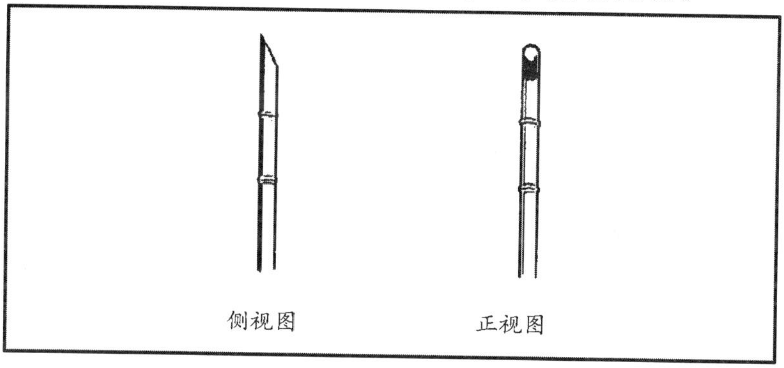

图 12-4　竹矛

箭头。制作箭头和制作石刀刃的过程相同。燧石、打火石和贝壳形状的石头是做箭头的最好材料。你可以像削石头那样削骨头——用刨具。你可以用碎玻璃来制作很有效的箭头。

其他应急武器

你可以制作其他应急武器，比如投掷棒、弓箭、流星锤。以下介绍如何制作这些武器。

投掷棒。投掷棒一般称为猎兔棍，是对付小动物（松鼠、花栗鼠和兔子等）的很有效的工具。猎兔棍是一根自然呈约45°角的钝树枝。要从诸如橡树等重硬木树上选一个有合适角度的树枝。削平两边使之像一个飞镖（图12-5）。为了投得准确、速度快，你必须反复练习投掷技术。首先，把非投掷臂伸开，与目标的中间或下部呈一条直线，以校准目标。慢慢向后上方抬起投掷臂，直到投掷棒与后背呈45°角。把投掷臂向前伸出，直到投掷臂位于与非投掷臂平行的、稍上方的位置。这就是投掷棒的投出点。要慢慢地反复练习才能投得准确。

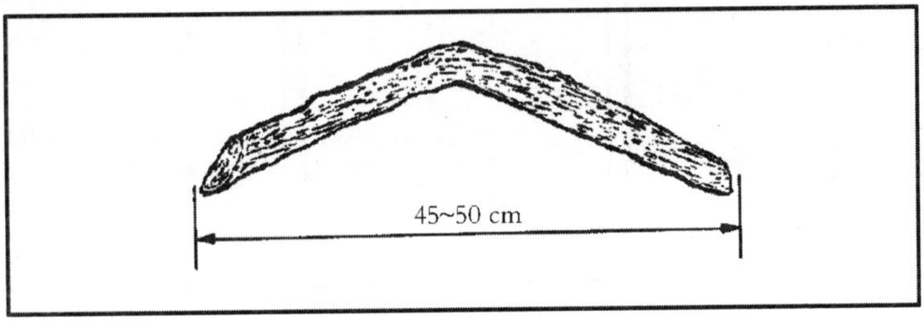

图12-5　猎兔棍

弓箭。利用生存环境中的材料可以自己制作弓和箭（图12-6）：制作弓可以参照第141页讲述的步骤。

制作弓箭比使用弓箭要容易。你必须经过一段时间的练习后才能确保击中目标。而且临时制作的弓不能使用很长时间，不久之后你就需要制作一个新的。因为牵扯到的时间和工作量较大，你可能会决定使用另一种应急武器。

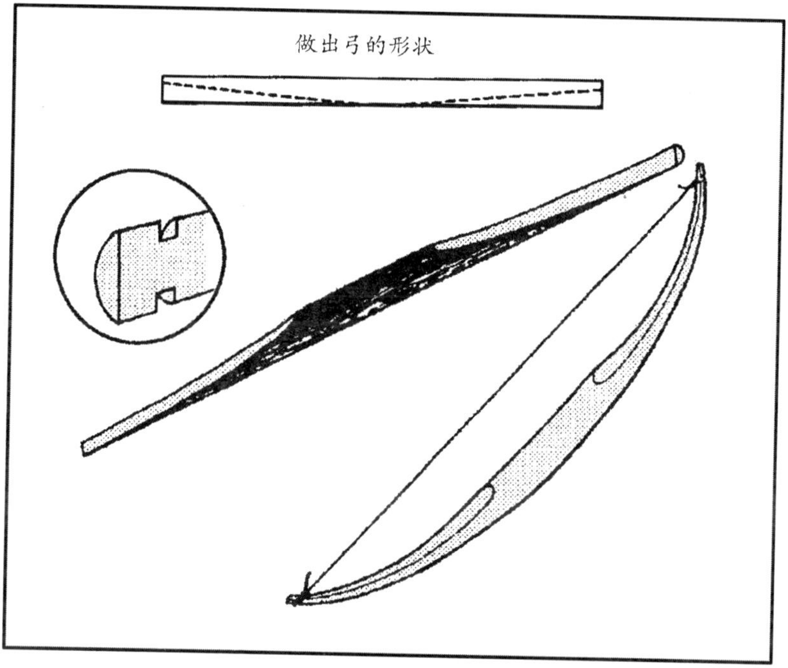

图 12-6　弓箭

流星锤。流星锤是另一种容易制作的野外应急工具（见图 12-7），在捕捉奔跑的猎物或者低飞的禽鸟时特别有效。使用流星锤时，要握住中心结，在头顶上方旋转流星锤，然后放手使之飞向目标。你松手之后，加了重物的绳索会分散开来，这些绳索会缠住你击中的禽鸟或者动物，使之动弹不得。

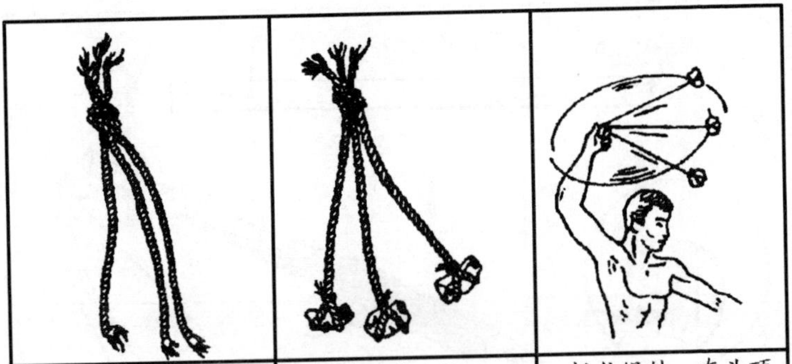

1 用反手结将三条60厘米长的绳索系在一起

2 每根绳索上栓一块0.25千克的重物

3 抓住绳结，在头顶旋转，然后松开，击向目标。

图 12-7　流星锤

绳索和捆扎绳

很多足够结实的材料都可以用来做绳索或捆扎绳。在生存环境中，你可以找到一些天然或人工的材料。例如，你可以将一个棉质编织背带拆开，使其有更多用途。用拆下来的线可以做很多事（比如钓鱼线、缝补线和捆扎绳）。

天然绳索。在做绳索之前，先做几个简单的测试，看看你的材料的耐用性如何。首先，要在其长度方向上拉一拉，检测一下材料的强度。然后，将其在你的手指间折弯并捻一捻。如果经过这种处理而不折断的话，就用反手结把纤维系在一起并轻轻拉紧。如果结很牢固，这种材料就可以使用。图 12-8 显示了制作绳索的几种方法。

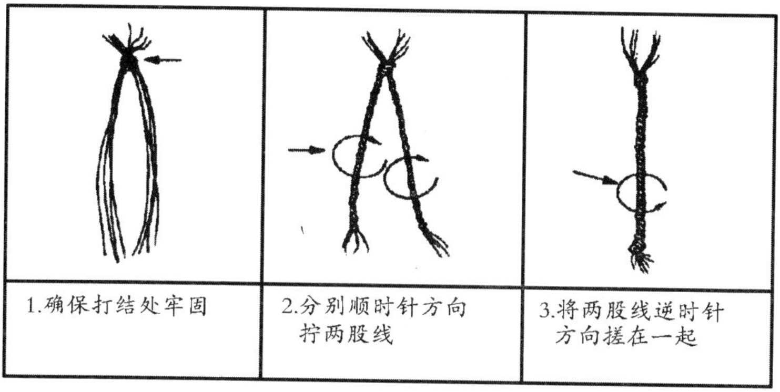

图 12-8　用植物纤维制作线绳

捆扎绳。捆扎小东西的最好的天然材料就是动物的筋腱。你可以从大型动物比如鹿的腱中制作筋。从动物体内取出腱，彻底晾干。拍打干筋腱使其分成纤维。将纤维弄湿，绕成绳股。如果需要更结实的捆扎材料，可以将绳股编在一起。用筋捆扎小东西的时候不需要打结，因为湿的筋是黏的，干了之后就捆结实了。

你可以把一些树的内皮剥下来，并将其纤维编在一起来做绳子。你可以使用菩提树、榆树、山胡桃、白橡树、桑树、栗子树和红、白雪松。做好绳子后要测试一下，以确保其强度符合你的要求。把几股绳子编在一起可以增加这些材料的强度。

你可以用生兽皮来做捆扎大物体的绳子。从大型或中型动物身上获取生皮。将皮剥下后，把多余的肉和脂肪从皮上剔除。使皮彻底干燥。只要皮上没有容易吸收水分的褶皱，就不需要铺开晾晒。你也不需要去除皮上的毛。皮晾干后，做一个 6 毫米宽的切口。从皮的中间顺时针方向做环形切口，一直切到皮的边上。将皮浸泡 2 ~ 4 小时或泡软为止。湿的时候用，用的时候尽量拉伸。皮干后会更加结实和耐用。

制作背包

几乎所有的材料都可以用来制作背包。你可以使用木头、竹子、绳子、植物纤维、布、动物皮、帆布和很多其他材料。

制作背包有多种方法。很多方法非常精致，但在生存环境中只能用简单易行的方法。

马蹄背包。这种包制作和使用都很简单，非常适合单肩背，也比较舒服。将一块儿正方形的材料铺开，比如雨衣、毯子或帆布都可以，平铺在地上。将物品放在材料的一边上。在硬物品上加上衬垫。向另一边卷（和物品一起），并将两头捆扎牢。沿着长度方向的其他部位也绑上绳子。你可以把一根绳连接好两端，将包背在肩上（图 12-9）。

图 12-9　马蹄背包

方形包。如果有绳子，制作这种包很容易。否则，你必须首先做绳子。用竹子、树枝或木棒做一个方形框架就可以做成这种包。其大小因人而异，也因装东西的多少而不同（图 12-10）。

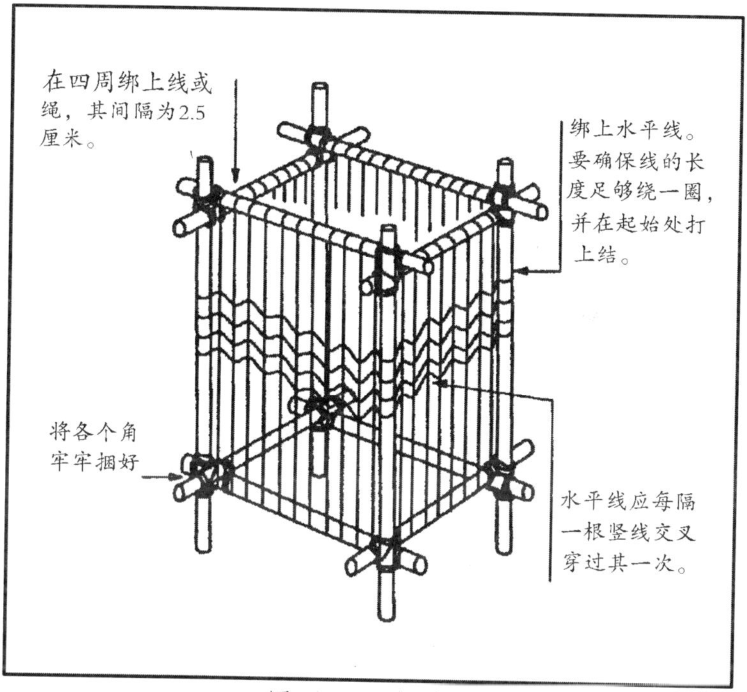

图 12-10　方形包

衣服与保暖物

有很多材料都可以制作衣服和保暖物。诸如降落伞之类的人工材料和各种动物皮和植物材料等天然材料，都是可以容易得到并能提供相当好的保护的。

利用降落伞。将整个降落伞当作一个材料来源。降落伞的每一块材料包括伞蓬、伞绳、接头连接器和降落伞背带都可以用。在拆开降落伞之前，要考虑你的全部生存装备，并要计划好降落伞各部分的相应用途。比如，要考虑避身所的需要、制作背包的需要以及衣服或者保暖需要。

动物皮。在生存环境中，对动物皮的选择会受到你能捕到的动物种类的限制。然而，如果当地的野生动物有很多种，你可以选择那些皮厚并且脂肪多的大型动物。如果有可能，就不要使用受到感染或生病动物的皮。由于生活在野外，动物是扁虱、白虱和跳蚤之类害虫的携带者。因此，要把任何动物皮都进行彻底清洗。如果没有水，至少要彻底把皮抖干净。如果是生皮，应将所有脂肪和肉去掉。将皮彻底干燥。后腿及臀部的部位制作鞋、手套或者袜子。为利用其保暖功能，可以将毛向内把皮披在身上。

植物纤维。有些植物是保暖御寒的好材料。香蒲是一种沼泽地植物，湖边、池塘和河流的回水处都可以发现这种植物。其茎秆顶端的绒毛可以形成空气停滞区，放在两种材料之间可以形成很好的像羽毛一样的保暖层。乳草属植物有像花粉一样的种子，可以用来做保暖材料。椰子外壳的纤维是编绳子的好材料，干燥后，能够当作很好的火绒和保暖材料。

烹调和食用器具

你可以用多种材料做烹制、进餐和储存食物的工具。在生存环境中，所有的材料通常都能有多种用途。

碗。木头、骨头、角、皮或其他类似的材料都可以用来制作碗。要制作木碗，只需要从一块中空的木头上取下一块，能装下食物和足够的水在火上加热就可以。将木碗吊在火上，并将热的石头放入到食物和水中。石头变凉后取出来，然后再加入更多热的石头直到饭熟。

警告：不要用有气泡的石头，比如石灰石和沙石。这些石头在火上加热的时候有可能爆炸。

你还可以采用同样的方法用树皮或树叶来制作容器。不过，这样的容器其水线之上的部分容易烧着，除非你能使其保持湿润或者使火苗足够低。

竹子的竹节也非常适合用来煮食物。要确保你是在两个节之间切下一部分（图 12-11）。

警告：由于封闭的竹节中有空气和水，封闭的竹节加热时可能会引起爆炸。

叉、餐刀、勺。从不含树脂的木头上截取叉子、餐刀和勺子，以免有残留的树脂味，也避免破坏食物的味道。不含树脂的树木包括橡树、白桦树和其他硬木树。

注意：不要使用树皮上有或切开时有汁液或树脂一样液体的树。

锅。你可以使用龟壳或木头作锅。就像使用木碗一样，把热的石头放进去效果非常好。竹子是制作炊具的最好材料。

图 12-11　煮食物用的容器

在使用龟壳之前，首先要彻底煮好壳的内面。然后，把它放在火苗上加热食物和水（图 12-11）。

水壶。用大型动物的胃来制作水壶。要用水彻底冲洗，然后将底部打结。用顶部做水壶口，想方法把口扎住。

第13章

沙漠生存

要在干旱的沙漠地区生存和逃生，你必须要对你将要面临的环境进行了解，并做好准备。你必须确定自己需要何种装备，将采用何种策略，以及环境将对你和你的策略有怎样的影响。你的生存取决于你对该地区地形及常规天气情况的了解、你处理这些情况的能力，以及你的求生意志。

地　形

大多数干旱地区都有几种地形。五种基本的沙漠地形是：

- 山地沙漠（高海拔）
- 多岩石的高原。
- 沙丘。
- 盐沼。
- 深裂地形。

沙漠地形使得行军很困难、很费力。陆地导航也将极其困难，因为地面标志很少。遮蔽和隐藏也受到很大限制，因而，经常有暴露于敌人的危险。

山地沙漠。山地沙漠分布着贫瘠的小山或山脉，山与山之间是干燥、平坦的盆地。平坦的地区会渐渐或突然升高，高的地方可以达到海拔数千米。高地上尽管很少下雨，但是一旦下雨，就会引起山洪暴发，洪水侵蚀沟渠和峡谷，将沙子和砾石堆积在盆地边缘。雨后可能会有生长期很短的植物长出来，但由于雨水蒸发很快，地面很快就会变得跟以前一样光秃秃的。如果有足够的水流进盆地，弥补了蒸发掉的雨水，可能会形成一片浅浅的湖泊。犹他州的盐湖和死海就是这样形成的。这些湖泊里的盐分含量非常高。

多岩石的高原沙漠。多岩石的高原沙漠散布着一些高高低低的平地，这些平地的地表或接近地表的地方有大量坚硬或碎裂的岩石。有些地方会有陡峭的风蚀山谷——在中东称为“洼地斯（Wadis）”，在美国和墨西哥称为峡谷。尽管峡谷平坦的底部表面上看起来很适合作为集结地，但由于下雨之后会在瞬间出现洪水，使得其狭窄的山谷对于人和装备来说极其危险。戈兰高地就是多岩石沙漠地形的一个例子。

沙丘沙漠。沙丘沙漠是一片广阔、平坦、覆盖着沙子和砾石的沙漠地区。“平坦”是一个相对的词，因为有些地区的沙丘可能高达300米（1000英尺），长达16～24千米（10～15英里）。这种地形的可通过性取决于沙丘斜坡是顺风还是逆风，以及沙子的质地。然而，其他区域可能是超过3000米（10000英尺）的平地。有些地方可能没有植物，也可能生长着高达 2 米（7 英尺）的灌木丛。这种类型的沙漠包括撒哈拉大沙漠的边缘地带、阿拉伯沙漠的一部分、加利福尼亚和新墨西哥沙漠以及南非的喀拉哈里沙漠。

盐沼。盐沼是平坦、荒芜的地区，有些地方零星长着一些草，但是除此之外，再也没有其他植物。干旱地区的雨水聚集、蒸发，留下大量碱盐或含盐量极高的水，这样就形成了盐沼。水非常咸，不可饮用。盐水上可能会形成厚达 2.5 ~ 30 厘米（1 ~ 12 英寸）的盐壳。

在干旱地区，有数百平方公里的盐沼地，盐沼地有大量昆虫，多数会咬人。要避开盐沼地，这种类型的地形极易腐蚀靴子、衣服和皮肤。沙特阿拉伯沿伊朗和伊拉克的边境水道就是这种地形的一个例子。

深裂地形。所有的干旱地区都有深裂地形。这种地形是由于暴雨侵蚀了松软的泥土而造成的一个小型的峡谷。旱谷可能宽 3 米（10 英尺）、深 2 米（6 英尺），也可能宽数百米、深数百米。而它的方向也跟其宽度和深度一样多样化，曲折蜿蜒，形成一个迷宫。旱地可以为你提供很好的隐蔽之所，但是不要试图穿越它，因为这是一种非常难以通过的地形。

环境特征

要想在干旱地区求生和逃避敌人，你必须知道你面临的环境条件，并做好准备。你要决定你将使用的装备，将采用的策略，你还要知道环境会对你的装备、策略以及你本身产生什么样的影响。

在干旱地区，你必须考虑七种环境要素：

- 降雨少。
- 烈日酷暑。
- 温差大。
- 植物稀少。
- 地表矿物含量高。
- 沙暴。
- 海市蜃楼。

降雨少。降雨少是干旱地区最明显的环境特征。有些沙漠地区年降雨量不到 10 厘米（4 英寸），而且降雨会迅速渗入地下。在气温极高的沙漠里，如果没有水，你的生命维持不了多久，所以在沙漠生存时，你必须首先考虑你有多少水以及其他水源在哪里。

烈日酷暑。烈日酷暑是所有的干旱地区都要面临的问题。白天大气温度可以高达 60℃（140 ℉）。热量主要来源于阳光直射、火热的含沙流风、反射的热量（阳光照在沙子上反射的热量），以及从沙子和岩石上直接传导的热量（图 13-1）。

沙子和岩石的温度比大气温度平均高 16℃ ~ 22℃（30 ~ 40 ℉），例如，当大气温度是 43℃（110 ℉）时，沙子的温度可能是 60℃（140 ℉）。

烈日酷暑增加了身体对水的需求，为了保存体液和能量，你需要一个避身所来减少暴露于酷热之下的时间。夜间行进可以减少水的消耗。

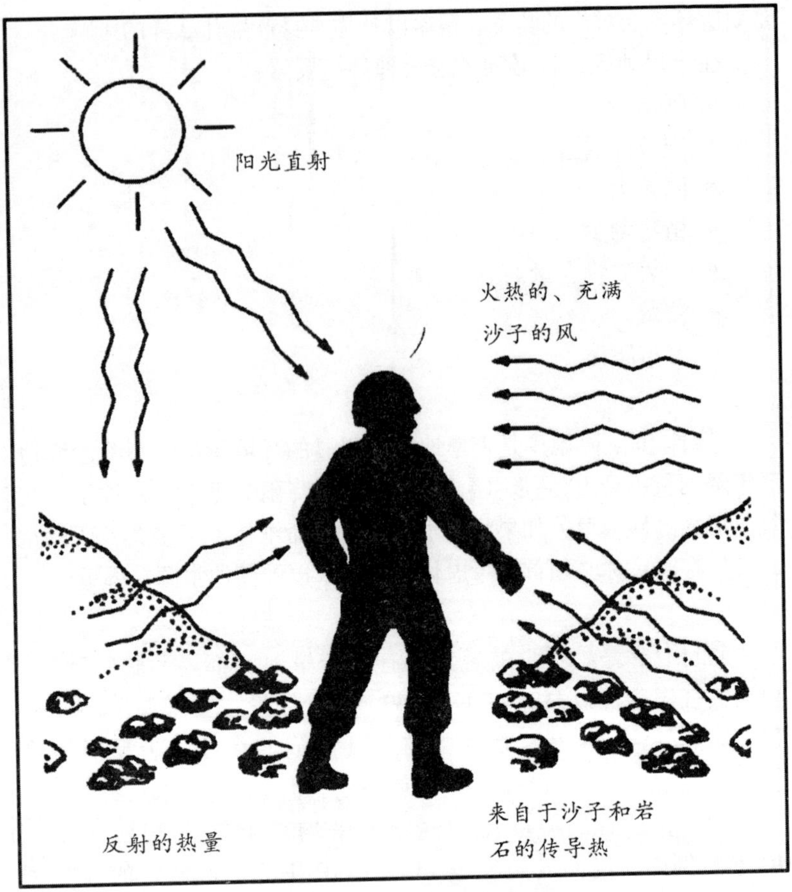

图 13-1　热量的几种来源

无线电设备以及其他敏感设备暴露于烈日直射下容易发生故障。

温差大。在干旱地区，白天的大气温度可以高达 54℃（130

℉)，而晚上却会降到 10℃（50 ℉）。晚上气温迅速下降，如果你没有保暖的衣物，会冻得瑟瑟发抖，无法行动。然而，凉爽的夜晚正是工作或行进的最佳时机。如果你打算在夜间休息，你需要一件毛衣和一件长裤。一顶羊毛的帽子会非常有用。

植物稀少。干旱地区植物稀少，所以避身或掩饰行踪很困难。白天，可视范围非常广，很容易被敌方火力控制。

如果在敌占区行进，你必须遵循以下沙漠隐藏的原则：

- 隐藏在植物生长比较浓密的干旱的冲蚀地（旱谷）里，尽量不要让自己很容易被发现。
- 利用灌木、石头、露出地面的岩层等投射的阴影。阴暗处的温度比大气温度低 11～17℃（52～63 ℉）。
- 将能够反射阳光的物品盖住。

行进之前，要观察地形，寻找能够提供掩护和遮蔽的地点。你估计距离时可能会有问题。在空旷的沙漠地区，多数人都会低估距离，估计的距离只有实际距离的三分之一：看上去 1 公里的距离，实际上有 3 公里。

矿物含量高。在所有的干旱地区都会有一些地方，那里地表的泥土里矿物质含量非常高（硼砂、盐、碱和石灰）。物品和这些泥土接触后很容易损坏，而这里的水也非常硬，不能饮用。如果用这些水弄湿衣服想让自己凉快一下，则很容易得皮疹。犹他州的盐湖就是一个例子，它的水和土里的矿物含量非常高。这样的地方几乎没有植物生长，因此很难找到避身之所。如果可能，要尽量避开这些地区。

沙暴。沙暴（含沙子的风）在多数沙漠地区都经常发生。位于伊朗和阿富汗境内的锡斯坦沙漠，沙暴可以连续吹 120 天。在沙特阿拉伯境内，沙暴平均风速为每小时 3.2 ~ 4.8 千米（2 ~ 3 英里），而在刚过中午的下午，风速可达每小时 112 ~ 128 千米（67 ~ 77 英里），大的沙暴和尘暴每星期至少发生一次。

最危险的事是在漫天风沙中迷路。应该戴上护目镜，用衣服将口鼻都遮起来。如果没有天然的避身所，应做一个记号表示你行进的方向，然后躺下来，等风暴停息。

风里面的尘土和沙子会影响无线电设备的通话，所以你需要使用其他发信号的方法，例如用烟火，信号镜或信号布板，如果有的话。

海市蜃楼。海市蜃楼是一种光学现象。沙质或石质地表热空气上升，使得光线发生折射作用，于是就产生了海市蜃楼。海市蜃楼会发生在离海岸线大约 10 千米（6 英里）的沙漠地区，会使 1.5 千米（1 英里）以外或更远的物体看起来似乎要移动。

海市蜃楼会使一个人很难辨别远处的物体，同时也会使远处视野的轮廓变得模糊不清，你感觉好像被一片水包围着，而那片区域高出来的部分看上去就像水中的“岛屿”。

海市蜃楼还会使你识别目标、估计射程以及看清楚物体等变得十分困难。不过，如果你到一个高一点的地方（高出沙漠地面 3 米），你就可以避开贴近地表的热空气，从而克服海市蜃楼幻境。海市蜃楼使陆地导航变得非常困难，因为在海市蜃楼环境中，天然特征都变得模糊不清了。

沙漠地区的光线水平比其他地形中的光线水平要强得多。有月光的夜晚，空气变得清澈透明，风也停息了，烟雾和刺眼的阳光不见了，视线清晰。你可以看见很远的灯光、红色信号灯，甚至照明不足的光。声音会传得很远。

相反，没有月光的夜晚，视线极差，此时行进会非常危险，你必须要小心，避免迷失方向，防止掉进沟里，或者误打误撞进入了敌方阵地。在这样的夜晚，除非你有一个指南针，并且白天已经休息过，观察并记住了地形，选择好了路线，否则，不应该行进。

水的需求

自从二战早期美军准备到北非作战时起，沙漠地区的人和水这个话题就引起了极大的关注和各种说法。美军曾经以为，通过在训练中逐渐减少士兵水的供给，可以使士兵在水量供给很少的情况下依然保持良好状态。他们称之为“水的训练”。这种训练导致了几百人伤亡。

在干旱地区生存的一个关键要点在于了解身体活动、大气温度、水的消耗这三者之间的关系。身体在一定温度需要一定量的水来保持身体活动的某种水平。例如，一个人在 43℃（109 ℉）气温下进行高强度工作，一天需要 19 升（5 加仑）水。如果水的摄入低于需要的量，会迅速降低一个人做决定的能力，以及有效工作的能力。

人的正常体温是 36. 9℃（98. 6 ℉）。身体会用出汗的方式排除多余的热量（使身体凉爽），无论是由于工作、锻炼，还是由于气温，你身体温度越高，出的汗就越多，出的汗越多，身体水分就流失得越多。出汗是人体水分流失的主要原因。如果一个人在白天气温很高时进行高强度工作或锻炼而没有出汗，那么就很容易中暑，这是紧急情况，需要马上进行医疗救治。

图 13-2 说明了几种活动每天的需水量，在了解了气温和身体活动是如何影响水的需求之后，你就可以采取正确的措施，充分

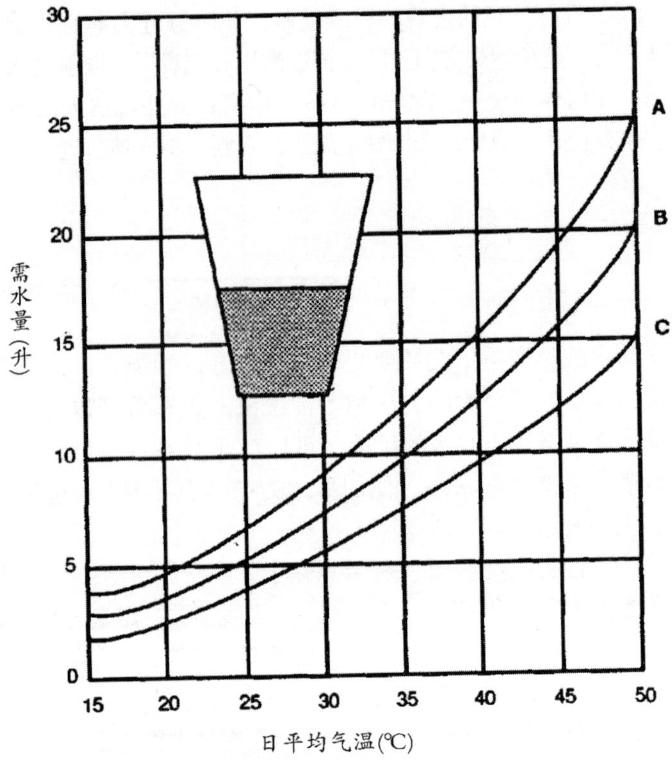

A:阳光下高强度活动（带着装备匍匐、攀援等）
B:阳光下中等强度活动（清洁武器和装备）
C:在阴凉处休息

这张曲线图显示了一个人进行三种活动所需要摄入的水量与日平均气温的关系。例如，如果一个人在阳光下进行8个小时的高强度活动（曲线A），当平均气温为50℃时（垂直线），一天需要喝水约25升。

图 13-2　三种活动每天的需水量

利用你的水储备了。你要采取以下措施：

- 找一个阴凉处！避开阳光！
- 在你和炙热的地面之间放一些东西。
- 限制自己的活动！

保存你的汗水。穿上全部军服，包括 T 恤衫，将袖子放下来，头要保护好，用围巾或类似东西把脖子也保护起来，这些可以减少火热的风及阳光对你的伤害。衣服会吸汗，使汗保留在皮肤上，它的冷却作用会使你感觉凉爽。静静地待在阴凉处，不要说话，把嘴闭紧，用鼻子呼吸，这样，你对水的需求量会大幅度减少。

如果水的供应严重不足，就不要吃东西。食物需要水来消化，所以吃饭会占用你原本用来进行冷却作用的水分。

口渴并不是你身体需要水的可靠信息。如果以口渴作为需要喝水的指令，那么一个人每天只能获取所需水分的三分之二。为了防止这种“自动”脱水，你可以依照以下标准摄取水：

- 气温低于 38℃（100 ℉）时，每小时喝 0.5 升的水。
- 气温高于 38℃（100 ℉）时，每小时喝 1 升的水。

有规律地定时喝水可以使你的身体保持凉爽，减少出汗。即使水供应不足时，定时小口喝水也会使身体相对凉爽，减少出汗引起的水分流失。白天时减少活动以保存汗水。喝水不要定量，如果你试图这样做，那么你很有可能会发生热伤害。

热伤害

由于受伤、压力以及缺乏应急装备，你作为求生者受到伤害的可能性很大。下面是一些主要的热伤害类型，以及在水供应很少，并且没有医疗救助的情况下发生热伤害事故时的医治措施。

热痉挛。这主要是由于大量出汗导致身体盐分流失引起的。症状表现为腿部、手臂或者腹部的中等强度或严重的肌肉痉挛。刚开始时可能表现为轻微的肌肉不适。这个时候，应该停止一切活动，到阴凉处休息、喝水。如果没有意识到初期的这种轻微不适，继续身体的活动，将会导致严重的肌肉痉挛和剧痛。治疗措施和下面的热虚脱相同。

热虚脱。这是由于身体水分和盐分的大量流失引起的。症状表现为头痛、精神混乱、躁动不安、大量出汗、虚弱、头晕、痉挛、面色苍白、皮肤潮湿冰冷等。应立刻把病人放置在阴凉处，让他躺在担架上或类似物体上，使他离开地面大约 45 厘米 (18 英寸)，松开他的衣服，用水泼在他身上，往他身上扇风，每三分钟给他喝少量的水。确保他不要动，让他充分休息。

中暑。这是由于身体严重缺水、缺盐，身体自身无法进行冷却作用引起的热伤害。如果身体的热度不能马上退下来，病人可能会死亡。中暑的症状表现为不出汗、皮肤干燥滚烫、头痛、头晕、脉搏跳动加速、恶心、呕吐、精神混乱以致失去知觉。应立刻将病人放到阴凉处，让他平躺在担架或类似物体上，使之身体离开地面 45 厘米（18 英寸）左右，松开他的衣服，向他身上浇水（即使水很脏或者是半咸水，也没有关系），往他身上扇风，按摩他的手臂、腿部以及身体。如果他恢复了意识，每隔三分钟让他喝少量的水。

预防措施

在沙漠生存或逃生的情况下，不大可能有医生或其他医疗供应来给你医治热伤害，因此你应该极为小心，尽量避免受到热伤害。应在白天休息，在凉爽的晚上或夜间工作。可利用同伴来防止热伤害，你可以按照以下指示进行：

- 一定要告诉别人你要去哪里以及什么时候回来。
- 留心同伴的热伤害迹象，如果有人抱怨说太累，或者落在队伍后面，他很可能已经得了热伤害。
- 一小时至少喝一次水。
- 休息时要到阴凉的地方，不要直接躺在地上。
- 不要在白天时脱掉衣服工作。
- 检查尿液的颜色，浅颜色表明你的水摄入量够了，如果尿液颜色很深，说明你需要喝更多的水。

干旱地区的危险

有几种危险只发生在沙漠生存中，包括昆虫、蛇、带刺的植物和仙人掌、受污染的水、灼伤、眼睛刺痛以及气候性紧张。

沙漠里有各种类型的昆虫。人作为昆虫的食物源和水源，会引来虱子、螨、蜂、苍蝇等。它们让人非常不舒服，而且可能携带疾病病毒。老房子、废墟、洞穴是蜘蛛、蝎子、蜈蚣、虱子和螨最常出没的地方，这些地方既可以给你提供场所避开恶劣天气，同时也吸引着其他野生生物。所以在这些地方要非常小心。在沙漠地区一定要戴手套，手触摸某个地方前，一定要先看看那里有没有什么东西；坐下或躺下前，也一定要先检查一下。站起来的时候，抖一抖靴子、衣服，检查一下有没有东西在里面。所有干旱地区都有蛇。它们栖息在废墟、村庄、垃圾堆、洞穴以及露出地面的天然岩石里。在没有仔细检查是否有蛇之前，不要走过这些地方，更不能光脚走。站的地方、手触摸的地方都要留意，大多数被蛇咬伤的情况都是由于踩到了蛇或者碰到了蛇。要避开蛇类，一旦发现蛇，要远远走开。

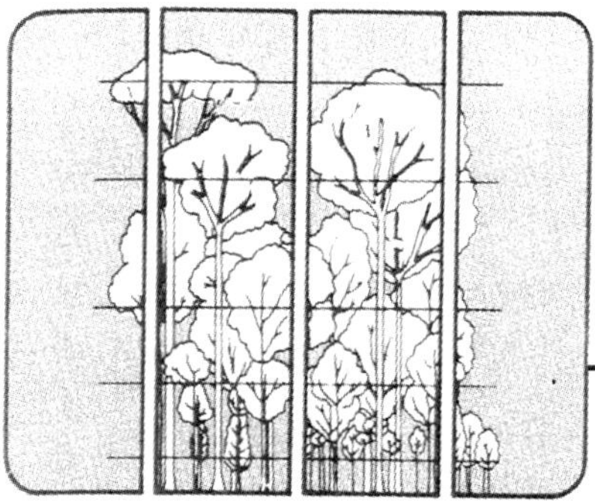

第14章

热带生存

大多数人认为热带就是广袤而可怕的热带雨林，在那里，每走一步都必须披荆斩棘，每挪一英寸都充满危险。实际上，热带的大部分地方都已经在一定程度上被开垦了。

战场技巧的知识、应急准备的能力、生存原则的使用将增加你生存的希望。不要害怕独自一人在丛林中，恐惧会让你惊慌。惊慌将导致精疲力竭，从而使生存的希望渺茫。

丛林中的一切都生命旺盛，包括繁殖速度快得需要你警惕的病菌和寄生虫。大自然将提供给你水、食物和大量建造避身所的材料。

土生土长的当地人靠打猎和采集植物在那里已经生活了数千年。然而，对于一个外来者来说，需要花时间来适应当地的情况和在热带生存条件下进行各种活动。

热带气候

高温、大雨和令人压抑的潮湿是赤道和亚热带地区的显著特征，海拔高的地方除外。在低海拔的地方，气温的变化很少低于10℃（50 ℉），经常大于35℃（95 ℉）。在海拔超过1500米(4921英尺）的地方，夜晚会结冰。雨可以降温，雨停之后，气温会迅速升高。

雨很大，经常伴着闪电雷鸣。突然的大雨打在树蓬上，将细小的滴流变成奔涌的急流，引起河水上涨。然而，大雨会戛然而止。肆虐的风暴也时有发生，多在夏季快结束的时候。

飓风、龙卷风和台风在海上形成后急速向内陆袭来，引起大浪翻滚，将岸上的一切毁灭。在选择宿营地时，一定要确保在洪水水位线以上。冬季和夏季的风力差别很大。干燥的季节一天一场雨，雨季会连续不断地下雨。在东南亚，从印度洋刮来的风带来雨季，但当风从中国大陆刮来的时候，这个地区则变得干燥。

热带的白天和夜晚一样长。黑夜降临的很快，白天也会突然到来。

丛林类型

没有标准的丛林。热带地区可能有以下几种丛林：

- 雨林。
- 次生林。
- 半常绿季节性和季风森林。
- 灌木和荆棘森林。
- 热带稀树大草原。

- 盐水沼泽。
- 淡水沼泽。

热带雨林。热带雨林中的气候变化很小。在亚马逊和刚果盆地的跨赤道地带、印度尼西亚的部分地区和几个太平洋岛屿上有这种森林。全年降水量可达 3. 5 米（12 英尺）。气温变化范围从白天的 32℃（90 ℉），到夜晚的 21℃（70 ℉）。

在这种丛林中，植物分为五层（图 14-1）。在没有人迹的地方，树木可以从其板状根长到 60 米（198 英尺）高。在它们的下面，低一些的树木形成使阳光很难穿过的厚厚的树蓬。小树在底下艰难地挣扎着向光，大量的蔓藤植物交织缠绕着迎向太阳。蕨类植物、苔藓和一些草本植物穿过厚厚的叶子铺成的地毯，大量的菌类生长在叶子上和落下的树枝上。

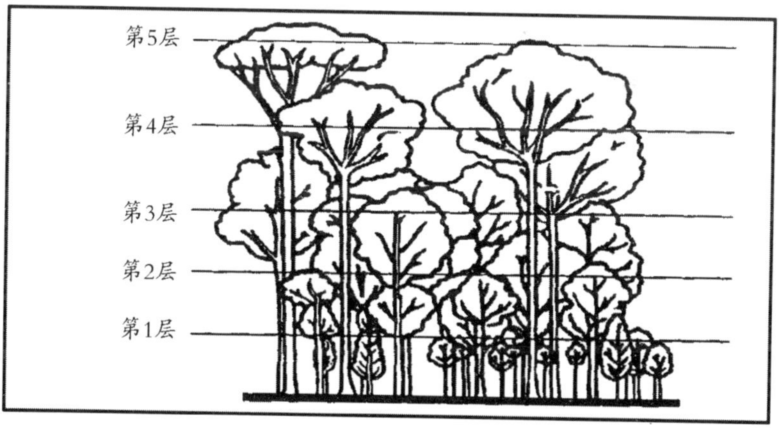

图 14-1　热带雨林的五层植物

因为丛林地表缺少阳光，所以没有多少低矮植物阻碍你的活动，但浓密的植物使能见度只有大约 50 米（165 英尺）。在这种从林里，你很容易迷失方向，而且飞机也很难看到你。

次生林。次生林与雨林很相似。植物生长茂盛，阳光只能穿过枝叶照到地上，这是这种森林的特点。次生林主要分布在河岸、丛林边缘和人类已经将雨林清除的地方。被废弃之后，大量盘结的植物很快会将这些开垦过的地方占据。在这种森林中，你经常会发现农作物。

半常绿季节性森林。美洲和非洲的半常绿季节性森林的特征与亚洲的季风森林特征一致。这些特征为：

- 有两个树层，上层树木平均高度为 18～24 米（60～79 英尺），下层树木平均高度为 7～13 米（23～43 英尺）。
- 树木直径平均为 0.5 米（2 英尺）。
- 树叶在干旱季节凋零。

除西米、聂帕榈、椰子树之外，这种地区生长的可食植物与热带雨林地区一样。

在南美的哥伦比亚、委内瑞拉的部分地区和亚马逊盆地都有这种森林；非洲肯尼亚的东南海岸的部分地区、坦桑尼亚和莫桑比克也有这种森林；亚洲的印度东北部、缅甸的大部分地区、泰国、印度支那地区、爪哇以及印度尼西亚的其他地区的岛屿上都有这种森林。

热带灌木林。热带灌木林的主要特征如下——

- 有确定的旱季。
- 在旱季，树木都落叶。
- 地面上除了长有一些束状丛生植物外，几乎是光秃秃的。

极少见到禾本科植物。
- 大多数植物都长有刺。
- 经常会发生火灾。

热带灌木林分布在以下地区：墨西哥西海岸，尤卡坦半岛，委内瑞拉以及巴西；非洲西北海岸，以及非洲内陆地区；亚洲的土耳其和印度。

在热带灌木林地区的旱季，很难找到可食植物。在雨季，植物类食物要丰富得多。

热带稀树大草原。热带稀树大草原的特征为——
- 只分布在南美和非洲的热带地区。
- 它们看上去像广阔、繁茂的牧场，中间长着一些树木。
- 土壤通常是红色的。
- 零星分布的树木通常矮小、粗糙，很像苹果树。棕榈树在稀树大草原也可以见到。

热带稀树大草原分布在南美洲的委内瑞拉部分地区，巴西，以及圭亚那。非洲的撒哈拉南部（喀麦隆中北部、加蓬以及苏丹南部地区），贝宁，多哥，尼日利亚大部分地区，刚果共和国东北部地区，乌干达北部，肯尼亚西部地区，马拉维部分地区，坦桑尼亚部分地区，津巴布韦南部地区，莫桑比克以及马达加斯加西部地区。

盐水沼泽。盐水沼泽一般位于易受海潮影响的海岸地区。在这些沼泽地上生长着茂密的红树林。红树林能达到 12 米（39 英尺）高。其纠结错综的根是你行进的障碍。这种沼泽地里的能见度很低，行动极其困难。有时候，可以乘筏子渡过沟渠形成的溪流，但你通常必须徒步穿过这种沼泽。

在西非、马达加斯加、马来西亚和太平洋岛屿、中美洲和南美洲以及印度恒河河口可以发现这种盐水沼泽。奥里诺科河和亚马逊河的河口、圭亚那河的沼泽由湿泥和少叶的树木构成。盐水沼泽的涨落潮水位可相差 12 米（39 英尺）。

盐水沼泽中的任何东西对你来说都有威胁，从水蛭和昆虫到鳄鱼和凯门鳄。在盐水沼泽地里要避开危险动物。

如果可能的话，要尽量避开盐水沼泽。如果其中有水道，你可以乘筏子逃生。

淡水沼泽。在低地内陆地区可以发现淡水沼泽。其特点是生长着大量多刺的低矮植物、芦苇和草，以及低矮的棕榈树，这使能见度变低，行进十分困难。这些沼泽中经常有岛屿点缀其间，使你有机会离开水面。这种沼泽里生活着大量野生动物。

穿越丛林地带

经过练习，你就可以轻松地穿越浓密的矮树丛和丛林。要穿上长袖衣服以避免被划伤或刮伤。

你必须炼就“丛林眼”才能行动自如，也就是说，你的视线不能只盯在眼前的灌木丛和树木上，而必须集中在更远的地方并留心植物间的自然缝隙处。要看穿丛林，而不是盯着它。要偶尔停下来并弯下腰沿着丛林地面向远处看。这样可以发现动物的痕迹，你可以循着它们的足迹走。

在穿越浓密的森林和丛林时，要保持警觉，不要走得太快，步伐要稳健。要定时停下来听一听动静并调整一下姿势。用弯刀来披斩浓密的植物，但不要无目的地乱砍，否则很快就会耗尽力气。在使用弯刀砍蔓藤植物时，应向上砍以减小由此产生的声音，因为声音在丛林中可以传得很远。用手杖分开植被，手杖还可以帮你驱逐咬人的蚂蚁、蜘蛛或蛇。爬坡的时候**不要**抓灌木丛或蔓藤，因为可能会被刺或锋利的荆棘扎到。

很多丛林和森林动物都能跟踪猎物的痕迹。这些痕迹拐弯抹角，但通常能带你到有水的地方或开阔地。如果这种踪迹是你想去的方向，就循着它们走。

在很多国家，电线和电话线都进到了人迹罕至的丛林中几英里。通常，正确的路线十分清晰，你可以轻松前进。当你依着这些线前进的时候，小心不要碰到变压器和中继站。在敌占区，可能有人守卫这些地方。

在丛林中或浓密的树林中行进，要求你对周围的环境时刻保持警惕。以下建议对你有帮助：

- 尽可能精确地定位你最初的位置，以确定一条通往安全地带的行进路线。如果你没有指南针，可以使用战场应急的确定方向的方法。
- 带上水和装备。
- 朝一个方向前进，但不一定是沿着直线走。要避开障碍。在敌占区，要利用天然的掩护物掩护自己。
- 在丛林中要平缓地行进。不要跌跌撞撞，否则会划伤和擦伤。扭转肩头，调整臀部，弯下身体，尽量在低矮植物间根据需要调整步伐的大小。

紧急事项

在丛林中，人们很难像在其他生存环境中那样救助被埋进了浓密丛林中的你。

如果遭遇飞机失事，你从失事地点要拿的最重要的物品是一把弯刀、指南针、急救包和降落伞或其他能够做蚊帐和避身所的材料。

要注意避开热带地区的大雨、烈日和昆虫。携带疟疾的蚊子和其他昆虫很危险，要保护自己不要被叮咬。

在仔细地给自己标出路线之前，不要离开飞机失事的区域。要使用指南针。知道自己朝哪个方向走。

在热带，即使很小的擦伤也会很快变成危险的感染。不管伤有多轻都要马上进行治疗。

取水

尽管水在多数的热带环境中都很充裕，但不一定轻易就能找到。如果你找到了水，也未必可以安全地饮用。蔓藤、树根、棕榈树和凝结水是水的来源。有时候你可以跟着动物找到水。在离浑浊的溪流或湖泊岸边1米远处的沙地上挖一个坑，通常就可以得到几乎清澈的水。水会渗到这个坑里。以这种方式获得的水必须经过净化处理。

动物——水的标志。动物经常能带你找到水。大多数动物需要经常饮水。鹿等草食动物通常不会离水很远，而且通常在日出和日落的时候饮水。密集的动物足迹也经常能帮你指引水源。靠肉食动物寻找水源不太可靠。它们能从自己的猎物身上获得水分，而且可以很长时间不饮水。

鸟有时也可以带你找到水源。像雀和鸽子等吃谷物的鸟类会始终待在离水源不远的地方。它们在日出和日落的时候饮水。当它们低空、直线飞行时，就是在向水源飞。饮过水返回时，由于很饱，鸟会从一棵树停落到另一棵树上，时不时地休息一下。不要完全依赖这些鸟带你找到水源。它们可以飞很长的路程都不停下来。鹰和其他肉食的鸟类可以从其猎物中得到水分，也不能依靠它们来寻找水源。

昆虫，尤其是蜜蜂，可以作为很好的水源指示。蜜蜂很少离开自己的巢穴或蜂箱超过 6 千米（4 英里）。在这一范围里它们通常会有一个水源。蚂蚁需要水。一排蚂蚁爬上树是在向树洼里的小水洼前进。既使在干旱地区，你也可以找到这样的小水洼。大多数苍蝇，尤其是欧洲梅森苍蝇，通常待在离水源 100 米（330 英尺）以内。这种苍蝇可以通过其身体上彩虹一样的绿色来辨认。

人的足迹通常能带你找到一个水井、水坑或浸坑。为了减少蒸发，上面可能盖有灌木或石头作盖子。用过之后需换上新的。

水——从植物中取水。根据地区的不同，在生存环境中你可能碰到很多类型的植物。蔓藤、树根和棕榈都是很好的水源。

*蔓藤。*5 厘米粗的粗糙树皮的蔓藤和新枝是很好的水源。你必须根据经验了解哪些蔓藤上有水，因为不是所有的蔓藤植物都有可以饮用的水。有的甚至含有有毒的树液。当你切开有毒的树时，会流出牛奶状的黏树液。没有毒的蔓藤流出的树液很清。一些蔓藤在接触时能引起皮肤发炎。所以，要让蔓藤上的液体滴入

你的口中，而不要把嘴放到蔓藤上。最好用一些容器装水。要使用第 91 页介绍的方法从蔓藤上取水。

根。在澳大利亚，水树、沙漠橡树和红木等的根都靠近地表。探到这些根并从地里挖出，将它们切成 30 厘米（1 英尺）长。把树根上的皮剥下，吸里面的液体，或者将它削成薄片放在嘴上挤出液体。

棕榈树。婆里椰、椰子和尼巴棕榈都有含糖的液体，喝起来味道很好。将这些树开花的树干弯下，砍下顶部，就可以获得这种水了。如果间隔 12 小时切下树干上的一小薄片，液体就可以重聚起来，这样每天可以获得 1 升左右的水。尼巴棕榈的嫩芽是从根部长出来的，所以你也可以在地面附近获得。在其他成年的树上，你可能不得不爬上树去够开花的树干。椰子含有大量的水分，但很多成熟椰子里的液体能引起轻微腹泻。如果喝太多这种液体而造成腹泻，身体流失的水分可能比你摄入的还要多。

水——凝结水。靠挖植物的根来找水比较费力。让植物产生凝结水就轻松得多。将一个干净的塑料袋绑到有绿色树叶的树干上，会使树叶上的水分蒸发并凝结在塑料袋上。将切下的植物放进一个塑料袋里，也能产生凝结水。这就是日光蒸馏器（第 93 ~97 页）。

食物

在热带生存环境中，食物通常很丰富。要获得动物类食物，可按照第 8 章中介绍的方法进行。

除了动物类食物，你还要通过植物类食物来补充饮食。寻找食物的最佳地点是溪流和河流的岸边。只要有阳光射入的丛林，都会有大量的植物，但河岸可能是最容易接近的地方。

如果你身体虚弱，就不要化费力气砍树或爬树来得到食物。在地面附近就有比较容易获得的食物。不要获取超出自己需要的食物。在热带地区，食物很快就会变质。让食物留在植物上，待你需要时就可以吃到新鲜的。

可选择的可食植物几乎是无限的。除非你能准确识别那些植物，否则还是先从棕榈、竹子和普通水果开始更安全。附录F对热带地区最常见的一些可食植物进行了详细介绍。

有毒植物

热带地区有毒植物的比例并不比世界上其他地方的比例高。然而，人们可能会感觉热带地区的大多数植物是有毒的，这是由于一些热带地区的植物种类非常多的缘故（附录G）。

第15章

寒冷气候生存

寒冷气候是最恶劣的生存环境之一。记住，寒冷气候是一个可以像敌人一样危险的对手。每次进入寒冷气候的时候，你就是把自己放进了敌对环境。有了这种环境的知识、合适地进行计划以及精良的装备你就可以克服这些困难。如果你去掉或缺少其中的一个或几个要素，生存就会变得困难许多。记住，冬季的气候变化无常。在阳光普照和晴空万里的时候，你也要时刻准备好迎接大风雪。

寒冷气候对于生存的威胁要比它看上去的大得多。它降低你的思考能力，削弱你做任何事情的意志，你会只想着取暖。寒冷是一个阴险的敌人，因为它会使你的意识和身体失去知觉，摧毁你生存的意志。

寒冷会使你忘记你的最终目标——求生。

寒冷地区

寒冷地区包括北极地区、亚北极地区以及和这些地区毗邻的地区。你可以将北半球大陆的48%都归入寒冷地区，原因是空气温度的影响及其延伸影响。在冬天，海流对寒冷气候有影响并能使其气温区内的大部分地区归入寒冷地区的范围。海拔也对寒冷地区的确定有重要的影响。

在寒冷地区，你可能会遇到两种不同类型的寒冷气候环境——潮湿或干燥环境。了解你的活动领域是哪一种环境将影响到你在寒冷气候中的计划和行动。

潮湿的寒冷环境。如果一个地区 24 小时内的平均气温在 -10℃（14 ℉）或以上，就属于潮湿寒冷气候环境。这种气候的特征是在气温较低的夜晚结冰，到了白天便解冻。尽管在这种条件下气温比较高，但地面通常由于有烂泥巴而非常滑。你必须保护自己免受潮湿的地面、冻雨和湿雪的影响。

干燥的寒冷气候环境。如果一个地区 24 小时内平均气温在 -10℃（14 ℉）以下，就属于干燥的寒冷气候。尽管这种气候下的气温比正常气温低得多，但你不必对付冰冻和化冻的麻烦。在这种气候下，你应该多穿几层内衣以在 -60℃（-76 ℉）的低温中保护自己。低温加上寒风会造成极大的危险。

冷风降温

在寒冷地区，冷风降温会增加危险，这是流动的空气吹在暴露在外的人体皮肤上引起的结果。例如，风速为 16 公里/小时的风在气温为 -9℃ 时造成的寒冷程度，其效果和 -18℃ 的无风空气温度造成的效果相同。图 15-1 给出了各种温度和风速下的冷风因数。

严寒温度的冷却效果

		温度（℃）																				
无风	无风	4	2	–1	–4	–7	–9	–12	–15	–18	–20	–23	–26	–29	–32	–35	–37	–40	–43	–45	–48	–51
节	风速 千米/小时	相同效果的严寒温度																				
3–6	8	2	–1	–4	–7	–9	–12	–15	–18	–20	–23	–26	–29	–32	–35	–37	–40	–43	–45	–48	–54	–57
7–10	16	–1	–7	–9	–12	–15	–18	–20	–26	–29	–32	–37	–40	–43	–45	–51	–54	–57	–59	–62	–68	–71
11–15	24	–4	–9	–12	–18	–20	–23	–29	–32	–35	–40	–43	–45	–51	–54	–57	–62	–65	–68	–73	–76	–79
16–19	32	–7	–12	–15	–18	–20	–26	–32	–35	–37	–43	–45	–51	–54	–59	–62	–65	–71	–73	–79	–82	–84
20–23	40	–9	–12	–18	–20	–26	–29	–35	–37	–43	–45	–51	–54	–59	–62	–68	–71	–76	–79	–84	–87	–93
24–28	48	–12	–15	–18	–23	–29	–32	–35	–40	–45	–48	–54	–57	–62	–65	–71	–73	–79	–82	–87	–90	–96
29–32	56	–12	–15	–20	–23	–29	–35	–37	–40	–45	–51	–54	–59	–62	–68	–73	–76	–82	–84	–90	–93	–98
33–36	64	–12	–18	–20	–26	–29	–35	–37	–43	–48	–51	–57	–59	–65	–71	–73	–79	–82	–87	–90	–96	–101
风速超过64，基本上不再有另外的影响。		基本没有危险					危险增加（肌肤会在一分钟之内冻僵）						很危险(肌肤会在三十秒之内冻僵)									
		对于暴露于外的皮肤的危险程度																				

图 15–1　冷风表

记住，即使没有风，滑雪、奔跑或在车后面的雪橇上滑行以及在能产生气流的飞机附近活动时也会产生同样大的风。

寒冷气候中生存的基本原则

与温暖气候相比，在寒冷气候中更难满足你对水、食物和避身所的基本需求。即使满足了基本需要，你还必须有合适的保护性衣服和求生的意志。求生意志与基本的需要同等重要。曾经发生过训练有素、装备精良的人员死于寒冷气候的事故，因为他们缺乏求生意志。相反，这种意志却使那些没有经过什么训练并且装备不那么好的人活了下来。

如今，美国军队配备了很多各种不同的寒冷气候装备。特殊的部队更是配有更轻的新式衣物以及其他特殊装备。然而，只要你运用一些寒冷气候的生存原则，旧式衣物也将使你保暖。如果有新式衣服，自然是穿新的。如果没有，那么你的衣服应该都是全毛的，风衣可以例外。

你不但必须要有足够的衣物来防寒，还必须知道如何最大限度地利用这些衣物来保暖。例如，你应该将头部包起来。如果不保护好头部，你会失去 40～45% 的身体热量，如果不保护好颈部、腕部和脚踝，会失去更多热量。身体的这些部位容易辐射热量，并且脂肪很少。大脑很容易受到寒冷的影响，并且只能承受得住轻微的寒冷。因为头部有很多血液循环，而且大部分都位于皮肤的表层，如果不把头包起来，你会很快失去身体热量。

有四个保暖的基本原则需要遵守。记住这四个原则的一个简便方法是按照下面的方法运用单词 COLDER（冷）：

- C（Keep clothing clean）——保持衣物干净。从卫生和舒

适的角度来说，这是很重要的，而在冬天，从保暖的角度，这也同样重要。有尘土和油脂的衣服会大大降低其隔热性能。如果衣服之间的空气层被挤压或者被填满，身体的热量会更容易散失掉。

- O（Avoid overheating）——避免太热。如果太热，你就会出汗，衣服会吸收汗水，这样会从两方面影响你的体温：湿度降低了衣服的隔热保温性能；汗水蒸发导致的冷却作用会使体温下降。要调节衣服的厚度，使自己不要出汗。你可以部分敞开大衣或夹克，或者脱掉里面的一层衣服，或者脱掉手套，或者脱下大衣的帽子或减少头部的包裹等等。热度过高时，头部和手部是很有效的散热部位。
- L（Wear your clothing loose and in layers）——衣服要穿得宽松，并且要分层。衣服和鞋袜太紧会限制血液循环，使冻伤更容易发生，同时会减少衣服和衣服之间的空气量，从而降低其隔热的功效。多穿几件薄一点的衣服比只穿一件同等厚度的衣服保暖效果要好，因为衣服和衣服之间会形成不流动的空气层，这些空气层能够隔热保温，同时也便于脱和穿，热了马上脱掉一件，防止过多出汗，冷了马上加一件，增加温度。
- D（Keep clothing dry）——保持衣物干燥。在寒冷的气候里，你里面的衣服会由于出汗而潮湿，外面的衣服如果不防水，粘在上面的雪霜被体温融化，也会弄湿衣服。如果有的话，外面要穿防水的衣服，它能够阻止大部分雪霜融化的水。进入热的避身所之前，要刷掉身上的雪和霜。不管采取怎样的预防措施，你总是会有弄湿衣服的时候。这时，弄干衣服会成为主要的问题。在行进时，应把潮湿的手套和袜子放在背包上面。在冰点气温下，有时风和阳光会吹干和晒干衣服。或者你可以将手套和袜子贴身放好，不要折叠，你的体温会焐干它们。在营地里，可以把潮湿的衣服用晾绳或临时做的架子挂在帐篷顶端。你还可以生一堆火，这样可以烘干每一件衣物。烘干皮革制衣物时要慢，不要太着急。如果没有其他办法弄干你的靴子，可以将它们放在睡袋的外层和衬里之间，你的体温会帮助烘干它们。

- E（Examine）——检查。检查你的军服是否有破损、撕裂以及是否干净。
- R（Repair）——修补。在军服上的裂口和破洞变大以至于需要打补丁之前修补。可以用骨头、植物纤维、550 线和大刺临时做一个针线包。

在寒冷的气候下，厚厚的羽绒睡袋是最有用的生存工具。一定要确保羽绒干爽。如果湿了，其隔热性能将大大降低。如果你没有睡袋，可以自己做一个。准备一块降落伞布或类似材料，去找一些天然的干燥材料，如树叶、松木针叶或者苔藓等，将干燥的材料放在两层降落伞布之间，这样就可以做一个睡袋了。

其他重要的生存物品还包括：一把刀、放置在防水容器中的防水火柴，最好还附有一块打火石、一个耐用的指南针、地图、手表、防潮布、手电筒、望远镜、墨镜、应急多脂食品、收集食品的工具、信号装置。

记住：寒冷的气候环境可能十分恶劣。要利用充分的时间考虑如何选择适合的生存装备。如果对从未使用过的装备没有把握，就要在“出发前夜”环境中测试一下，再继续下一步的冒险。一旦选好生存必备的装备后，要保证进入寒冷气候环境后不要遗失。

个人卫生

尽管在寒冷的天气中，洗澡有点不切实际，而且不舒服，但是你必须这么做。洗澡能够预防皮疹，而皮疹会引发更多严重问题。

在有些情况下，你可以洗雪浴。抓一把雪擦洗身体汗水容易积存的地方，如腋下、大腿根部等，然后擦干身体。如果条件允许，要每天洗脚，换上干净的袜子。每星期更换内衣至少两次。如果没有办法清洗内衣，可在脱下之后抖动几下，然后放在空气中晾一两个小时。

如果你使用别人曾使用过的避身所，应该每天晚上检查身体和衣服，看有没有虱子。如果衣服上发现了虱子，要用杀虫粉处理衣服。如果没有杀虫粉，可以将衣服挂在冷空气中，然后拍打、拂拭，这样会去掉虱子，不过无法去掉虱子的卵。

如果你要刮脸，就要在上床睡觉之前刮。这会使你的皮肤有在暴露于野外之前得到恢复的机会。

医疗方面

健康时，人体内部的中心温度（躯干温度）保持在37℃(98.6 ℉)，因为四肢和头部没有躯干周围那么多组织的保护，因此它们的温度会稍有不同，可能达不到中心温度。

人体有一个控制系统，能够自动反应、调节，使身体保持温度平衡。影响体温平衡有三个主要因素：产生热量、热量散失和蒸发。人体温度和环境温度之间的差别决定了热量产生的速度。不过，比之于产生热量，人体更容易散发热量，出汗能够帮助保持体温平衡。出汗散发热量的速度可以和用力产生热量的速度一样快。

颤抖使身体产生热量，同时也会导致疲劳，而后者反过来导致体温下降。身体周围空气的流动会使身体热量散失。人们注意到，一个人赤裸着站在 0℃（32 ℉）左右的静止空气中，只要他尽力颤抖，就能使热量保持平衡。但是一个人不可能永远颤抖下去。

人们还注意到，一个人在寒冷的环境中休息，只要将能穿的防寒衣服都穿上，也能在温度稍稍低于冰点的环境中保持身体热量的平衡。然而，要在任意长的时间内抵挡住寒冷，他就必须活动或颤抖。

冻　伤

对待疾病和伤痛最好的治疗方法就是预防。一旦伤病发生，要尽快治疗以免进一步恶化。

了解疾病的征兆和症状的知识以及团队互助的能力是保持健康的关键。以下介绍了一些可能发生的冻伤。

体温过低。体温过低是身体温度降低的速度远超过身体产生热量的速度。暴露于寒冷环境、突然掉进湖里或燃料以及其他液体喷射到身体上导致全身湿透等情况都能引起体温过低的发生。

最先出现的症状是颤抖。这种颤抖可以发展到无法控制的程度，并使照料患者的人无能为力。这种状况会出现在中心温度降低到大约 35.5℃（96 ℉）的时候。当中心温度降到 35 ~ 32℃

(95～90 ℉）时，思维迟缓、混乱以及对温暖的错觉就会出现。中心温度降到32～30℃（90～86 ℉）或者更低时，会导致肌肉僵硬、失去知觉以及大部分生命征兆的消失。如果降至25℃（77 ℉）以下，死亡几乎是不可避免的了。

要想医治低温症，就要使病人身体重新暖和起来。如果有可能，应将病人身体的躯干部分浸入37.7℃～43.3℃（100～110 ℉）的温水中。

警告：将病人整个身体放入温水中使之体温回升只能在医院里进行，因为这很可能会导致病人心跳停止或休克。

使病人体温回升最快的方法是温水灌肠法，即直接将温水灌入病人体内。然而，这在求生环境中也许不可能。另一个方法是将病人和另一个温暖的人一起裹在暖和的睡袋里，两个人都必须赤裸。

注意：如果一个健康的人在睡袋里与一个低温症患者待的时间过长，他也可能患上低温症。

如果病人是清醒的，可给他喝热糖水。最好给病人喝蜂蜜或葡萄糖，如果没有蜂蜜和葡萄糖，可以用糖、可可粉或类似的可溶增甜剂。

警告：不要强迫没有知觉的病人喝水。

治疗低温症时，有两个危险：体温回升太快和体温回落。体温回升太快会使病人血液循环出现问题，最终导致心脏衰竭。体温回落是指病人从温水中出来后体温急剧下降，发生这种情况是由于病人体温回升之后，血液开始重新循环，四肢里面停滞的血液又回到了躯干部分，从而导致体温再次下降。应使身体躯干部分变暖，并刺激外围的血液循环以减少体温回落的影响。如果可能，应将病人的躯干部分放入热水中，这是最好的治疗措施。

冻伤。冻伤是由于组织冻僵而造成的伤害。轻度冻伤只涉及皮肤，冻伤的皮肤灰暗，略呈白色。深度冻伤会延伸至皮肤以下的组织，组织变硬、变僵。脚、手以及暴露在外的脸部特别容易冻伤。

如果你和其他人在一起，防止冻伤的最好办法是互助。要经常检查同伴的脸，也要让同伴经常检查你的脸。如果你孤身一人，应不时用戴着手套的手捂住鼻子和脸的下半部分。

当天气极其寒冷或你的衣服不足时，下面几点忠告有助于你保暖并防止冻伤：

- 脸部。通过做“鬼脸”来保持血液循环。用双手暖脸。
- 耳朵。揉搓、拉扯耳朵。用双手暖耳朵。
- 双手。在手套中活动双手。把手贴近身体取暖。
- 双脚。活动双脚并在靴子里活动脚趾。

如果手脚失去知觉，表明你已经患了冻伤。如果失去知觉的时间还不长，那么冻伤可能是轻度的，否则，就要假定冻伤是深度冻伤。要从轻度冻伤中恢复过来，可以用双手或手套捂住脸和耳朵。可把双手放到腋窝下取暖。把双脚挨到同伴的肚子上取暖。冻伤解冻之后又重新冻结会导致更严重损伤，没有经过专门医疗训练的人无法处理。图 15-2 列出了处理冻伤时应该采取的措施和不能采取的措施。

要	不要
经常检查是否有冻伤	不要用雪擦受伤处
使轻度冻伤的地方暖和起来	不要喝含酒精的饮料
保护受伤的地方，使它不要重新受冻	不要抽烟
	如果没有专业的医疗护理，不要试图解冻深度冻伤

图 15–2　处理冻伤该做和不该做的

战壕足病和足浸病。这种病是由于在冰点气温下，长时间——数小时甚至数天——暴露于潮湿的环境中引起的。这种病发生之后，脚部会变得冰冷、肿胀，并且外表呈现蜡状，行走困难，双脚感觉沉重、麻木。神经和肌肉是主要受损的地方，不过也可能会生坏疽，严重时，肌肉会坏死，最后可能不得不将整个脚或腿切除。防止这种病最好的方法是保持双脚干爽。带上备用的袜子，用防水的包装包好。湿袜子可以放在身上（后背或前胸）慢慢焐干。要每天洗脚，并换上干袜子。

脱水。在寒冷的天气中，裹着厚厚的衣服，你可能意识不到你体内的水分正在流失，因为你厚重的衣服吸收了水分，这些水分最后蒸发到空气中。你必须饮水补充流失的水分。在寒冷的天气中，你对水的需要跟在温暖气候下是一样的（见第 217 ~ 219 页）。检查你是否脱水的方法之一是检查尿液在雪上的颜色。如果尿液使雪呈深黄色，那你已经开始脱水，需要补充水分了。如果雪是浅黄色或者无色，那么你体内水分处于正常平衡状态。

低温多尿症。暴露于寒冷的天气中，排尿会增加，这也会减少你体内的水分，必须及时补充水分。

日光灼伤。暴露在外的皮肤即使大气温度在冰点之下也可能会被日光晒伤。阳光照射在雪、冰和水上，光线会从各个角度反射到敏感的皮肤上：嘴唇、鼻孔以及眼皮。在高海拔地区暴露于阳光之下比在低海拔地区更容易引起晒伤。当你暴露在阳光中时，要用防晒霜或唇膏涂抹在脸上。

雪盲。阳光照在雪地上反射的紫外线会造成这种状况。雪盲的症状表现为感觉眼里有沙子、眼睛疼痛，从而使眼球运动加剧、眼睛发红、流泪、头痛等，这些症状随着继续暴露于阳光之下而不断加剧。长时间暴露于这样的光线之下会导致永久性眼睛损伤。治疗雪盲时，要用纱布把眼睛包好，直到症状消失。

你也可以戴上太阳镜来预防雪盲，如果没有太阳镜，可以临时做一副：在纸板、木头、树皮或其他可用材料上切两道裂缝（图 15-3）。在下眼睑上涂上煤灰也能够帮助减弱强光的照射。

便秘。需要时就立即排便是非常重要的。不要因为天气寒冷就不排便。因为寒冷而推迟排便，吃脱水的食物、饮水太少、不规律的饮食习惯等，都可能引起便秘。尽管便秘不会影响你的正常功能，但是还是会让你不舒服。应增加液体的摄入，要在每天至少摄入 2 ~ 3 升水的基础上至少再增加 2 升，如果可能，多吃水果及其他有助于通便的食物。

昆虫叮咬。昆虫叮咬处会因为经常抓挠而受到感染。苍蝇会携带多种致病细菌。可用驱虫剂、蚊帐以及穿适当衣服来防止昆虫叮咬。昆虫叮咬可见第 180 ~ 182 页，治疗方法见第 43 ~ 47 页。

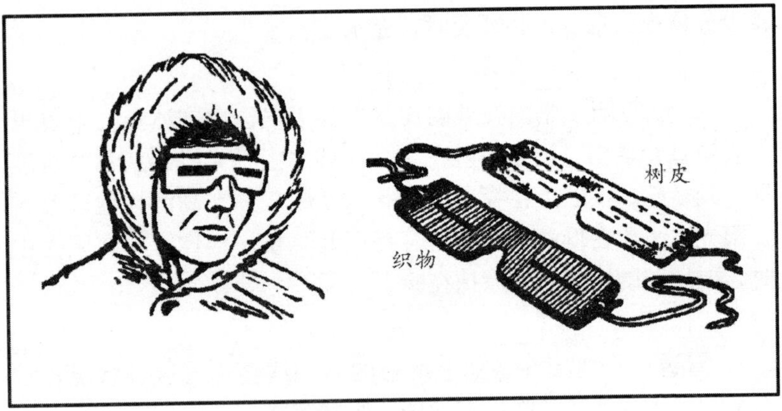

图 15-3　临时做的太阳镜

避身所

你所处的环境和携带的装备决定了你需要搭建的避身所的类型。你可在森林地带、开阔地和荒原建造避身所。森林地带是建造避身所的最佳地点，而在荒原中只有雪可以作为建造材料。森林地带有树木可作为建避身所的材料，有木头可以生火、躲避侦查、抗风。

注意：在极冷的天气中，不要使用金属——例如飞机机身——来做避身之所。金属会将你产生的那么一点点热量导出避身所之外。

用冰或雪建造避身所通常需要雪斧或锯之类的工具。你还必须花很多时间和精力。一定要使封闭的避身所通风，特别是当你打算在里面生火的时候。如果有可能，就要把避身所的入口封上——可以用背包或雪块——以保存热量并防止风刮进来。避身所不需要太大，以减少需要加热的空间。在寒冷地区建造避身所的一个致命错误就是避身所建得太大，以至于它从人体吸走的热量大于其帮助人体保存的热量。

永远不要直接睡在地上。铺上一些粗大的松树枝、草或其他隔热材料，以防止地面吸走你身体的热量。

睡觉之前切记要熄灭炉子或灯。在不通风的避身所里燃着的火会造成一氧化碳中毒。一氧化碳非常危险，它无色无味。只要有明火，就会产生一氧化碳。要检查通风装置。即使在通风的避身所里，不完全燃烧也会导致一氧化碳中毒。一氧化碳中毒通常没有症状，你会毫无预兆地昏迷和死亡。不过，有时可能会伴随以下症状：觉得太阳穴上有压力、眼睛有灼烧的感觉、头痛、脉搏猛烈跳动、困倦或者恶心。可以观察得到的一氧化碳中毒的一个征兆是双唇、嘴和内眼皮出现樱桃红色。一旦发现以上任何一项症状，应赶紧到外面呼吸新鲜空气。

你可以快速建造或使用几种战地临时避身所。很多人利用雪进行保暖。

雪洞避身所。由于雪的保暖特性，使雪洞（图 15-4）成为最有效的住处。记住：建造雪洞很费时间，并且，在建造过程中有可能把自己弄湿。首先，找到一个可以向里挖 3 米（10 英尺）的雪堆。在建造这种避身所的时候，把顶部做成拱形以增加强度并且使融化的雪水可以顺着侧边流下来。睡觉的平台要比出入口高。睡觉的平台要与雪洞的墙离开一定距离，或者在睡觉的平台和墙之间挖一条小沟。这个平台可以防止融化的雪弄湿你的身体和装备。如果雪洞里有很好的热源，这样的构造尤其重要。要确保洞顶有一定的高度，使你可以坐在睡觉的平台上。用雪块或其他材料将洞口堵住，洞口附近较低的地方可以用来做饭。墙和洞顶至少要 30 厘米（1 英尺）厚。安装一个通风杆。如果没有足够大的雪堆来建造雪洞，你可以自己堆一个大雪堆，然后在雪堆上掏个雪洞出来。

雪沟避身所。这种避身所（图 15-4）的理念就是让你处于雪和风吹来的平面以下，并利用雪的保暖特性。如果你所在的地点雪很结实，可以切割下雪块，并用这些雪块做避身所的顶盖。如果雪不是很实，可以使用雨衣或其他材料。只修一个入口，用雪堆或背包做门。

雪块和降落伞避身所。用雪块做避身所的四壁，降落伞做顶（图 15-4）。如果雪下得很大，你必须定时清除顶上的雪以防止降落伞被压塌。

雪房或圆顶雪屋。在某些地方，当地居民经常用这种避身所（图 15-4）当作打猎或捕鱼时的避身所。这种避身所很有效，但需要一些实际经验才能做得好。另外，你所在的地方必须适合于切割雪块，而且要有切割雪块的工具（雪锯或刀）。

单坡屋顶的避身所。建造这样的避身所和在其他环境中建造避身所一样。只不过需要在四周堆雪进行保暖（图 15-5）。

断树避身所。建造这种避身所首先需要找到一棵断树并将下面的雪挖出来（图 15-6）。树底下的雪不会很厚。如果你必须把树枝砍掉，可以用它们来码成地板。

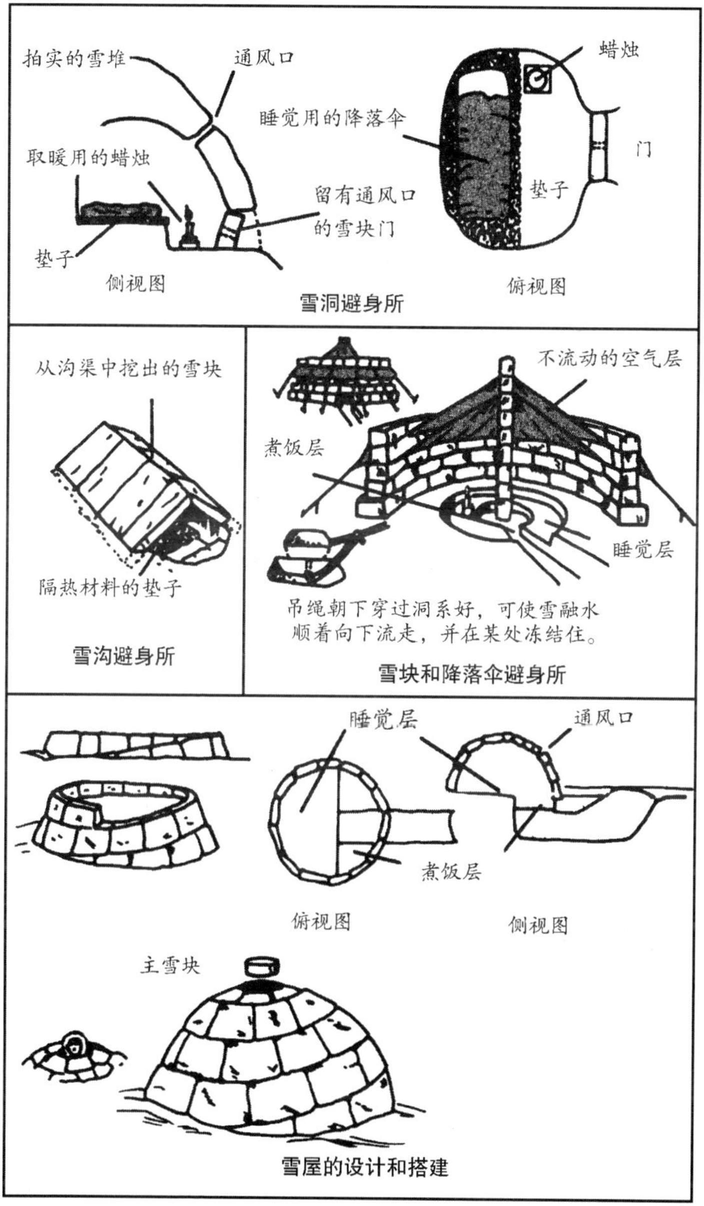
拍实的雪堆
通风口
取暖用的蜡烛
留有通风口
的雪块门
垫子
侧视图
蜡烛
睡觉用的降落伞
门
垫子
俯视图
雪洞避身所
从沟渠中挖出的雪块
隔热材料的垫子
雪沟避身所
不流动的空气层
煮饭层
睡觉层
吊绳朝下穿过洞系好，可使雪融水
顺着向下流走，并在某处冻结住。
雪块和降落伞避身所
睡觉层
通风口
煮饭层
俯视图
侧视图
主雪块
雪屋的设计和搭建

图 15-4　雪避身所

图 15-5　利用天然材料搭建的单坡屋顶避身所

图 15-6　断树避身所

雪地树坑避身所。选一棵合适的树，将树下的雪挖出来。最多挖到地面。砍下一些树枝搭在树坑上。用一个薄单作盖，防止雪从树上掉下来落进避身所。如果建造得法，你可以拥有 360°

的全方位视野（见第 78 页，图 5-12）。

20 人救生筏。这种救生筏是美国空军飞机上的标准水上救生筏。你可以用它来做避身所。不要让头顶的保护层上积起太多雪。如果把求生筏放在开阔地，它还可以成为飞机能够看到的很好的求生信号。

火

火在寒冷的天气中尤为重要。它不仅可以烹制食物，还可以取暖，还可以融化冰雪以获得水。火还可以增加你的安全感，从而为你提供重要的心理激励。

可用第 7 章里介绍的方法生火。如果你在敌占区，要记住，火发出的烟雾、气味和火光可能会暴露你的行踪，而周围的树木、岩石反射的间接光也是一个危险。在寒冷、无风的天气中，烟雾会笔直上升，在白天像烽火一样明显，但在晚上能够帮助掩盖气味。在较暖的天气中，尤其在树木繁多的地区，烟雾多贴近地面，白天不容易被发现，但会使气味扩散。

如果你在敌方区域，应砍那些生长较低的树枝当木柴用，不要砍倒整棵树。倒地的树木在空中很容易被发现。

所有的树木都可以燃烧，但是有些树木燃烧时会释放出更多的烟雾，例如松柏科树木，它们含有树脂和柏油，比起落叶树木，它们燃烧时会释放出更多、更浓的烟雾。

极地的高山地区基本上没有什么材料可以用来当木柴，你也许会找到一些草和苔藓，但是非常少。海拔越低，可用的薪材就越多。在林木线以上，你也许能找到一些灌木柳和矮小的云杉。

在海冰上，几乎没有任何薪材。在极地或亚极地区域或荒凉的海岸上，漂流木或动物脂肪可能是能找到的唯一燃料。

在林木线之内，丰富的薪材如下：

- 内陆地区云杉很常见。云杉是松柏科树木，在春季和夏季燃烧时会释放出大量烟雾，但是在深秋和冬天，云杉燃烧时几乎没有烟雾。
- 美洲落叶松也是松柏科树木，它是松木科中唯一一种秋季落叶的树木，针叶落光后，看上去很像枯死的云杉，但是在它光秃秃的树枝上有很多疙瘩似的芽和松果。燃烧时，它会释放出大量烟雾，因此是很好的发信号方法。
- 桦树是落叶树木，燃烧起来很快，火势很猛，就像浸过石油或汽油似的。大多数桦树生长在河边或湖边，但是在远离水域的较高地区也会偶尔发现一些桦树。
- 极地的柳树和杞木通常生长在湿地或湖泊、溪流附近。这些树木燃烧得又快又猛，没有多少烟雾。

干的苔藓、草以及灌木柳是其他可以当作薪材的材料，在冻原地区（开阔的、没有树木的平原）的溪流边常常有很多。把草或其他矮小植物捆成一束或拧成一束，这样它们会烧得比较慢，可以提供更多热量。

如果废弃的汽车或坠毁的飞机上有燃料或燃油，可以拿来利用。将这些燃料储备在油箱里，在需要时取出一点使用。在严寒的天气里，燃油会冻结，因此如果没有爆炸的危险，要趁它们还没有冻结之前从车辆或飞机中汲取出来。如果没有容器装载，就让燃油流在雪地或冰上，需要时挖出使用。

警告： 在温度极低的情况下，不要让裸露的皮肤接触到石油、油或润滑油，它们的液体状态具有欺骗性，因为它们能够导致冻伤。

一些塑料产品，如速食食品中的汤匙、防护帽帽檐、防护罩，还有泡沫橡胶，很容易被一根燃着的火柴点着，并且可以持续燃烧足够的时间来帮助生火。例如，一把塑料汤匙可以燃烧十分钟之久。

在寒冷地区，无论是使用火来取暖还是煮饭都会产生一些危险。例如——

- 火燃烧时会不知不觉侵蚀周围物体的表面，因此生火时不要离避身所太近。
- 在雪地避身所里，过多的热量会融化你用于伪装的冰雪层。
- 避身所里面的火堆如果没有充分的通风换气会导致一氧化碳中毒。
- 取暖或烘干衣服时，如果不小心会烧着或烤焦衣服和装备。
- 过多热量导致雪的融化，会打湿你或你的装备，还可能浇灭你生的火。

一般来说，如果要做饭，一小堆火和一个炉子就足够了。在极地地区，霍伯炉特别适用。用一个马口铁罐头盒就很容易做一个这样的炉子，还可以保存燃料。一堆热炭是做饭最好的加热方式。交叉放置薪材的火堆产生的炭能够均匀释放热量。把木柴交叉放置就可以生一堆这样的火。一个支撑在叉状树枝上的简单吊架也可以用来煮饭，将炊具吊在上面，悬在火堆上面。

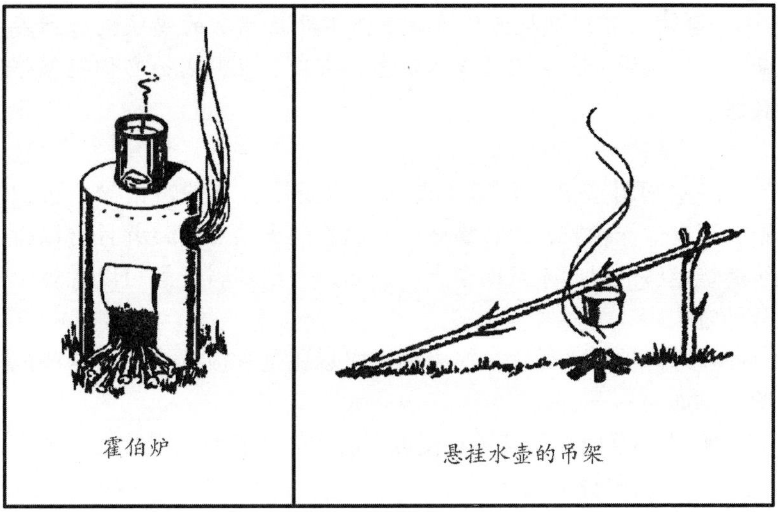

图 15-7　做饭的火和炉子

为了加热，在封闭的避身所里，一根蜡烛也能产生足够的热量。对于在敌方区域的人来说，手掌大的火是比较理想的，它需要的燃料很少，但是能够产生相当的热量，而且足够热，可以加热液体。

饮用水

在极地和亚极地地区，有多种途径可以获得水。你的位置和当时的季节决定你应从何处获得水，以及如何获得水。

由于气候和环境的状况，极地和亚极地地区的水源要比其他地区的水卫生得多。但是，在饮水前，你还是**应该**先将水净化一下。在夏季，最好的水源是淡水湖泊、小溪、池塘、河流以及泉水。池塘或湖里的水可能会稍微有点污浊，但是依然可以使用。小溪、河流以及冒泡的泉眼里的活水通常都是干净的，可以饮用。

夏季，在冻原地区发现的呈棕色表面的水也是很好的水源，不过净化前，你可能需要先过滤一下。

可以将淡水结成的冰雪融化成水。但是在饮用前，一定要将它们完全融化。冰雪在嘴里融化会吸收体内热量，并且可能会导致体内因寒冷而受伤。如果是在海里的大片浮冰上或其附近，你可以将陈年海冰融化成水。时间长的海冰会失去盐分。你可以通过其圆角和浅蓝的颜色确认出这种海冰。

你可以用体温来融化雪。将雪放在水袋里，然后将袋子放在几层衣服之间，融化过程比较慢，但是你可以在行进时或者没有火时使用这种方法。

注意：如果有其他可饮用水水源，不要浪费燃料来融化冰雪。

如果有冰，融化冰比融化雪更好，一杯冰融化后获得的水比一杯雪融化所得的水多，而且冰融化得比雪快。你可以把水袋、即食食品罐或者临时做的容器放在火边来融化冰雪。先放少量的冰雪在容器里，等它融成水之后，再往里面添加冰雪。

另一个融化冰雪的方法是将冰雪放在一个多孔渗水材料的袋子里，然后将袋子悬挂在火边，袋子下面放一个容器接水。

在寒冷的天气中，睡觉前不要喝太多水。半夜从温暖的睡袋里爬出来去解手，意味着减少了休息时间，增加了暴露于寒冷中的时间。

一旦得到了水，就要把它带在身边以防止其再结冰。而且，不要把水罐装满水，水的晃动有助于防止结冰。

食　物

极地和亚极地地区有几种食物来源。食物的种类——鱼类、动物、禽鸟或植物——以及获得食物的难易程度取决于季节和你的位置。

鱼类。夏季，很容易从海岸边、小溪里、河里或湖里抓到鱼类以及其他水生动物。可用第 119 ~ 122 页和第 142 ~ 150 页介绍的方法捕捉。

北大西洋和北太平洋海岸的水域里水产丰富。你很容易就能找到小龙虾、蜗牛、蛤、牡蛎和螃蟹等水生动物。在高潮水位和低潮水位差别很大的地区，低潮时，你很容易发现贝类。可以在潮水退后形成的平坦沙地上挖掘，在退潮形成的水洼以及近岸的礁石上寻找。在高潮水位和低潮水位差别不大的地区，暴风雨造成的海浪也经常将贝类冲到海滩上。

生活在阿留申群岛以及阿拉斯加南部海域的多刺海胆的卵是非常美味的食物。可在潮水形成的水洼里找寻海胆。把它放在两块石头之间，挤碎它的壳。海胆的卵是鲜黄色的。

多数北方鱼类和鱼卵都是可食的，除了北极鲨鱼以及杜父鱼卵。

双壳类动物——如蛤蜊、贻贝等，通常比螺旋型壳类动物——如蜗牛——要美味。

海参也是可食用的海洋动物。在它体内有五条长长的白色肌肉，吃起来味道跟蛤蜊肉差不多。

警告：黑贻贝是北方一种常见的软体动物，在任何季节都可能含有剧毒。有时在贻贝组织里发现的毒素跟马钱子碱一样危险。

在初夏，胡瓜鱼会在海边的浪花里产卵，有时你可以用手将它们捞上来。

仲夏季节，你还经常能从海草上发现鲱鱼卵。巨藻是一种长长的带状海草，它以及其他生长在近岸岩石上的小一点的海草也是可以食用的。

海洋冰上动物。几乎所有的北极海岸地区都能发现北极熊，但是在内陆地区基本上见不到。如果可能，要尽量避开北极熊，它们是所有熊类动物中最危险的。它们是不知疲倦的、聪明的捕猎者，有极好的视力和特别敏锐的嗅觉。如果你必须杀死一头熊来做食物，接近它时要特别小心，射击时要瞄准它的脑袋，子弹射在其他地方几乎杀不死它。熊肉在吃之前一定要烹熟。

警告：不要吃北极熊的肝，因为它含有大量有毒的高浓度维生素 A。

无耳海豹的肉也是美味之一。不过，接近一头无耳海豹并杀死它需要相当的技巧。春天，海豹经常躺在它们呼吸用的冰洞附近的冰面上，每隔 30 秒会抬头查看是否有它们的敌人——北极熊出现。

可以用爱斯基摩人的方法接近海豹：趁海豹睡觉时，从其下风方向慢慢向它接近，如果海豹动了，应立刻停止前进，像它一样平躺在冰面上，不停抬头低头，并且微微扭动身体。要侧着身体接近海豹，手臂贴紧身体，尽量使自己看上去像另一头海豹。海豹透气的冰洞边缘很滑，并且朝里倾斜，海豹只要稍一动就能滑进水里。因此，要尽量接近海豹到 22 ~ 45 米（73 ~ 148 英尺）以内，并且要迅速杀死它（瞄准头部）。要设法在海豹滑进水里之前捕捉到它。冬天，死海豹通常漂在水面上，但要把它拖到冰面上来很困难。

如果你有擦伤或皮肤损伤，不要让海豹脂肪和皮肤碰到你的伤口，因为你可能因此患上所谓的“肥手指”，你的手指会肿胀得非常厉害。

记住，有海豹的地方通常就有北极熊，北极熊是众所周知的海豹杀手。

在亚北极的南部地区有树木生长，能发现豪猪。豪猪以树皮为食，所以，如果你发现被剥得光秃秃的树枝，那么你很可能会在这里发现豪猪。

雷鸟、猫头鹰、加拿大樫鸟、松鸡以及大乌鸦是极地地区冬季仅有的鸟类，它们在林木线以北非常稀少。雷鸟、猫头鹰与其他野禽一样美味。大乌鸦太瘦了，不太值得费劲去捕捉它们。雷鸟会根据环境改变颜色，这使它们很难被发现。石雷鸟总是成双成对地出现，很容易接近。柳雷鸟生活在河边低地的柳树丛中，它们总是群聚在一起，很容易捕捉。夏季，所有的极地鸟类都有 2 ~ 3 个星期的脱毛阶段，这个阶段的鸟类不怕人，很容易捕捉。可用第 123 ~ 125 页和第 132 ~ 133 页介绍的方法捕捉。

要趁猎物还温暖时将它们剥皮、屠宰（见第 152 ~ 154 页）。如果你没有时间给动物剥皮，贮存前至少要去除猎物的内脏、味腺和生殖器。如果时间允许，应将其肉割成一片一片的，并分别冷冻，需要时就取出一片。应将所有动物的脂肪都留下，除了海豹的脂肪。冬天，猎物在室外会很快冻硬。夏天时，你可以把动物贮存在地下的冰洞里。

植物。尽管冻原地区在暖和的季节有很多植物生长，不过比之温暖气候中的植物，这里的植物都很矮小。例如，极地柳树和桦树与其说是树，不如说是灌木。附录 F 中有极地和亚极地地区的植物性食物介绍。

有些极地植物吃了以后可能会中毒（附录 G），应只选择那些你知道可以食用的植物，如果不确定，要用第 164 页图 9-5 的可食性检验法。

行　进

在极地或亚极地地区，你会遇到很多障碍。你的位置和当时的季节决定了你会遇到何种障碍及其危险。你应该——

- 避免在暴风雪中行进。
- 穿越薄冰层时要小心，应平卧在冰面上匍匐前进，以分散你对冰面的压力。
- 过河时，要等到溪流水位最低时再过。正常的结冰、解冻可能会使水位在一天中相差 2～2.5 米（7～8 英尺）。这种水位变化会发生在一天中的任何时刻，取决于河流到冰川的距离、温度以及地形。在溪流边选择扎营地点时也要考虑到水位的变化。
- 要考虑到极地清澈的空气。它会影响你对距离的估计，你往往会低估距离，而不是高估距离。
- 尽量避免在“乳白天空”的环境下行进。在颜色失去对比的情况下，你无法对天然地形做出判断。

- 过雪桥时，只有和其跨越的障碍呈直角的雪桥你才可以通过。要用棍子或雪斧找出雪桥上最结实的部分。为了分散重量，你可以爬过去，或者穿上雪鞋或滑雪板。
- 要尽早扎营，以保证你有足够的时间搭建好避身所。
- 要考虑把结冰或未结冰的河作为行军的通道。然而，某些看上去结冰的河可能有冰层很软、未结冰的地方，使得通行很困难，或者无法在上面行走、滑冰或乘雪橇。
- 在有厚厚积雪覆盖的地区行走时要穿上雪鞋。30 厘米（12 英寸）或更厚的积雪会使行走非常困难。如果你没有雪鞋，可以用柳树、布条、皮革或其他适合的材料自己做一双。

没有雪鞋或滑雪板，在厚厚的雪地上行走几乎是不可能的。而且雪地上留下的深陷的足迹会给所有追踪者提供极好的线索。如果你必须在厚厚的积雪中行进，就要避开积雪覆盖的河流。厚厚的积雪具有隔热的效果，可能会阻止雪下的水面结冰。如果是在有山的地区，要避开那些可能发生雪崩的地方。在有雪崩危险的地区，应选择在凌晨行进。在山脊上，雪会在背风的一面积聚起来，形成垂悬的雪堆，称为雪檐。雪檐经常会延伸出山脊很远，如果踩在上面，可能会断开。

天气征候

在大多数情况下，你都能够确定天气对基本生存需要的影响。有很多不错的方法可以预测天气的变化，如下：

风。你可以将几片树叶或草扔到空中，或者观察树顶来辨别风向。辨明了风向之后，你就可以预测即将到来的是什么天气情况。迅速移动的风表明大气层不稳定，说明天气很可能要变化。

云。云有各种不同的形状和样式。对云及其所表明的大气状况知识的了解，有助于你预测天气。附录 H 对云的形成有更详细的解释。

烟。上升的烟柱又细又直说明天气晴朗，如果烟柱很低，或者水平运动，说明暴风雨即将来临。

鸟类和昆虫。在沉重、潮湿的空气中，鸟类和昆虫飞得要比平常低，这表明很可能会下雨。暴风雨来临前，大多数昆虫的活动会变得频繁，但是蜜蜂却是在天气晴朗之前变得忙碌起来。

低气压锋 。风速缓慢，甚至察觉不到，空气沉重、潮湿，这些都表示了低气压锋。出现低气压锋，天气一定会变糟，并且可能会持续好几天。你可以“闻到”和“听到”低气压：滞缓、潮湿的空气使得荒野的味道比高压时要明显得多。另外，比之高气压，在低气压下的声音会更加清晰，传得更远。

第16章

海上生存

海上生存可能是最困难的生存状况。不论时间的长短，海上生存都取决于你的给养、装备和足智多谋。你必须随机应变。

地球表面大约有75%的面积被水覆盖，而其中70%左右是海洋。你可以假定，某一天你会穿过茫茫水域。而且总是存在这样的可能性：你所乘坐的飞机或船只因风暴、碰撞、失火或战争失事。

远海

作为在远海求生的人来说，你将面对的是海浪和风。你可能会碰到极端的寒冷或酷暑。为了防止这些环境威胁演变成严重的问题，要尽快采取预防措施。要利用一切可以获得的资源来保护自己免受这些因素以及酷热或严寒和极度潮湿的影响。

保护自己免受这些因素的影响只是满足了你的基本需要之一。你还必须能够获得食物和水。满足这些基本需求有助于预防出现严重的身体和心理问题。然而，你还必须了解如何对付可能出现的健康问题。

预防措施。在海上生存取决于——

- 对求生装备的了解和使用能力。
- 对付遇到的危险的特殊技术和能力。
- 求生意志。

当你登上船只或飞机之后，应找出有哪些生存装备，放在哪儿，以及其组成部分。例如，有多少救生用具、救生艇或救生筏？它们放在哪儿？它们都包括了哪种生存装备？它们装载了多少水、食物以及药品？可以承载多少人？并且，如果你还需要对其他人负责，你必须知道他们在哪儿，以及确保让他们知道你在哪儿。

落入海中。如果你乘坐的飞机落入海中，要按照以下步骤行动。无论你是在水里，还是在救生筏上，你应当——

- 要尽快离开飞机，到它上风的位置，但要停留在附近水域，直到飞机沉下去。
- 离开燃油覆盖的水面，以防燃油着火。
- 尽力寻找其他幸存者。

救援搜寻通常会在失事的地区及附近地区进行。失踪人员可能失去了知觉在水面以下漂浮着。图 16-1 说明了三种救援程序。

水上救援的最好技巧就是扔给受困者一个系在绳子上的救生工具（A）。另一个方法是从筏子上派一名救生员，身上系一个漂浮装置来支撑他的体重（B）。这个装置可以使救生员在进行救援时保持体力。最后的选择就是派一名身上没有漂浮装置的救生员，把这名救生员系在绳子上让他把求救人员救回来（C）。在每一种情况下，救生员都要穿救生衣。认真准备可以预防救生员受伤。

图 16-1　海上救援

当救生员从后面接近遇险人员时，一般不会被遇险者踢、抓或拖住。救生员游到遇险者的正后方，抓住救生装置的后带，使用侧泳姿势将遇险者直接拖到救生筏上。

如果你是遇险者，要往救生筏游过去。如果没有救生筏，应努力找一块漂浮的飞机残片，攀附在上面，放松自己。知道如何放松自己的人在海水中几乎没有溺毙的危险。人体的天然浮力至少能够使头顶浮在水面上，不过还需要一些动作来使脸部浮出水面。

仰浮于水面所消耗的能量最少。背朝下平躺在水上，伸开四肢并弓起后背。通过控制呼吸，你的脸部将始终保持在水面之上，而且你甚至可以用这种姿势睡上一会儿。你的头部会部分浸在水中，但脸部会露在水面之上。如果你无法仰浮或海浪太大，就像图 16-2 表明的那样脸朝下浮在水里。

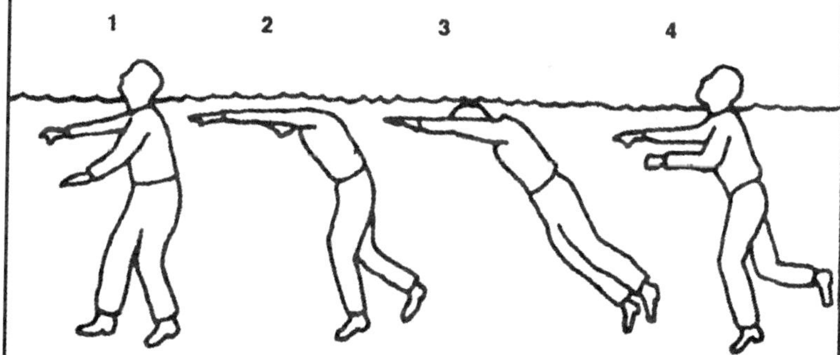

1. 头朝上浮在水中并深吸一口气。
2. 将脸埋进水中（闭着嘴），并将双臂向前伸，放在水面上。
3. 保持这种放松姿势，直到需要再吸气时。
4. 将头抬出水面，踩水并呼气。吸一口气，恢复到放松姿势。

图 16-2　漂浮姿势

在求生情况下，以下游泳姿势是最好的：

- 狗爬。如果你穿着衣服或者穿着救生背心，这种姿势是最好的，尽管速度慢，但是不需要太多力气。
- 蛙泳。这种姿势用于水下游泳，或者需要穿过水面的油层或残骸时，或者海浪很大时，应该采用这种姿势。对于长距离的游泳，蛙泳可能是最好的姿势，因为这种姿势能使游泳者保持体力，并且能保持合理的速度。
- 侧泳。这是很好的放松泳姿，因为只需要一只手臂来维持动力和浮力。
- 仰泳。这是极好的放松泳姿，在其他泳姿中需要运用的肌肉可以用这种泳姿来放松。如果有水下爆炸的可能，那么也要采用这种泳姿。

当你处在水面油层燃烧的水域时——

- 扔掉鞋和有浮力的救生背心。

注意： 如果有未充气的救生背心，要留着。

- 遮住鼻子、嘴巴和眼睛，立刻潜入水里。
- 浮出水面呼吸之前，在水下能游多远就尽量游多远。
- 在浮出水面呼吸之前，用你的双手把燃烧着的油层推离你想要浮出的地方。只有当一块区域没有正在燃烧的油层时，你才能浮出水面呼吸。在吸气之前，脸要朝向下风方向。
- 呼吸完之后，先将脚潜入水中，然后继续上面的步骤，直到远离火苗。

如果水面被油污染，但是没有着火，应将头部抬高，避免油进入眼睛，将救生用具系在手腕处，拿它当筏用。

如果你有救生装置就可以始终在水面漂浮。这种情况下，使用“热量溢出减少姿势（HELP）”的身体姿势（图16-3）。保持静止并采用这种胎儿姿势有助于你保持身体热量。通过头部丧失的热量会达到身体热量的50%。所以，要把头保持在水面以上。热量丧失很快的其他部位有脖子、肋骨和腹股沟。

如果你在救生筏中（参见第273页“登筏步骤”），要——

- 检查所有人的生理状况。如果需要，就实施急救。服用晕

图16-3 热量溢出减少姿势

船药，如果有的话。服用这种药片的最好方法是将其放到舌头下面让其溶解。对付晕船的药还有栓剂和注射液。不管是由于晕船还是其他原因造成呕吐，都会增加脱水的危险。

- 尽力打捞所有漂浮的装备——给养、罐头、热水壶以及其他容器；衣服、坐垫、降落伞，以及其他任何对你有用的东西。将打捞上来的东西放在救生筏里或固定在救生筏上。要确保这些东西没有尖利的边角，以免刺破救生筏。
- 如果有其他救生筏，应将救生筏系在一起，救生筏之间要相距 7.5 米（25 英尺）。如果看见飞机或听见飞机的声音，应将救生筏拉到一起。对于飞机上的援生人员来说，发现靠在一起的救生筏要比发现分散的救生筏容易得多。
- 记住，海上救生需要合作。要使用各种视觉信号和无线电信号设备发出信号并与救援者保持联系。例如，把一面旗帜或反光材料绑在桨上并尽量举高，以引起注意。
- 找到紧急无线电收发机，使之进入操作状态，其上有操作说明。只有当友好的飞机可能出现于该地区时才能使用紧急无线电收发机。
- 将其他信号装置准备好，使之可以随时发射。如果在敌占区域，要避免使用会惊动敌人的信号装置。然而，如果你处于致命的状态，为了生存，你或许不得不向敌人发出求救信号。
- 检查救生筏的充气情况，看有没有漏气或者可能会被磨坏的地方。确保主浮舱气体充足（很圆），但是不要像鼓一样绷紧（图 16-4）。定时检查救生筏的充气情况。热空气会膨胀，因此在炎热天气要放掉一些空气，如果天气很凉，应适当增加一点空气。

- 所有燃料都要从救生筏上清理出去。汽油会腐蚀救生筏的表面并毁坏其胶粘部位。
- 放下海锚，或者拖一个东西在救生筏上，例如水桶或者一卷衣服。海锚可以帮助你停留在逃生点附近，使得搜救人员更容易发现你。没有海锚，你的救生筏会在一天之内漂出超过 160 公里（96 英里），这会使搜救人员很难找到你。你可以通过调节海锚，使之成为降低顺流漂流速度的拖曳，也可以使之成为加快顺流漂流速度的手段。这可以通过打开或关闭海锚的顶部来做到。打开的时候（图 16-5），海锚就成了一个拖曳；关闭的时候，它就成了承受海流的一个口袋，能牵引救生筏沿海流方向前进。

还可以通过调整海锚，使得救生筏处于波峰的时候，海锚处于波谷（图 16-6）。

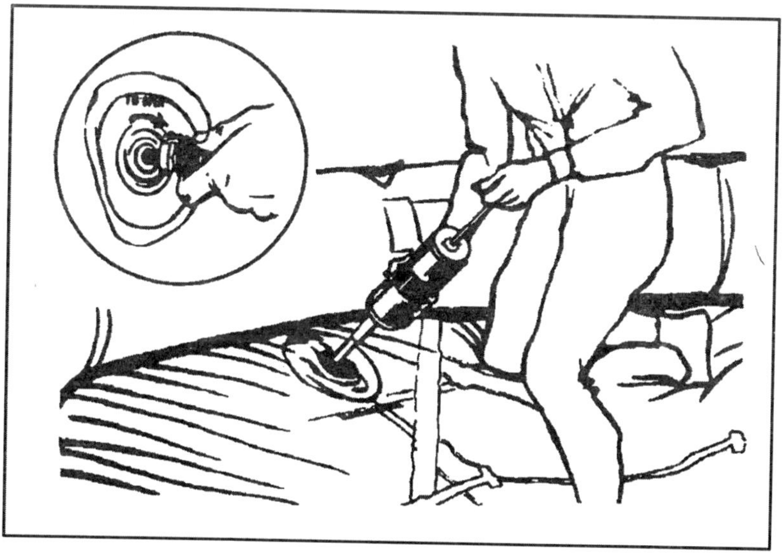

图 16-4 为救生筏充气

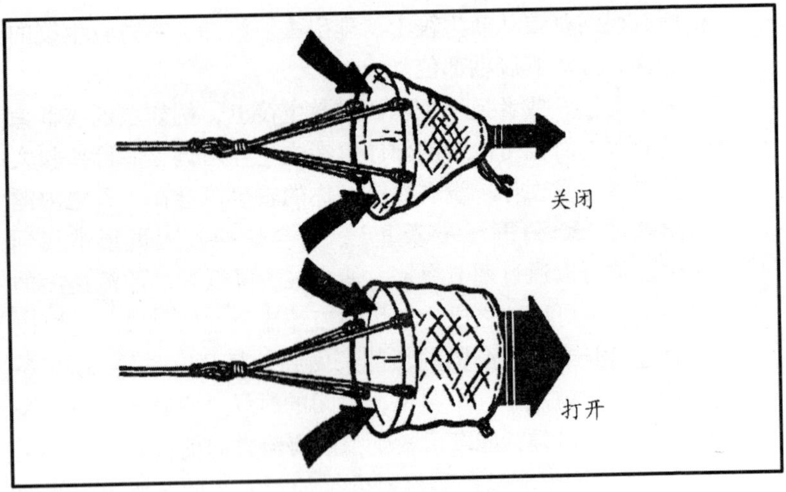

图 16-5　海锚

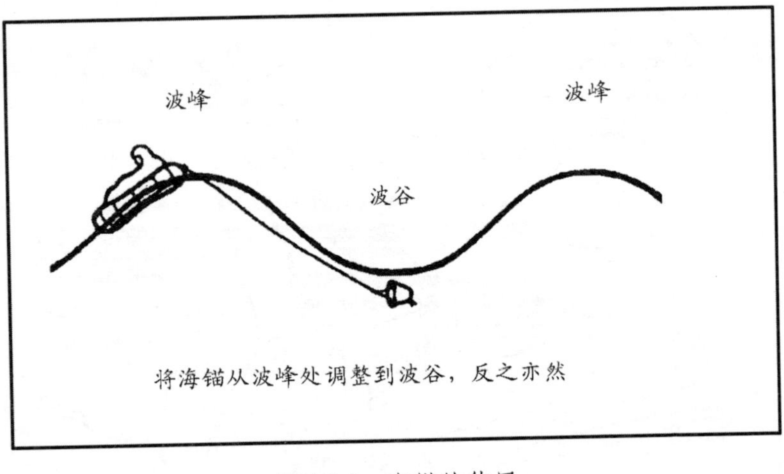

图 16-6　海锚的使用

- 要用布将拖锚的绳索包裹起来，以免磨坏救生筏。海锚还可以帮助保持救生筏头顺着海风和海浪。
- 在暴风雨天气中，应立刻装上天篷和风挡。在20座的救生筏里，要使天篷保持直立，尽可能使救生筏保持干爽。所有的人都要坐着，最重的人坐在中间。
- 要冷静考虑你的处境的各个方面，再决定你和你的同伴该采取什么措施生存下去。清点所有的装备、食物和水，检查可能会被海水损坏的防水物品，包括指南针、手表、六分仪、火柴和打火机。定量配给食物和水。
- 给每个人或每个小组分派任务，例如，水的收集人、食物的收集人、瞭望员、无线电操作员、信号员，以及汲出筏中积水的人员。

注意： 一个人瞭望的时间不能超过2小时。记住——并且要提醒其他人——协作是生存的关键之一。

- 记航行日志。记录导航系统的最后方位、弃船的时间、人员的姓名和身体状况、配给一览表，并记录风、天气、海浪的方向、日出日落的时间，以及其他航行数据。
- 如果你落入不友好地区的海域，要采取特别措施防止被敌人侦查到，最好不要在白天行动，应放下海锚，等待夜幕降临再划桨或升起帆，在救生筏里尽量使身体低平，将伪装服蓝色的一面穿在外面，在试图引起经过船只注意之前，一定要确定该船只是友好的或中立的。如果你被敌人发现，并即将被抓获，应立刻毁掉航行日志、无线电、导航设备、地图、信号装置以及枪炮。如果敌人开始用枪扫射，应立刻跳下救生筏并潜入水中。

- 决定要停留在一个位置，还是要去往哪里。问问自己："在出意外之前发出了多少信息？搜救人员知道你的位置吗？你知道自己的位置吗？天气状况适合搜救吗？其他船只或飞机有可能经过你现在的位置吗？食物和水能维持多少天？"

寒冷天气的考虑。如果是在寒冷的天气中——

- 穿上防寒服。如果没有防寒服，则尽量多穿衣服。保持衣服宽松、舒适。
- 小心不要让鞋或其他尖利的物体划破救生筏。将修补工具箱放在触手可及的地方。
- 装上风挡和天篷。
- 保持救生筏的里面干燥。用帆布或者衣服垫在下面隔温。
- 和其他人抱在一起以保持体温，要适当运动保持血液循环。将多余的油布、帆或者降落伞盖在队员身上。
- 如果有，将最好的配给给那些因为寒冷而不舒服的人。

在寒冷的水中，你面临的最大威胁是由于体温过低而致死。全世界海洋的平均水温只有11℃（51 ℉）。然而，不要被温暖的水域所愚弄——即使在27℃（80 ℉）的水中也会出现低温症。当你浸入冷水中时，由于湿衣服的隔热性很差，以及水替代了环绕在你身体周围的静止空气层，体温过低会很快发生。水中热交换的速度比同样温度下空气中的热交换速度大25倍。图16-7列出了人被浸入水中能够存活的时间。

在冷水中最好的保护措施是进入救生筏、别把自己弄湿，以及将自己的身体与寒冷的救生筏底相隔离。如果无法做到，穿一套防曝服会大大延长你存活的时间。记住，当温度低于19℃（66℉）时，要使头部和颈部保持在水面之上，并要隔离冷水的影响。穿上救生衣会延长你存活的时间和机会。

水温	时间
21.0～15.5℃（70～60℉）	12小时
15.5～10.0℃（60～50℉）	6小时
10.0～4.5℃（50～40℉）	1小时
4.5℃（40℉）	少于1小时
注意：穿一套防曝服可以将这些时间最多增加到24小时。	

图16-7　人浸在水中能够存活的时间

热天的考虑。如果是在炎热的天气中——

- 装上遮阳板或天篷。留足够的空间通风。
- 将所有能遮盖的皮肤都遮盖住，以免被阳光灼伤。如果有，要将防晒霜涂抹在所有裸露的皮肤上。眼皮、耳朵后面以及下颚下方的皮肤很容易被日光晒伤。

登筏步骤。美国陆军和空军装备目录中的大多数救生筏都可以满足个人保护、各种行进方式以及逃生和伪装的需要。

注意：在登上任何救生筏之前，都要带好你的救生衣并把它绑到你的身上或救生筏上。要确保你的衣服或装备上没有其他金属的或尖利的物品，以防止损坏救生筏。登上救生筏之后，再重新穿上救生衣。

无论使用哪一种救生筏，都要记住下面的五件事。如果你是第一批登筏的人，这是你首先要做的：

- 检查充气状况——所有充气舱是否已经充气，所有的充气阀是否已经关闭，平衡管的夹子（25 人、35 人和 46 人的筏子上配有）在完全充气后是否都已拧紧。

- 帮助他人登筏——把所有可能刺破救生筏的物品全部从兜里取出来，把漂浮装置放到后背上。使用正确的登筏技术；比如，7 人筏上的登筏环与 25 人、35 人和 46 人筏的登筏垫。
- 锚——确保海锚正确放置。25 人、35 人和 46 人筏上的海锚位于平衡管 180°的位置。
- 配件包——确定配件包的位置。它应该绑在二氧化碳瓶与登筏垫之间最靠近登筏垫的位置。
- 评估——评估形势并保持积极的心态。

单人筏。单人筏有一个主气囊。如果二氧化碳瓶出现故障或者筏漏气，你可以用嘴充气。

遮挡板用来遮挡寒冷、海风和水。在某些情况下，可以用来隔热。救生筏隔热的底部能够减少热传导，从而保护你免得低温症（图 16-8）。

你可以通过给救生筏充气或放气来利用风或海流，使你的航行效率更高。你可以用遮挡板做帆，同时用压舱桶来增加水的拉力。你可以用海锚来控制筏的速度和方向。

有些筏是经过改进，用于极其危险的战术的。这些筏的颜色与大海的颜色可融为一体。为了躲避敌人，你可以将这种筏作进一步改进，放掉一些气使其目标更小。

单人筏上有一条短绳把它与落在水中的伞兵（求生者）联在一起。你（求生者）落在水中后，要给筏充气。不要游向救生筏，而要用这条短绳把它拉向你。救生筏可能会被水打翻，但你可以靠近系瓶子的一侧并将救生筏翻过来。遮挡板必须在筏里，以露出登筏的把手。要按照前面的登筏步骤登筏（图 16-9）。

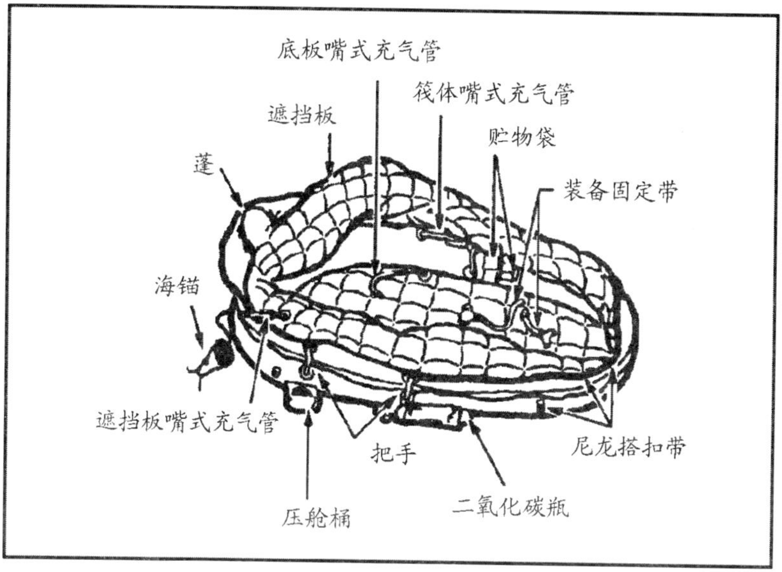

图 16-8　带遮挡板的单人筏

图 16-9　登单人筏

如果你的手臂有伤，最好的登筏方法是把后背朝向筏较小的一端，把筏压到屁股底下，向后躺。登筏的另一种方法是把筏子较小的一端往下压，直到你的膝盖进入筏子里，然后向前趴下（图 16-10）。

图 16-10　登单人筏的其他方法

在风大浪急的海上，对你比较容易的方法可能是抓住筏的较小一端，采取俯卧姿势，踢拉进筏里。当你面朝下躺在筏里时，把海锚打开并调整。为了坐起来，你可能不得不把一侧座位上的工具箱打开并翻滚到那一侧。然后，要调整遮挡板。单人筏有两种；改进型上有可充气的遮挡板和地板，可以提供额外的隔热性能。遮挡板可以帮你在寒冷的海洋上保持干燥和温暖，并在炎热的气候里帮你遮挡太阳（图 16-11）。

七人筏。一些多座飞机上配有 7 人筏，是生存工具箱中的一部分（图 16-12）。这种筏充气后可能会翻过来，需要你在登筏之前将它翻正。如果救生筏翻了，一定要从瓶子的一侧将它翻正，以免受伤。要面对风向，风可以在你翻救生筏的时候起到辅助作用。登筏时，要抓住筏内底上的把手（图 16-13）。

如果有人帮你抓住筏的另一侧，可以用登筏垫登筏。如果没人帮你，就要从有瓶子的一侧登筏，要顺着风向，以借助风力把筏放倒。要按照登筏步骤进行（见第 273 ~ 274 页）。然后，抓住桨架和登筏把手，踢腿，使身体向水俯卧，将自己踢拉进筏里。如果你身体虚弱或有伤，可以把筏放掉一些气，以使登筏更容易。(图 16-14)。

图16-11 带充气遮挡板的单人筏

利用手泵保持气舱的浮力和横座的坚实。永远不要过度充气。

25、35和46人筏。你可以在多座飞机上找到25、35或46

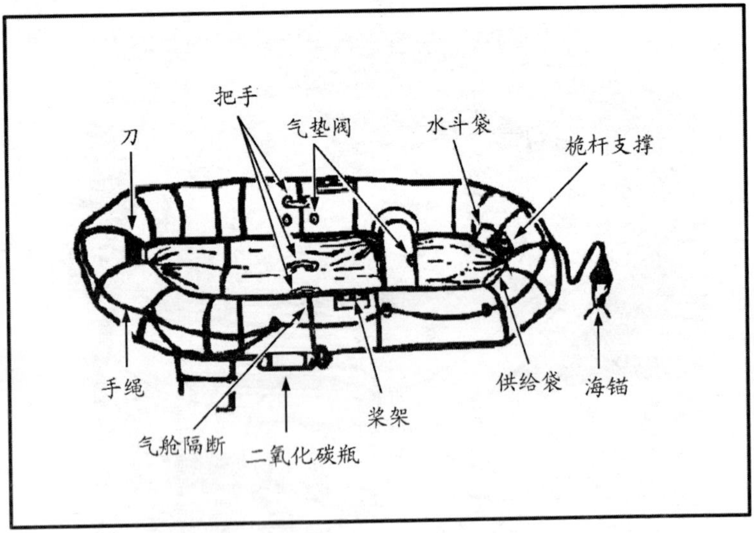

图 16-12　7 人筏

图 16-13　翻正救生筏的办法

图 16-14 登上 7 人筏的方法

人的救生筏（图 16-15）。20 人筏已经停止使用了。放置救生筏的筏仓在机身外面，通常是在机翼上沿着飞机左侧的上半部分。筏的空间足够装下飞机上的所有成员。如果机上人员超过了筏的最大空间，再将更多的筏通过中心线或棘刺捆扎到筏仓地板上。有一些可以在驾驶员座舱或货舱区进行自动安放，通常在机长位置附近，有的则需要手动安放。不论筏怎样落到水面上，都可以随时登筏。一段短绳把工具箱和筏连在一起，你可以用手找到这个工具箱。你必须用手泵对中心气舱进行人工充气。如果可能的话，就从飞机上登上 25、35 或 46 人救生筏。如果无法登上，采用如下方法：

- 靠近登筏垫较低的一端，按照筏外面印的箭头做。
- 取下救生衣，捆在身上，使其拖在你的身后。
- 抓住登筏扶手，踢双腿使身体向水面呈俯卧姿势；然后踢拉直到你进入筏里面。

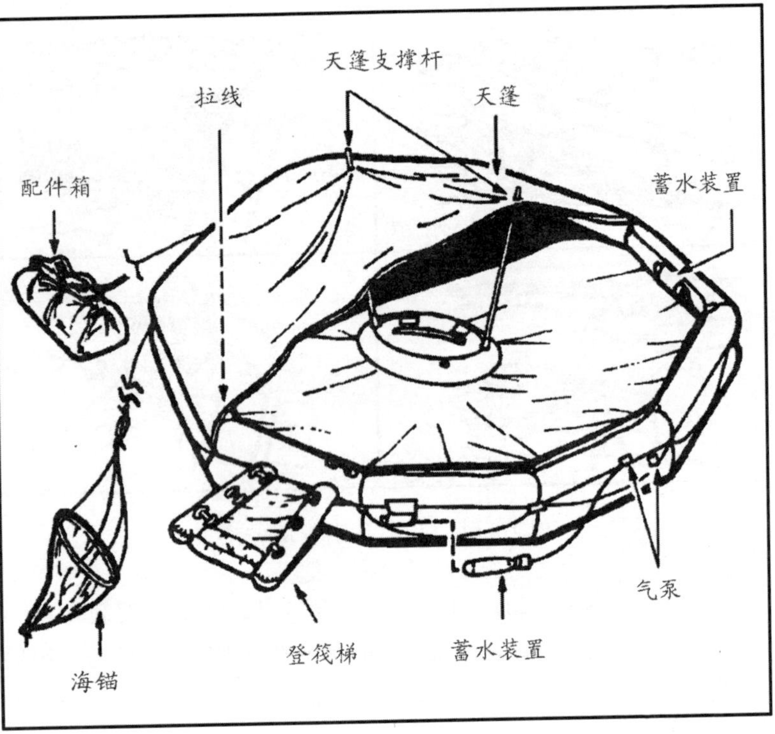

图 16-15　25 人筏

充气不足的筏更容易登上去。靠近筏的上下连接部位和登筏梯，抓住上面的登筏扶手，摆腿跨到筏上，就像上马那样的动作。

登筏后立即把平衡夹拧紧，以防筏体上有破口时整个筏跑气(图 16-16)。

利用泵给筏的气舱和中心环充足气。气舱和中心环应该很鼓，但又不能绷得太紧。中心环能使筏底不至于凹下去，并能使筏内人员的脚有所支撑，防止所有的人都滑向筏的中心。

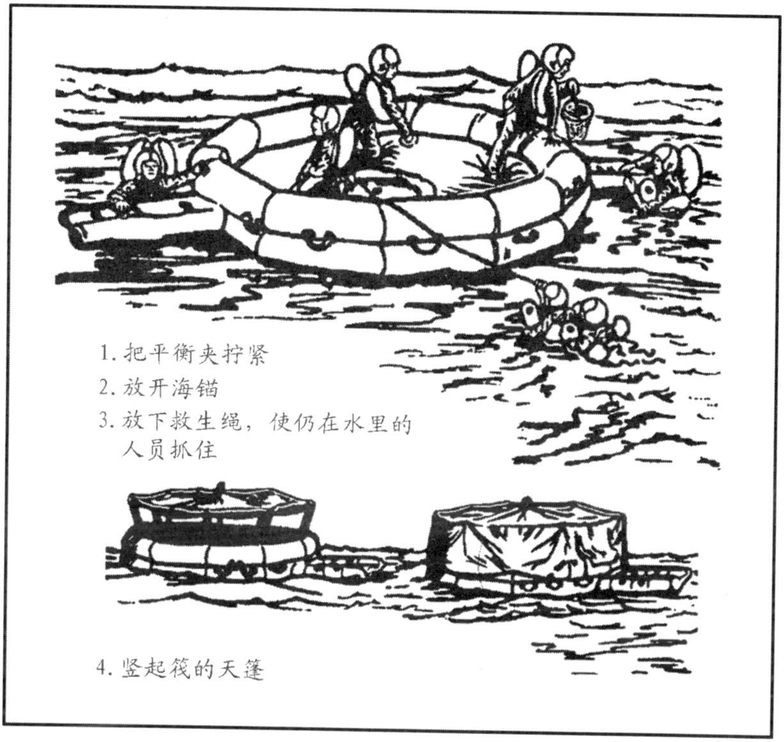

图 16-16　紧急行动——多座救生筏

筏的驾驶。筏没有龙骨，所以无法在风中驾驶。然而，任何一个人都可以在顺风的时候驾驶筏。你可以在与风向呈 10°角的方向成功地驾驶 7 人筏。除非已经靠近陆地，否则不要尝试驾驶筏。如果你决定驾驶而且风在向你的目的地的方向吹，就把筏的气充满，坐在高处，收起海锚，装上帆，并用桨作舵。

在 7 人筏子中，可用桨作桅杆和横木，在船头树起一个方形帆（图 16-17）。你可以用防水布或降落伞材料作帆。如果筏上没有桅孔或桅座，可用绳子把桅杆绑牢在筏中的横座上树起来。在桅杆底下加上衬垫以防止划破或刺破筏底，不管是否有桅孔。把一只鞋楔形塞到桅杆底下，鞋跟就是不错的桅座。不要把帆的下角固定住。在两个角上绑上线，用手拉住线，可以防止阵风吹来时把帆撕裂或把桅杆折断，甚至把筏掀翻。

要采取各种预防措施防止救生筏倾覆。在恶劣的天气里，要使海锚远离船头。让筏里的人都坐下，用身体的重量分布将向上的风力压下。为了防止掉进水里，不要坐在筏边上或站在筏子里。不要在没有警告其他人员的情况下突然活动。海锚不用时要将它绑在筏上，绑的方式要使在救生筏倾覆时使其立即可用。

水。水是你最重要的需要。只靠喝水，你可以生存 10 天甚至更长的时间，取决于你的生存意志。喝水的时候，在咽下之前先将嘴唇、舌头和嗓子润湿。

水配给不足。当水的供应有限而且也没有化学或机械手段来补充水的储备时，要提高用水效率。要保护淡水不被海水污染。让身体处在阴凉处，避免烈日照射和海水反射的光。保持空气流通，在一天中最热的时候把衣服浸湿。不要让自己劳累。尽可能放松并睡觉。在考虑过总的存水量、太阳蒸馏器和脱盐工具的产水量以及人员数量与身体条件后，把每天的水配给量固定下来。

如果没有水，就不要吃东西。如果你每天的配给量为 2 升或更多，你可以随心所欲吃配给的食物或自己捉到的食物比如鸟、鱼、小虾等。救生艇的颠簸和你的焦虑可能会令你感到恶心。如果在恶心的时候进食，会立即呕吐。如果感到了恶心，应尽量休息并放松，并且只能饮水。

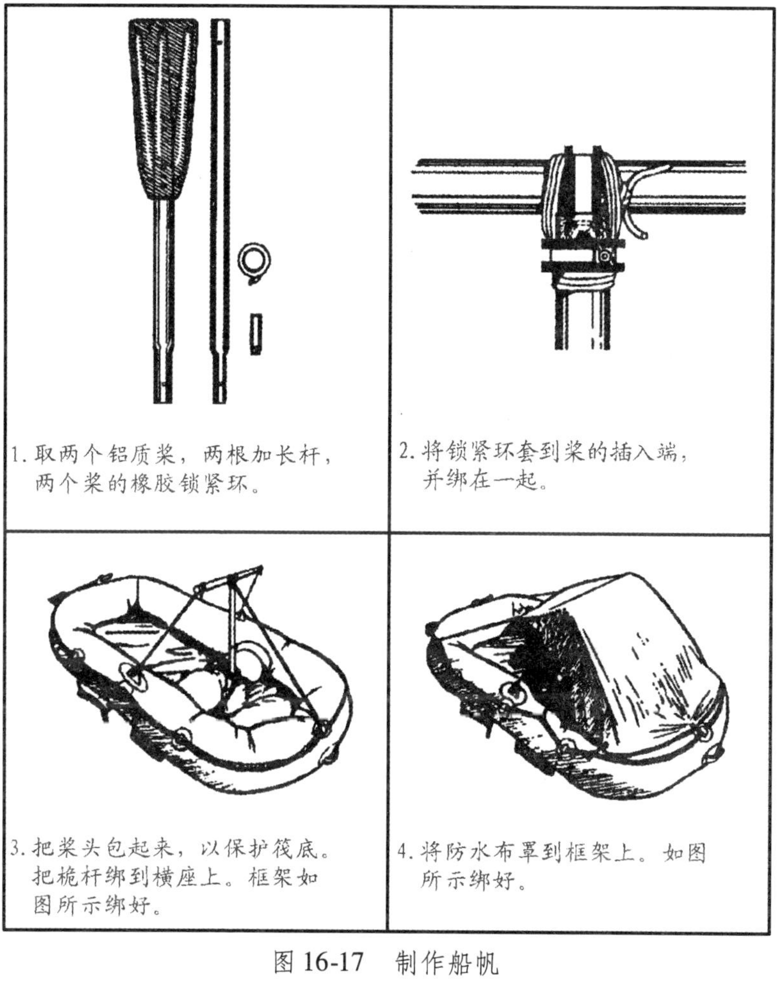

图 16-17 制作船帆

为了减少因出汗而流失的水分，可将衣服浸到海水里拧干后再穿上。在炎热的天气里，如果没有遮阳篷等装置，不要过分这样做。这是在冒得海水疮和皮疹的危险来给身体降温。注意不要弄湿筏底。

要观察云彩，注意抓住下雨的时机。将防水布放到手边以便随时接水。如果防水布上有了盐壳，在海水里洗一洗。通常，少量的海水和雨水混合在一起很难注意到，也不会引起身体的任何反应。在环境恶劣的大海上，你很难得到不受污染的淡水。

在夜里，要把防水布像遮阳篷那样支起来，把边朝上卷起来，收集露水。把海绵或布放在筏的边上也可以收集到露水。下雨的时候，尽量多喝雨水。

人工翻转渗透海水淡化器。现在的大多数救生筏上都配有人工翻转渗透海水淡化器。这种装置是非常高效的水净化器，可以把盐分从海水中去除，得到饮用水。两种最常见的型号是“生存者35”和“生存者06”，如果24小时连续工作，分别可以得到35加仑和6加仑饮用水。在海上，获取淡水应该是一项24小时的工作。人工翻转渗透海水淡化器的寿命是5万加仑淡水，使用年限为10年，之后需要生产商维护。

操作的时候，将两个进水口（较粗的双软管）和饮用水出水软管都要放入水中。以2秒钟为周期操作泵——1秒钟向上，1秒钟向下。一个压力指示器会从泵室里突出来，显示水流是否正常。当节奏正常时，会看到一条橙色带。把杀菌剂包从过滤剂中拿出来，清洗2分钟。然后开始收集饮用水。

注意：使用人工翻转渗透海水淡化器之前，要确保水中没有石油残留（飞机燃料、液压油或油）。过滤介质对石油或油、润滑剂等很敏感，能导致过滤器无法使用，毁坏你制造淡水的能力。

太阳蒸馏器。如果有太阳蒸馏器，应阅读其使用说明并立即把它用起来。按照筏里的人数和阳光情况，尽可能多使用几个蒸馏器。要把蒸馏器小心安放在救生筏里。太阳蒸馏器只能在平静的海面上使用。

脱盐工具。如果除了太阳蒸馏器以外，还有脱盐工具，只能在急需或长期阴天无法使用太阳蒸馏器的时候才能使用脱盐工具。在任何情况下，都要保存好脱盐工具和应急水储备，以备无法使用太阳蒸馏器或接雨水时使用。

鱼身上的水。大型鱼的脊椎上和眼睛里的水状液体可以喝。把鱼从中间劈成两半，其脊椎周围的液体可以喝，其眼睛里的水可以吸出来。在十分缺水的情况下，可以采取这种方法，但不要喝鱼身体上其他部位的液体。鱼身体上的其他液体里含有大量的蛋白质和脂肪，消化这些蛋白质和脂肪需要的水比从这些液体里摄入的水分还要多。

海冰。在北极水域里，可用陈年的海冰化水。这种冰呈浅蓝色、圆角、易碎，几乎不含盐。新冰呈灰乳白色、坚硬并含盐。冰山上的冰可化成淡水，但接近冰山很危险。只能在紧急情况下才能把冰山作为水源。

就像在任何生存环境里一样，使用替代物来代替必需品都存在危险。即使水是你最基本的需求之一，也不要做如下几件事情：

不要——

- 喝海水。
- 喝尿液。
- 喝酒。
- 吸烟。
- 吃东西，除非有水。

睡觉和休息是度过缺水少食阶段的最好方法。然而，白天打盹的时候要注意有足够的阴凉。如果海上天气恶劣，就把自己绑在筏子上，把有盖子的地方都关上，尽力让自己安全挺过风暴期。放松很关键——至少要尝试放松。

食物的获得。在远海，鱼是主要的食物来源。远海里有一些有毒和危险的鱼，但一般来说，在看不到陆地的地方，鱼都可以作为食物。在海岸附近，鱼既危险又有毒。有一些鱼，比如红鲷鱼和梭鱼，一般可以吃，但珊瑚岛或珊瑚礁上的这种鱼有毒。飞鱼甚至会自己跳进你的救生筏里来！

钓鱼。钓鱼时，不要光着手抓钓鱼线，也不要把它缠在你的手上或系到筏子上。沾在上面的盐使它形成了锋利的刃，对你的手和救生筏来说都很危险。如果有手套就戴上手套，或者裹上一块布避免被锋利的鱼鳍和腮盖刮伤。

在温暖地带，抓到鱼后要立即取出内脏并把血放出来。把不马上食用的鱼切成细窄条，挂起来晾干。干鱼能保存好几天还可食用。没有洗净或晾干的鱼半天之内就会坏掉。肉呈黑色的鱼很容易腐烂。如果一次没有吃完，剩下的就不要再吃。可以将剩下的肉作鱼饵。

永远不要食用两眼凹陷、皮肤苍白、腮部发亮、皮肤和肉松弛或味道难闻的鱼。好鱼的特征与之正好相反。海鱼有一种海水或完全的腥味。不要把鳗鱼和海蛇混淆，海蛇有明显的鳞，尾巴扁平，形状像船桨。鳗鱼和海蛇都可以食用，但在拿海蛇的时候要十分小心，因为它们的咬伤会有毒。大部分鱼的心脏、血液、肠壁和肝脏都可以食用。肠要烹制。大鱼的胃中已经被消化了一部分的小鱼也可以食用。此外，海龟也可以食用。

鲨鱼的肉不管是生吃、风干后吃还是烹制都是很好的食物来源。由于其血液中含有高浓度的尿素，鲨鱼的肉很容易腐烂；所以，要立即把鲨鱼放血然后浸泡，并且要换几次水。人们更偏爱几种鲨鱼。鲨鱼都可以食用，除了格陵兰鲨鱼之外，这种鲨鱼的肉含有大量的维生素 A。不要吃含有大量维生素 A 的肝脏。

捕鱼辅助工具。备件箱中有一种非常好用的捕鱼工具，可以在世界上任何地方满足你的需要。你还可以按照下面的介绍用各种材料制作捕鱼辅助工具：

- 钓鱼线。用从防水布或帆布上裁下的布条。将其线股拆下来，用三股线或更多股线为一组，一段段接起来。鞋带和降落伞绳也不错。
- 鱼钩。海上的人不应该没有捕鱼工具，但如果你没有的话，就按照第 142 ~ 143 页中的方法临时制作一个鱼钩。
- 带钩鱼饵。把一个双钩绑上一块闪亮的金属就可以作一个诱饵。
- 抓钩。用抓钩来钩海草。从海草中可以抖出螃蟹、小虾或小鱼。

这些收获可以吃也可以用来作诱饵。你也可以吃这些海草，但必须要有充足的饮用水。你可以用木头做临时抓钩。用一根重木头做主杆，捆上三根短一些的木棍作为抓钩。

- 诱饵。你可以用小鱼做诱饵捉大鱼。用网捞小鱼。如果没有网，用某种布作一个网。把网放下水，用手抓住，用力往上捞。用鸟和鱼的内脏作诱饵。用诱饵的时候，要想办法使诱饵在水中保持移动，以便看起来像活的。

一些提示。记住下面这些重要提示，你的捕鱼行动应该就能够成功：

- 对于有牙和刺的鱼要十分小心。
- 放掉大鱼，而不是冒救生筏倾覆的危险。要抓小鱼，而不是抓大鱼。
- 不要让鱼钩或其他锋利的物品刺破救生筏。
- 附近有大鲨鱼时不要捕鱼。
- 注意观察鱼群；尽量靠近鱼群。
- 夜晚捕鱼时要用光。光亮能吸引鱼。
- 在白天，阴凉会吸引某些鱼。你能在筏子底下发现它们。
- 将一把刀绑到桨片上做一个临时的矛。这个矛能帮你捕捉大鱼，但你必须快速把矛拿进筏子里，否则鱼可能会滑掉。还要把刀绑结实，否则也会丢掉。
- 要始终看管好你的捕鱼工具。要把钓鱼线晾干，清洗并使鱼钩保持锋利，不要让鱼钩纠缠住钓鱼线。

鸟。所有的海鸟都可以食用。抓到的海鸟都可以吃。有时，鸟会落在你的筏上，但通常鸟都非常小心。在筏后面拖一片闪亮的金属片，可以吸引一些鸟靠近。这会使鸟进入你的射程范围，不过前提是你有枪。

如果一只鸟落到你能伸手够到的范围内，你可以抓住它。如果鸟降落的不够近或降落到筏子的另一头，你可以用套鸟索抓到它们。在套鸟索中间放上诱饵，等待鸟落下来。当鸟的脚进到套鸟索中间时，把套鸟索拉紧。

充分利用鸟的各个部分。用羽毛来隔热，内脏和脚作诱饵等等。要发挥你的想象力。

海上生存的医疗问题。在海上，你可能会晕船或患上海水疮，或者遇到与在陆地上同样的疾病，例如脱水、低温症或日光灼伤。如果不进行治疗，这些问题可能会变得很严重。

晕船。晕船是由于救生筏的颠簸摇晃引起的恶心和呕吐现象，它可能会导致——

- 身体水分严重流失和极度疲劳。
- 失去求生意志。
- 使其他人也开始晕船。
- 将鲨鱼吸引到救生筏附近。
- 其他不明情况。

为治疗晕船症，需要——

- 清洗病人和救生筏，去除呕吐物及其气味。
- 不要让病人吃东西，直到恶心症状消失。
- 让病人躺下休息。
- 如果有晕船药，给患者服下。如果患者无法口服，就把药片塞入直肠供身体吸收。如果你已经晕船，就不要吃晕船药了。这时吃晕船药会使病症加重；晕船药应在症状出现之前吃下。

注意：有些生活在海上的人说，竖起天篷或者盯着地平线或一朵云看，有助于克服晕船。也有些人说跟着救生筏游一小会儿对治疗晕船也有帮助，不过游泳时要特别小心。

海水疮。海水疮是由于皮肤上的伤口长时间接触海水而引起的。在衣服紧贴皮肤的部位——腰部、脚踝或腕部——也会发生。疮口可能会结痂并化脓，不要试图揭开痂或者挤出脓水。如果有淡水，可用淡水冲洗疮口，然后让疮口自然干燥。如果有消毒剂，可在疮口上涂抹一些。

浸泡腐烂、冻伤以及低体温症。这些问题与在严寒环境中遇到的问题相似。其症状和治疗方法在第241~245页介绍过。

失明或头痛。如果火焰、烟或其他污染物进入眼睛，应立刻用海水冲洗眼睛，如果有淡水，再用淡水冲洗。如果有眼药膏，立即抹上。如果情况严重，应将两眼包扎18~24小时，或者更长时间。如果天空和水面的强光使你的眼睛充血、红肿，应将眼睛轻轻包扎起来。戴上太阳镜可以防止此类情况发生。如果有必要可以自己做一副太阳镜。

便秘。便秘是筏上生活的常见疾病。不要服用泻药，因为泻药会使脱水更加严重。要尽量多运动，并要饮用足够量的水。

排便困难。这个问题并非是不寻常的，而且主要由脱水引起。最好不要治疗，因为会造成进一步脱水。

日光灼伤。日光灼伤对于海上生存是非常严重的问题。可以待在阴影里，并把头和皮肤遮盖起来，以防止日光灼伤。可以使用急救箱中的防晒霜或护唇膏。记住，水面反射的光线也会对太阳通常不会灼伤的部位——耳垂、眉毛、鼻子、下巴、腋窝——下面柔嫩的皮肤造成灼伤。

鲨鱼。不管你是在水里还是在船上或筏上，你都可能在附近看到很多海洋生物。其中有一些比其他的更危险。一般来说，鲨鱼不是对你最大的危险。其他动物，比如鲸、鼠海豚以及刺魟可能看上去很危险，但实际上在远海不是什么威胁。

在数百种鲨鱼中，只有20种袭击过人类。最危险的是大白鲨、锤头鲨、灰鲭鲨和虎鲨。其他袭击过人类的鲨鱼包括半皱唇鲨、蓝鲨、短吻柠檬鲨、锥齿鲨、护士鲨、牛鲨、白鳍鲨。要把任何体长超过1米（3英尺）的鲨鱼都当成有危险的。

在所有的海洋里都可以发现鲨鱼的踪迹。很多鲨鱼在深水里生活和捕食，有些鲨鱼则生活在水面附近，你很可能会发现后者，因为它们高高的背鳍经常会伸出水面。热带和亚热带海洋中的鲨鱼要比温带水域中的鲨鱼更具有攻击性。

所有的鲨鱼基本上都可以被看作是吃东西的机器。它们的正常饮食是所有类型的动物，而且它们还会攻击受伤的或无助的动物。光亮、气味或声音可以帮它们找到猎物。鲨鱼的味觉很敏感，水中的血会使它们兴奋。鲨鱼对水中的任何异常变化也非常敏感。受伤的动物或人的挣扎、水下的爆炸或者甚至鱼在钓鱼线上的挣扎都会吸引鲨鱼的到来。

鲨鱼可以从任何位置进攻。它们不用转过身来再咬。有些较大的鲨鱼的下巴前突，可以在连身体都不扭动的情况下咬到漂浮的物体。

鲨鱼可能会单独捕食，但是大多数有关鲨鱼攻击的报道都提到不止一条鲨鱼。小型鲨鱼喜欢成群行进，攻击猎物时也是群起而攻之，一头鲨鱼发现了猎物之后，其他鲨鱼会立刻赶过来加入攻击行列。鲨鱼会吃掉自己的伤残同类，就像吃掉其他猎物一样毫不犹豫。

鲨鱼进食不分昼夜。报道中的多数鲨鱼接触和攻击的事件发生在白天，而其中很多又发生在傍晚时分。下面是一些在水中保护自己不被鲨鱼攻击的方法——

- 和其他游泳者在一起。一个团队可以构成360°角的视野。而且一个团队要比一个人能更好地吓走鲨鱼或击退鲨鱼的攻击。
- 要时刻警惕鲨鱼。穿上所有的衣服，包括鞋子。从已知情况来看，鲨鱼一般会首先攻击一群人里没有穿衣服的人，主要是裸露脚部的人。如果鲨鱼蹭到你的身体，衣服可以保护你免受擦伤。

- 避免排尿。如果必须排尿，要尽量少排。在排出的间歇使尿液消散。如果你要大便，要尽量少排，然后尽量扔到离你最远的地方。如果你必须呕吐的话，也要这样做。

当你在水里并且鲨鱼的进攻迫在眉睫时，击打水花或大喊可以让鲨鱼无法靠近。有时候，在水中大喊或反复拍击水也能把鲨鱼吓走。保存体力以备鲨鱼真的实施进攻时进行搏斗。

如果被鲨鱼攻击，要踢或击打鲨鱼。如果可能，尽量向鲨鱼的腮和眼睛击打，如果你打鲨鱼的鼻子，你的手很容易滑过鲨鱼的鼻子而打到其牙齿上，这会使你的手受伤。

如果在救生筏上，并且看到了鲨鱼——

- 停止钓鱼。如果已经有鱼上钩，让鱼跑掉。不要在水里洗鱼。
- 不要把垃圾扔到水里。
- 不要把胳膊、腿或装备伸进水里。
- 保持安静，不要动。
- 尽快埋葬死者。如果周围鲨鱼很多，要等到晚上再埋葬。

如果你在救生筏中，并且鲨鱼正在逼近，用你能找到的任何东西击打鲨鱼，但不要用手。如果直接用手打，那么受伤的更可能是你，而不是鲨鱼。如果用桨，小心不要丢掉或弄断桨。

探测陆地。你应注意仔细观望陆地的任何迹象。靠近陆地时，会有很多征兆。

在晴朗的天空中，如果大多数云彩都在移动，而其中却有一团静止的堆积云，则表明该云下可能有陆地。堆积云经常盘桓于陆地上方或者稍稍偏离陆地，在陆地下风位置。

在热带地区，浅的礁湖水面或者珊瑚礁反射的阳光常常会使天空呈现青色。

在极地地区，如果云层中有较浅颜色的映象，那么很可能底下有冰面或者积雪覆盖的陆地。这些映象与开阔的水面在云层中造成的深灰色映象差别很大。

深水是深绿色或深蓝色，如果海水颜色较浅，则说明水也较浅，这表示陆地可能就在附近。

晚上，或者有雾时，或者下雨时，你可以通过气味和声音来探测陆地。海边红树林沼泽地和淤泥地发出的霉味可以传至很远。浪花拍击岸边发出巨大的声音，在远处没看见浪花之前就能听到它的咆哮。从一个方向持续不断地传来海鸟的叫声，说明它们所栖息的陆地可能已经不远了。

比起在远海，陆地附近通常会发现更多的鸟。黎明时分鸟儿飞来的方向以及它们黄昏时飞往的方向可能就是陆地的方向。白天时，鸟儿到处觅食，它们的飞行方向没有什么特别的意义。

海市蜃楼会在任何纬度出现，但更有可能会出现在热带地区，特别是中午。注意不要将海市蜃楼当成陆地。只要从稍微不同的高度看一下，海市蜃楼现象就会消失，或者它的外观和高度会改变。

你还可以根据波浪的运动方式来探测陆地，波浪接近陆地时会被反射回来（图16-18）。跟着波浪前进，图上标“×”的水面会因为波浪间的相互作用产生轻微的漩涡，朝着平行于漩涡水面的方向前进，你就可以达到陆地。

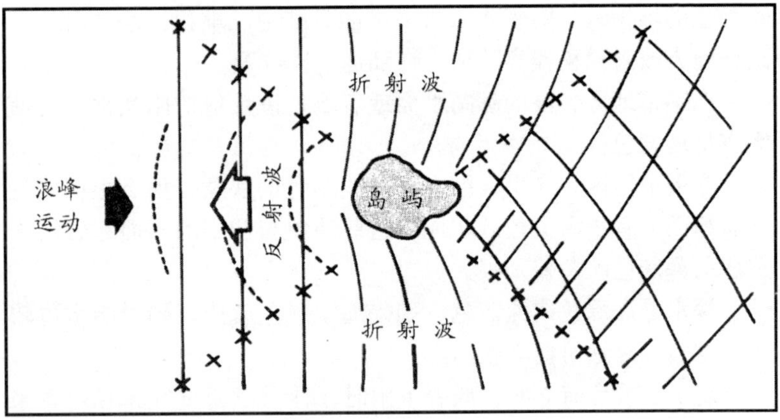

图 16-18　岛屿附近的波浪运动方式

靠岸技巧。一旦发现陆地，必须确保安全登陆。如果乘筏登陆，单人筏一般没有危险。然而，随着大浪上岸非常危险。要花些时间仔细选择登陆的地点。尽量不在太阳很低而且在前方直射你的时候登陆。尽量在岛屿的背风一侧或者伸入大海的一块陆地登陆。仔细观察浪头之间的缺口处，向这些缺口前进。注意躲避珊瑚礁和岩石峭壁。在淡水河口没有珊瑚礁。要避开会把你冲入大海中很远的离岸海流或强离岸潮流。可以向岸上发信号寻求帮助，也可以沿着岛四周航行并寻找浪头较小的平缓海滩。

如果你必须穿过海浪上岸，要把桅杆取下来。穿好衣服和鞋，以避免严重划伤。把自己的救生衣穿好并充好气。从船头放下海锚，将拖锚的绳子放到最长。用桨或短桨不停地调整海锚的位置，使海锚绳绷直。这将使筏保持向着海岸的方向行驶，防止海浪从船尾把筏掀翻。用桨帮助救生筏冲上大浪向海的一侧。

海浪有可能是不规则的，速度也会发生变化，所以要根据情况的变化调整自己。穿越海浪的一个好方法是让一半的人坐在筏的一侧，另一半人坐在另一侧，背对着背。当一个大浪退去的时候，一半的人向大海的方向划船，直到浪头过去；然后，另一半人向岸边划船，直到下一个大浪过来。

对抗强风大浪时，必须尽可能让救生筏以最快的速度冲过浪尖，避免救生筏侧向或者被大浪抛上抛下。如果可能，应尽量避免在大浪碎开时碰上它。

如果海浪强度适中，并且没有风，那么救生筏冲上海浪时速度最好不要太快，如果速度太快，过了浪尖之后它会突然下降。如果救生筏被浪打翻了，要紧紧抓住救生筏。

接近海岸时，将救生筏冲上一个大一点的海浪，然后用力划水向岸边前进，尽量跟着这个海浪，划得越远越好。一直到救生筏触碰到了地面才能跳下救生筏，然后将筏靠岸。

如果有选择的余地，最好不要在夜间上岸。如果你有理由相信岸边有人居住，那么应和岸边保持一定距离，并发送信号，等待居民出来将你带上岸。

如果遇到海冰，只能选择那些大的、平稳的大浮冰上岸。要避开流冰，它们可能会倾覆。应避开小浮冰或者那些看上去明显在分裂的浮冰。用桨或用手使救生筏和冰的边缘保持一定距离，以免筏和冰摩擦。把救生筏拖到冰上，远离冰的边缘放好。要保持救生筏处于充气状态，随时可以使用。任何浮冰都可能会突然裂开。

游泳上岸。如果救生筏无法靠岸，并且必须游上岸，就要穿上鞋，并至少穿一层衣服。要采用侧泳或蛙泳姿势，以保存体力。

如果波浪不大，可以骑在一个小一点的浪上，随着它向前游，在浪减弱快要消失时潜入水中。

如果波浪很高，那么要在两个涌向岸边的波浪之间游向海岸。如果往海洋方向的波浪朝你涌来，应面对它潜入水中，等它过去了，继续在下个一波谷中游向岸边。如果你被很大的回头浪拖入水里，要尽力离开水里，游向水面，然后依照上面的方法继续向岸边游。

如果你上岸的地方有很多岩石，找那些波浪能冲刷过去的岩石，避开浪花四溅的地方。慢慢游向岩石，因为你需要体力攀上岩石并坚持住。你应该全身都穿上衣服并穿上鞋，以减少受伤的机会。

选择好上岸地点之后，要选择一个大的波浪，等它碎成小一点的浪花之后，跟在碎浪花后面前进。应面朝岸边，使身体呈坐姿，脚部朝前，比头部低60～90厘米（2～3英尺），这样当你登上或撞到水里的大石头或礁石时，脚会吸收部分冲击力，从而减缓整个身体受到的冲撞。如果跟在波浪后面没有能够到达岸边，那么要用手而且只用手往岸边游。当下一个波浪来临时，使身体呈坐姿，脚朝前。重复以上步骤，直到上岸。

在长满海草的背风面，海水会平静得多，上岸时可以利用这一点，不过不要穿过海草，要从海草上面慢慢游过去，前进时，抓住海草往下划水。

在穿越岩石暗礁或珊瑚暗礁时，做法如同你在多岩石的海边上岸一样。并拢双脚，双膝微屈，使身体放松呈坐姿，减缓撞到珊瑚礁上的冲击力。

搭载或救援。在发现救援船只或飞机靠近来搭载你的时候（船、舰只、常规飞机或直升机），要迅速把所有绳子（钓鱼线、脱盐工具绳）或者其他在救援时可能会缠在一起的衣物清除。放下天蓬和帆，以保证安全救援。把所有的东西固定好后，戴上你的头盔，如果有的话。把救生衣充满气。待在救生筏中，除非有其他指令，并且要除去救生衣之外的所有装备。如果可能的话，你会得到下到水中的营救人员的帮助。记住，要完全按照救生人员的指示做。

如果直升机救援装置中没有帮手，在搭载前要做以下事情：

- 把救生筏上、备件袋或口袋中所有未固定的装备都固定好。
- 放下海锚、稳定袋和备件袋。
- 把救生筏的气放掉一部分，充水进去。
- 从降落伞上把生存工具箱解下来。
- 抓住救生筏的把手，从筏里翻滚出去。
- 让救援装置或救援绳放到水面上。
- 始终抓住筏上的把手，直到另一只手抓住救援装置。
- 爬上救援装置，避免和救生筏缠绕在一起。
- 将一只手臂向外伸直，并竖起大拇指，其他手指要握住，向直升机提升间里的操作员发出信号。使劲拍打水面，然后保持“拇指向上”的姿势把手臂伸直。被救援上来后，不要自己伸手够驾驶员或其他机组人员并试图配合他们，要完全由机组人员把你拉进直升机。

海岸

搜寻的飞机或舰只并不总是能看到一个漂浮的救生筏或游泳的人。在被救之前，你可能不得不先沿着海岸登陆。海岸上的生存方式和在远海里不同。这里食物和水更充裕，避身所地点的选择和搭建也要容易得多。

如果你在友好的区域，并决定穿行，沿着海岸走要比进入内陆更好。不要离开海岸，除非是为了避开障碍（沼泽和峭壁）或除非你找到了一条你知道是通往人类居住地的小路。

在战时，要记住，敌人会在大部分海岸巡逻。如果你在敌人的海岸登陆，这些巡逻队会给你带来不少麻烦。在这种情况下，你能穿行的地方很有限。要避免和其他人的任何接触，并要竭尽全力把自己在岸上留下的踪迹掩盖好。

特殊的健康危险。在海岸上生存当然能满足你更多的需要，但危险依然存在。珊瑚礁、有毒并具有攻击性的鱼、鳄鱼、海胆、海星、海绵、海葵、潮涌和回流都能给你带来特殊的健康危险，你应该对这些危险加以了解并知道如何处理。

珊瑚礁。珊瑚礁，不论是活的还是死的，都能够造成割伤。有上百种的水中危险能够造成刺伤、严重失血和感染的危险。要对珊瑚礁造成的伤口彻底清洗。不要使用碘酒预防感染。有的珊瑚水螅虫吃碘，如果你用碘酒的话，可能导致它们在你的肉里生长。

有毒的鱼。很多暗礁鱼的肉有毒。有些是一直有毒，有些是在一年当中的特定时间有毒。鱼的全身都有毒，但尤其是其肝脏、肠道和卵里有毒。这是因为它们吃一种只在暗礁里生长的有毒细菌。这种细菌对人体有毒。

鱼肉里的毒素可以溶解在水里；无论烹煮多长时间都不能中和。这些毒素无味，所以标准的可食性检验没有用处。鸟类几乎不受这种毒素的影响。因而，不要认为，因为鸟可以吃一种鱼，那种鱼对你就是安全的。

毒素会造成嘴唇、舌头、脚趾和手指尖麻木、奇痒，以及对温度的相反感觉。冷的东西显得热，热的显得冷。还可能出现恶心、呕吐、失语、头晕和最终导致死亡的瘫痪。

除了有毒的鱼之外，还有一些危险的东西不能碰。很多黄貂鱼尾巴上有带毒的钩子。还有一些鱼能导致电击。一些珊瑚鱼，比如石鱼和蟾鱼，它们的毒刺能引起极大的疼痛，虽然很少造成致命伤。从这些刺里出来的毒液能造成灼烧感或者引起比伤口本身的疼痛更加难以忍受的痛苦。水母虽然通常不能致命，但是如果它们的触须碰到你，会造成极大的疼痛。第188～191页和附录D对海里和海岸的危险鱼类有详细描述。

具有攻击性的鱼。你还要避免那些具有攻击性的鱼。冒失而好奇心强的梭鱼就曾经攻击过戴着闪亮物品的人。在夜里，它们可能会向发光或闪亮的物体进攻。海鲈鱼能长到1.7米（6英尺）长，是你需要避开的另一种鱼。海鳗长着许多锋利的牙齿，身长可达1.5米（5英尺），它们在被惊扰时也会进行攻击。

海蛇。海蛇有毒。有时在海中央能发现它们。除非被挑逗，它们一般不进行攻击。要躲避海蛇。

鳄鱼。鳄鱼生活在热带盐水湾里，分布在从生长着红树林的河口直到65千米（39英里）的远海。它们很少栖息在有人居住的地区。在东印度和东南亚的遥远地区经常能发现鳄鱼。超过1米（3英尺）的鳄鱼都是危险的，尤其是守卫巢穴的雌鳄鱼。鳄鱼肉是极好的食物来源。

海胆、海星、海绵和海葵。尽管很少致命，但这些动物能够造成极端的疼痛。海胆像圆形的小毫猪，通常生活在热带浅水区的珊瑚构造附近。如果踩到海胆，它们会把石灰质或硅酸盐质的尖刺扎进你的皮肤，并在你的皮肤里拆断，导致化脓。如果可能的话，要把刺取出并治疗伤口以防止感染。这里提到的其他动物也能造成类似的伤处。

潮涌和回流。如果被卷入了大浪的回流，一定要离开海底或游向水面，并在浪与浪之间的低潮时刻向岸边游。不要逆着回流搏斗。应顺着回流游或往与其垂直的方向游，直到其失去力量，然后再向岸的方向游。

食物。沿着海岸寻找食物不会成为问题。很多海藻和其他植物都容易找到并且可食。见第 9 章和附录 F 中关于这些植物的讨论。在这种生存环境里，也有很多动物可以满足你对食物的需求。

软体动物。蚌类、帽贝、蛤、海螺、章鱼、鱿鱼和蛞蝓都可以食用。贝壳类动物能够提供海岸生存环境中人对蛋白质的大部分需求。要避开蓝环章鱼和毒芋螺（第 190 ~ 191 页和附录 D 中有说明）。而且，要注意使软体动物有毒的“赤潮”。食用之前，要对每一种软体动物进行可食性检验。

蠕虫。海边的蠕虫通常可以食用，但是最好用它们来作鱼饵。要避开像毛毛虫一样的带毛蠕虫。也要避开带有尖边管的管状蠕虫。矢虫并不是真正的蠕虫。你会在沙子里发现它们，不论生食还是晒干都是极好的食物。

螃蟹、龙虾和藤壶。这些动物很少对人产生危险，并且是极好的食物来源。大螃蟹或龙虾的钳子能把人的手指夹断。其中有很多种在壳上长有刺，在捕捉的时候最好戴上手套。藤壶能引起刮伤或割伤，而且很难把它们从栖息的地方拿下来，但是大藤壶是很好的食物来源。

海胆。海胆很常见，一旦踩到或接触能造成极疼痛的伤口。它们也是很好的食物来源。处理的时候要戴上手套，把所有的刺去掉。

海参。这种动物在印度洋 - 太平洋地区是重要的食物来源。取出内脏后或者把沿着其体长的五条肌肉取下后，可以整个食用。可以熏着吃、腌着吃或煮着吃。

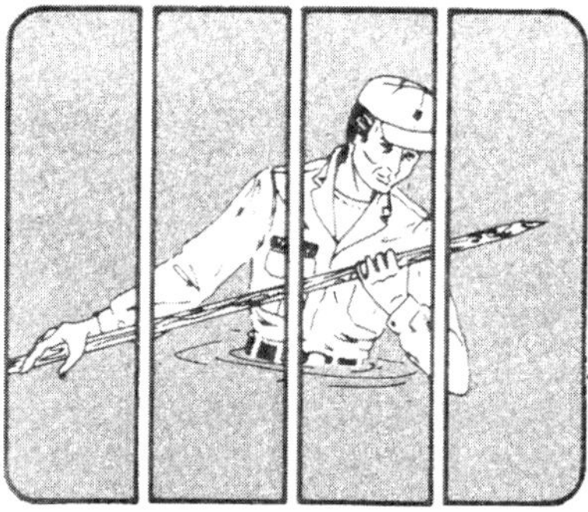

第17章 渡水

在一个求生环境里，你可能会遇到水的障碍，可能是一条河、一条小溪、湖泊、沼泽地、流沙、湿地或者厚苔沼。即使在沙漠中，也会爆发瞬间的洪水，使水流成为你的障碍。不管是什么，你都需要知道如何安全渡过。

河与溪流

你可以将各种描述用于河和溪流。它们可能有深有浅、水流有急有缓、水面有宽有窄。在你过河或溪流之前，要做好计划。

应先寻找一块高地，从上面你可以看到整个河面或溪流的情况，然后找到过河地点。如果没有高地，那就爬到树上。好的过河地点包括——

- 分成几条水道的平坦水面。通常，过两三条窄窄的水道要比过一条宽河容易得多。
- 浅滩或沙洲。如果可能，要选择浅滩或沙洲上游的地点过河，那样即使你失足了，水流会将你冲到浅滩或沙洲上。

- 流向下游的跨河水道。过河时，应沿着与这条水流呈 45°角的方向行进。

下面的地点有潜在危险，如果可能的话，要避开：

- 对岸的障碍物。它可能会阻碍你行进，要选择最安全、最容易行进的地点。
- 横在河中的岩礁。这通常表明有危险的急流或峡谷。
- 很深的、水流很急的瀑布或很深的水道。绝对不能从这些地点或其附近过河。
- 岩石丛生的地方。这会使你因为滑倒或跌倒而严重受伤。水下的石头通常都很滑，保持身体平衡很困难。不过，零星地隔断水流的石头可能会对你有所帮助。
- 河口。由于河口都比较宽、水流的力量很大，容易产生潮汐，这些潮汐会影响到距离河口好几公里远的地方。应到上游去找一个更容易渡过的地点。
- 漩涡。漩涡会产生强大的向后拉力，并会把你拉到水面以下。

如果你能站住脚，河流或溪流的深度是不足惧的。事实上，深水通常流得比较缓慢，因此比水流很急的浅水要安全。你可以在过河后弄干衣服，或者如果你愿意，可以做一个筏，将衣服和装备放在筏上过河。

当水温很低时，一定不要尝试游过去或涉水过河或溪流。这时游过去可能是致命的。要想办法做一个筏。如果水很浅，只湿到脚部的话，可以涉水通过。到达对岸后，要赶快把双脚擦干。

急 流

必要的话，你可以安全地渡过很深的急流。如果游泳过河，要顺着水流的方向游，绝不可逆流而上，尽量使身体与水流保持平行，这会减少你被暗流拖入水中的危险。

游过浅的急流时，应背部朝下，脚朝向下游，两手放在臀部两侧快速拍打水面，这样可以增加浮力，从而使你避开水下的石头。抬高双脚，避免被石头擦伤或撞上石头。

游过深的急流时，应腹部朝下，头朝向下游，尽量使身体与河岸保持一定的角度。注意障碍并避开回流和水流汇集处，因为那里经常会有危险的漩涡。水流汇集会发生在其他水流的入河处或水流遇到大的障碍——诸如小岛——而转换方向的地方。

过一条急流或者危险的河流，可以采用以下步骤：

- 要脱掉裤子和内衣，减少水流在你身上的摩擦。不过要穿着鞋袜，保护脚和脚踝免受石头伤害，并且可以使你立足更稳。
- 将裤子和其他物品紧紧绑在背包顶部，如果没有背包的话，就把这些物品捆扎在一起。这样，如果你不得不解下装备，你所有的物品都是在一起的。找一个大背包比找几个琐碎的物品要容易得多。
- 将背包背在双肩上，必要时可以马上解下背包。如果不能迅速脱掉背包，它很可能会把哪怕是最强壮的游泳者拖入水中。
- 找一根直径约为7.5厘米（3英寸）、长约2.1～2.4米（7～8英尺）的棍子，要足够结实，用这根棍子帮助自己过河。要紧紧握住棍子，将它插入你上游的水流中，它可以隔断水流。每一脚都要踩实，将棍子往前移时，插入的地点要比上一次的地点稍稍往下游一点，不过仍要在你的上方。往前行进时，脚踩在棍子下方。保持棍子倾斜，水流会使棍子抵在你的肩膀上（图 17-1）。

- 以与水流成 45°角的方向过河。

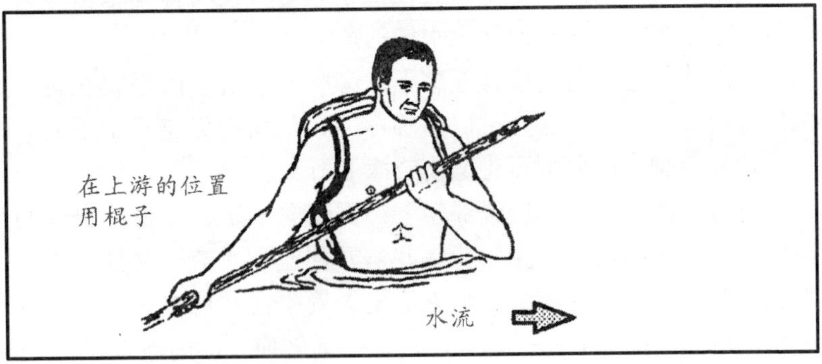

图 17-1　单人过急流

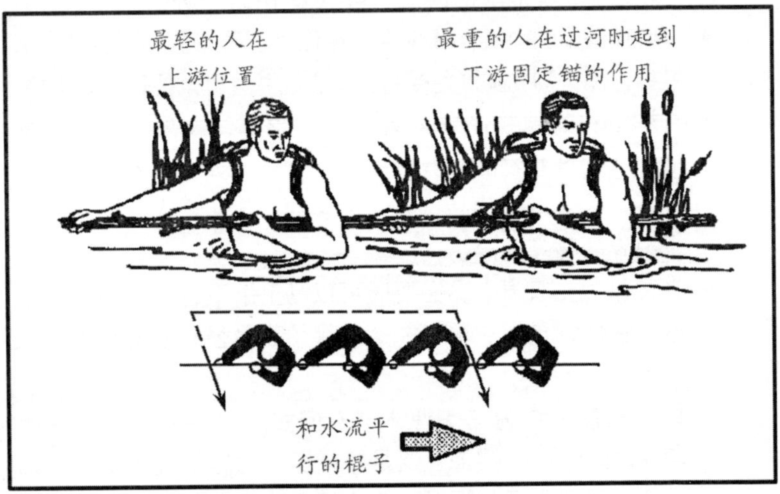

图 17-2　多人过急流

采用这种方法，你就可以安全渡过通常对于一个人来说水势太急而无法站稳的急流。不要在意背包的重量，因为其重量有助于而不是阻碍你过河。

如果你还有同伴，那么要和同伴一起过河。要确保每个人都

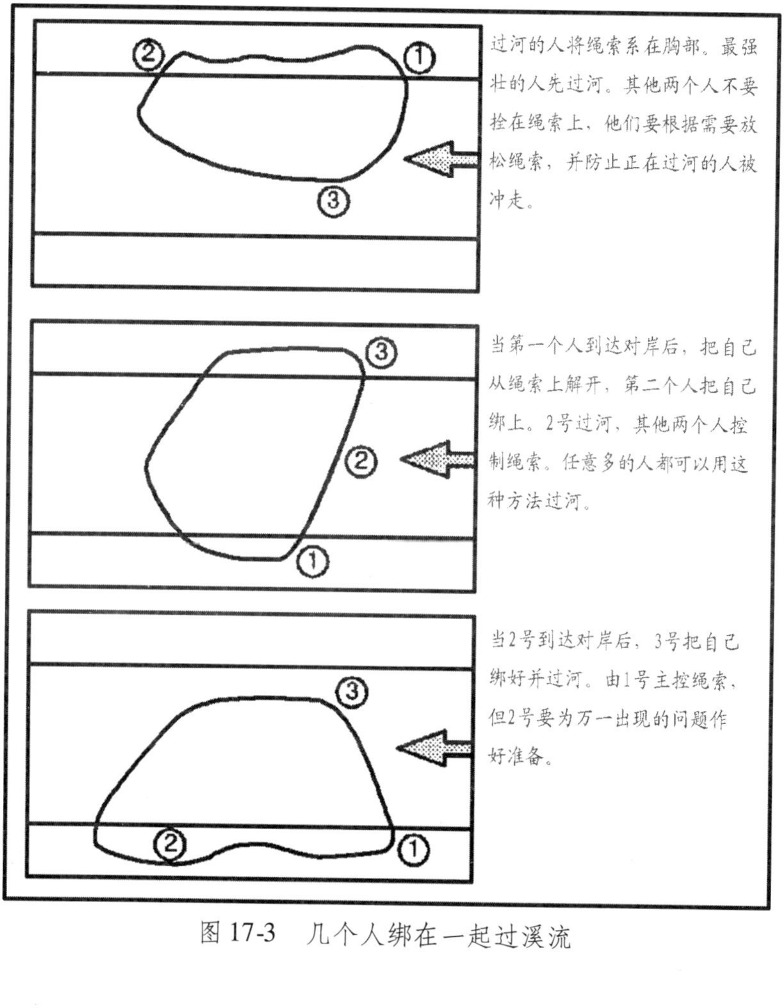

图 17-3　几个人绑在一起过溪流

已经将背包和衣服像上文说的那样准备好。体重最重的人握住棍子的末端，站在下游的位置，体重最轻的人握住杆子的前端，站在上游的位置。这样，上游的那个人会阻断水流，而后面的人通过前面的人造成的漩涡时也相对容易些。如果上游的人立足不稳，其他的人也能够稳稳站住，直到那个人重新站稳（图 17-2）。

如果你们有 3 个人或更多人，并且有一条绳索，可采用图 17-3 中的方法过溪流。绳索的长度必须是溪流宽度的 3 倍。

筏

如果你们有两张雨披，那么你们可以做一个灌木筏或者澳洲雨披筏。用其中任何一种，你都可以将你的装备安全运过水流不太急的河流。

灌木筏。灌木筏如果做得好，可以承受 115 千克（253 磅）的重量。制作该筏需要雨披、新鲜的嫩灌木、两棵小树、一根绳子或藤条。制作步骤如下（图 17-4）：

- 把每个雨披的帽子都放到里面，并用拉线将每张雨披的颈部扎紧。
- 把绳子或藤条系在雨披边角和中间的扣眼上，绳子或藤条要足够长，要能和对角或对边的绳子或藤条系在一起。
- 将一张雨披铺在地上，里面朝上，将新鲜的嫩灌木（不要粗树枝）堆在雨披上，堆大约 45 厘米（18 英寸）高。将拉线向上拉，穿过灌木堆。
- 用两棵小树做一个 X 形的架子，将架子放在灌木堆上。用雨披颈部拉线将 X 形架子固定好。

- 在 X 形架子上再堆 45 厘米（18 英寸）高的灌木，然后将灌木堆轻轻压一下。
- 用雨披的四边将灌木堆包起来，然后将系在边角及中间扣眼的绳子或藤条角对角、边对边地绑好。
- 将另外一张雨披里面朝上，铺在灌木堆旁边。
- 将灌木堆滚到第二张雨披上，使打结的一边朝下。用第二张雨披将灌木堆包起来，打结系好，打结的方式跟包第一张雨披时一样。
- 把灌木筏放到水中，使第二个雨披打结的一面朝上。

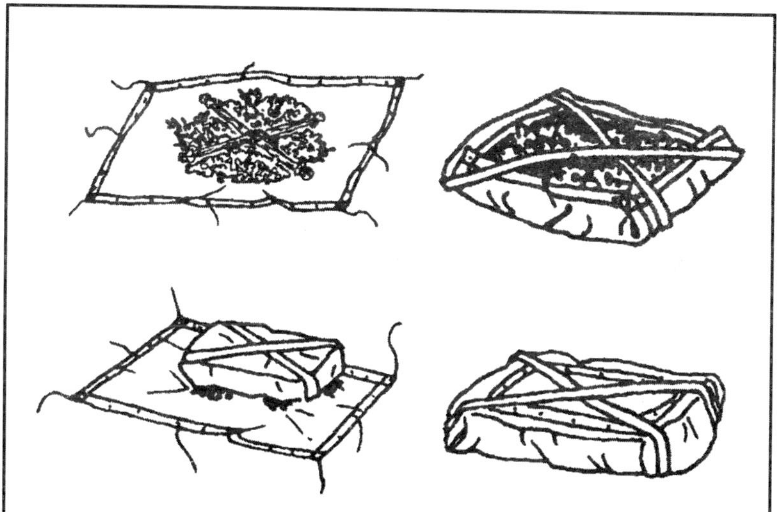

图 17-4　灌木筏

澳洲雨披筏。如果你没有足够的时间去收集灌木来做灌木筏，那么你可以做一个澳洲雨披筏。尽管这种筏比灌木筏更防水，但只能承载大约36千克（77磅）的重量。制作这种筏需要两张雨披、两个背包、两根1.2米（4英尺）长的杆子或树枝，绳子、藤条、鞋带，或其他类似材料。步骤如下（图17-5）：

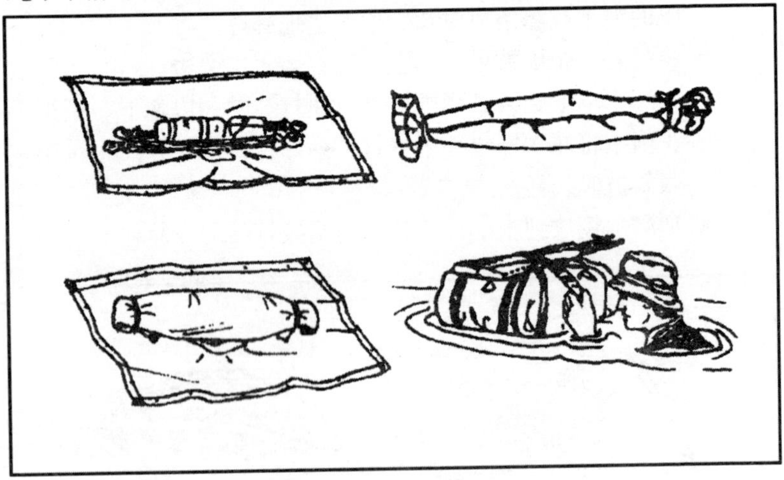

图17-5 澳洲雨披筏

- 把每个雨披的帽子都放到里面，并用颈部拉线将每张雨披的颈部扎紧。
- 把一张雨披铺在地上，里面朝上。把两根1.2米（4英尺）长的杆子放在雨披中间，两根杆子相距约45厘米（18英寸）。
- 把帆布背包、包裹以及其他装备放在杆子之间，你也可以将其他不想被弄湿的东西，放入杆子之间。将雨披两边合上。
- 在同伴的帮助下来完成筏的制作。将合起来的雨披提起来，然后往下卷，一直到裹住装备，卷得要实，确保雨披全部卷进去。
- 将卷好的雨披两头朝相反的方向扭曲成辫子状。将拧好的两头向上折叠放到雨披卷上，然后用绳子、鞋带或者藤条牢牢捆住。

- 将第二张雨披铺在地上，里面朝上。如果需要更大的浮力，可以在上面放一些新鲜的绿灌木。
- 把捆好的装备放在第二张雨披上，打结的一面朝下。用第二张雨披将装备包起来，方法和用第一张雨披包裹装备时一样。
- 在距离辫子两端约 30 厘米（12 英寸）左右的地方，各用绳子、鞋带、藤条或其他材料捆扎。把武器放在筏上面，绑牢。
- 在一根绳子的一端系一个空水壶，绳子另一端系在筏上，便于你拖拽。

雨披圈筏。另外一种筏是雨披圈筏。它的制作要花费较多的时间，但它更有效。做雨披圈筏需要一个雨披、小树枝、柳树或攀缘植物以及绳子、鞋带或其他捆扎材料：

- 把几根木桩打入地下，排成一个有大概的内圆和外圆的圆框架。
- 用嫩树枝、柳树枝或其他攀缘植物在木桩呈现的圆框内做一个圆圈。
- 在圆圈上每隔 30～60 厘米（12～24 英寸）缠上几条绳子并捆扎结实。
- 把雨披的帽子放到里面，并用颈部的拉线扎紧。
- 把雨披铺在地上，里面朝上。把圆圈放到雨披的中央。用雨披把圆圈裹起来，并将雨披上的扣眼扎起来。
- 将一条绳子的一端与一个空水壶连在一起，另一端连在筏上。这条绳子会帮助你牵拉这个筏。

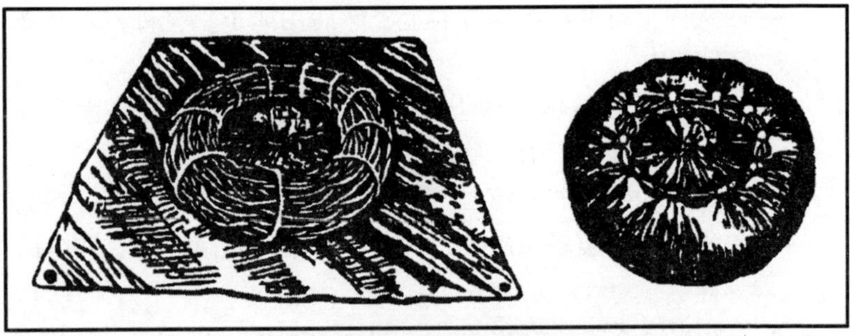

图 17-6　雨披圈筏

不论是上述哪一种筏，在将其放下水时都必须小心，不要刺穿或撕坏雨披。在你过河前，先将筏放到水里几分钟试验一下，确保它能够漂浮。

如果水太深，无法涉水过河，在你游泳过河的时候，要把筏放到你的前面推着。上面这几种筏的设计都不允许承受整个人体的重量。只能当成漂浮物使用，使你和你的装备安全地渡过河水或溪流。

在渡水前要先检查水的温度。如果水温极低，而且没有浅的地方可以涉水而过，就不要试图涉水，而要设计其他的渡水方法。例如，你可以推倒一棵树，使之架在河上，临时搭建一座桥。或者你可以做一个足够大的筏，可以承载你和装备。但是做这些你需要一把斧头、一把刀、一条绳子或者藤条，还有足够的时间。

木筏。你可以用干枯的、直立的树来做圆木。两极和两极附近地区的云杉是做木筏的最好圆木。做木筏最简单的方法是用横木将一排圆木的两端紧紧固定在一起（图 17-7）。

图 17-7　固定横木的使用

漂浮装置

如果水温足够温暖，而且你没有时间或材料制作雨披筏，你可以用各种漂浮装置通过各种水障碍。可以用来做漂浮装置的东西有——

- 裤子。在裤脚处打结，扣上纽扣。两手抓住裤腰处，在空气中摆动几下使裤管充满空气。立即将裤腰收起来，抓紧它放到水里，使空气不致逃逸。现在你有一对水中的“翅膀”来帮助你漂浮过河了。

注意：在充气前把裤子弄湿能更好地存住空气。过较大的河流时，这对裤管需要数次充气。

- 空容器。将空的汽油罐、水壶、氨气罐、盒子或其他能存住空气的物品绑在一起来做漂浮物。不过这种漂浮物只能在水流较缓的河流里使用。
- 塑料袋和雨披。将两个或多个塑料袋灌满空气，然后扎紧袋口。将一些绿色植物放在雨披里，然后将雨披紧紧地卷起来，卷的直径要至少 20 厘米（8 英寸）。将雨披两端扎紧。你可以将它系在腰间，也可斜背在肩上。
- 圆木。如果有，可以用搁浅的浮木，或者到附近找一根圆木来做漂浮物。不过，渡水前一定要先测试一下圆木能否漂浮，有的树木，如棕榈，即使是干枯的也会沉到水里。另一种方法是把两根圆木相距 60 厘米（24 英寸）绑在一起。坐在两根圆木之间，后背靠在一根上，双腿胯在另一根上（图 17-8）。
- 香蒲属植物。收集香蒲的茎干，然后将它们捆成一捆，直径至少要 25 厘米（10 英寸）。香蒲茎干里有许多充满空气的小巢能使之漂浮，直到腐烂。渡水前测试一下香蒲捆，确保其能承受你的体重。

图 17-8　圆木漂浮

运用你的想象力，还可以作出其他很多种漂浮装置。只是要记住在使用之前先检验一下。

其他水障碍

你可能会遇到的其他水障碍有沼泽、湿地、厚苔沼，或者流沙地。不要徒步走过去。站立时试图抬起你的脚只会使你下沉更深。试着绕过这些障碍，如果无法绕过，你可以用圆木、树枝或树叶架在上面，然后再过去。

有一种过沼泽的方法是脸朝下趴下，四肢展开，用一个漂浮装置或用你的衣服形成一个空气袋，游过去或爬过去，动作要慢，并且要保持身体呈水平状态。

在沼泽地里，那些长有植物的地方通常都足够硬，能支撑你的体重，但是在开阔的泥淖地或水面，通常没有植物。如果你的游泳技术能达到普通水平，那么游或者匍匐几公里应该没有问题。

流沙是沙子和水的混合物，是会移动的沙子。流沙很容易因外力塌陷，会将它上面的东西吸入并吞没。流沙深度不一，而且通常具有地方性。如果你不能确定一片沙地是否是流沙地，扔一块石头到上面，如果是流沙，石头会沉没。尽管流沙比泥淖和腐土更容易让人下陷，你还是可以用过沼泽的方法来过流沙：脸朝下，四肢伸展开，慢慢移动。

植物障碍

有些水域可能会有暗流或者漂浮的植物，使得你游泳比较困难。不过如果你能保持冷静，不去和那些植物纠缠，那么即使植物相对密集，你还是可以游泳通过的。越贴近水面越好，用蛙泳的方式，腿部和手部动作要小。拨开你周围的植物，它们可能会盖住你。如果累了，可以换用仰泳的方式，或者仰浮于水面，直到休息够了再继续用蛙泳姿势。

红树林湿地是另一种类型的水障碍，多出现于热带地区的海岸边。红树，不管是乔木还是灌木，它们的根部都向外延伸，长了很多支撑根，非常密集。要过红树林湿地，要先等潮退，如果你在陆地这边，先找一片狭窄的小树林，然后从这里往海边走。或者寻找在树木间流淌的水道，跟着水道到海边。如果你在靠海这边，可以沿着溪流或水道到陆地。在浅水区域以及沟渠里要小心鳄鱼。如果发现附近有鳄鱼，要离开水面，爬到红树的根上。如果要通过大面积的湿地，用筏是最好的方法。在通过红树林湿地时，有可能在潮水留下的水坑里或树根上采集到食物。

一片大的湿地需要更多的时间和努力。因而，如果必须通过一大片湿地，应该做一个筏。

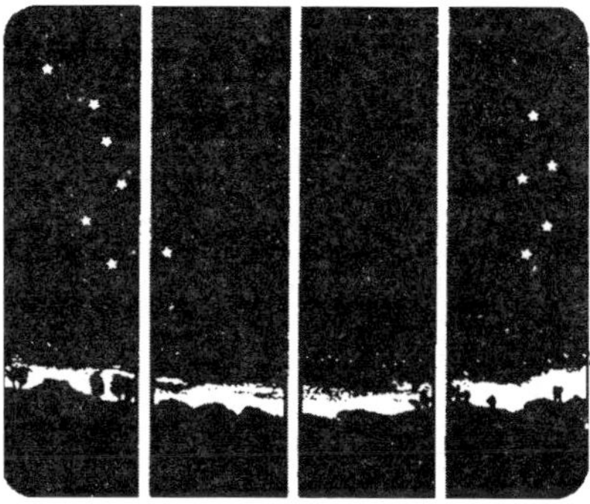

第18章

野外识别方向

在生存环境里，如果你碰巧手里有份地图或指南针是件十分幸运的事。如果有这两件工具在身边，你就可以依靠它们来辨别方向。如果你不太擅长使用地图或指南针，你必须学会使用它们。

有几种利用太阳、星星的方法可以帮你辨别方向。但是这些方法都只是给你一个大致的方位，如果你了解所在地区的地形，你可以更精确地辨别出方向。

你必须了解将要被派去的国家或地区的地形，尤其是那里的主要特征或地标。这些知识加上下面将要说明的方法会使你找出正确的方向，助你前行。

利用阳光和阴影

地球和太阳之间的关系能帮助你确定地球上的方向。太阳从东方升起，西方落下，但不是正东或正西。而且不同的季节之间也有差别。阴影和太阳的移动方向相反。在北半球，阴影由西向东移动，中午时指北。在南半球，阴影中午时指南。通过实践，你可以通过阴影辨别方向和一天中的时间。用阴影辨方向的两种方法是利用阴影末端和利用手表。

利用影子末端。在第一种阴影方法中，找一根长 1 米（3 英尺）的直木棍，放在一个没有树的水平地上，这样木棍可以投出一个清晰的阴影。这种方法很简单而且很精确，以下 4 个步骤即可完成（图 18-1）：

- 第一步。将木棍或树枝插到一个水平的地面上，这样可以投下清晰的阴影。用石头、木棍或其他东西标记出阴影的顶端。这是第一个阴影标记，无论在地球的任何地方，总是指向西方。
- 第二步。10 ~ 15 分钟之后，阴影的顶端会移动几厘米。用同样的方法标记下此时的阴影顶端。这个标记指向东方。
- 第三步。通过两个标记划一条直线，你就得到了大概的东西方向。
- 第四步。站在两个标记之间，使第一个标记（西）在你的左边，第二个标记在你的右边，此时，你面对的方向就是北。在地球上的**任何地方**，这都是正确的。

还有一个更精确的方法，不过做起来需要多花些时间。把木棍立起来，早晨的时候划下第一个标记。用一根细线通过这个标记围绕着木棍画一个圆弧。中午时分，阴影会缩小并消失。下午的时候，阴影会变长，在阴影接触到圆弧的那一点划下第二个标记。在两个标记之间划一条线，你就能得到一条精确的东西方向线（图 18-1）。

图 18-1　利用影子末端辨别方向

利用手表。你也可以使用一块普通手表或类似物品——有指针的东西——来辨别方向。如果你使用的是真正的当地时间而不是夏时制，你就可以精确地辨别出方向。记住：离赤道越远，利用这种方法辨别出的方向越准。如果你身边只有一块数字手表，可以在一张圆纸上画出一个手表的表盘，并标出正确的时间，用它来确定那个时间的方向。你也可以在地上画一个表盘或把手表放在地上，这样读数会更精确。

在北半球，使手表保持水平，并把时针指向太阳。把时针和12点的标记之间的角等分成两份，得到南北线（图18-2）。如果确定不了哪一端是北，记住，太阳从东方升起，西方落下，中午时分是正南。中午之前太阳在东边，下午在西边。

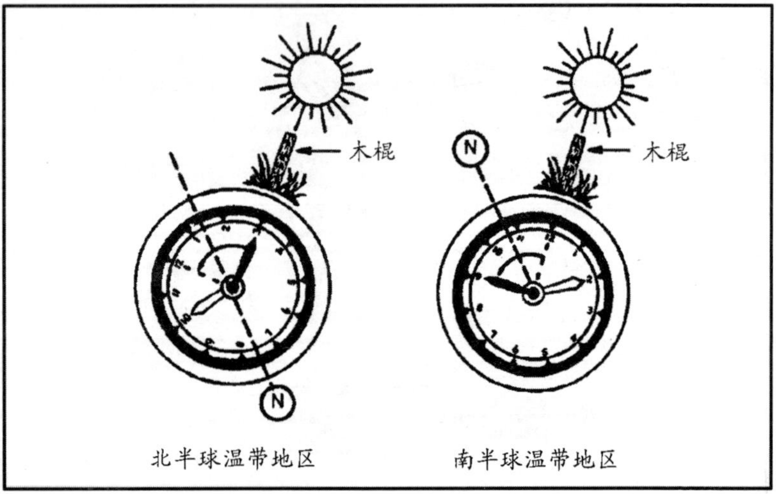

图18-2　表盘法

注意：如果你的手表是按照夏时制设定的，就要用时针和1点标记之间的中点来确定南北线。

在南半球，把表上 12 点的标记指向太阳，12 点标记和时针之间的中间线就是南北线（图 18-2）。

另一种方法称作 24 小时时钟法。使用当地军用时间并除以 2。想象这个结果在此时代表时针。在北半球，把这个时针指向太阳，12 点的标记将指向北。比如，现在是 1400 点，除以 2 得到 700，代表现在的时间。水平握住手表，把 7 点的标记指向太阳，则 12 点的标记指向的就是北。在南半球，把 12 点的标记指向太阳，算出的“小时”指向的就是南。

利用月亮辨别方向

因为月亮自身不发光，我们只有在月亮反射太阳光时才能看到它。在月亮围绕地球公转的 28 天这一周期里，根据位置的不同，月亮反射的光的形状也在变化。当月亮被地球挡住无法反射太阳光的时候，我们称此时的月亮为新月或没有月亮。当月亮从地球的阴影中转出来的时候，开始从其右侧反射太阳光，然后逐渐充盈，直至月亏的时候在左边呈现一个弦月。你可以利用这个知识来辨别方向。

如果月亮在太阳落山前升起，其发光的一侧指向西。如果月亮在后半夜升起，发光的一侧指向东。通过这个明显的发现可以得到一个大概的东西方向。

利用星辰

你是在北半球还是南半球，决定你使用哪一个星座来确定南北方向。解释如下。

北半球星空。需要知道的主要星座是大熊座（也叫大杓星或北斗七星）和仙后座（图 18-3）。利用它们来确定北极星——也叫指北星。北极星被认为是静止不动的，因为它围绕着北天极只转 1.08°。北极星是小熊星座的手柄上最后一颗星，易与大熊座混淆。不过，小熊星座由 7 颗非常暗的星星组成，不容易看到，除非你远离任何城镇或城市的灯光。为了避免混淆，可以尝试一起使用大熊座和仙后座。大熊座和仙后座通常相对并且围绕着北极星逆时针转动，北极星在中间。大熊座由 7 颗星星组成，

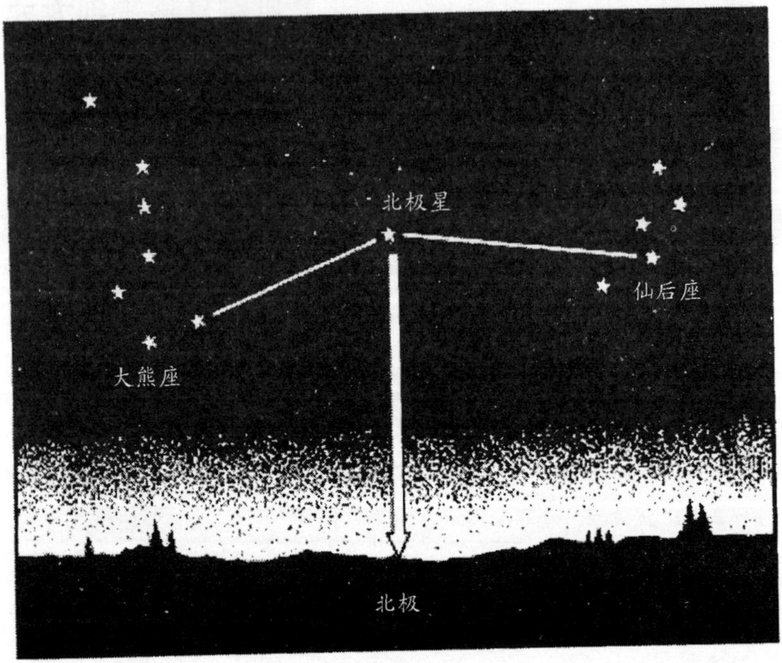

图 18-3　大熊座和仙后座

形状像长柄杓。两颗形成这个杓的外缘的星星是“指极星”，因为它们指向北极星。可以想象在最下面的一颗星和杓的最外侧的一颗星之间划一条线。把这条线按照两颗星之间的距离延长 5 倍。顺着这条线就可以找到北极星。你可能还会注意到，北极星总是位于与你所在的北纬线大致相同的与地平线垂直的角度上。比如，如果你在北纬 35°的位置，在与地平线呈 35°角的天空中很容易便能找到北极星。这种方法可以在寻找大熊座、仙后座和北极星时缩小寻找范围。

仙后座由 5 颗星星组成，形成一个像“W”的形状。“W”的一侧显得被拉平了。将在这一侧形成的角平分就可以发现北极星。将这条线按照“W”底部和顶部之间的距离延长 5 倍。北极星位于仙后座和大熊座之间。

确定好北极星的位置后，想象向地面划一条垂线，就可以找到北极或正北方。

南半球天空。由于南天极附近没有明亮的容易辨认的单个星星，你可以利用南十字星座来辨认。你可以把它当作指向南的路标(图 18-4)。南十字星座有 5 颗星星。其最亮的 4 颗星形成一个十字形。把构成十字形长轴的两颗星星当作指导线。为了确定南方，想象将这两颗星之间的连线在这两颗星和地平线之间延长 4.5 ~5 倍。南十字星座左边的指极星有两个用途。第一，可以想象一条从这些星星朝向地面的一条线来得到一条额外的指南线。第二，指极星帮助你精确区分真正的南十字星座和假南十字星座。南十字星座和这两颗星星之间非常暗，没有星星。这个区域被称做炭囊。从这个想象点向地面看，并选择一个地标作为方向标。在静止的生存环境中，如果你在夜里往地下打入一根指向这个方向的木桩，在白天就可以确定这个位置。

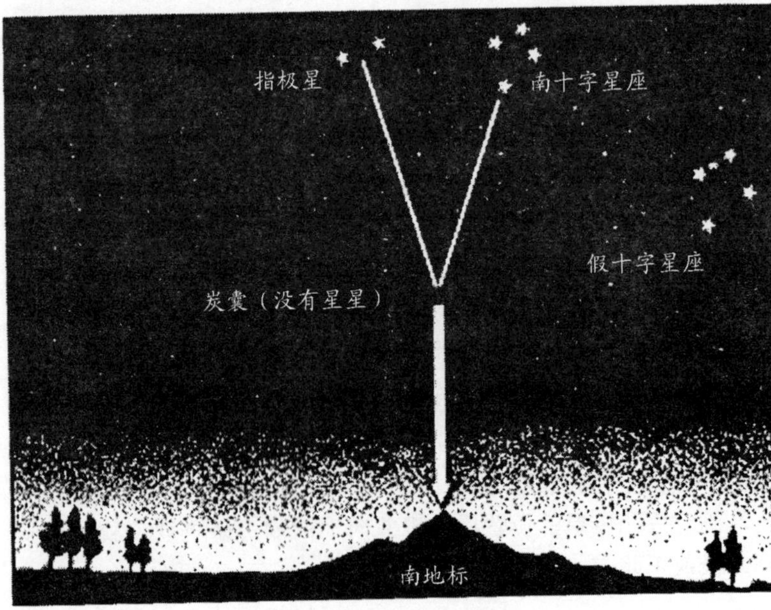

图 18-4 南十字星座

制作临时指南针

用一片能够做成针状的铁片或一个双刃刮胡子刀片，以及一根能把它们吊起来的线或长头发，就可以做一个临时指南针。你可以通过在一块丝绸上朝着一个方向慢慢地摩擦或者小心地在你的头发里摩擦使金属磁化。用一块磁铁反复摩擦金属的一头也可以使金属磁化。记住，要始终朝着一个方向摩擦。如果有电池和电线，你可以用电使金属磁化。电线应该有绝缘层。如果没有绝缘层，应把金属包在一个细纸条里或者用一片树叶包住，以免接触。电池至少要是 2 伏的。在电线上做一个线圈，把两头连到电池的两极。将金属物体的一端反复插入、拔出线圈。这样就把针变成了一个电磁石。当把它吊在一条非金属线上，或者放在漂浮在水中的一小片木头或软木或一片树叶上时，它自己会指出南北方向。

你还可以用缝衣针或者薄金属片、一个非金属容器（比如从塑料容器或软饮料瓶上切下其底部）以及钢笔的镀银笔尖做成一个更精致的临时指南针。拿一个缝衣针，从中间折断。一段作指针，一段作支点。把用作支点的一段穿过容器的底部中间；这一部分应该与底部齐平，不要插入里面。用胶水、树液或融化了的塑料把另一段的中间部分粘到钢笔镀银的笔尖上。把两端中的一端磁化然后放在支点上。

确定方向的其他办法

古老的谚语中关于长在树上的苔藓能指北的说法被认为是不准确的，因为在一些树的各个侧面都长有苔藓。实际上，在北半球，树的向南一侧生长的苔藓更旺盛，而在南半球正相反。如果有几颗倒在地上的树可以作比较，要观察其树桩。朝着赤道的一边生长得更茂盛，年轮的间隔会更宽。另一方面，朝着北极的年轮的间隔距离比较近。

在那些经常刮某个方向的风的地方，如果你对此有了解，风向也可以帮你辨别方向。

识别南北方向土坡上植被和湿度的差异也能帮你辨明方向。在北半球，朝北的坡比朝南的坡接收到的阳光少，所以比较凉也比较潮湿。夏季，朝北的坡上会有未化的雪存留。

在冬季，朝南的坡和开阔地上生长的树上以及岩石或大石头南侧的雪最先化掉。由于太阳的暖效应，地上的积雪也比较浅。在南半球，这些现象正相反。

第19章

发信号的技巧

当你身处生存环境中时，你最需要关注的事情之一就是与友军或盟友建立联系。通常，联系是指信息的发出和接收。在生存环境里，你必须先让自己被救援者注意到，然后，发出救援者能够理解的信息。有一些引起注意的是布置在无人居住区的几何图形，比如直线、圆、三角形或者 X；大火或闪光；缓慢移动的闪亮物体；或者颜色或阴影对比。使用何种方式发信号取决于你的环境和敌人的情形。

应　用

在非战斗情形下，你需要在周围的最高处找到最大的一片空旷平地。尽你所能，做出最明显的信号。另一方面，如果正在进行战斗，你必须要更加谨慎。你不会希望发出的信号把敌人吸引过来。要选一片从空中能看到的地方，但是要确保附近有藏身之处。要想办法使发射信号的地点和敌人之间有座小山或其他物体，以免敌人看到你的信号。要对周围进行彻底侦查，以确保附近没有敌人的部队。

不论你打算使用何种发信号的技术或装置，都必须了解其使用方法并且能立即进行操作。如果可能，要避免使用可能威胁到你的身体的信号或发信号方法。记住，发给友军的信号也可能使你的藏身地点暴露给敌人。在发信号前，要仔细权衡被友军救援的机会和被敌人抓住的危险。

无线电可能是最有保障、最快捷的让别人知道你在哪里并使你能够接收他们的信息的方法。要熟悉你所在部队的无线电，了解如何操作以及如何发送和接收信息。

你可能会发现有关其他发射信号的技术、工具或物品的说明。掌握它们的使用方法。想出如何调整或改变这些工具使之适合不同环境的方法。在实际需要之前，练习使用这些发信号的技术 、工具和物品。有计划地提前安排好发信号的技术也许能增加你被救援的机会。

发信号的方法

获取注意的方法主要有两种——视觉和声音。采用哪种方式取决于你所处的环境和可以获得的材料。不管使用哪一种方法，都要使视觉和听觉信号随时可用。你会自始至终在本章中看到“三个一组”。这是因为大自然中很少存在“三个一组”的事物。“三个一组”通常是人工制造的声音或视觉信号。

视觉信号。这些信号就是你用来使救援者看到你自己的材料或装备。视觉信号包括火、烟、火焰和其他很多发信号的方法。

火。在黑暗中，火是发出视觉信号最有效的手段。生三堆火，使之围成三角形（国际通用的求救信号）；或者排成一条直线，每堆火之间相距大约 25 米（83 英尺）。只要时间和形势允许，应尽快把柴堆堆起来，并保护其不受恶劣天气的影响，直到你需要它们的时候。如果你是孤身一人，保持三堆火燃烧可能有点困难，那就保护好一堆火。火燃烧后留下的热炭堆也能被装备有红外线或热敏探测仪的飞机侦察到。

生信号火堆时，要考虑你的地理位置。例如，如果你在丛林中，那就要找一片天然的空旷地或者在溪水边生火，以免火堆被丛林的树叶遮挡住。如果没有天然的空地，你就需要清理出一片空地来。如果是在雪地中，你可能需要清理地面的积雪或者搭一个平台来生火，这样火才不会被融化的雪水浇灭。

燃烧的树（树火炬）是另外一种引起注意的手段（图 19-1）。含有树脂的树木即使是绿色的也能点燃。对于其他类型的树木，你可以在较低的树枝上放一些干木头，点燃干木头，这样火势向上烧，会点燃整棵树。在树未烧完前，砍一些绿色的小树添加到火里，可以产生更多的烟。一定要选择离其他树木很远的树，以免发生森林火灾，并危及自身安全。

烟。在白天，可以做一个烟发生器，并用烟来引起注意（图 19-2）。国际通用的受困信号是三柱烟。你应该尽力使烟的颜色和周围的背景颜色有所区别：如果背景是浅色的，就使用黑烟，反之亦然。如果你在火上加一些绿色的树叶、苔藓或者浇一点水，那么产生的烟会是白色的；如果往火里加一些橡胶、浸过油的碎布等，产生的烟会是黑色的。

图 19-1 树火炬

在沙漠地区，烟无法升高，总是在地面盘桓，不过在空旷的沙漠地带，飞行员依然能看见。

用烟来做信号通常只适用于相对风和日丽的日子，大风、雨、雪都会将烟驱散，减少你被发现的可能性。

烟雾手榴弹。如果你有烟雾手榴弹，你可以使用它们，方法和用火一样。一定要保持手榴弹干燥，确保需要使用时它们有效，使用时注意不要引燃周围的植物。红色是国际承认的一种求救颜色，但任何颜色的烟，如果使用得当，都会引起注意。

信号枪。飞行员救生衣中就有这种 M185 信号装置，包括一支钢笔形状的枪，枪上用尼龙绳绑着一粒燃烧弹。发射时，它发出的声音很像手枪射击发出的声音。燃烧弹射程达 150 米（495 英尺）高。燃烧弹的直径约为 3 厘米（1 英寸）。

图 19-2　烟发生器——地面

要想使燃烧弹处于随时待命状态，可以将它从包装中取出，部分旋入枪中，枪的扳机处于非击发位置，然后把枪用绳子挂在脖子上准备好，一旦救援飞机出现，就马上向飞机前方惊吓不到飞行员的方向发射，并准备好第二次发射。同时也需要做好隐蔽的准备，以防飞行员误将信号弹当作敌人在射击。重要的是，要注意到燃烧弹可能会碰到树枝和树冠上。这会使燃烧弹偏离方向或坠落到地上，造成森林失火。要确保你发射时上方没有东西和障碍。

微型火箭筒。这种装置是信号枪的更新版本。其不同在于，它是以喷气为动力的，而信号枪靠的是弹力。其射程最高能达到300米（990英尺）。为了准备好发射，要把燃烧弹推进套管里固定好，而不是拧进去。这种设计是为了更好地穿过树冠，但也不能依赖于此。要确保找到一片空地，这样有助于向头顶上发射。再次重申，三个一组是国际公认的危难信号。

曳光弹。你可以使用步枪或手枪的曳光弹给搜救飞机发信号。不要向飞机前方发射。就像信号枪一样，如果飞行员把你的曳光弹误认为是敌人的火力，你要赶快把自己掩藏起来。再次重申，三个一组是国际公认的危难信号。

星状烟火信号弹。红色是国际通用的求救颜色，所以，如果可能的话，就使用红色的烟火信号弹，不过任何颜色都可以使救援人员发现你的位置。星状烟火信号弹射程高度为200~215米（660~710英尺），可燃烧6~10秒钟，下落速度为每秒14米（46英尺）。

星状伞投信号弹。这种信号弹射程高度为200~215米（660~710英尺），下落速度为每秒2.1米（7英尺）。M126型（红色）能够燃烧大约50秒，M127型（白色）可以燃烧大约25秒。在夜间，这些信号弹的可视距离为48~56千米（30~35英里）。

MK-13和MK-124。这些信号装置通常配备在飞机和救生筏里。其一端可产生橙色烟雾，可在白天使用；另一端产生火焰，可在晚上使用。烟能持续大约15秒，火焰持续20~25秒。尽管这两种信号装置是为救生筏设计的，但却不能在水上漂浮。其设计是用来手持的，但在发信号时手持的远端并不能用来防止烧伤。要注意，用一端发过信号之后，另一端还可以使用，所以，在两端都用过之前，不要扔掉。装置的两侧有很多不厌其烦的说明，使你在白天和黑夜都能发出正确的信号。两端的盖是彩色的凸起，拉环上有区分白天使用还是晚上使用的垫圈。

反光镜或闪光物。在晴朗的白天，镜子是最好的信号装置。

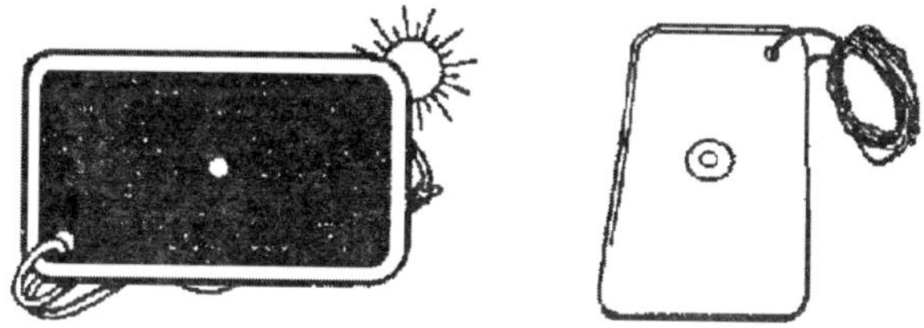

如何使用 MK–3 信号镜

1. 用镜子将阳光反射到附近的一个物体表面（如筏、手等）。
2. 慢慢将镜子举到眼前，将眼睛靠近观望小洞，你会看到一个非常明亮的光点。这就是目标显示器。
3. 将镜子在眼前慢慢转动调整，使那个明亮的光点停在目标上。
4. 如果是在友好的地区，确定只有友军的救援队会出现，那么建议自由使用信号镜，即使没有看到飞机或船只，也要继续在地平线上扫描。如果在敌对地区，那么只能将信号镜当作瞄准信号用。

图 19-3　MK-3 信号镜

如果没有镜子，可以磨光你的水杯、皮带扣或者其他类似物体，使之可以反射阳光。将反光集中于一处，以避开敌人的侦查。现在就练习使用镜子或闪光物来发信号，不要等到需要使用时才练习。如果你有 MK-3 型信号镜，可以依照其背面的说明操作（图 19-3）。另一个更容易将信号镜对准目标的方法是，将反射光投射到你的手掌中或呈 V 字形（或称胜利手势）的两根手指之间。此时，慢慢移动你的手，使其移到正处于目标点下方的位置，或者使飞机处于你两个手指形成的 V 字形中间，眼睛盯着你的手掌。然后，如图 19-4 和图 19-5 所示的那样，慢慢地、有节奏地上下移动你的手并保持信号对准目标点。

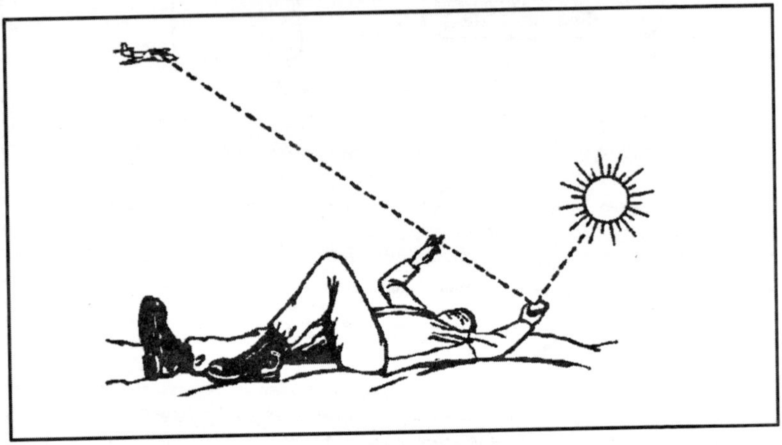

图 19-4　用临时信号镜对准目标

将信号镜用绳子或链子悬挂在脖子上，随时准备好使用。不过一定要将可以反光的一面贴着你的身体，以免其反光被敌人发现。

图 19-5　用固定物作为参照对准目标

阴霾、雾气都可能使飞行员很难看到闪光物发出的信号，因此，如果可能，要到周围地势最高的地方去发信号，如果看不到飞机，那就朝着飞机发出声响的方向发信号。

注意：飞行员们报告过，在理想状态下，他们在 160 公里（90 英里）之外就看到了镜子的闪光。

手电筒或频闪灯。晚上你可以使用手电筒或频闪灯向飞机发出 SOS 信号。使用频闪闪光灯时，小心不要让飞行员误认为是袭来的枪弹。频闪闪光灯一分钟闪光 60 次。有些频闪闪光灯有红外线外罩和镜头。蓝色闪光瞄准仪也可以接收到频闪光，这可以使飞行员将频闪光和枪口在射击时发出的光区分开，而且还能使频闪闪光灯指示方向。

激光装置。武器上的激光瞄准装置的可视性很高。瞄准镜和商用激光笔的可视性也很高。

萤火灯。这些约 3 厘米见方、1 厘米厚的小灯需要 9 伏的电池，能产生各种可见的红外光，既可以是闪烁光，也可以是稳定的光。灯光的可见范围和电池寿命取决于灯泡的多少和使用方式。

VS-17 信号布板。白天时你可以用 VS-17 信号布板发信号。将橙黄色的一面朝上，因为在空中，橙黄色比紫罗兰色更容易被看见。晃动布板会更容易让飞行员发现。你可以用任何鲜橙色或紫罗兰色的布代替 VS-17 信号布板。

衣服。将衣服放在地上或者放在树顶上也是一种发信号的方法。选择那些和周围颜色对比明显的物品，将它们排成大大的几何图案，这样它们更容易吸引注意力。

天然材料。如果没有其他方法，你也可以利用天然材料来组成可以从空中看见的符号或信息。你可以堆一些可以投射阴影的土堆，或者可以利用任何类型的灌木、树叶、岩石或者雪块等。

在积雪覆盖的地区，可以用力踩踏雪，踩出一些字母或符号之后，将一些可形成对比的材料，如树枝等，放入字母或符号中。在沙地，用砾石、植物或者海草来组成图案。

在灌木丛生的地区，按照想要的图案将灌木砍掉，或者将地面烧焦。在苔原地区，挖掘沟渠，或者将草皮翻过来。

不管在什么地区，都要用有对比的材料来布置符号，这样才能让飞机上的机组人员看到。将信号排列成南北方向最好，这样能获得太阳造成的阴影以形成对比，并容易辨认。

海水染色剂。军用飞机如果被指派去附近有水的地方执行任务，或者去执行水上任务时，都会配备一个装有海水染色剂的救生箱。如果你处在水上求生的困境中，可以在白天使用海水染色剂来标识自己的位置。染色区域在三个小时之内都会非常明显，除非在波涛汹涌的大海中。所以，该染色剂只能在友好区域使用。将染色剂包裹好，直到需要使用时再打开。海水染色剂的效果从 11 公里（7 英里）之外位于 2000 英尺高度的飞机上就能看见，所以你应该在听到或看到飞机时再使用。为了以后还能用，不要一次都用完。将染色袋浸入水中，直到出现大约 30 米（100 英尺）长的色膜。染色剂还可用于雪地，用它将求救代码字母染色也非常有效。

注意：有传言说海水染色剂会引来鲨鱼。美国海军对此进行了研究，没有找到支持这个传言的科学证据。鲨鱼天然具有好奇心，并容易被新奇的东西吸引。因而，一条鲨鱼可能会把一个人作为可能的食物来源，而不论有没有海水染色剂。不要害怕使用海水染色剂，它或许是你向搜救飞机发出信号的最后或唯一机会。

音频信号。你向搜救者发信号的其他手段可能是音频信号。无线电设备、哨子或者开枪是一些你能够用来表明自己位置的方法。

无线电设备。AN/PRC-90 无线电信号设备是军队飞行员救生背心的一部分。AN/PRC-112 将最终代替 AN/PRC-90。这两种无线电设备都既可以传送信令，又可以传送声音。任何其他类型的无线电设备也都有这些功能。信号的传输距离取决于接收信号的飞机所处的纬度、地形、植物密度、天气、电池状况、无线电种类以及干扰。要获得最好的效果，应采用以下步骤：

- 设法在无障碍的开阔地传送信号。因为无线电是视距通讯装置。无线电设备和接受者之间的任何地形都会阻碍信号的传输。

- 使天线与救援飞机之间保持直角。天线顶端的信号很弱。
- 如果你的无线电设备能发送信令，把它放到一个凸起的平台上，以便你能够进行其他求生任务。
- 在发送时，永远不要让天线或衔套的任何部位接触到你的衣服、身体、树叶或地面。这种接触会大大降低信号能达到的距离。
- 保护好电池。在不用的时候，要把无线电设备关上。不要持续发射或接收。在敌占区，传输时间要短，以避免被敌人侦测到。
- 在寒冷天气里，不用的时候，要把电池放到你的衣服里。寒冷会使电池的能量迅速流失。不要把电池暴露在极热的环境中，如沙漠中的阳光下。高热会造成电池爆炸。虽然无线电设备的设计是防水的，但要尽量保持设备和电池干燥。因为水会损害电路。
- 国际救援机构已经开发出一个世界范围的卫星监测系统，以帮助找到求救者的位置。要在和平时期启动这种搜救，至少要传送 30 秒钟的信号。

哨子。哨子是近距离发送信号的一个极好方法。在一些记录下来的案例中，哨声可以远达 1.6 公里。制作的哨子的哨声比人吹出的口哨声传得更远。

枪声。在某些情况下，你可以用火器发出信号。有明显时间间隔的三声枪响通常是求救信号。在敌占区不要用这种方法。敌人肯定会来查找。

序号	信息	代码、符号
1	需要援助	V
2	需要医疗援助	X
3	不或否定	N
4	是或肯定	Y
5	朝这个方向前进	↑

图 19-6　地对空紧急代码（图形信号）

图 19-7　身体信号

代码和信号

现在你知道了如何让别人知道你在何处，你还需要知道如何给他们提供更多信息。形成一个符号比拼出整句信息容易得多，因此需要学习下面的代码和符号，这些代码和符号所有的飞行员都认得。

SOS。你可以用灯光或旗帜发送 SOS 信号——三个点，三个破折号，三个点。SOS 是国际通用的无线电摩斯码求救信号。一个点是一个短而尖锐的脉冲，一个破折号是一个较长的脉冲。持续发出该信号。使用旗语时，将旗帜放在身体左侧代表破折号，放在身体右侧代表点。

地对空紧急代码。这些代码（图 19-6）事实上是五个明确的、有意义的符号。这些符号至少要达到 4 米（13 英尺）宽、6 米（20 英尺）长。如果你做更大的，要使其宽和长的比例保持在 2∶3。符号笔画的宽度要达到 1 米（3 英尺）才能最大限度地确保在高空中能够被看到。要确保符号与地面形成强烈的对比。可以用各种材料制作信号，例如，飞机零件、圆木或树叶。要记住尺寸、比例、尖角、直线和方角。你必须考虑如何让信号与自然的地面形成对比。可以把作物和高草折断或弯曲成信号的形状，或在雪地上或沙土上踩出信号的形状。要把信号放到空中容易发现的开阔地上。如果要躲避敌人，也可以把信号埋入地下，以减少其对地面部队的指示作用。

身体信号。如果飞机离你很近，飞行员能够清晰地看到你，那么可以使用身体的运动或姿势（图 19-7）来传达信息。

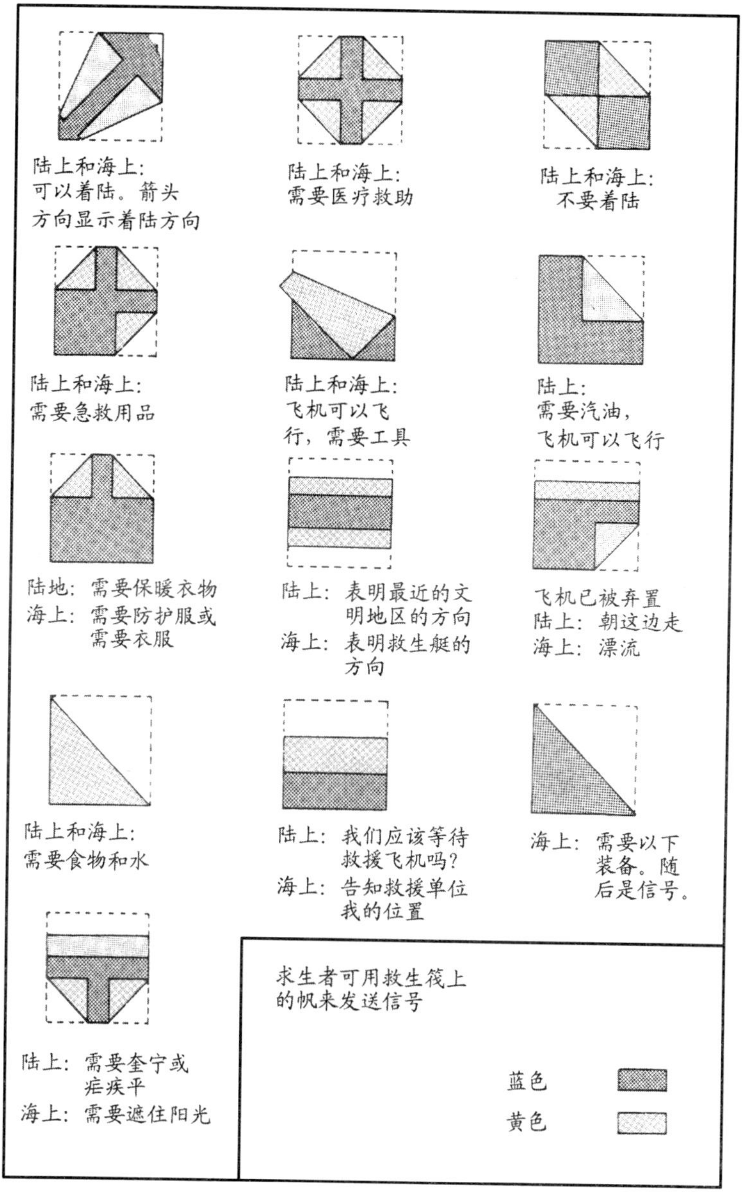
陆上和海上：
可以着陆。箭头
方向显示着陆方向
陆上和海上：
需要医疗救助
陆上和海上：
不要着陆
陆上和海上：
需要急救用品
陆上和海上：
飞机可以飞
行，需要工具
陆上：
需要汽油，
飞机可以飞行
陆地：需要保暖衣物
海上：需要防护服或
需要衣服
陆上：表明最近的文
明地区的方向
海上：表明救生艇的
方向
飞机已被弃置
陆上：朝这边走
海上：漂流
陆上和海上：
需要食物和水
陆上：我们应该等待
救援飞机吗？
海上：告知救援单位
我的位置
海上：需要以下
装备。随
后是信号。
陆上：需要奎宁或
疟疾平
海上：需要遮住阳光
求生者可用救生筏上
的帆来发送信号
蓝色
黄色

图 19-8　布板信号

布板信号。如果你有救生筏罩或帆，或者诸如毯子之类的其他合适替代品，可以用图 19-8 中的符号来发送信号。

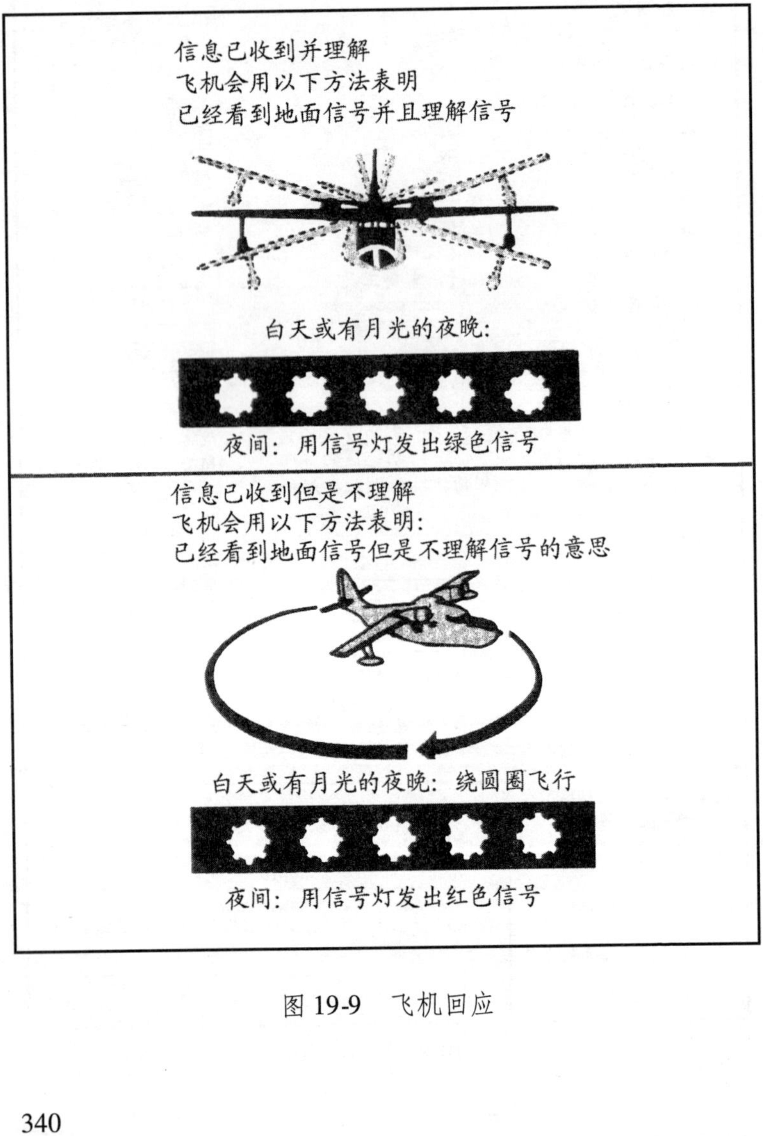

图 19-9　飞机回应

飞机回应。固定机翼飞机的飞行员会通过飞机的运动或用闪烁灯光来表明他已经看到了你，如图 19-9 所示。一旦飞行员回应表明已经收到并理解你的第一个信号，要马上准备好布置其他信号。如果有无线电信号设备，要进一步发出信息；如果没有，就用前面介绍过的信号。

引导飞机的程序

为了与飞机取得联系，先用灯光联系 15 秒，再用声音联系 15 秒（例如：五月，五月，五月——这称为“呼号”），然后听 15 秒。当你与友军飞机联系上之后，要引导飞行员飞到你的位置。用以下程序：

- 呼号（如果有的话）。
- 姓名。
- 位置（顺时针还是逆时针，以及从飞机到你所在位置的距离）。
- 敌人的部署和位置。
- 需要救援的人数。
- 可降落的地点。
- 其他诸如需要的医疗帮助或其他急需的帮助。
- 向飞行员发出引导指令或方向校正指令，以免飞行员因视角原因发生错误。例如，如果飞机需要左转才能到达你所在位置的上方，就告诉飞行员左转舵。当飞行员开始接近正确位置时，就告诉他“稳住”。要持续进行必要的校正，让飞机对准你。还要把你估计的飞机与你之间的距离告诉飞行员，并准备好对飞机到达你所在的位置进行倒数。例如："还有一英里……还有半英里……你将在10秒之后到达我的上方，9秒，8秒，7秒，6秒，5，4，3，2，1，好。"这会帮助飞行员估计你所在的位置。记住，由于受飞机设计的限制，飞行员可能无法直接往下看，而只能看到其前方的某个角度。

仅仅因为你已经与救援者取得了联系并不意味着你就安全了。要遵循指令，并且要继续使用生存和脱险技术，直到你真正获救。

第20章

敌占区里的生存活动

以前的冲突中所奉行的“不惜任何代价进行救援”的原则在未来的冲突中不大可能实行了。我们潜在的对手在空中防御措施和无线电测向技术上取得了很大的进步。我们必须假设，在未来的冲突中，陷入敌人防线背后的美国军队有可能得不到友军的快速营救。士兵们可能不得不在敌后滞留更长时间并走更远的路，以运动到使营救部队面临较小威胁的地点。士兵也许会不知道自己会得到何种形式的营救。具体的情形和可得到的资源决定可能采取的营救方式。由于在营救行动开始之前没有人能对此绝对确定，有可能面临与友军失去联系的士兵们应该熟悉各种营救方式、各种营救方式的相关问题以及自己在营救行动中的责任。准备和训练能够增加成功的机会。

计划阶段

准备是所有任务的一个要求。在做计划时，你必须考虑如何避免被抓获以及如何回到自己的部队。脱险计划必须与部队的标准作战规则（SOPs）和现行的联合作战条令相一致。你还必须考虑你和你的部队将要采取的行动方案（COAs）。

脱险行动计划。成功的脱险取决于有效的事前计划。其责任最终会落在有关的个人头上。好的脱险计划应该包括情报简报——选定的脱险区域，脱险区域的情报说明，脱险和营救区域的研究，生存、脱险、抵抗及逃脱指南和通告，陷于敌后人员的报告，以及一个脱险行动计划。

为撰写脱险行动计划所进行的研究将使你了解执行任务的地区的当前情况。你的脱险行动计划将使营救部队了解你为避免被敌人抓获可能会采取的行动。

你甚至应该在战前计划之前就开始准备。脱险行动计划的部分内容是标准作战规则中的一个单元。应将脱险行动计划包括在你的训练中。

脱险行动计划是你返回友军控制区的完整计划。它包括作战行动命令格式中的五段内容。在执行任务时，你可以把第Ⅰ段的大部分内容——情况说明——随身携带。

一个全面的脱险行动计划对于陷入敌人防线背后并试图避免被抓获的士兵而言，是无价之宝。为完成第Ⅰ段的内容，你要了解你的部队被派往的地区或可能被派往的地区。很多公开或保密的渠道都可以为你提供完成脱险行动计划所需的信息。公开的信息来源包括报纸、杂志、国家或地区手册、地区研究、电视、收音机、互联网、熟悉那些地区的人，以及图书馆。使用公开信息时要小心，这些信息可能不可靠。秘密来源可以包括地区研究，区域评估，生存、脱险、抵抗及脱险紧急指南，保密 IP 路由网络，各种机密野外手册和军情报告。

脱险行动计划的准备应该包括三个阶段。在正常的训练中，要准备第Ⅰ段——情况说明。在战前计划阶段完成第Ⅱ、Ⅲ、Ⅳ和第Ⅴ段。在被布置到一个地区之后，根据当时的情形或任务及情报的变化随时更新你的脱险行动计划。脱险行动计划是一个指南。你可以根据具体任务而增加或删除某些内容。脱险行动计划可能是营救部队在你开始躲避之后确定你的位置和意图的唯一途径。它是你生存下来并回到友军部队的一个重要工具。

标准作战规则。你所在部队的标准作战规则是你制订脱险行动计划的重要工具。当面临需要立即采取行动的危险情形时，不是讨论各种选择的时候，而是采取行动的时候。小股部队行动中所用的很多技巧可以适用于向友军控制区的运动和返回。来自于标准作战规则的条目应包括但不限于——

- 小组的人数（每个小队 3 ~4 人）。
- 小组联络（技术的和非技术的）。
- 必要的装备。
- 危险地区的行动。
- 发信号的技术。
- 紧急行动训练。
- 接合的程序。
- 直升机营救装备和程序。
- 在运动中和藏身地的警戒规定。
- 集合点。

演练可以有效地强化标准作战规则的技巧，并提供机会对其进行评估和改进。

运动和避免被俘的通知。一支陷于敌占区的部队有几套避免其全体或部分成员被抓获的行动方案。这些行动方案不是指挥官可以选择的，而是其任务决定了方案的选择。他不能擅自放弃指定给他的任务。他必须在自己的部队无法完成任务（由于战斗力的损失）或接到从当前的位置撤出部队的命令，并且完成自己的任务之后才能采用这些行动方案。如果这种行动不可能，指挥官可能会决定让部队采取避免被俘并返回友军控制区的行动。在这两种情况下，只要与上一级总部保持着联络，总部就会作出决定。

如果指挥官与总部失去联系，那么他必须决定是运动还是等待。他需要根据很多因素来作出决定，包括部队的任务、现有的配给和弹药、伤亡情况、被友军营救的机会以及战术情形。陷于敌方防线的部队的指挥官还面临着很多其他问题。哪种行动方案能对敌人造成最大的破坏？哪种行动方案有助于上一级总部整体任务的完成？

当接到上一级总部的通知或者当与总部失去联系，在最高指挥官决定形势要求部队采取行动避免被俘或被消灭时，行动小组开始计划的执行阶段。行动小组的领导通过简令信号接到通知。一旦发出设法避免被俘的信号之后，必须立即通知到每一位士兵。如果可能的话，要通知总部。如果无法和上级总部联系上，小组领导必须认识到有组织的抵抗已经结束，有组织的控制已经中断。命令和控制权此时掌握在小组或个人的手中，只有在到达友军的防线之后才能恢复更高层组织的控制。

执　行

在接到避免被俘的通知后，行动小组的全部成员将设法向脱险出发点会合。这里是小组成员集合并实际开始脱险行动的地方。在你制订计划阶段，要通过地图侦查试探性地选择脱险出发点。一旦到达战场，小组要核实这个地点或选择更好的地点。小组全体成员必须要知道其位置。脱险出发点应该容易寻找并能在尽量短的时间内占据。

一旦小组在脱险出发点会合，必须——

- 给予急救。
- 列出装备清单（决定丢弃、消毁掉或携带什么）。
- 进行伪装。
- 确保每个人都知道暂定的藏身地点。
- 确保每个人都知道通往藏身地点的主要路线和备用路线以及途中的集合地点。
- 保持警戒。
- 把小组分成更小的单位。理想的单位应该是 2 ~ 3 个成员。然而，根据小组的装备和经验情况，人数可以增加。

返回友军控制区的运动阶段是最危险的部分，因为此时你最易遭受攻击。夜晚黑暗容易隐蔽，所以最好在夜里行动。不过在穿越危险地形或植被浓密（比如丛林或多山地形）的地形时例外。在行动中，要避开下列情况，即使这样会因绕路而花费更多的时间和精力：

- 障碍和屏障。
- 道路和小径。
- 居民区。
- 水道和桥梁。
- 最常走的路。
- 人工建造物。

- 所有的平民和军人。

在敌占区的运动是一个很慢而深思熟虑的过程。你运动得越慢、越仔细越好。最好的警戒就是运用你的感觉。在别人侦察到你之前，你要用眼睛和耳朵先侦察到他们。要经常停下来听听动静。在白天，要先观察好要走的路线的一部分，然后再走。在藏起来之前能走多远取决于敌人的情况、你的健康状况、地形、藏身或隐蔽的难易以及离天明还有多长时间。见第359～363页的运动和反跟踪技巧。

一旦你进入到想藏身的区域，就要选择一个藏身地点。在选择藏身地点时，要记住BLISS（福祐）口诀：

- B（blend）——与周围的环境相融合。
- L（low）——侧影要低。
- I（irregular）——形状要不规则。
- S（small）——尺寸要小。
- S（secluded）——隐蔽。

要避免使用现成的建筑或避身所。通常，你最好的选择是爬进你能找到的浓密的植被里。只有在寒冷天气中或沙漠环境才需要建避身所。如果你要搭建，应遵循BLISS口诀。

藏身地点的活动。在选好藏身地点后，不要直接进入。使用绊钩或其他技巧先运动到藏身地点外面一个位置。单独进入藏身地点前要先停下来听一听。小心不要摇晃或砍任何植物。一旦进入藏身地点，要把活动限制在保持警戒、休息、伪装以及计划下一步行动之内。

要通过观察和倾听来保持警戒。侦察到敌人后，警戒人员要向全体人员发出警告，即使小组的计划是在看到敌人时保持隐蔽而不采取行动。采取这一行动是为了使每个人都知道存在的危险并作好反应的准备。

如果有小组成员要离开，要给他五点应急计划。应该包括——谁要离开？要去哪里？要去多久？如果受伤或不能按时返回该怎么办？受伤的人应该去哪里？

在避免被俘的过程中，保持健康和警觉是极其重要的。要抓住一切机会休息，但不要牺牲警戒。要轮流警戒，以便你小组的所有成员都能休息。要治疗所有伤口，不管伤口有多么小。失去健康意味着失去避免被俘的能力。

伪装是一个重要方面，不论是在运动中还是在藏身地点。要用结伴制来确保伪装的完备。要确保小组成员与藏身地点融合在一起。使用天然或人工的材料。如果需要给藏身地点增加伪装材料，不要砍周围的植被。

在藏身地点要计划下一步的行动。侦查藏身地点后应立即开始作计划。要通知小组全部成员其目前的位置并指定一个替代藏身地点。之后，开始为小组的下一步行动作计划。

计划小组的行动时，应该先作地图侦查。首先要选择下一个藏身区域。然后选择通往藏身区域的基本路线和备用路线。在选择路线时，不要用直线。而要选择一条或两条有急转弯的路线。选择的路线应该是有最好的藏身和隐蔽的条件、最少的障碍以及最不可能遇到人的路线。沿路应该有小组可以取水的地方。为了辅助小组导航，可用方位、距离、核对点或转向标记和走廊。要计划好沿路的集合点和会合点。

其他需要计划的事项可能在小组的标准作战规定中已经有了。例如，紧急行动训练、看到敌人时的行动以及手势信号。

计划一旦完成，要确保每个人都知道并记住整个计划。小组成员应该知道通往下个藏身地点的整条路线的距离和方位。他们应该研究地图，并了解将要穿越的各种地形，以便在行动过程中不用再看地图。

在一个藏身地点待的时间不要超过 24 小时。在大多数情况下，白天隐蔽，夜晚行军。在藏身地的活动要限于提到的那些。一旦进入藏身地点，就要把全部身体活动限制在不超过地面 45 厘米（18 英寸）的高度。不要生火或做饭。烟和食物的味道会暴露你的位置。离开藏身地点之前，要进行清理，以防止被跟踪。

藏匿区。在运动和藏身几天之后，通常是 3 ~ 4 天，你或行动小组将不得不进入藏匿区。这是一个你可以休息、恢复并取得和准备食物的地方。要选择离水源近的区域。这样你会有地方取水、放置捕鱼装置以及设陷阱捕捉动物。因为水路是交通线，所以藏身地点最好远离水路。

藏匿区内和其周围应该有充足的遮盖物和隐蔽物，以便于活动。在藏匿区要时刻保持警戒。要时刻派人值勤。在藏匿区的行动和藏身地点一样，除了你能够离开藏匿区去获取并准备食物。在藏匿区你可以——

- 选择和占据下一个藏身地点（记住你仍然处于危险中，这不是一个友好地区）。
- 侦察这个地区的资源和可能通往备用藏身地点的隐蔽路线。
- 收集食物（坚果、浆果和蔬菜）。在周围寻找食物时，要保持警戒并避免留下踪迹或其他标志。设陷阱和套索时，要将其伪装好，并且要设在不易被人发现的地方。记住，当地人有时会频繁地出现在靠近水源的小路上。
- 从藏身地点内的水源取水。注意在取水的时候不要在水岸上留下踪迹。在岸边的岩石或圆木上行走可以减少取水留下的踪迹。

- 设置秘密的钓鱼装置，比如立桩，要放在水面以下，以避免被侦察到。
- 要选一个远离藏身地点的生火地点。在这里做饭或煮水。每次用过后都要进行清理和伪装。要确保火光和烟不会危及藏匿区的安全。

在藏匿区时，警戒仍然是你的头等大事。要给每个小组成员分派特定的任务。为了限制在这一地区周围的活动，你可以让一个 2 人小组执行一个以上的任务。比如，取水的小组可以同时把渔具放好。在藏匿区待的时间不要超过 72 小时。

返回友军控制区

与友军的防线或巡逻队建立联系对于行动和返回友军控制区来说是最重要的。如果你在接触到友军的前线部队时不能克制自己，你的所有忍耐、计划和经历的艰难困苦都会付诸东流。由于在与友军接触时行为不当，友军的巡逻兵杀死过在敌后行动的己方人员。如果能够保持克制并遵循几个简单的步骤，大多数此类伤亡本来是可以避免的。一般的倾向是在看到友军的部队时就不顾一切。你必须克服这种倾向，并且要理解与友军的接合是一种很敏感的情况。

边界穿越。如果你努力到达了友军或中立国家的边界地区，使用下面的程序来穿越边界并和边界另一侧的友军汇合。

- 在边界附近占据一个藏身地点，并派一支小队去侦察潜在的穿越地点。
- 监视穿越地点至少 24 小时，这要根据敌人的情形而定。
- 画一份草图，对穿越地点的地形、障碍和卫兵把守以及轮换情况和探测设备或警报拉发绊网作出标记。侦察完毕，小组要进入藏身地点，通告小组的其他成员并制订在夜晚穿越边界的计划。
- 越过边界后，在远离边界的地方设一个藏身地点，并努力确定友军的位置。不要暴露自己。
- 根据你的行动小组的规模，派两个人监视与友军可能接合的地点，直到确定对方确实是友军。
- 要在白天和友军进行联系。被选派与友军联络的人必须卸下武器、装备并要佩带身份识别物。实际去和友军接合的人选应该是最不容易被认作敌人的人。
- 在实际接触中，只能让一个人进行接触，另一个人提供警戒，并在安全距离内观察接合地点的情况。这个观察者必须保持一定的距离，以便在有意外情况出现时通知自己的行动小组。
- 等候，直到对方前来接洽的人朝自己的方向看过来，这样他就不会对接触感到意外。负责接触的人要从隐蔽物后站出来，双手举过头顶，并说明自己是美国人。然后，按照对方的指示去做。不要回答任何有关战术的问题，并且不要暗示还有其他队员。
- 在确认了对方的身份并且相信对方的确是友军之后，再告诉对方还有其他队友。

可能会出现语言困难或身份识别困难。行动小组应该确保安全、耐心并有应急计划。

注意：如果进入的是中立国，你是在向这个国家投降，然后便成了囚犯。

在战场前沿或在己方部队的前线接合。如果被夹在友军和敌军之间并且该地区正在进行激烈的战斗，你可以选择藏起来，并让友军的防线越过你。如果被友军越过，你可以在白天设法从他们的后部与他们接合。如果被敌人的防线越过，你可以进一步运动到敌人的后面，设法运动到战斗区的前沿或者在战斗间歇时运动到自己部队的前线，或沿着前线运动到另外一个地方。

在这种情况下的实际接合方法应与边界穿越的结合方法相同。唯一的区别就是你在初次接触时必须要更加小心。前线人员更可能先开火再问问题，尤其是在战斗激烈的地区。在试图进行接触之前，你应该靠近藏身物或躲在其后面。

与友军巡逻队接合。例如，如果友军的防线是一个圆周或者一个孤立的营地，你从任何方向接近都将被认为是敌人的占领区。你无法选择运动到防线后面去接合。这种运动会使接合极其危险。你可以有的一个选择是，将友军营地置于你的观察之下，并等待友军的巡逻队朝你的方向走来，为接合提供一个机会。你或许还可以在防线外围占据一个位置，并大声叫喊以引起友军的注意。最好是在联络的时候出示白色的东西。如果没有别的东西可以用，可以用一件衣服。这样可以在吸引注意力的同时隐藏自己。一旦发出的信号和喊叫引起注意，就要按照对方给你的指示去做。

要时刻留心友军的巡逻部队，因为这为你返回友军控制区提供了一个途径。要寻找一个能使自己的视野范围最大的隐蔽位置。努力记住每一种地形特征，以便在必要的时候可以借着黑暗的掩护溜进友军的位置。记住，趁着夜色溜进去是极其危险的行动。

由于巡逻部队担负的战斗和侦查任务以及他们所在地点的原因，进行接触可能会很危险。如果你决定不进行接触，你可以观察他们的路线并在大约相同的位置接近友军防线。这种观察可以使你躲开地雷和饵雷。

一旦看到巡逻部队，要待在原地，如果可能的话，让友军的巡逻队朝你靠近。当巡逻队离你 25 ~ 50 米（83 ~ 165 英尺）远时，发出信号并用标准的美国话清楚地大声问候。

如果你没有白色的东西，一件衣服也足够吸引注意力。如果距离远于 50 米（165 英尺），巡逻队可能会无法和你接触上并绕过你的位置。如果距离不到 25 米（83 英尺），巡逻队员的即时反应可能是射出致命的一枪。

在接触时，足够的光线对于友军确认出你是美国人极其重要。

不论你决定采用哪种接合的方式，都要极其谨慎。从友军巡逻队和友军营地里的每个人的角度来看，在他们确定你的身份之前，你都是敌方人员。

第21章

伪装

在求生环境中，尤其是在敌对环境中，你会发现伪装自己、装备和行动是十分必要的。有效的伪装可以使你活命，相反可能导致被俘。伪装和行动的技巧，比如潜行，还可以帮助你使用原始的武器和技巧来猎取动物作食物。

个人伪装

伪装自己的时候，要考虑到某些形状是人类特有的。敌人会寻找这些形状。帽子、头盔或黑色靴子的形状会使你暴露。即使动物也了解人的侧影，一旦发现这样的形状也会跑掉。要在你的制服里、武器上和帽子上放一些从周围获得的植物以打破你的身体轮廓。尽量减少皮肤和装备上发出的光亮。要与周围的环境融为一体，并要仿照周围环境的质地。

外形与轮廓。在武器和装备上绑上植物或布条，以改变其轮廓。要确保加上去的伪装不妨碍装备的操作。在隐藏的时候，用树叶、草或当地的其他废弃物把自己和装备盖上。把信号装置藏起来，但要让它们随时可用。

颜色和质地。世界上的每一个地区和每一种气候（北极和冬季、温带和丛林、沼泽和沙漠）都有其天然的颜色和质地。颜色不用说，质地是你看着某个东西的时候，它所呈现的表面特征。比如，表面质地可能是光滑的、粗糙的、多岩石的、多叶的或者很多其他可能的组合。要用颜色和质地把自己有效地伪装起来。在青草覆盖的田野里用枯死的棕色植物把自己盖起来没什么用处。同样，在沙漠或多岩石地区用绿草把自己盖起来做伪装，也起不到任何作用。

要在世界上的特定地区隐藏和伪装，你必须使用最接近周围环境的颜色和质地。天然或人工的材料都可以用来伪装。如果要举例的话，包括掩护漆、纸和木头燃烧后留下的炭、泥、草、树叶、布条或粗麻布、松树枝和迷彩服。

要把所有露着的皮肤都盖上，包括脸、手、脖子和耳朵。可用伪装漆、炭或泥来伪装自己。用深颜色把身体上比较突出、比较亮的部位（额头、鼻子、颧骨、下巴和耳朵）盖上。用浅颜色把其他部位尤其是凹陷并有阴影的部位（眼睛周围以及下巴下面）盖上。一定要用不规则的图形。把当地的植物或者颜色适合的布条粘到衣服和装备上。如果使用植物，枯萎后要马上换新的。当你穿越一个地区的时候，要对颜色的变化保持警觉，必要时要改变自己的伪装色。

图 21-1 说明了如何在不同的地区和气候下使用伪装。要针对环境选择适合的颜色。斑点和斜条有助于伪装质地。

地区	方法
温带落叶森林	斑点
针叶树森林	斜条
丛林	斜条
沙漠	斜条
北极	斑点
草地或开阔地	斜条

图 21-1　特定地区的伪装方法

发光。皮肤出油后会发光。装备掉了漆也会闪亮。即使有油漆的物体，如果很光滑，也会发光。玻璃物品如镜子、眼镜、双目镜和望远镜也会发光。不用的时候，必须要把这些玻璃物品遮盖好。任何发光的物品都会自动引起注意，从而把你的位置暴露。

在可能的时候，要把皮肤上的油洗掉并重新伪装。皮肤上的油会把伪装洗掉，所以要经常重新伪装。如果你必须戴眼镜，要把镜片的外层涂上薄薄的一层土来伪装。这层土可以减少光的反射。把武器上的发光点用伪装漆或泥涂盖上，或者用布或带子裹上。要特别注意把靴子上的鞋带眼、装备上的金属扣环、手表和首饰、拉链以及制服上的徽章盖住。把信号镜放在套子里或者放在口袋里并让镜子的玻璃面冲着你的身体。

阴影。在藏身或者前进的时候，要待在阴影的最深处。阴影的外缘比较亮，深处比较暗。记住，如果你所在的地区植被很多，你和潜在的敌人之间的植被越多越好。由于植被对你的部分遮盖，敌人很难看到你。迫使敌人穿过很多层植被观察，会使他的眼睛很快疲劳。

前进的时候，尤其是夜晚在建筑物多的地方，要知道自己的影子会投射到哪里。它可能会从建筑物的拐角投到很远的地方，从而暴露你的位置。还有，如果你在一个阴影里，而一侧有光源，另一侧的敌人就可以逆光看到你的侧影。

运动。行动尤其是快速运动会引起注意。如果可能的话，在敌人出现的时候要避免行动。如果你在当前的位置会马上被俘而必须行动，就要慢慢地离开，尽量不发出声音。在生存环境中慢慢地行动，可以降低被侦察到的危险并使你保持体力对付长期的生存或长距离的脱险行动。

在穿越障碍时，不要翻越。如果你必须爬过障碍，要保持身体和障碍物顶部平行，以避免显露出身体的侧影。在翻山越岭时，不要使自己的侧影显露在天际处。在行动过程中，你很难发现别人的行动。要不时停下来，听一听，慢慢看一看周围，以观察是否有敌人行动的迹象。

声音。声音吸引注意力，尤其是一些连续的声音，比如折树枝的声音。如果可能的话，要避免发出声音。在周围活动或逃离可能的威胁时，要尽可能放慢脚步以避免发出声音。

用背景声音来遮盖你行动的声音。飞机、卡车、发动机、大风和人们谈话的声音会遮盖你行动时产生的一些或全部声音。下雨能遮盖很多行动的声音，但也会降低你侦察潜在敌人的声音的能力。

气味。无论是打猎还是躲避敌人，对与人类有关的气味进行伪装都是明智的。从洗澡和洗衣服时不用肥皂开始。这种洗法可以去除肥皂和人体的气味。不吃味道浓烈的食物，比如大蒜，也有助于你减少身体的味道。不要使用烟草制品、糖果、口香糖或化妆品。

你可以用芳香的植物洗澡或洗衣服，或用来在身体或衣服上擦，或用来咀嚼以伪装你的呼吸。松针、薄荷或任何类似的芳香植物都有助于你向动物和人类伪装你的气味。站在火产生的烟里可以防止动物闻到你的气味。动物害怕新烟的气味，旧烟的气味和森林大火过后的味道类似，不会吓到动物。

在行进时，利用你的嗅觉来帮你发现或躲避人类。注意与人类有关的味道，比如火、香烟、汽油、油、肥皂和食物。这些气味在你能看到或听到他们很早之前，就能向你警示他们的存在，能提前多久，取决于风速和风向。要注意风向，在可能的情况下，当靠近人类或动物的时候，从下风处接近或者围拢。

潜行的方法

有时候，你需要离开或者到一个地点，而不被侦察到。伪装对你成功地运动就远远不够了。潜行的能力或者说运动时不做出任何突然而迅速的动作或发出大的声音的能力，对于避免被侦察到来说是至关重要的。要仔细选择路线，以使自己掩蔽；利用沟渠、地形的起伏、茂密的植被作掩藏物。要避免相对于敌方观测者的横向运动，除非你能很好地掩护自己，否则，就应朝着观测者的方向潜行。

你必须经过练习，才能使潜行有效。练习的时候使用以下方法。

直立潜行。在用直立姿势潜行时，步幅要比正常的小一半。这种步伐可以有助于你保持平衡。在行动中应该能够随时停下来，并能够将这个姿势保持必要长的时间。落脚的时候，要把脚趾往上翘，使大脚趾底部的肉球的外缘接触地面。在踩到有可能折断的木棍或树枝时，要先感觉一下。如果你踩到了一个，要把脚抬起来，把树枝拿来。在大脚趾底部的肉球外缘接触到地面以后，使其内缘也接触地面，放下脚后跟，然后把脚趾也放下。然后，把身体的重心向前慢慢移到前脚上。把后脚抬到膝盖左右的高度，再开始上面的过程。

手和胳膊要贴近身体，避免挥动或碰到植被。当蹲伏着潜行时，把手放在膝盖上可以给你带来额外的支撑。通常走一步就要花费 1 分钟的时间，但花多少时间取决于当时的情况。

爬行。当植被太低，不允许你直着身体行走而又不被看到时，可用双手和膝盖爬行。每一次移动一条胳膊或一条腿，要确保轻轻地放下，感觉一下任何可能会折断并发出声音的东西。注意不要让脚趾和脚后跟被植物缠住。

俯卧潜行。采用俯卧的姿势潜行，你需要把身体放低，用手和脚趾来做另一种俯卧撑，轻轻地向前移动自己的身体，然后再慢慢地把身体重新放低。不要在地面上拖拽，因为这样会发出声音并留下明显的踪迹被人跟踪。

向动物潜行。在向动物潜行之前，要选择一条最好的路线。如果动物正在移动，你需要选择一条拦截路线。要选择一条途中有物体能够挡在你和动物之间的路线，以把自己掩护起来。这样，在有物体挡着你的时候，你可以快速运动。一些物体可以把你完全遮挡起来，比如较大的岩石和树，其他物体只能部分地遮挡你的身体，比如矮灌木和草。要选择有最好的遮挡物、最省力气的路线。

眼睛要盯着动物，当它朝你的方向看来或者把耳朵转向你这边的时候，尤其是如果它怀疑你的存在的时候，要立刻停下来。离动物近的时候，要眯起眼睛以隐藏眼白和眼球的深浅对比和从你眼睛里发出的光。把嘴闭上，以免动物看到你牙齿的白色或牙齿的反光。

反追踪。伪装身体的同时，你需要伪装你的行动不被追踪者看到。可以使用反追踪技巧；防跟踪的技巧对于脱逃者用处不大，因为敌人会查明他的位置或路线。使用下面的方法可以在行动中实现反跟踪：

- 恢复植物原样——用一根木棍把你在行动中压倒的植物重新挑起来。这会使你的速度慢下来而且不一定很有效。
- 擦掉痕迹——用树枝刷或轻拍开阔地上的痕迹。这样可以有效地掩盖你们的人数，但也留下了明显的痕迹。
- 利用坚硬、多石的地形——利用这种地形留下的痕迹最小，而且会使视觉追踪者追踪的速度慢下来。
- 突然转向——这个技巧配合坚硬、多石的地形能够有效地使追踪者的速度慢下来，因为侦察这样的转向很困难。
- 走旧路——尽管不建议走现成的路，但如果对你有利，也可以偶尔采用。比如，如果你已经在一个地区待了足够长的时间，能够监视这条路以确定其交通规律，你就可以选择在农夫赶着一群牛走来之前走这条路，以此来消除你的痕迹。
- 使用脚印遮盖物品——这有助于使你的足迹不明显或清除你的足迹。比如，可以用沙袋、碎布、旧袜子或买来的用仿羊皮做成的脚印遮盖物（这些东西看上去效果很好）。
- 换鞋——在坚硬、多石的地区使用这个方法。改变鞋底的图案。

- 穿上定制的鞋——军队上一般都统一配发标准的鞋袜，尽管由于世界各地的经济状况不同，这种鞋袜也有所不同。如果你知道你所在的地区有标准的鞋，你可能也需要得到一双或者把那种鞋底的图案印到你的靴子底上。
- 向后走——有的时候这种方法有效，但需要避开陷阱。要避免外八字脚。当你从左肩膀向后看的时候，你的左脚容易向外歪，从右肩膀向后看时则相反。要避免把尘土向后拖起来。在放下脚时，要尽量使脚趾处地面的下陷比脚跟处的深，以便看起来像在往前走。
- 混淆出发点——不管你在地上的什么位置开始逃脱，真正出发前，要踩出很多交叉的脚印，往里走和往外走的都要有（这有助于延缓狗的追踪）。
- 利用溪流、湖泊和水路——这种方法需要你先回答很多问题以做出判断。问你自己：这条溪流的水流方向是要走的方向吗？水流的速度是慢还是快？能使你远远跑在追踪者前面吗？（注意：离开水的时候会留下更多的痕迹。）
- 根据交通规律穿越道路或小径——穿越道路或小径的时候，尽量按照前进的方向，不要垂直穿越，这有助于你的踪迹与正常的交通规律混在一起，并使其难以继续跟踪。
- 脚落地时要小心，使脚后跟或脚趾头踩下的坑尽量小——尽可能留下最少的痕迹。最后但并非最不重要的一点是，你要经常变换这些反跟踪技巧，以使追踪者在丢掉线索后不知道该寻找哪些痕迹。

反军犬跟踪。在设法摆脱军犬追踪时，要时刻记住，你要对付的不是狗而是牵狗的人！不管做什么，都应该想着如何使牵狗的人疲倦或使他对他的狗失去信心。下面是一些技巧：

- 开阔地——尽管开阔地是个危险的地方，但如果风很大，气味会被吹到植被带；这样，追踪的部队和你就不在一条直线方向了，并且这样可以减慢追踪部队的速度。
- 在植被茂密的地区——在行动中走Z字形路线将使牵狗的人速度放慢并感到劳累，可能还会破坏他的自信。
- 坚硬或多石的地面——在大风或高温时，这些地区能更快地消散你的气味，容易使狗失去追踪的迹象。
- 拥挤的地方——如果狗不是针对某种特殊的气味训练出来的，并且你通过的地方在最近有很多人来过，他可能就无法追踪你了。
- 新耕过的地或刚施过肥的地——由于浓烈的新土气味以及用作肥料的人或动物粪便的味道，狗可能会失去跟踪线索（不要过于依赖这一理论）。
- 速度——努力保持匀速。尽量不要跑。跑会使你的气味变浓。原因是跑会使土和植被被搅动起来，并且肾上腺素或汗会释放出更多的体味。
- 运输工具——使用机动工具会为你带来时间，跑出更远的距离，但你仍然可能被跟踪，然而，其追踪的速度会大大降下来。

第22章

与人接触

在与当地人接触时，一些最好、最常见的建议就是，接受、尊重并适应他们的方式。也就是“入乡随俗”。这是很好的建议，但在把这个建议付诸实践时需要考虑到以下事项。

与当地人接触

你必须认真考虑如何与当地人打交道。他们保留着原始文化吗？他们是农民、渔民、友好一方的人还是敌人？在求生环境中，“跨文化交流”会因为所处的地区和人群的不同而有很大的差别。这种交流可能是和保留着极端原始文化的人交流，也可能是和拥有相对更多现代文化的人交流。一种文化通常由它的成员认为适当并可以接受的行为标准来界定，这种文化也许和你认可的适当标准相一致，也许存在差别。不管他们是谁，你都应该想到他们的法律、社会与经济价值观、政治与宗教信仰都可能和你的截然不同。在被部署到行动地区之前，要学习这些文化方面的差异。如果你必须和当地人接触，提前的学习和准备有助于你与他们进行接触或避免与之接触。

当地人也许很友好，也许不友好，也许根本无视你的存在。他们的态度也许无法得知。如果你知道他们是友好的，要努力表示出你的礼貌和对其宗教、政治、社会习俗、习惯以及文化的其他方面的尊重，使他们继续对你保持友好。如果知道这些人是敌人或你不了解其态度，要尽量避免与他们接触，而且不要留下自己的任何痕迹。为此，对当地人日常习惯的基本了解是十分必要的。如果通过自己的仔细观察后，你确定这些你原来不了解的人是友好的，那么在绝对需要他们的帮助时，可以和他们接触。

通常，在和友好地区或中立国家的当地人进行接触时，谨慎和尊重会使你减少恐惧并受益匪浅。如果你熟悉了当地的习俗，要展示出一般的礼节，而且最重要的是，要表现出对他们习俗的尊重，这样你应该能够避免麻烦并可能获得所需要的帮助。如果要进行接触，要等到附近只有一个人的时候，如果可能的话，让这个人先接近你。如果你表现出需要帮助，大多数人都会乐意帮忙。然而，当地的政治态度、指令或者宣传可能会改变当地人的友好态度。相反，在不友好的国家，很多人尤其是边远地区的人可能会仇恨他们的领导人而对你表示友好。

与当地人成功接触的关键是要表现出友好、礼貌和耐心。表现出恐惧、展示武器以及做出突然或有威胁的动作都会造成当地人对你的恐惧。这种举动会引起敌对反应。在尝试接触的时候，尽量多微笑。很多当地人很害羞，而且看上去似乎无法接近，他们可能会忽视你的存在。慢慢接近他们，不要鲁莽行事。

生存行为

在与当地人做交易的时候，要慎重地使用盐、烟草、银币以及类似的东西。纸币为全世界所熟悉。不要多付；否则可能会导致尴尬甚至招致危险。对待当地人要始终表现出尊重的态度。不要欺负或嘲笑他们。

使用手语或表演出你的需要或问题可能会非常有效。很多人习惯于使用这种非词汇的语言，并用其进行交流。尝试着学习你将要被派往的地区或其周围地区的一些词汇或短语。尽量说某人的语言是对其文化表示尊重的最好途径之一。由于英语的使用极为广泛，有一些当地人可能会明白一些英语单词。

有些地区有禁忌。这包括从宗教场所或祭祀场所，到流行病地区或危险地区。在某些地区，某些动物一定不能杀。要了解这些规矩并依照行事。多观察并尽量学习。这会帮助你加强与当地人的关系并提供对于今后的生存十分重要的新知识和技能。从当地友好的人那里寻求关于当地的危险的建议并探听敌人所在。要始终记住，人们坚持认为别人有敌意，只是因为他们不了解不同的文化和远方的人。人们通常会信任自己的近邻——与我们与自己的邻居的关系一样。

当地人通常和我们自己一样会遭受传染病的痛苦。如果可能的话，要建一个独立的避身所，而且在没有得到表示的情况下，要避免身体接触。要自己准备食物和水，如果这样不是冒犯的话。通常，当地人会接受用“个人或宗教习惯”来解释你的孤立行为。

实物交换或交易在原始社会很普通。硬币很受欢迎，不论是其交换价值还是作为珠宝或小饰品。在封闭地区，火柴、烟草、盐、剃须刀片、空容器或布也许比任何形式的货币都更有价值。

触碰别人的时候要十分小心。很多人把“触碰”当成禁忌，而且这种行为也许是危险的。要避免性接触。

在某些人群里，热情好客是非常强烈的文化特征，以至于他们会自己忍饥挨饿，而给陌生人提供食物。要接受他们的给予并与在座的所有人平等分享。按照他们的方式吃，并且最重要的是，尽量把给你的东西都吃完。

如果你许下了诺言，就要遵守。要尊重个人的财产和当地习俗及礼貌，即使其看上去很奇怪。得到食物和供给时要付钱。尊重个人隐私。不要在未被邀请的情况下进入别人家里。

政治忠诚

如今，世界政治风云变幻，国家之间的政治态度和承诺也很容易迅速变化。很多国家的人，尤其是政治上敌对国家的人，不能因为他们没有公开表示出敌意就认为他们是友好的。除非有相反的指令，要避免与其接触。

第23章

人为危害中的生存

核武器、化学武器和生物武器已经成为所有现代战场的潜在现实。在阿富汗、柬埔寨以及其他地区的冲突中，已经证实了化学武器和生物武器（比如霉菌毒素）的使用。“北大西洋公约组织”和前“华沙条约组织”的作战条令中都提到了核武器和化学武器的使用问题。由于持久性生物或化学战剂产生的辐射沉降物和污染会造成严重危险，使用这些武器的潜在可能性加剧了生存问题。

如果你想在这种人为危害中生存下来，你必须采取特别的预防措施。如果你遭遇了核战争、化学战争或生物战争，本章提供的建议或许会救你的命。本章提供了每一种类型危害的一些背景知识，以便你更好地理解这种危害的本质。对本章知识的了解以及常识的运用，能够使你活下来。

核武器环境

要使自己为在核环境中生存作好准备。要确保你知道会发生什么，以及如何对核危害作出反应。

核武器产生的后果。核武器的后果分为初始后果和剩余后果。初始后果发生在爆炸的现场并且在爆炸后的第一分钟内就造成危害。剩余后果可以持续几天或几年的时间且能够导致死亡。主要的初始后果是冲击波和辐射。

*冲击波。*冲击波是空气从爆炸的中心短暂而迅速地向四周运动以及运动所产生的压力。强风会伴随着冲击波。冲击波会将瓦砾和人抛起来，使人肺部崩溃、耳膜爆裂，摧毁建筑物和阵地，并由于其毁灭性的影响而引起当场死亡或受伤。

*热辐射。*这是核爆炸的火球释放出的热辐射和光辐射。光辐射中既包括可见光，也包括紫外线和红外线。热辐射造成大火、皮肤灼伤和闪光盲。

*核辐射。*核辐射分为两类，初始辐射和剩余辐射。

初始核辐射包括在爆炸一分钟内产生的强烈的 γ 射线和中子流。这种辐射造成对人体所有细胞的破坏。辐射损伤可能会造成头痛、恶心、呕吐、腹泻甚至死亡，损伤程度取决于被辐射到的剂量。保护自己免受初始辐射影响所面临的最大问题就是，可能在你采取任何保护措施之前，就已经接收到了能致命或致残的辐射剂量。受到初始辐射的致命剂量的人员可能早已被冲击波或热辐射致死或受到致命伤害了。

剩余辐射包括爆炸一分钟之后产生的所有辐射。它对你的影响比初始辐射更大。剩余辐射将在后面作进一步的讨论。

核爆炸的类型。核爆炸有三种：地表下爆炸、空中爆炸、地表爆炸。爆炸的类型直接影响到你生存的机会。地表下爆炸完全在地下或水下发生。它的影响限于地表下面或爆炸地点的地面塌陷造成的坑里。地表下爆炸不会或极少给你带来放射性危害，除非你进入爆炸地点的坑里。

空中爆炸发生在爆炸目标的上空。空中爆炸对目标所产生的辐射影响最大，因此，就直接核影响而言，空中爆炸对你是最危险的。

地表爆炸发生在地面或水面，会产生大量的沉降物，对你有严重的长期影响。这种类型的爆炸是对你最大的核危害。

核损伤。核环境中的大多数损伤是由爆炸的初始核影响造成的。这些损伤可以分为冲击波损伤、热损伤或辐射损伤。如果你不对沉降物采取正确的预防措施，会导致进一步的辐射损伤。核爆炸现场附近的人员将可能受到所有这三种类型的损伤。

冲击波损伤。核武器造成的冲击波损伤与传统的高爆武器造成的类似。冲击波造成的超压力可以导致肺部崩溃以及其他内部器官的爆裂。爆炸力量卷起瓦砾打到你会造成投掷伤。大的瓦砾打击到你，会造成肢体骨折或大量内伤。冲击波的超压力能把你扔出很远，撞到地面或其他物体会使你严重受伤。结实的覆盖物和远离爆炸地点是抵抗冲击波的最好保护。要把冲击波损伤的伤口尽快遮盖住，以阻止放射性微尘进入。

热损伤。核爆炸的火球释放出来的热和光造成热损伤。可能会造成一度、二度或三度烧伤。也会造成闪光盲。依据眼睛暴露的程度不同，这种失明可能是永久性的也可能是暂时的。结实的覆盖物和远离爆炸地点可以使你免受热损伤。衣服是你对热损伤的重要保护。在核爆炸之前，尽你所能把暴露的皮肤遮盖住。热损伤的急救和烧伤的急救方法一样。包上伤口（二、三度烧伤）

来预防放射性粒子进入。在遮盖之前要清洗伤口。

放射损伤。中子、γ射线、α射线和β射线造成放射损伤。中子是高速、极具穿透力的粒子，能够击碎你体内的细胞。γ射线与X射线类似，也是极具穿透力的放射线。在核爆炸的初始火球阶段，最初的γ射线和中子是最严重的威胁。β射线和α射线通常是与沉降物中的放射性尘埃相关的放射粒子。它们是短程粒子。采取预防措施就能很容易防止其伤害。放射损伤的症状见下面的“身体对辐射性的反应”。

剩余辐射。剩余辐射是爆炸发生一分钟之后释放出来的所有辐射。剩余辐射包括感生辐射和沉降物。

感生辐射。这个词是对核武器爆炸火球正下方的一个相对较小、辐射性很强的区域的描述。该区域中受辐照的土壤会在相当长的时间内保留很强的辐射性。不要进入感生辐射的区域。

沉降物。沉降物包括放射性泥土、水粒子和武器碎片。在地表爆炸中，或者如果空中爆炸的火球接触到地面，大量的泥土和水会和炸弹碎片一起蒸发，并被推向25000米（82000英尺）或更高的地方。当这些蒸发物冷却后，可以形成200多种不同的放射物。蒸发的炸弹残片凝结成很小的放射粒子，随风漂浮直到落回地面形成放射性的尘土。沉降物微粒释放α射线、β射线和γ射线。α射线和β射线相对比较容易对付，剩余的γ射线辐射比爆炸后一分钟内产生的γ射线强度要小得多。如果你躲过了初始射线的致命剂量，那么沉降物就是对你最大的放射性危害。

身体对辐射性的反应。辐射对身体的影响可以分为慢性和急性的两种。慢性影响是暴露于辐射之中几年之后才发生的，比如癌症或基因缺陷。慢性影响不会使你在辐射环境中的生存受到即时的威胁。另一方面，急性影响对你的生存而言至关重要。有些急性影响在暴露于辐射之中的几小时内就会发生。这些影响来自于辐射对身体组织的直接损坏。辐射病和β射线烧伤就是急性影响的例子。辐射病的症状包括恶心、腹泻、呕吐、疲劳、虚弱以及脱发。具有穿透力的β射线导致放射烧伤，伤口和火烧伤类似。

恢复能力。身体受损的程度主要取决于暴露于辐射的身体部位和暴露时间的长短以及身体的恢复能力。大脑和肾脏只有很少的恢复能力。其他部位（皮肤和骨髓）受损的恢复能力很强。通常，如果整个身体接受了剂量为600厘戈瑞的辐射几乎肯定是可以致命的。如果同样大的剂量只接触到了手部，那么对你的整个身体健康不会产生很大的影响，尽管你的手会遭受严重损伤。

外部和内部危害。一个外部或内部的危害能造成身体损伤。高穿透力的γ射线或者能引起烧伤的穿透力稍弱的β射线能造成外部损伤。能够发出α射线和β射线的放射性微粒如果进入身体能导致内部损伤。外部危害造成对全身的辐射和β射线烧伤。内部危害导致对关键器官的辐射，比如胃肠道、甲状腺和骨头。很少量的放射性物质能够造成对这些器官以及其他内脏的极大损伤。内部危害既可以通过摄入被污染的水或食物进入人体，也可以通过皮肤上的割伤或擦伤被吸收进人体。通过呼吸进入身体的物质只能带来很小的危害。你可以通过很好地注意个人卫生和仔细对受到污染的食物和水进行净化大大降低内部辐射的危害。

症状。放射损伤的症状包括恶心、腹泻和呕吐。症状之所以严重是由于胃肠道对放射物质很敏感。症状的严重程度和暴露于辐射后发作的速度是辐射损害程度的一个很好的指示器。胃肠损伤既可以由外部也可以由内部辐射危害造成。

具有穿透力的外部辐射的防备措施。前面讨论的辐射危害知识对于在沉降物地区的生存极其重要。了解如何使自己免于受到最危险的剩余辐射形式——具有穿透力的外部辐射——也非常关键。

你可以用来保护自己免受穿透性外部辐射的方法是时间、距离和屏障。你可以通过控制自己暴露于辐射的时间来降低辐射水平并增加你的生存机会。你还可以尽可能地远离辐射源。最后，你可以在你和辐射之间放一些吸收辐射或阻挡辐射物质的材料。

时间。在生存环境中，时间在两个意义上很重要。首先，辐射剂量是不断积累的。你暴露于辐射源的时间越长，被辐射的剂量就越大。显然，在有辐射的地区待的时间越短越好。第二，辐射会随着时间的推移逐渐降低或消失。这个概念被称为放射性半衰期。因此，在一定的时间内放射性元素的放射性会减少一半。放射性减退的法则是，从放射性最强的时候算起，时间每增加 7 倍，辐射强度减少为原来的 1/10。比如，在沉降物形成后，如果一个核沉降区域的最大辐射率为每小时 200 厘戈瑞，7 小时后辐射率就降到每小时 20 厘戈瑞；49 小时后，辐射率继续降至每小时 2 厘戈瑞。即使是没有受过训练的人也明白沉降物的最大危害来自于爆炸刚刚发生的时候，在相对很短的时间内其危害会迅速减少。你应该尽力躲开沉降物地区，直到辐射减少到安全的水平。如果你能够避开沉降物区域足够长时间，以等待大部分辐射衰退，你就增加了自己生存的机会。

距离。距离可以为你提供对具有穿透力的γ射线的有效保护，因为辐射强度以与辐射源的距离的平方成反比。比如，如果站在离辐射源30厘米（12英寸）的地方，接收到的辐射为1000厘戈瑞，那么站在离放射源60厘米（24英寸）的地方，你只会接收到250厘戈瑞。所以，距离远一倍，辐射减少为原来的0.5^2或0.25倍。这个公式对面积较小的区域中集中的辐射源有效，而对于较大面积的辐射区比如沉降物区域，问题就变得比较复杂了。

屏障。屏障是对付具有穿透力的辐射最重要的方法。在三种应对穿透性辐射的措施中，屏障能提供最大的保护，而且在生存环境中也最容易采用。所以，这是最理想的方法。如果无法使用屏障，就要最大限度地使用其他两种方法。

屏障通过吸收或使具有穿透性的辐射减弱来减少到达你身体的辐射量。屏障材料越厚实，屏障的效果越好。铅、铁、水泥和水都是屏障的好例子。

特殊的医疗。由于沉降物的存在，需要使你的急救程序有些变化。你必须把所有的伤口都遮盖好，以防止污染和放射粒子进入伤口。你必须首先清洗β射线烧伤，然后像治疗普通烧伤一样处理。要采取额外的措施预防感染。血液中的化学成分的改变使你的身体对感染极其敏感。要密切注意预防感冒和呼吸道感染。要勤做个人卫生预防感染。戴上临时制作的护目镜防止粒子的进入。

避身所。前面说过，屏障物的有效性取决于其厚度和密度。足够厚的屏障物可以将辐射量减少到忽略不计的程度。

寻找和搭建避身所的主要原因是要尽快保护自己免受γ射线

沉降物初期的高强度辐射。最好在五分钟内选好避身地点。寻找避身所的速度绝对重要。没有避身所，在一个污染区内的前几个小时内受到辐射的剂量将超过这一周余下时间内的辐射剂量。而在第一周内受到辐射的剂量比在同一个污染区内待一辈子受到辐射的剂量还要大。

屏障材料。减弱来自于沉降物的 γ 射线辐射所需的厚度要远远小于阻挡初始 γ 射线辐射所需的厚度。沉降物辐射的能量比核爆炸的初始辐射的能量要小。对于沉降物辐射，相对少量的屏障材料就能提供适当的保护。图 23-1 显示了降低剩余 γ 射线辐射传输 50% 所需要的不同材料的厚度。

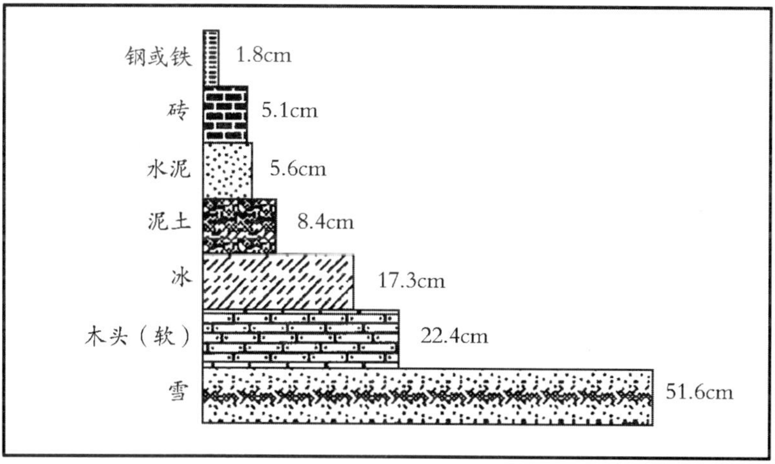

图 23-1 减少 γ 射线辐射的材料

半值层（指能将某一特定辐射束流的照射量减半的材料厚度）原理有助于理解不同材料对 γ 射线辐射的吸收。根据这个原理，如果5厘米（2英寸）厚的砖层减少1/2的辐射强度，那么再加上另外5厘米（2英寸）厚的砖层（另一个半值层）又能减少1/2的辐射，也就是初始量的1/4。15厘米（6英寸）厚将把γ射线辐射沉降物的水平降低到初始量的1/8，20厘米（8英寸）厚能将辐射水平降低到初始量的1/16，等等。因而，一个1米（3英尺）厚的泥土避身所可以把外面每小时1000厘戈瑞的辐射降低到避身所内的每小时0.5厘戈瑞。

天然避身所。有天然屏障并容易建造避身所的地形是紧急避身所的理想地点。沟渠、深谷、露出地面的岩石、小山和河堤就是很好的例子。在没有天然保护的平地，可以挖一个战壕或散兵坑。

壕沟。挖壕沟的时候，当壕沟足够大，可以容下身体的一部分时，要尽早到沟里面挖，这样可以不使整个身体都暴露在辐射下。在开阔地，尽量采用俯卧的姿势挖，把挖出的土小心、平均地堆在壕沟的四周。在平地上，要把土堆在你身体的四周作为额外的屏障。根据土壤的条件，避身所的搭建时间可以用几分钟或几个小时。如果你尽快挖，会减少你受到辐射的剂量。

其他避身所。一个有1米（3英尺）或更厚的泥土覆盖的地下避身所是阻挡沉降物辐射的最好保护，下面这些无人居住的建筑物（按优先顺序排列）是避身所的次优选择：

- 有1米（3英尺）多厚的泥土覆盖着的洞穴和坑道。
- 防风地窖或储存地窖。
- 阴沟。
- 废弃建筑物的地下室或地窖。
- 石头或泥土建造的废弃建筑物。

顶蓬。不要求非要给避身所建顶蓬。只有在具备现成的材料、暴露在外面污染中的时间很短的情况下再搭建顶蓬。如果搭建顶蓬需要在有穿透力的辐射里待更长的时间的话，让避身所没有顶蓬更加明智。顶蓬惟一的作用是降低来自于沉降物对你身体的辐射。除非顶蓬很厚，否则起不到多大的屏障作用。

你可以用雨衣搭建一个简易顶蓬，用泥土、岩石或搭避身所剩下的材料固定住。你可以在避身所内通过敲打雨衣把大块泥土和瓦砾从雨衣上移走。这种顶蓬对于落在雨衣上面的放射性粒子起不到屏障作用，但它可以增加与沉降物之间的距离，使避身所免遭进一步污染。

避身所地点的选择和准备。为了减少暴露的时间从而减少受辐射的剂量，选择和搭建避身所时要记住以下要点：

- 可能的情况下，找一个你可以对其加以改善的简陋的现成避身所。如果没有，就挖一个壕沟。
- 把壕沟挖到足以提供保护的深度，然后再扩大以增加舒适性。
- 用手边可利用的材料和一层厚土把壕沟的顶部盖起来，如果这样做不需要离开避身所的话。如果搭建顶部和伪装需要在壕沟外面暴露于辐射中，还是不要顶部和伪装更安全些。
- 搭建避身所的时候，要用衣服把全身都遮盖起来，以防止射线烧伤。
- 用一根树枝或其他你可以丢弃的东西清扫避身所周围地面上的废弃物。这是为了把污染物从你要占据的地方清除掉，清扫的范围至少要达到离避身所1.5米（5英尺）以外。
- 带到避身所的所有东西都要清除污染。这些东西包括你用来隔热或铺床用的草或树叶，还有你的外衣（尤其是鞋袜）。如果天气允许且你的外衣污染很严重的话，你可能需要脱下衣服并将其埋在避身所一侧底部地下 30 厘米（1 英尺）深的地方。你可以在稍后离开避身所的时候再把它取出来（放射性衰减后）。如果衣服是干的，你可以在避身所入口外面通过敲打或抖掉上面的放射性灰尘来清除污染。你可以用任何地方的水——即便是受了污染的水——来去掉衣服上残余的沉降物微粒物质。只需把衣服浸到水中，然后抖掉水即可。不要拧水，否则会使沉降物微粒保留在上面。

- 如果可能并且不需要离开避身所的话，用肥皂和水彻底清洗你的身体，即使现有的水也许受到了污染。这样可以把大部分有害的放射性微粒去掉，这些微粒很可能导致 β 射线烧伤或其他损伤。如果没有水，要擦脸和其他暴露的皮肤，将污染的灰尘或污垢去掉。你可以用一块干净的布或者一把未被污染的土来擦脸。你可以把地面扒开几英寸，来得到里面未受污染的“净土”。
- 搭好避身所以后，要躺下，注意保暖，并尽可能在避身所里多睡觉、多休息。
- 不休息的时候，要抓紧计划未来的行动，查看地图或将避身所建得更舒服、更有效。
- 如果你出现恶心或放射性疾病的症状，不要惊慌。你的放射性疾病的主要危险是感染。这种病没有急救的方法。休息、摄入液体、服用能预防呕吐的药、保持进食并预防额外的暴露将有助于避免感染并帮助恢复。即使少量的辐射也能造成这些症状，这些症状可能很快就会消失。

暴露时间表。下面的时间表为你提供了避免受到严重的辐射剂量而又能使你对付生存问题所需的信息：

- 爆炸后的 4 ~6 天内要完全隔离。
- 第三天为取水可以短暂暴露，但不能超过 30 分钟。
- 第七天可以有一次不能超过 30 分钟的短暂暴露。
- 第八天可以有一次不超过 1 个小时的短暂暴露。
- 第九天至第十二天可以暴露 2 ~4 小时。
- 从第十三天开始，可以进行正常的活动，活动后要在有保护的避身所里休息。
- 在所有情况下，都要使暴露的时间尽可能短。只有必须进行的活动才能成为暴露的理由。每次回来后都要清除污染。

上面的时间表比较保守。如果在第一天或第二天之后必须出去行动，你也可以去。要确保暴露的时间不超过活动所需的绝对必要的时间。

取水。在被沉降物污染的地区，可以取水的地方可能是受到污染的。如果你在喝任何水之前都至少等待 48 个小时，以使放射性衰减，并选择你能找到的最安全的水源，你就能大大减少摄入有害辐射的危险。尽管很多因素（风向、降雨和沉淀物）会影响到你对水源的选择，但你要考虑以下指导原则：

最安全的水源。泉水、井水和其他经过天然过滤的地下水是最安全的水源。废弃房屋或贮藏室中找到的水管或容器中的水也没有放射微粒，喝这些水是安全的，尽管你需要采取措施预防水里的细菌。

沉降物地区地下 15 厘米（6 英寸）或更深处的雪也是安全的

水源。

溪流与河流。在最近一次核爆炸后的几天里，溪流与河水里的沉降物由于河水的稀释作用而相对较少。如果可能的话，喝之前要进行过滤以去除放射微粒。最好的过滤方法是在水源的边上挖沉淀坑或渗水池。水会渗进坑里，渗水经过的土壤会起到过滤作用，并把原来水体的沉降物污染微粒去除。这种方法最多可以去除水中99%的辐射。你必须用某种方法把沉淀坑盖上，以防止进一步污染。图6－9是水过滤器的一个例子。

静止的水。湖泊、池子、池塘和其他静止的水源更可能受到严重污染，尽管大多数比较重的、半衰期较长的放射性同位素会沉到水底。要使用沉淀技术净化这种水。首先，把桶或较深的容器装满3/4受到污染的水。然后，从地面以下10厘米（4英寸）或更深处取土，并放到水里搅拌。每10厘米（4英寸）深的水加入大约2.5厘米（1英寸）厚的土。搅拌水，直到你看到大多数土壤微粒悬浮在水里。让混合液沉淀至少6小时。沉淀下来的泥土微粒会将大多数的悬浮沉降物微粒带到桶底，并覆盖住。然后，你可以将清水浸出来。这种水要用过滤装置净化。

额外预防。作为预防疾病的额外措施，不管饮用什么样的水，都要用生存工具箱中的水净化药片对水进行处理，或者把水煮开。

获取食物。在辐射污染地区获取可食食物是一个严重但并非不能克服的问题。在选择和准备配给品和当地食物的时候，你需要遵循几项特殊的程序。由于安全包装能保护你的战场配给食物，食用配给食物是很安全的。在避身所之外的地方活动时要尽可能寻找食物作为配给食物的补充。

废弃的建筑物中可能储藏有加工食品。清除污染后可以安全食用。罐头或包装食品应该去掉容器或外包装，或者洗掉包装上面的沉降物微粒。这些加工食品还包括储存在封闭容器里的食物和在有保护的地方（比如地下室）储存的食物。所有这些食物在食用前或处理前都要清洗。

如果你所在的地方只有很少或根本找不到加工食品，你可能不得不在当地寻找食物作为食品的补充。动物和植物是当地的食物来源。

*动物——食物来源的一种。*要假设所有的动物，不论其栖息地和生存条件如何，都暴露在辐射里了。辐射对动物的影响与对人的影响类似。因此，大多数生活在沉降物地区的野生动物很可能会在核爆炸后的头一个月内生病或死亡。尽管动物可能无法免于有害放射物质的影响，但在求生环境中，如果没有其他食物的话，你可以而且必须将其作为食物来源。遵循下面的几项重要原则并精心准备，动物可以成为安全的食物来源。

首先，不要吃看起来好像生病的动物。这样的动物很可能由于辐射中毒而有了细菌感染。受到污染的肉，即使彻底烹煮，吃下去也能造成严重的疾病或死亡。

仔细将动物的皮去掉，以防止皮、毛上的辐射微粒沾到肉上。不要吃骨头和关节附近的肉，因为 90% 的辐射都包含在动物的骨骼里。然而，其余的肌肉组织可以安全食用。在烹煮之前，要把肉从骨头上切下来，骨头上要至少留下 3 毫米（1/8 英寸）厚的肉。扔掉全部内脏（心脏、肝脏和肾），因为这些内脏器官容易聚集 β 射线和 γ 射线。

要把所有的肉煮到熟透。为确保肉熟透，煮之前要把肉切成不厚于 13 毫米（4.5 英寸）的小块，这还可以缩短烹煮的时间并节省燃料。

鱼和其他水生动物受污染的程度比陆生动物大得多。水生植物，尤其是海岸地区的水生植物也是如此。只有在极端紧急的情况下才能用水生动植物做食物的来源。

所有的蛋类，即使是在沉降物期间产下的蛋，也可以安全食用。绝对不要喝沉降物地区内任何动物的奶，因为动物会从其所吃的植物中吸收大量的辐射。

植物——食物来源的一种。植物的表皮上会积累沉降物，根部也会吸收放射元素。你首选的植物类食物应该是诸如马铃薯、芜菁甘蓝、胡萝卜以及其他可食部分长在地下的蔬菜。擦净去皮后它们便是最安全的食物。

次选的是那些其可食部分可以通过清洗或去皮清除污染的植物，比如香蕉、苹果、番茄、仙人掌果以及类似的水果和蔬菜。

任何不容易去皮或者通过清洗有效清除污染的、表皮光滑的蔬菜、水果或植物，是你在紧急情况下的第三个选择。通过擦洗来清除污染的效果与水果表皮的粗糙程度成反比。表皮光滑的水果擦洗后可以去掉90%的污染，但表皮粗糙的植物只能去掉50%的污染。

表皮粗糙的植物（比如莴苣）只能作为最后的选择，因为你不能通过去皮或清洗有效清除污染。其他难以通过水洗清除污染的食物包括干果（无花果、洋李干、桃、杏和梨）以及大豆。

总的来说，如果你能够有效清除污染，任何成熟的植物类食物都可以食用。然而，生长中的植物会通过其叶子并从土壤中吸收一些放射物质，尤其是在沉降物期间或沉降物过后下雨的情况下。除非情况紧急，否则不要吃这些植物。

生物环境

使用生物战剂是真实存在的。要熟练掌握你的《士兵常见任务手册》（SMCTs）中的任务，使自己为生存做好准备。要了解如何保护自己免受这些生物战剂的危害。

生物战剂及其后果。生物战剂是能够造成人员、动物或植物患病的微生物。它们还可以造成物质的腐烂。这些制剂分为两大类——病原体（通常称作细菌）和毒素。病原体是能够造成致命或致残疾病的活的微生物。细菌、立克次体菌病原体、真菌和病毒都包括在内。毒素是植物、动物或微生物自然产生的毒。可能的生物战毒素包括各种神经毒素（影响中枢神经）和细胞毒素（导致细胞死亡）的复合物。

细菌。细菌是活的微生物。一些国家过去曾经利用细菌作为武器。只有少数的细菌可以引起感染，尤其是如果通过呼吸进入肺部的话。因为细菌很小、重量很轻，风可以将其扩散到很远的地方；它们还可以进入未经过滤或未密封的地方。建筑物和掩体可以附上细菌，导致细菌的高度密集。细菌不会立刻影响身体。它们必须在体内繁殖并克服身体的抵抗——这个过程叫做潜伏期。潜伏期可以从几个小时到几个月，这取决于细菌的种类。大多数细菌必须寄生在另一个生物体（寄主）——比如你的身体上——才能生存和生长。诸如刮风、下雨、寒冷和阳光等气候条件可以很快把细菌杀死。

有些细菌可以形成保护壳或孢子，使它们不依附寄主也可以存活。能产生孢子的生物战剂是你必须通过对感染部位或人员进行污染清除来中和的长期危害。幸运的是，大多数活的制剂不会产生孢子。这些制剂必须在被施放的大约一天之内找到一个寄主，否则便会死亡。细菌进入人体大概有三种基本途径——通过呼吸道、通过皮肤裂口以及通过消化道。疾病不同，感染后的症状也不同。

毒素。毒素是植物、动物或细菌自然产生的物质。真正造成伤害的是这些毒素而非细菌。一个很好的例子就是肉毒杆菌毒素，它能产生波特淋菌中毒。现代科学已经能够大规模地制造这种毒素，而不需要能产生这种毒素的细菌。毒素产生的影响与化学制剂的影响类似。然而，对付化学制剂的急救措施对于毒素的受害者来说不起作用。毒素进入人体的途径和细菌进入人体的途径相同。然而，某些毒素不像细菌那样能穿透未破损的皮肤。因为没有潜伏期，所以症状会立刻出现。很多毒素是极端致命的，即使是很少的剂量。症状包括：

- 头晕。
- 意识不清。
- 视线模糊或复视。
- 皮肤麻木或麻痹。
- 瘫痪。
- 痉挛。
- 皮疹或水泡。
- 咳嗽。
- 发烧。
- 肌肉疼痛。
- 疲倦。
- 恶心、呕吐或腹泻。
- 身体的开口处失血。

- 尿液、大便或唾液中带血。
- 休克。
- 死亡。

生物战剂的探测。从性质上讲，生物战剂非常难以探测到。人的五种身体感官都不能探测到生物战剂。通常，生物战剂的第一个迹象是暴露于其中的受害人出现的症状。在生物战剂影响到你之前，探测到生物战剂的最好方法是了解其施放方式。三种主要的施放方式是——

- 爆炸弹。这可以是爆炸时只造成很小破坏的炸弹或投掷武器。其爆炸会在直接受影响的区域产生液态或粉末状的小片烟雾，这种烟雾最终会散开，散开的速度取决于地形和天气状况。
- 喷射罐或发生器。飞机、机动车喷射罐或者地面喷雾发生器产生生物战剂烟雾。
- 媒介昆虫。通过诸如蚊子、跳蚤、虱子和扁虱施放病原体。这些昆虫的大量出没可能表明了生物战剂的使用。

地表或植物上出现不寻常的物质或者植物、庄稼或动物出现病态，都可能是生物攻击的信号。

天气和地形的影响。掌握天气和地形如何影响制剂可以帮助你避免受到生物战剂的污染。影响生物战剂的主要天气因素有阳光、风和降水。喷雾器喷射会在地形较低的区域集中，类似于早晨的雾。

阳光里包含可见光和紫外线太阳辐射，能够快速杀死作为生物战剂的大多数细菌。然而，天然或人工的覆盖物能够保护一些制剂不受阳光照射。其他人工繁殖的细菌变异体也可以抵抗阳光照射。

高风速可以加快生物战剂的消散，稀释其密度并使其脱水。离生物战剂的下风越远，其影响越小，这是因为生物战剂被稀释和病原体的死亡。然而，生物战剂下风处的危害地区也很危险，你不能忽视。

中等程度的降水到大雨会把生物战剂从空气中洗刷掉，减少其下风地区的危害。然而，在制剂落地的地方，其影响可能仍然会很有效。

应对生物战剂的保护措施。在必须对生物战剂保持重视的同时，你也没有理由惊慌。你可以通过注射最新的疫苗、不去污染地区、控制啮齿动物和有害昆虫等来降低生物战剂的易感性。你还必须在治疗伤口时采取适当的急救措施，并且只使用安全的或经过适当污染清除的食物和水源。你必须保证睡眠充足以预防身体虚弱。你必须始终采用正确的战场卫生程序。

假如你没有防护面具，就用布始终遮住脸来保护自己不受生物战剂烟雾的影响。尘土中可能含有生物战剂；当空中漂浮尘土的时候，要戴上某种面具。

你的军服和手套会使你避免被携带病毒的媒介昆虫（蚊子和扁虱）叮咬。要把衣服的扣子都扣好，把裤子塞到靴子里。把皮肤遮盖住也可以减少制剂通过割伤或抓伤进入你体内的机会。要始终保持高标准、良好的战场个人卫生，以有助于预防来自媒介昆虫的疾病传播。

在可能的情况下，要用肥皂和水洗澡。如果有的话，就用杀菌肥皂。要彻底清洗你的头发和身体。指甲缝也要清洁。牙齿、牙龈、舌头和上颚也要经常清洁。如果可能的话，要用热水和肥皂洗衣服。如果不能洗衣服，就把衣服晾在阳光充足的地方，让阳光杀死微生物。在遭受毒素攻击后，使用 M258A2（如果有的话）生存工具箱或用肥皂和水清洗进行自身消毒，就像遭到化学攻击后进行消毒的过程一样。

避身所。在生物污染情况下，你可以使用第 5 章中的技巧搭建临时避身所。然而，你必须稍微进行些改良以减少生物污染的机会。不要在地面上的低凹处搭建避身所。喷雾容易在这些地方聚集。要避免在植物生长的地方搭建避身所，因为植物为生物战剂提供阴凉和某种程度的保护。要避免用植物搭建你的避身所。要使你的避身所入口和风向呈 90°角，这样可以限制空气传播的制剂进入，并防止空气在避身所滞留。要始终保持避身所的清洁。

取水。在生物污染条件下取水比较困难，但不是不可能。在可能的时候，尽量使用密封容器中的水。你可以认定密封容器中的水没有受到污染。要用肥皂和水彻底清洗水容器或者煮至少 10 分钟，然后再打开密封。

如果没有密封容器的水，你的下一个选择是泉水，但只限于紧急情况。同样，在喝之前要先煮至少 10 分钟。在煮水的时候要盖上盖子，以防止被空气传播的病原体污染。你最后的选择是使用静止的水，也只限于紧急情况。媒介昆虫和细菌在死水中极易存活。煮的时间要尽量长，以杀死所有的微生物。这种水要用布过滤，以除去死了的媒介昆虫。在所有的情况下都要使用水净化片。

获取食物。获取食物就像取水一样，不是不可能的，但你必须要采取预防措施。你的战场配给是密封的，可认定其未受污染。你还可以认为密封容器或包装中的加工食物也是安全的。为确保安全，所有食品的包装都要通过用水和肥皂清洗或者煮至少10 分钟。

只有在极端紧急的情况下，你才能考虑用当地的植物或动物作为食物的补充。不管你如何准备食物，都不能保证将其中的所有生物战剂杀死。只有在关系到生死的情况下才能使用当地的食物。要记住，不用食物你也可以生存很长时间，尤其是在食物可能致命的情况下！

如果你必须使用当地的食物，只能选用那些看上去健康的植物或动物。不要选择媒介昆虫的已知带菌者，比如田鼠或其他害虫。要像在辐射地区那样选择和准备植物类食物。像准备植物类食物那样准备动物类食物。处理动物和植物的时候始终要戴手套、穿保护性衣服。只能用煮的方法来处理所有的动物和植物食物。至少要煮 10 分钟，以确保杀死所有病原体。不要尝试炸、烘制和烤当地的食物。因为这样不能保证所有的部位都能达到足以杀死全部病原体的温度。不要吃生食物。

化学环境

化学毒剂战是现实存在的。在生存条件下，它会造成极大的问题，但你可以通过适当的装备、知识和训练来克服这些问题。

在生存条件下，你对付化学毒剂的第一道防线就是你对核武器、生物武器和化学武器个人训练内容熟练掌握的程度，包括穿戴保护面具和防护服、个人消毒、识别化学毒剂症状和化学毒剂污染的个人急救措施。《士兵常见任务手册》中包括了全部这些内容。如果你对这些技术不熟练，你在一个化学环境中生存下来的机会很小。

下面包括的事项不能代替个人任务中你必须熟练掌握的内容。这些任务你都必须熟练掌握。《士兵常见任务手册》介绍了各种化学毒剂及其后果，以及相应的急救措施。下面提供的信息是建立在你能熟练使用化学防护装置并了解各种化学毒剂造成的症状的假设之上的。

化学毒剂的探查。探查化学毒剂最好的办法是使用化学毒剂探测器。如果你有一个，就用它。然而，在生存条件下，你很可能只能依靠自己的身体感觉。你必须十分警觉并能探查到使用化学武器的任何线索。化学毒剂存在的一般迹象包括流眼泪、呼吸困难、窒息、瘙痒、咳嗽和头晕。对于很难探查到的毒剂，你必须观察其他人员的症状。周围的环境会为你提供化学毒剂存在的有价值的线索；比如，死动物、人员生病以及人和动物表现出来的异常举动。

你的嗅觉可能会引起你对某些化学毒剂的警觉，但多数化学毒剂是无味的。新割的草或干草味可以向你表明窒息性毒剂的存在。杏仁味可能向你表明有血液毒剂。

视力能帮助你探测化学毒剂。固体或液体形态的大多数化学毒剂都会呈现某种颜色。在化学炸弹或炮弹爆炸后，你可以看到气体状态的呈现雾或细小雾粒的化学毒剂。通过观察别人出现的症状和炸弹的施放方式，你可能会得到一些化学毒剂的警示。芥子气在液态下会在树叶和建筑物上呈现油斑状。

敌人炮弹的声音也能提供一些使用化学武器的线索，静音炮弹或炸弹爆炸是很好的指示。

鼻子里、眼睛里或者皮肤疼痛是对你要采取化学毒剂保护措施的紧急警告。另外，食物、水或香烟中的怪味也是其受到污染的警告。

化学毒剂的保护措施。在生存环境中，要始终按照以下步骤的顺序执行，以在化学袭击中保护自己：

- 使用防护装备。
- 被污染后，要采取快速、正确的自救方法。
- 避开有化学毒剂的地区。
- 尽快对自己和武器进行污染清除。

你的防护面罩和防护衣是你生存的关键。没有这些，生存的机会很小。你必须好好保护这些物品不受损伤。在暴露于化学毒剂中之前，你必须练习并知道正确的自救措施。化学毒剂的探查和对污染地区的躲避对于你的生存来说极端重要。要使用可以得到的任何探测工具来帮助你进行探测。因为你处在生存环境中，要不惜一切代价避免进入污染地区。如果受到污染，你不要指望能获得帮助。如果你确实受到了污染，要尽快使用适当的措施进行污染清除。

避身所。如果发现自己处在污染地区，要设法尽快离开。向侧风或上风的方向前进，能减少浪费在下风处危险区内的时间。如果你无法马上离开而不得不搭建避身所的话，要使用正常的搭建技巧，但要稍微做一些改动。要在远离植物的空地上搭建避身所。把避身所区域的所有地表土移开，以清除该区域的污染。保持避身所的入口关闭并与风向呈90°角。不要使用受到污染的木头生火；烟会有毒。进入避身所时要极其小心，以避免把污染带进去。

取水。与在生物和核环境中一样，在化学环境中取水很困难。很明显，密封容器中的水是最安全、最好的水源。你必须尽可能保护这样的水。在打开容器前，要确保先对容器进行污染清除。

如果无法得到密封容器里的水，你就要尽量从封闭的水源取水，比如地下管道里。你可以用雨水或雪水，如果这些水没有被污染的证据的话。如果必要，可以从流动缓慢的溪流中取水，但必须先要检查有无污染迹象，并且要像在核环境中那样进行过滤。水源受到污染的迹象是一些奇怪的味道，比如大蒜味、芥末、天竺葵或者苦杏仁味；或者在水的表面或附近有油点或者鱼及动物的死尸。如果有这些迹象，就不要用这些水。要把水煮开或进行净化以预防细菌感染。

获取食物。在污染地区吃东西是件非常困难的事。你将不得不把自己密封的防护面罩打开。如果要吃东西，必须找到一处能安全脱下防护面具的地方。最安全的食物是你的密封的战场配给食物。密封在罐头或瓶子中的食物也是安全的。在打开食物容器之前，必须对食物容器进行污染清除，否则你会污染食物。

如果你必须使用当地的动植物来作为食物补充，不要使用来自于污染地区的病态植物或动物。在处理动植物时，要使用防护手套和衣服。

附录 A

生存工具箱

美军有几种基本的生存工具箱，主要发给飞行员，包括寒冷气候工具箱、酷暑气候工具箱和水上工具箱。还有一种个人生存工具箱，配有一个普通包和一个医药包。寒冷、酷暑和水上工具箱放在帆布背包里。这些工具箱通常装在直升机的货舱和乘客区。

直升机的机组人员也都配有飞行员的生存背心（SRU-21P），里面也装有生存工具。

驾驶配有弹射坐椅的固定机翼飞机的飞行员使用 SRFU-31/P 生存背心。个人生存工具箱放在座板上。像其他生存工具箱一样，钢性坐椅生存工具箱（RSSK）的使用也依环境而定。

生存工具箱中装有的物品是通过不同的渠道订购的。所有的生存工具箱和生存背心都是物品清单 50-900 上所列的物品，可以通过授权机构订购。图 A-1 至 A-3 对各种生存工具箱和其中的物品作了详细介绍。

- 食品袋。
- 套索线。
- 烟火、照明信号。
- 防水火柴盒。
- 锯/刀片。
- 木火柴。
- 急救箱。
- MC-1 磁性指南针。
- 便携刀。
- 锯/刀/铁锹。
- 煎锅。
- 照明蜡烛。
- 压缩氧炳环燃料。
- 信号镜。
- 生存渔具。
- 塑料勺。
- 生存手册（AFM64-5）。
- 雨衣。
- 头罩。
- 弹簧钩。
- 连接挂绳。
- 外嵌工具。
- 内嵌工具。
- 铲子。
- 水袋。
- 工具箱打包清单。
- 睡袋。

图 A-1　寒冷气候工具箱

- 罐装饮用水。
- 防水火柴盒。
- 塑料哨。
- 烟火、照明信号。
- 便携刀。
- 信号镜。
- 塑料水袋。
- 急救箱。
- 防晒霜。
- 塑料勺。
- 食品袋。
- 压缩氧炳环燃料。
- 渔具。
- MC-1 磁性指南针。
- 套索线。
- 煎锅。
- 木火柴。
- 头罩。
- 可翻转太阳帽。
- 工具箱。
- 工具箱打包清单。
- 防水油布。
- 生存手册（AFM64-5）。
- 外嵌工具。
- 内嵌工具。
- 弹簧钩
- 连接挂绳。

图 A-2　酷暑气候工具箱

- 工具箱打包清单。
- 救生筏桨。
- 生存手册（AFM 64-5）。
- 头罩。
- 可翻转太阳帽。
- 储水袋。
- MC-1 磁性指南针。
- 船用舀水勺。
- 海绵。
- 防晒霜。
- 木火柴。
- 急救箱。
- 塑料勺。
- 便携刀。
- 食品袋。
- 荧光海水染色剂。
- 煎锅。
- 海水脱盐工具。
- 压缩氧炳环燃料。
- 烟火、照明信号。
- 信号镜。
- 渔具。
- 防水火柴盒。
- 救生筏修理工具。

图 A-3　水上工具箱

附录 B

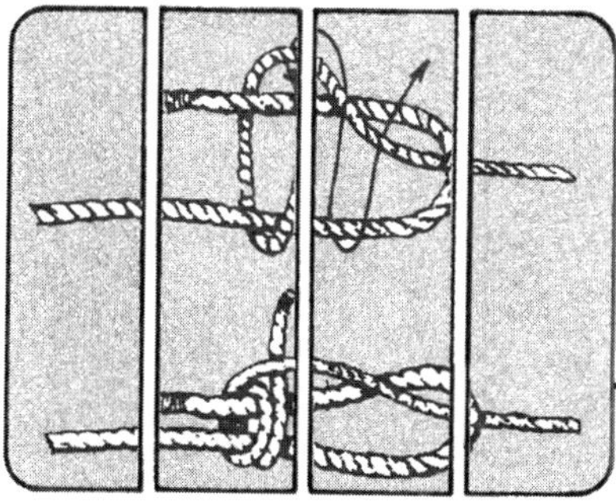

绳结

在生存困境中，你需要会系各种绳结，以及知道在哪种情况下该系哪种结，例如制作套索、野外应急武器，以及搭建避身所都需要使用绳结。

术语

为了搭建避身所、设置陷阱和套索、制作武器和工具以及其他装置，你应该具备绳结的基本知识，并了解一些术语。这些术语如下：

- 绳耳（Bight）。绳索上一个简单的弯曲处，绳索本身不交叉。
- 结的布置（Dressing the knot）。绳结各部分的方向，使各部分正确地排列、拉直或捆扎。如果不注意这一点，就会使结的强度降低 50%。结的布置有时指的是把结的各部分扎紧，以使各部分绑在一起，并使结能够使用。未扎紧的结很容易在承受负荷时变形甚至散开。

- 缚紧（Fraps）。将一条绳索与缠绕在两根或更多根圆材或棍棒上的绳索成垂直角度扎紧，以加固圆材或棍棒上缠绕的绳索的一种方法。
- 捆绑（Lashings）。通过缠绕和缚紧将两个或三个圆材或棍棒捆在一起，形成一个坚固的角度或做一个三脚支架，捆绑的起始和末尾都要打卷结。
- 绳捻（Lay）。绳捻就是绳股。
- 绳环（Loop）。就是将绳索的活端与根端相互交叉，在绳索上形成一个圆环。
- 猪尾（Pig tail）。打完结以后，绳索的活端余下的部分。猪尾不应长于10厘米，以保护绳索并防止猪尾碍事。
- 活端（Running end）。绳索的自由端或工作端。这是绳索上你实际用来打结的那部分。
- 根端（Standing end）。绳索上静止的那部分，或除了活端之外的那部分。
- 环绕（Turn）。环绕在诸如立柱、横杆或圆环之类物体上的一个绳环，绳索的活端与根端方向相反。圆环绕是形成一个圆圈，并且绳索的活端与根端大致是同一方向。
- 绳头结（Whipping）。防止绳头的绳股松开的各种方法。可以用一小段线、带子或其他手段把绳头紧紧地包起来。在将一条绳索裁成两段之前，应该在切口两边都做好绳头结，以防止绳股松开。
- 缠绕（Wraps）。缠绕（图B-1）是指把绳索缠绕在两根杆子或棍棒上（方回结），或三根杆子或棍棒上（三脚架结）。缠绕的起始和末尾都要打卷结，并要用缚紧来紧固。所有这些加在一起形成一个捆绑。

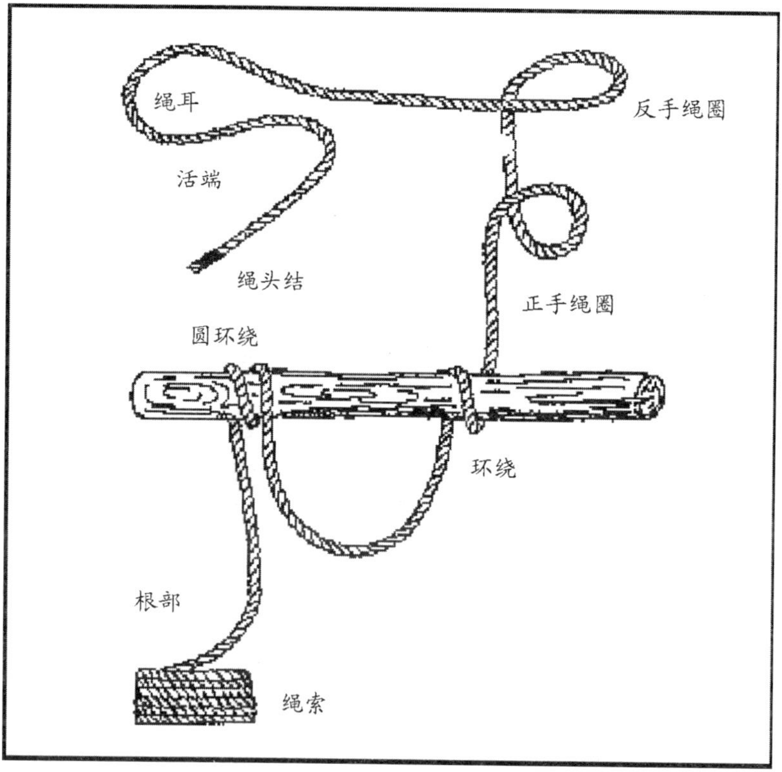

图 B-1　缠绕

基本绳结

你应该了解的基本绳结和打结方法如下：

- 半结。这是最简单的绳结。但由于其在不负重的时候容易自己松开，因而已经被反手结取代了。
- 反手结（图 B-2）。这是大多数人每天在系鞋带的前半程打得一种简单的结。反手结也可以用来在绳头临时打结。

这种结应该代替半结作为其他结的收尾结。这种结会使拉直的一条绳索的强度减少55%。

- 平结（图B-3）。这是一种有多种用途的既好又简单的结。这种结基本上是两个方向相反的反手结，比如，右绳在左绳上面、左绳在右绳上面。平结用来将两条直径相同的绳索的绳头扎在一起（就像你的鞋带一样），并且必须在两端绳头上都扎上反手结。这种结容易检查，因为它形成两个绳环，而且容易解开。

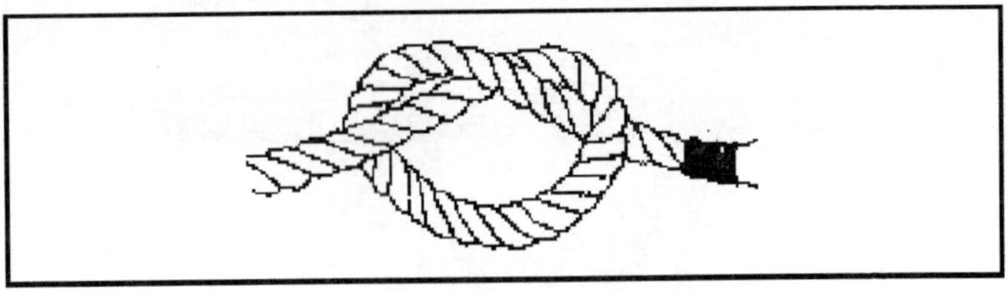

图B-2　反手结

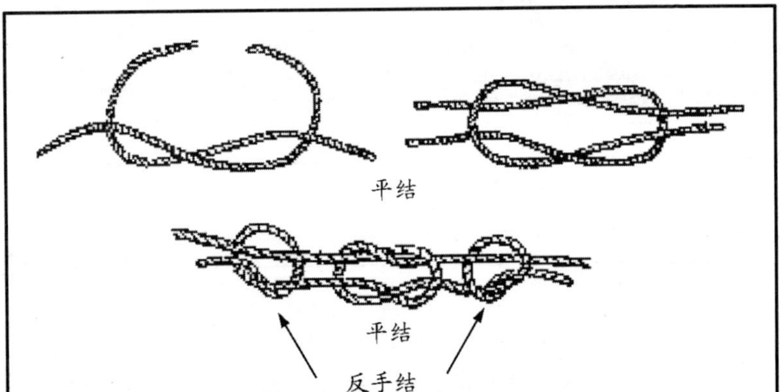

图B-3　平结

- 环绕一圈再打两个半结（图B-4）。这是一种主要的单绳锚结，用于由于高负荷使其他结很难解开的情况下。大多用于将绳索系到杆子或树上的情况。
- 卷结和绳头卷结（图B-5和B-6）。在把一条绳索固定在一棵树上或管子上并且绳子要承受一定的重量时，可以用这种结。这是一种简易的锚结，但结必须要绷紧，否则就会滑下来——可以在卷结下面将绳索在物体上再绕一圈来弥补这个缺点。

图B-4 环绕一圈再打两个半结

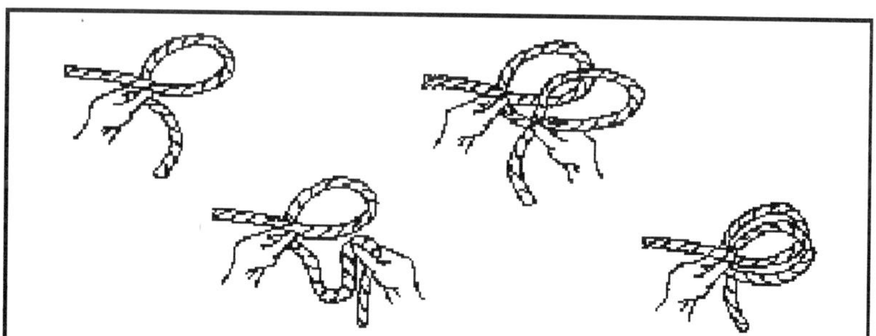

图B-5 卷结

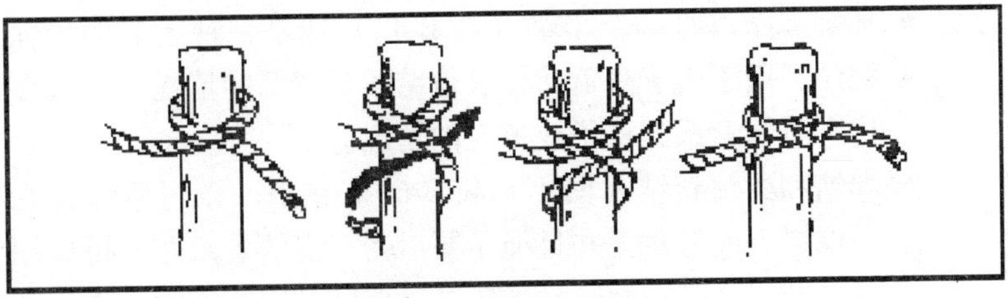

图 B-6　绳头卷结

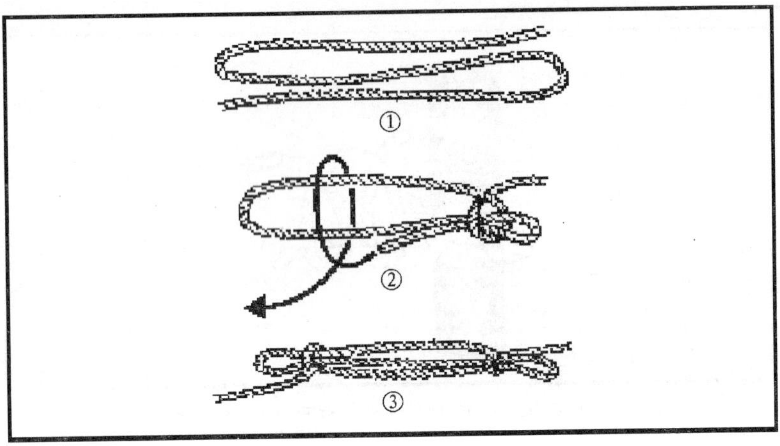

图 B-7　缩绳结

- 缩绳结（图 B-7）。这是将绳索缩短的一种方法，可以用于将负荷从绳索上脆弱的点上移开。这是一种临时结，除非将绳环与两端的绳尾扎牢。
- 双接结（图 B-8）。这种结用来将两条相同直径或不同直径的绳索的绳头系在一起。这种结也能连接湿绳，而且不会滑脱或在负荷下变得过紧。这种结可以用来将几条绳索的绳头与一条绳索的绳头连在一起。当一条绳索与多条绳

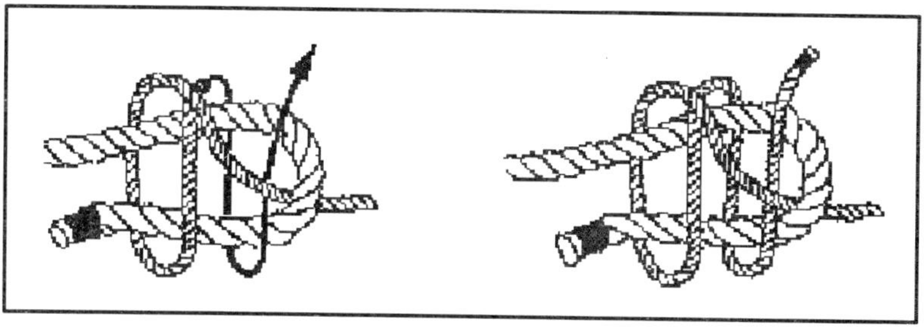

图 B-8 双接结

索连接时，就会形成绳耳。

- 普鲁士结（图 B-9 至 B-11）。这种结是将一条短绳索缠绕在一条长绳索上（例如，将吊绳缠绕在登山绳上），使得短绳索在不绷紧的时候能在长绳索上滑动，而在绷紧的时候能在长绳索上定住。这种结可以与绳头或绳耳系在一起。当与绳头系在一起时，这种结的尾结是一个称人结。由于这种结在绷紧时能在另一个绳索上定住，所以，可以用来在攀登绳上作脚蹬。还可以用在锚绳上，或者用在一个大树枝或滑雪杆的牵引夹板上。

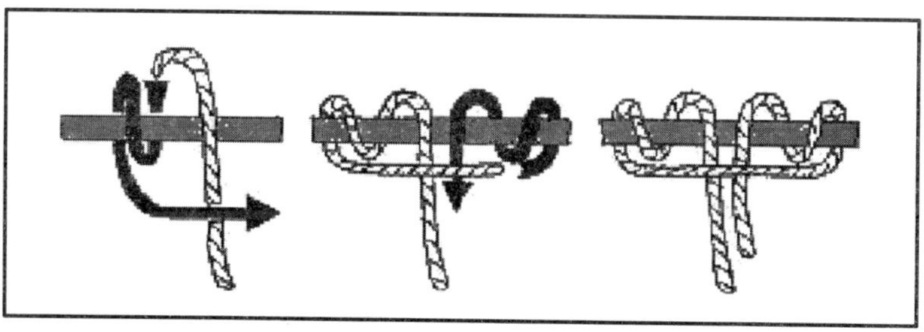

图 B-9 普鲁士结，绳头

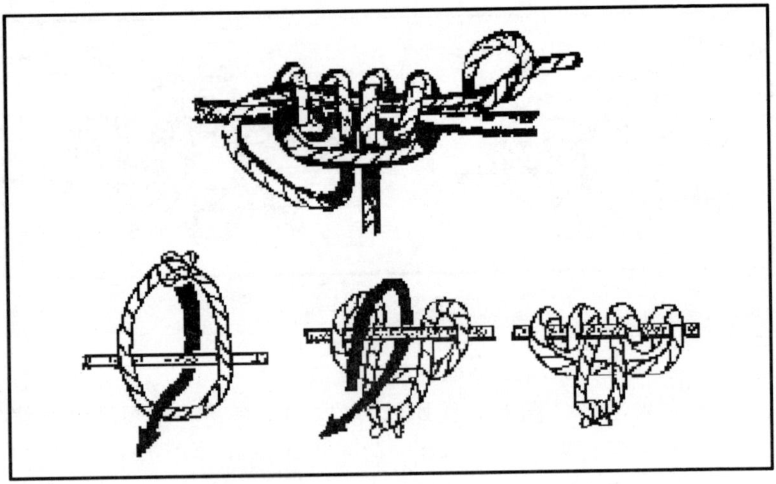

图 B-10　普鲁士结，绳头及绳中间

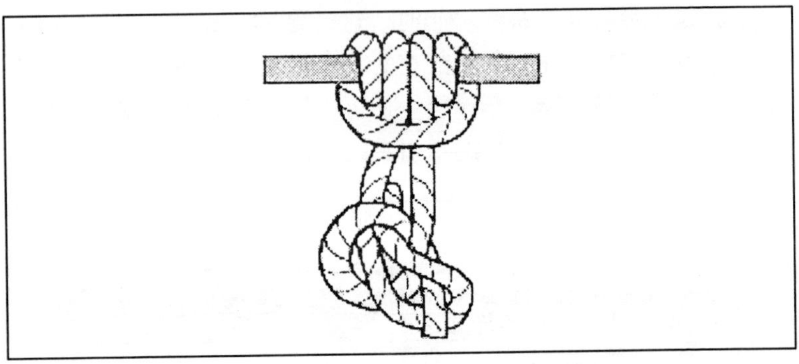

图 B-11　普鲁士结，带称人结的绳头

- 称人结和以反手结为尾结的称人结（图 B-12）。绕身称人结是在救援中已经使用了多年的基本绳结，因为这种结有一个能绕在身体上的环，在张紧的状态下，既不会滑脱，

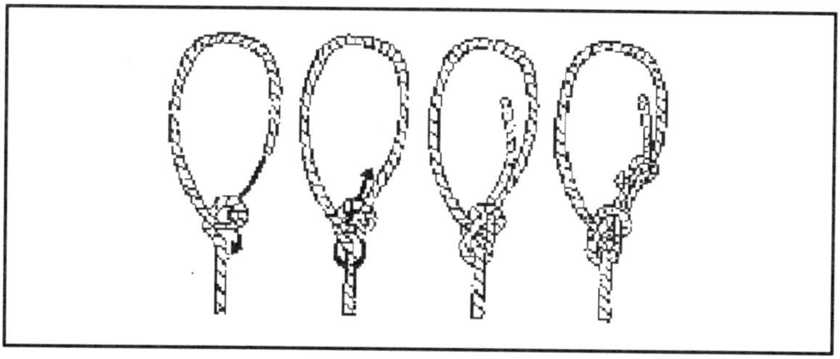

图 B-12 称人结和以单结为尾结的称人结

也不会成为死结。这种结在大多数场合已经被8字结代替了，因为8字结对绳索的损害不是那么大。

- 8字结和可折返8字结（B-13）。这种结是现在使用的主要救援结。其优点是它比称人结结实，而且容易系、容易检查。它的一个缺点是，湿了以后比称人结更难

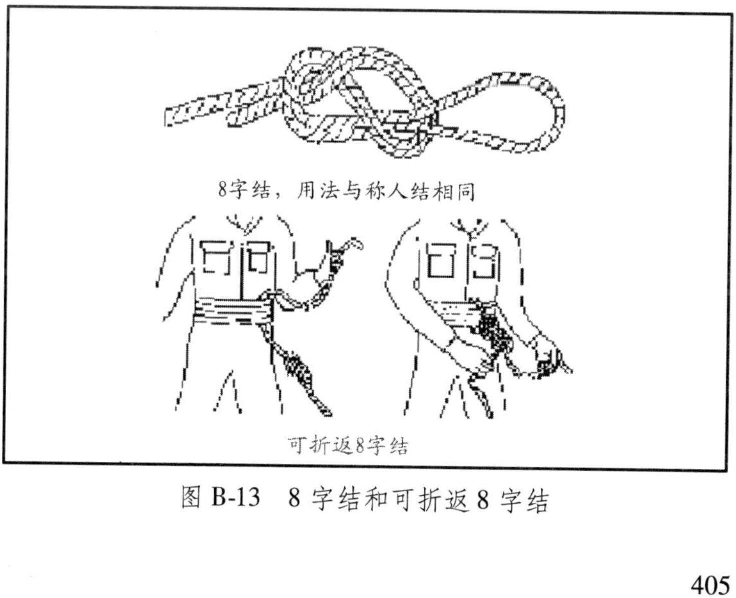

图 B-13 8字结和可折返8字结

以解开。8字结可以用来在一条固定绳索上作锚结。它还可以用来防止绳头从另外一条绳索上的打结处或绳环中滑脱。

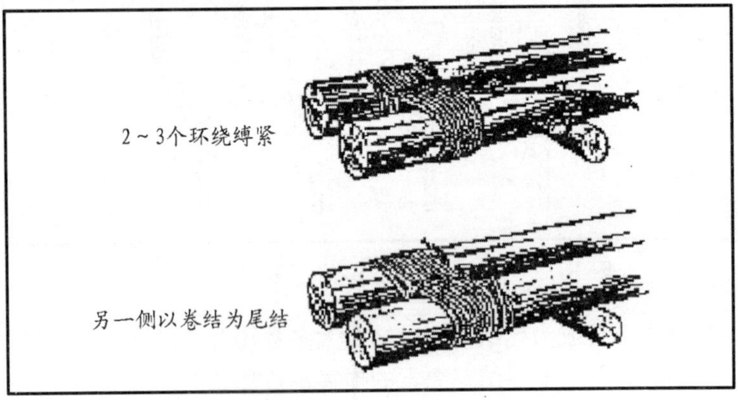

图 B-14　剪刀结

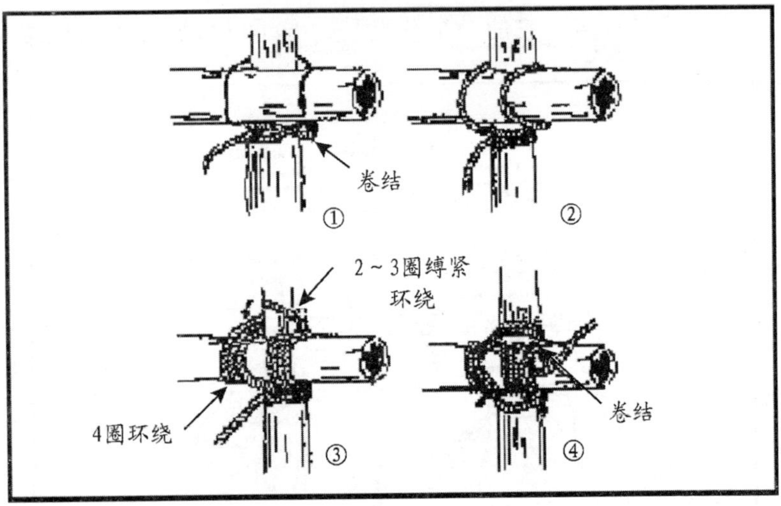

图 B-15　方回结

各种工程结

为建造某种东西，有各种物品需要捆扎在一起。图 B-14 ~ B-16 是在做三脚支架、建造避身所以及搁物架时会用到的几种工程结。如果需要临时制作绳索，参考第 12 章。

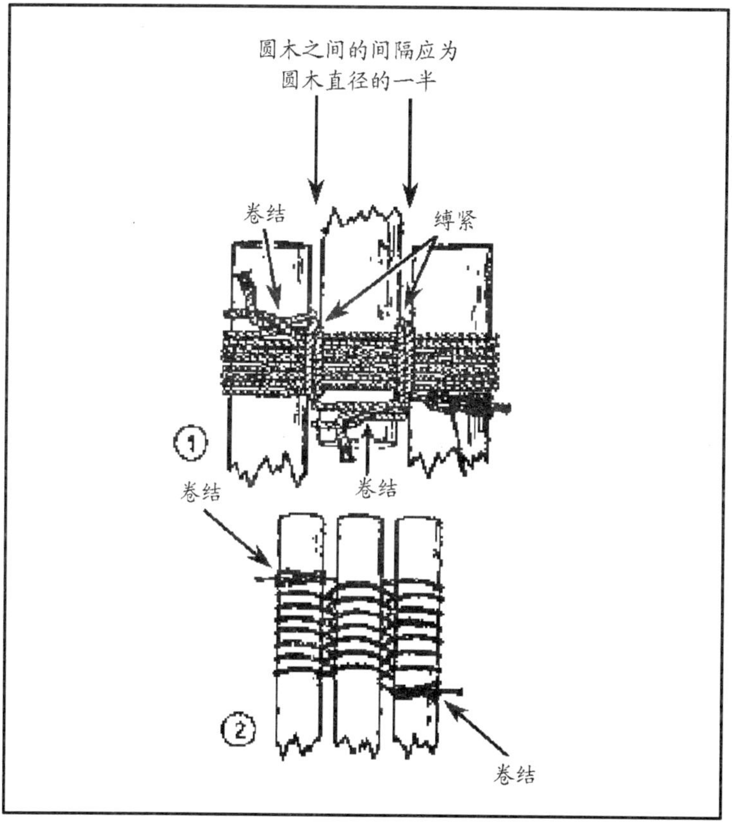

图 B-16 三脚架结

附 录 C

危险的昆虫和节肢动物

昆虫的危险经常被忽视。在美国，每年因蜂螫而导致死亡和过敏性休克的人数，要多于因蛇咬而死或过敏性休克的人数。还有一些昆虫也有足以致命的毒性，但其最大的威胁还是传播疾病。

蝎子

说明：暗棕色、黄色或黑色。长有像龙虾一样的长约7.5～20厘米（3～8英寸）的螯和节状尾巴。蝎子的种类大约有800多种。

栖息地：主要生活在腐烂物、瓦砾堆下面、圆木和岩石里。夜里进食。有时藏在靴子里。

分布：全世界的温带、干旱地带和热带地区。

警告：蝎子用尾巴蜇人，会导致局部疼痛、肿胀，可能导致失去知觉、死亡。

棕色室内蜘蛛或
棕色隐士蜘蛛

说明： 棕色至黑色，头和背部有明显的“小提琴”状斑点。身体短粗，细长的腿约为2.5～4厘米（1～1.5英寸）长。

栖息地： 瓦砾下、岩石和圆木里。洞穴和黑暗的地方。

分布： 北美洲。

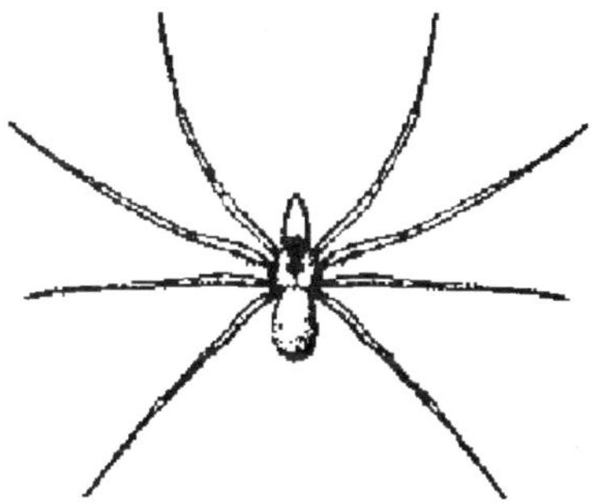

漏斗网蜘蛛

说明： 棕色，体型大。被惊扰时具有攻击性。

栖息地： 树林、丛林、灌木丛生的地方。其结的网呈开口的漏斗状。

分布： 澳大利亚。(其他没有毒性的种类分布在世界各地。)

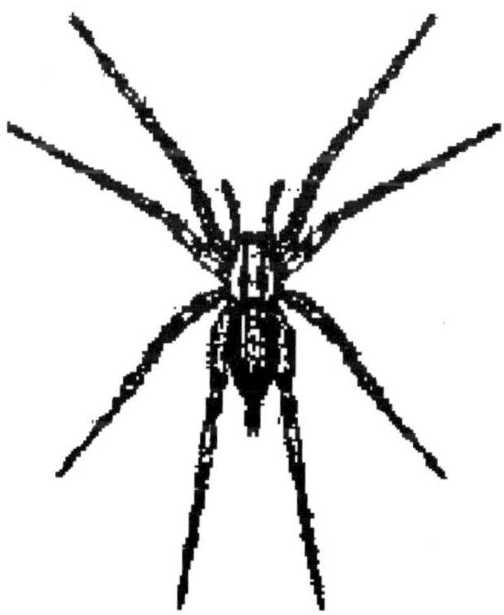

狼蛛

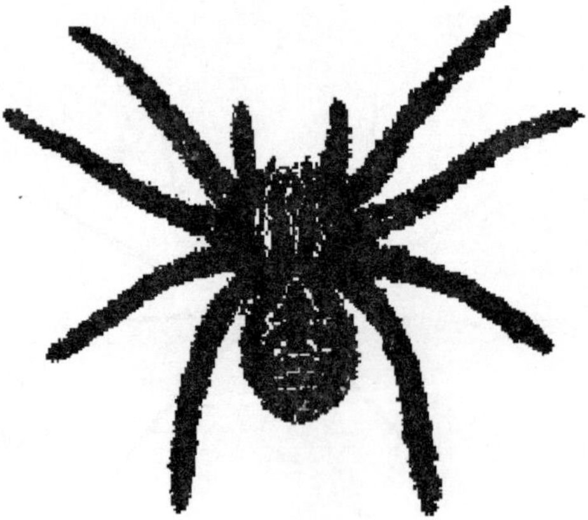

说明：非常大，棕色、黑色、红色，体上多毛。被其大毒牙咬后会非常疼。

栖息地：沙漠地带和热带。

分布：美洲和南欧。

寡妇蜘蛛

说明：深色，雌性的腹部有浅红或橙色斑点。

栖息地：圆木下、岩石下和瓦砾下。阴暗处。

分布：全世界范围内分布着不同的种类。美国有黑寡妇蜘蛛、中东有红寡妇蜘蛛、澳大利亚有棕寡妇蜘蛛。

注意：雌性有毒腺。中东的红寡妇是唯一已知能使人致命的蜘蛛。

蜈蚣

说明：身体可长达30厘米（12英寸），多节。暗橙色至棕色，触角底部长着黑点状的眼睛。全世界共有2800种蜈蚣。

栖息地：白天在树皮或石头下面。夜晚活动。

分布：全世界。

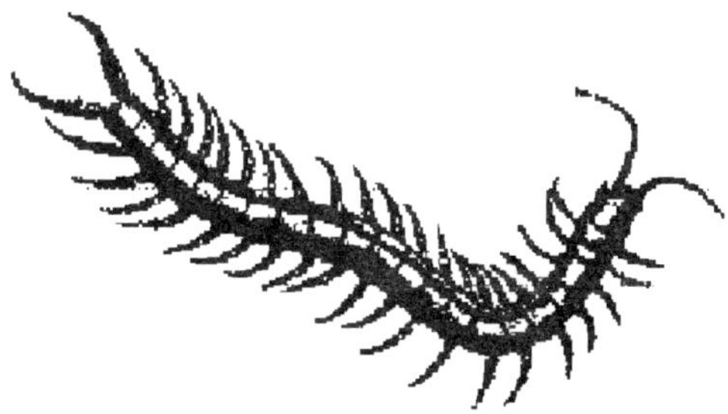

蜜蜂

说明：身上有棕色或黑色绒毛。通常群居。很多种蜜蜂用蜂蜡筑巢。

栖息地：树洞、洞穴和住宅。沙漠地带的水源附近。

分布：全世界。

注意：蜜蜂长着带钩的刺，蜇人后即死亡，原因是在攻击的过程中其体内的毒液和内部器官都被拽了出来。

黄蜂和大黄蜂

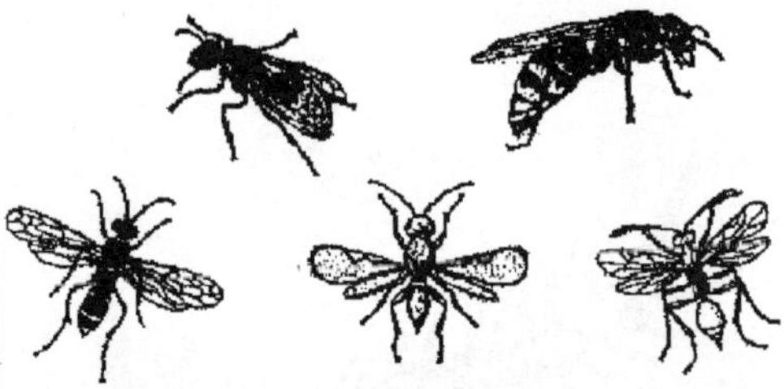

说明：通常为身体光滑且细并带刺的昆虫。很多蜂巢只供单个黄蜂或大黄蜂使用，用泥或纸筑巢。其光滑的刺使它们可以多次进攻。全世界有数百种。

栖息地：随处可见。

分布：全世界。

注意：美国南部的蚁蜂是个例外。这种黄蜂不能飞，身体有红色和黑色交替的天鹅绒一样的条纹。

扁虱

说明：身体呈圆形，别针状头部，体长 2.5 厘米，有 8 条腿，刺吸嘴。全世界共有 850 种。

栖息地：主要生活在森林和草地。城市和农村也有分布。

分布：全世界。

附录 D

危险的鱼类和软体动物

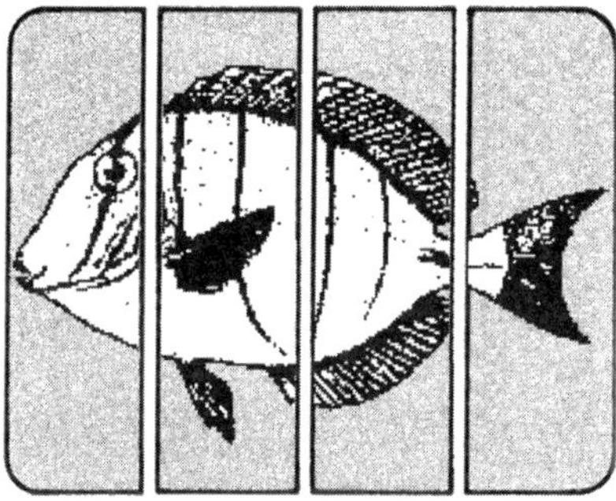

鱼和软体动物可能是你主要的食物来源之一。所以，明智的作法是，要了解哪些鱼有危险、各种鱼类都有何种危险、可采取何种预防措施以及被某种鱼伤到后如何应对。

鱼和软体动物的危险主要来自于下面三种之一：你被攻击并被咬；被鱼的毒刺或触须向体内注入毒素；食用肉里有毒的鱼或软体动物。

实际遇到这些危险的鱼的风险相对较小，但仍然不容忽视。这些鱼中任何一种都可能使你丧命。如果可能的话，尽量避开它们。

攻击人类的鱼

提到攻击人类的鱼时，人们首先想到的就是鲨鱼。其他比如梭鱼、海鳗以及食人鲳等也是攻击人类的鱼类。

鲨鱼。鲨鱼是攻击人类的鱼中最具有潜在危险的鱼类。鲨鱼最明显的危险就是可以将人咬死或咬伤致残。在众多类的鲨鱼中，只有为数不多的一些具有危险。攻击人类较多的鲨鱼包括白鲨、虎鲨、锤头鲨和蓝鲨。大青鲨、灰护士鲨和灰鲭鲨也有攻击人类的记录。图 D-1 显示了几种鲨鱼以及其身体尺寸。

如果可能，要完全避开鲨鱼。按照第 291～292 页中的方法对付鲨鱼的攻击。

鲨鱼体型大小各异，但是，其体型的大小与攻击人类的可能性没有关系。即便那些体型较小的鲨鱼也可能很危险，尤其是当其成群行进的时候。

如果被鲨鱼咬到，最重要的措施就是迅速止血。水中的血会引来更多鲨鱼。你或者受害者应该尽快登上救生筏或登陆。如果是在水中，要将受害者围起来，并用止血带止血。

其他凶猛的鱼类。在海水中，其他凶猛的鱼类包括梭鱼、海鲈和海鳗（图 D-2）。海鲈通常是一种远海鱼，因为身体庞大所以具有危险性。它可以从人的身上咬下大块的肉。梭鱼和海鳗也曾经攻击过人类，并造成严重的咬伤。在浅水区和暗礁附近一定要小心这两种鱼。海鳗在受到惊扰时极有攻击性。

在淡水中，食人鲳是唯一具有显著危险的鱼类。它们生活在热带水域，并且只限于南美洲的北部。这些鱼的体型相当小，大约 25～60 厘米（10～24 英寸）长，但它们长着很大的牙，而且成群而行。它们可以在几分钟内吞下一头肥猪。

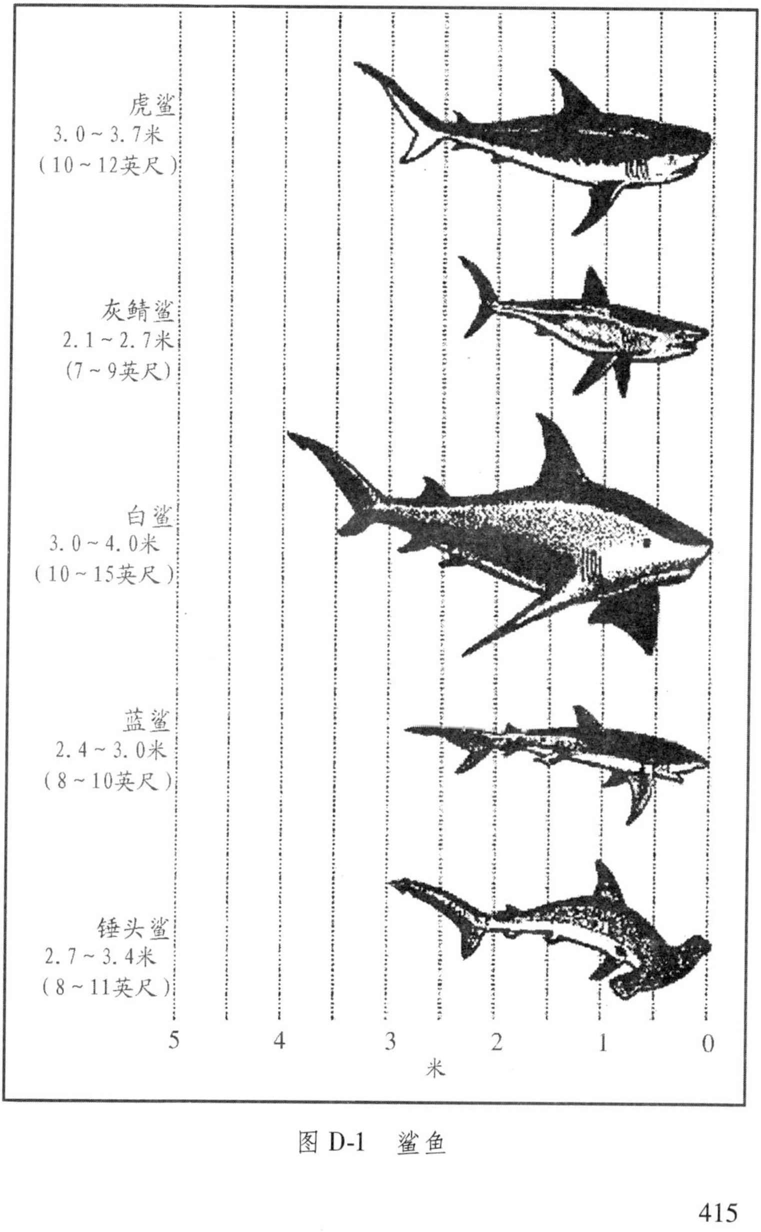
虎鲨
3.0～3.7米
（10～12英尺）
灰鲭鲨
2.1～2.7米
（7～9英尺）
白鲨
3.0～4.0米
（10～15英尺）
蓝鲨
2.4～3.0米
（8～10英尺）
锤头鲨
2.7～3.4米
（8～11英尺）
5
4
3
2
1
0
米

图 D-1　鲨鱼

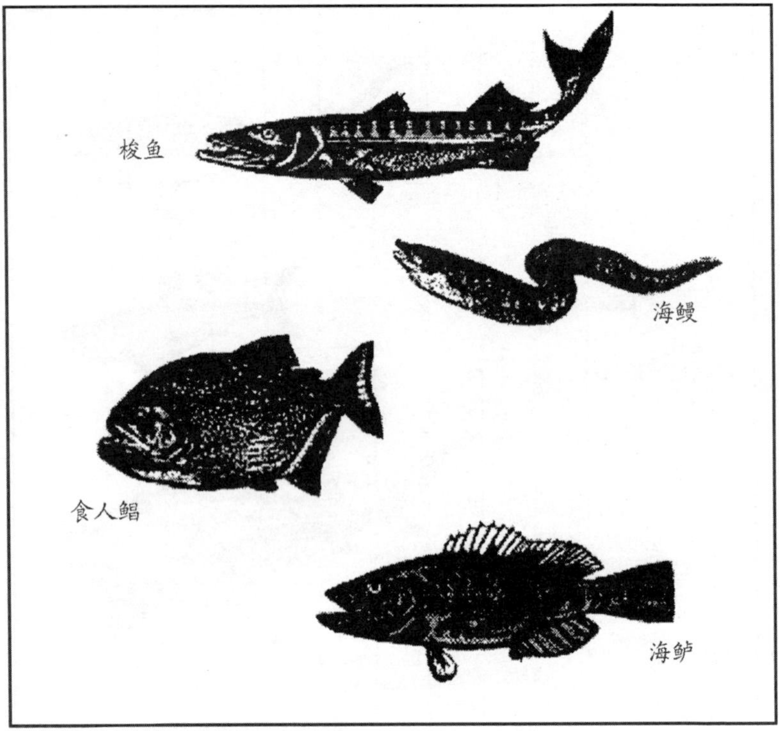

图 D-2　凶猛的鱼类

有毒的鱼类和无脊椎动物

有几种有毒的鱼类和无脊椎动物，全部生活在海水中。它们都可以通过鳍上、触须上的刺或嘴咬注射毒液。其毒液能造成剧烈疼痛并可能有致命危险。如果被下面这些鱼或无脊椎动物伤到，要像处理蛇咬一样进行治疗。

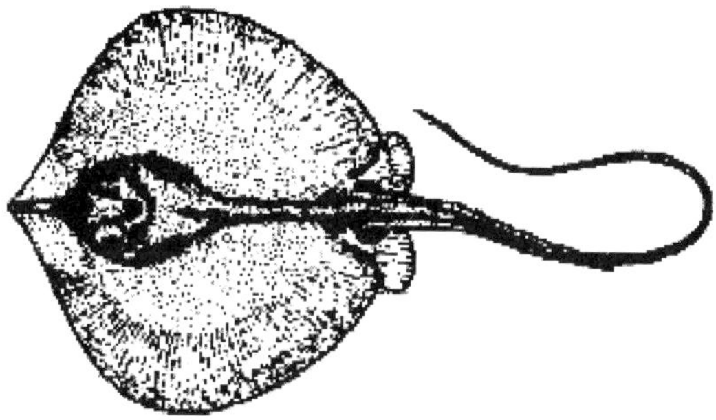

黄貂鱼。黄貂鱼栖息在浅水区，尤其是热带，但温带地区也有。所有的黄貂鱼身体都呈射线形，但其身体的颜色使它们很难被发现，除非在其游动时。其尾巴上的毒钩刺能够造成严重甚至致命的伤害。

篮子鱼。篮子鱼主要生活在太平洋和印度洋里的暗礁上。其平均身长大约为30厘米（12英寸），鳍上有非常锋利的刺。刺是有毒的，并能够造成剧烈的疼痛。

蝎鱼或斑马鱼。蝎鱼主要生活在太平洋和印度洋里的暗礁上。身长 30 ~ 90 厘米（12 ~ 35 英寸）左右，颜色通常呈淡红色，长着很长的波浪形的鳍和刺。其刺伤非常疼痛。

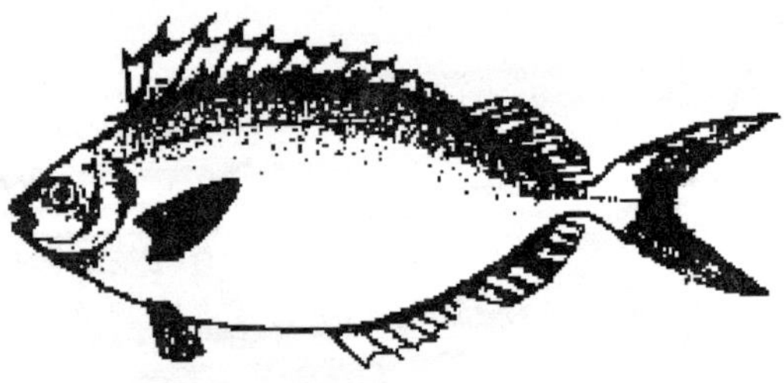

莹斑篮子鱼。莹斑篮子鱼体型很小，身长大约为 10 ~ 15 厘米（4 ~ 6 英寸），样子很像金枪鱼。背部和腹部的刺有毒。其刺伤很痛。

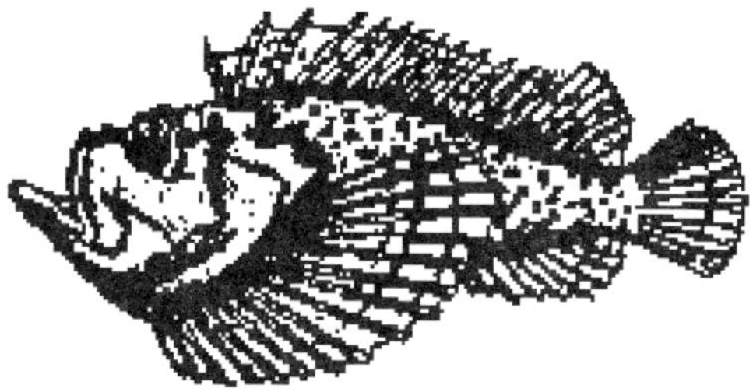

石头鱼。石头鱼生活在太平洋和印度洋的热带水域。平均身长为30厘米（12英寸）左右，其柔和的颜色和不规则的斑点为它们提供了独一无二的伪装。被踩到后，背部上的刺能造成剧烈的疼痛，有时甚至有致命的伤口。

刺尾鱼。刺尾鱼平均身长20~25厘米（8~10英寸），体形窄高，小嘴，颜色鲜艳。在尾巴侧面有像针一样的刺，能造成极其疼痛的伤口。这种鱼生活在世界各地的热带水域。

蟾鱼。蟾鱼生活在南美洲和中美洲的热带近海水域里。其身长在17.5～25厘米（7～10英寸）左右，颜色晦暗，嘴巴大。它们把自己埋藏在沙子里，并很容易被踩到。其背部有非常锋利且毒性极强的刺。

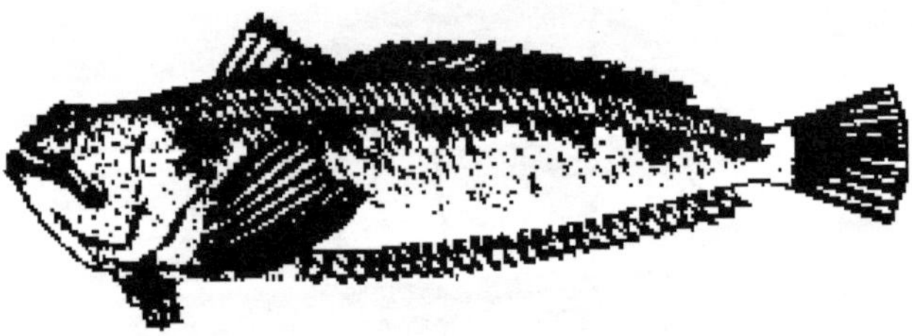

螯鲈鱼。螯鲈鱼是一种身体细长的热带鱼，体长约30厘米（12英寸）。其所有鳍上的刺都有毒，能够造成疼痛的伤口。

蓝环章鱼。这种小章鱼通常生活在澳大利亚东部大堡礁的近海里。身体呈灰白色，并有不规则分布的蓝色环纹。如果不是被踩到或者被抓，这种章鱼一般不咬人。这种章鱼的咬伤毒性极大，通常会致命。

僧帽水母。尽管看上去像水母，但僧帽水母实际上是一种群居的海洋动物。主要生活在热带海域，然而，海湾洋流能把它们带到远至欧洲。南部直到澳大利亚也有发现。其漂浮的部分可以小到15厘米（6英寸），但其触须可达12米（40英尺）长。这些触须的刺伤非常疼痛并且能够造成残疾，但很少致命。

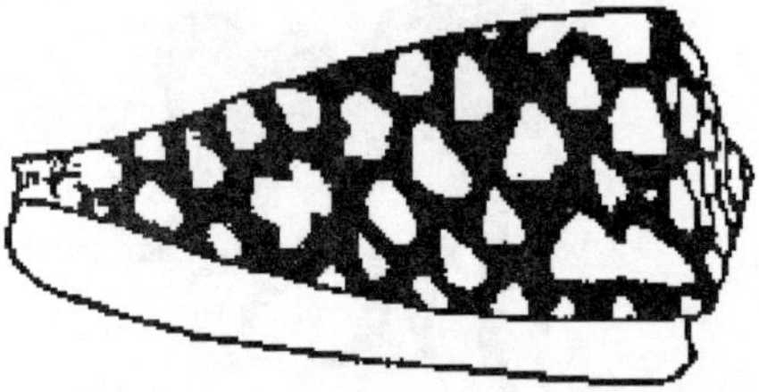

毒芋螺。这些圆锥形的螺类有光滑、鲜艳的斑点，贝壳的基部有狭长的开口。毒芋螺生活在热带水域的岩石下、岩缝里、珊瑚礁上以及多石海岸或海湾的岸边。牙齿很小，并很像注射针。它们的毒液侵入后很快发生作用，几小时内就能引起急性疼痛、肿胀、瘫痪、失明和死亡。要避免接触所有的圆锥形螺。

锥螺。温带和热带水域中都有这种螺类。它们很像芋螺，只是更细更长。它们使人中毒的方式和芋螺相同，但毒性比芋螺小。

肉有毒的鱼

没有简单的规则可以区分有毒的鱼和可食的鱼。第 122 页图 8-2 列出了最常见的几种有毒的鱼。这些鱼的肉都含有不同的有毒物质或毒素，食用很危险。它们的常见特征是：

- 多数生活在暗礁周围的浅水或盐水湖里。
- 很多鱼的身体呈盒形或圆形，皮肤硬如贝壳并有多骨鳞或刺覆盖。它们的嘴像胡萝卜，腮小，没有腹鳍或腹鳍很小。形如其名。

除了以上介绍的鱼以及它们的特征外，梭鱼和红鲷鱼带有雪卡毒素——这是以热带海域暗礁为食而积累在其体内的毒素。

如果没有对当地的专门了解，就要采取以下预防措施：

- 对于从沙质湖底或碎珊瑚湖底的浅盐水湖抓到的鱼要十分小心。这些鱼中以暗礁为食的占绝大多数，其中一些可能有毒。
- 避免食用海岛背风一侧的鱼。这种地方的浅水区由小片的活珊瑚和开阔地组成，也许向海中延伸一段距离。这里栖息着很多种鱼，其中一些有毒。
- 从非天然颜色的海水里抓的鱼不能吃。海水变色可能是由浮游生物引起的，吃以浮游生物为食的鱼会导致中毒。
- 尽量在海岛的向风一侧或从远海至盐水湖的深水通道里捕鱼，但要小心海流和海浪。活珊瑚礁面向深水区的峭壁能形成一条浅水可疑鱼和深水可食鱼之间的分界线。深水鱼通常没有毒。在深水中也有可能抓到各种有毒的鱼。要将所有可疑的暗礁鱼扔掉，不管是在海里还是暗礁边上抓到的。

附录 E

毒 蛇

如果你害怕蛇，那很可能是因为你不熟悉蛇类，或者对它们的认识有错误。如果你知道了以下知识，那么就无需再害怕蛇类：

- 它们的生活习性。
- 如何分辨有危险的种类。
- 防止被蛇咬的预防措施，以及
- 如果被蛇咬了，该采取什么措施（见第 47 ~49 页）。

如果你穿着鞋子和裤子，住在营地里，那么你被毒蛇咬中的可能性要比得瘴气、霍乱、痢疾或其他疾病的可能性小。

几乎所有蛇类都会尽量避开人类，不过，据报道，有一些蛇——东南亚地区的眼镜王蛇，南美的巨蝮，南美的热带响尾蛇，以及非洲的树眼镜蛇——有时会主动攻击人类，但也只是偶尔为之。大多数蛇都会躲得远远的，很少有机会看到。

避免被蛇咬的方法

蛇的分布很广，在所有热带、亚热带和大多数温带地区都有蛇。有些种类的蛇有毒腺，以及能将毒液注射到被其咬到的东西上的中空的长牙。

尽管毒蛇使用其毒液是为了保护自己的食物，但也会用它来自卫。当你踩到或走近蛇的时候，它会在你还没有看到、听到它的时候就袭击你。

下面这些简单规则可以减少你被蛇咬的机会：

- 不要在灌木丛、高大禾草、大石头或树林旁边睡觉。这些地方都是蛇的藏身之处。睡觉时，要把睡袋放在开阔地。把防蚊网罩到睡袋上并将其边角塞到睡袋下面，能够很好地防止蛇咬。
- 不要把手伸到你看不见的地方去，比如岩缝、灌木浓密的地方，或者空树干中，除非你事先探查过。
- 不要跨过倒在地上的树。应站在树身上看看其另一侧是否有蛇。
- 不要漫不经心地穿越浓密的灌木林或高大禾草，要注意脚下要走的地方。
- 不要抓蛇，除非你绝对相信它无毒。
- 在把蛇头切下来之前，不要用手拿刚杀死的蛇。其神经系统可能还是活的，死蛇也会咬人。

毒蛇的种类

对人类有危险的蛇大致都可归入以下两类（图E-1）：前沟牙类和管牙类。这两类毒蛇是根据它们的毒牙和毒素的不同特征来定义的。

属科及通常名称	类别		毒液	
	折叠毒牙	固定毒牙	神经毒素	血毒素
蝰蛇科或真正的蝮蛇				
欧洲鼻角蝰	●			●
加蓬蝰蛇	●		●	●
鼓蝮巨蝰	●			●
犀牛蝰蛇	●		●	●
拉塞尔蝰蛇(锁蛇)	●			●
角蝰	●			●
响尾蛇科或坑蝮蛇				
美洲铜头蝮蛇	●			●
巨蝮	●			●
棉口蛇	●			●
东部菱斑响尾蛇	●			●
矛头蛇	●			●
竹叶青	●			●
响尾蛇	●			●
跳跃响尾蛇	●			●
马来响尾蛇	●			●
热带响尾蛇	●		●	●
瓦格勒蝮蛇	●			●
西部菱斑响尾蛇	●			●
莫哈韦响尾蛇	●		●	●
眼镜蛇科				
普通眼镜蛇		●	●	
普通金环蛇		●	●	
珊瑚眼镜蛇		●	●	
死亡蝮蛇		●	●	
埃及眼镜蛇		●	●	
眼镜王蛇		●	●	
虎蛇		●	●	
澳洲铜斑蛇		●	●	
树眼镜蛇		●	●	
海蛇科				
海蛇		●	●	

图 E-1　毒蛇科

毒牙。前沟牙类毒蛇的毒牙长在上颚前部，位于普通牙齿之前，毒牙向下垂直，并且形状固定不变，被称为固定毒牙。

管牙类毒蛇长有可直立毒牙，也就是说，它的毒牙可以伸出来成直立状，这些毒牙被称为折叠毒牙。

毒液。毒牙固定的毒蛇（前沟牙类毒蛇）通常具有毒害神经的毒素，这些毒素可以破坏受害者体内的神经系统，使受害者无法呼吸。

折叠毒牙的毒蛇（管牙类毒蛇）通常含有血毒素，这些毒素会影响血液循环系统，破坏血细胞，使皮肤组织受损，导致内出血。

但是，需要记住的是，大多数毒蛇都含有以上两种毒素，只是通常情况下，一种毒素为主，而另一种毒素就很弱。

有毒的蛇和无毒的蛇。除了是否具有毒牙和毒腺这一条之外，没有其他特征能将有毒的蛇和无毒的蛇区分开来，而要想安全地检查一条蛇是否有毒牙或毒腺，只有等它死后。

毒蛇的介绍

世界上有许多种毒蛇，除了在动物园里，你不太可能会看到很多毒蛇，因此这本手册里只介绍一些毒蛇。

蝮蛇科（真正的蝮蛇）。蝰蛇通常具有粗大的身体和头部，比其颈部宽得多。不同的蝰蛇在体型、斑纹以及颜色上差别很大。

响尾蛇科（坑蝮蛇）。响尾蛇的身体可能很细，也可能很粗。它们的头部通常比颈部宽得多。响尾蛇的眼睛和鼻孔之间有一个小坑，因此也被称为坑蝮蛇。响尾蛇通常是褐色的，并有黑色的大斑点，不过有些响尾蛇是青色的。

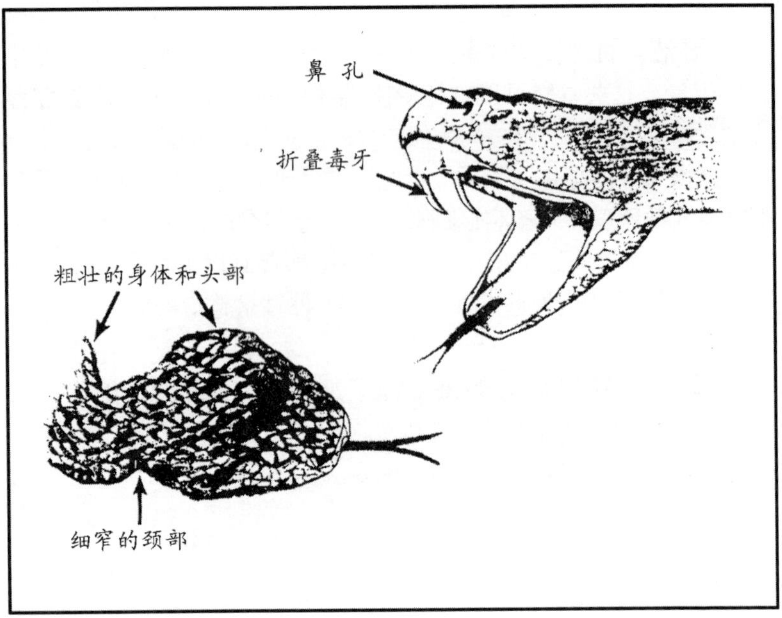

图 E-2　毒蛇的可靠识别

在上面提到的毒蛇当中，印度有大约 12 种。它们可能藏身于任何地方的树上或者地上。树上的毒蛇身体细小一点，地面上的毒蛇身体粗大。所有的都很危险。

中国有一种响尾蛇很像北美的铜头蛇，这种蛇发现于中国南部偏远山区的多岩石地区。它体长可达 1.4 米（4 英尺半），不过并不凶恶，除非受到惊扰。中国东部的平原地区还有一种小响尾蛇，大约0.46米（1英尺半）长，对于穿着鞋的人来说，这种小蛇没什么危险。

在美国和墨西哥大约有27种响尾蛇，它们颜色各异，有的身上有斑点，有的没有。有些很小，而有些很大，例如菱斑响尾蛇，可以长到2.4米（8英尺）长。

美国中部和南部有五种响尾蛇，但只有热带响尾蛇分布比较广。响尾蛇最明显的特征就是尾尖能发出咔哒咔哒的声音。

当有东西接近的时候，大多数响尾蛇会选择不战而逃，但总会有袭击路人的可能性。它们并不总是发出警告，它们可能先攻击，然后尾巴再发出咔哒的声音，或者根本就不发出声音。

眼镜蛇科。只有检查一条死蛇，你才能明确判断出它是不是眼镜蛇或者眼镜蛇的近亲（图E-4）。眼镜蛇、金环蛇、珊瑚礁眼镜蛇头上的第三片鳞片同时连接着鼻孔和眼睛。金环蛇还有一条鳞片一直延伸到背脊上。

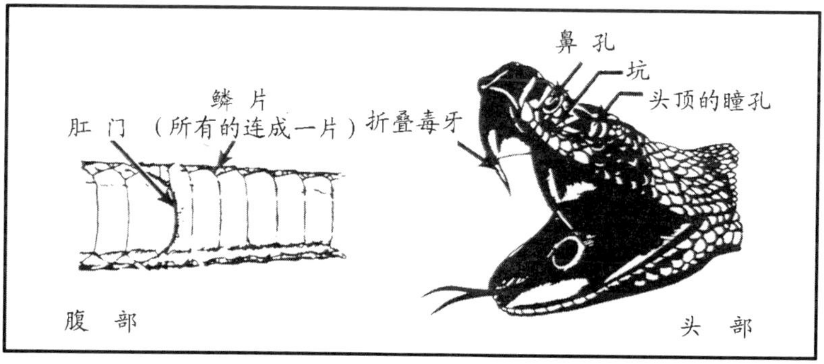

图E-3 响尾蛇的可靠识别

非洲和近东地区的眼镜蛇可发现于任何环境中。有的可能生活在水里或水边，有的则可能发现于树上。据报道，有些眼镜蛇具有攻击性，很凶猛。眼镜蛇向前攻击的距离等同于它的头部离开地面的距离。不过，有些眼镜蛇可以喷射毒液，射程达 3～3.7 米（10～12 英尺）。这些喷射的毒液并不危险，除非它们进入你的眼睛，如果不立刻将毒液清洗出来，可能会致使眼睛失明。

海蛇科。海蛇有很多种类。它们在颜色和形状上差别很大，不过所有的海蛇都有一条扁平的尾巴。它们的鳞片使它们和海鳗区别开来，海鳗没有鳞片。

海蛇发现于太平洋沿岸的海水中，在非洲东部海岸以及波斯湾也有海蛇。大西洋里没有发现过海蛇。

不需要害怕海蛇，还没有听说过海蛇攻击游泳者的事件。渔夫偶尔会被网中的海蛇咬伤，不过被海蛇咬伤很危险。

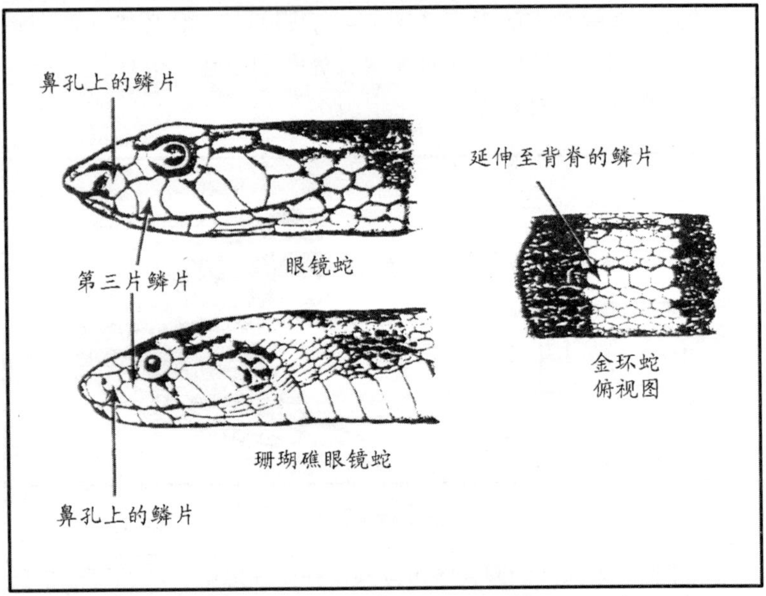

图 E-4　眼镜蛇、金环蛇、珊瑚礁眼镜蛇的可靠识别

欧洲鼻角蝰（Vipera ammodytes）

说明：身体呈灰色，背上有Z字形图案，有些呈纯黑色。这是一种小型蝰蛇，身长通常在一英尺半到两英尺（45.7~61厘米）。含有血毒素，被它咬了之后伤口剧痛，并且会导致相当程度的组织损伤，不过尽管很严重，却不致命。咬伤需要进行医疗处理。

特征：脾气急躁，容易攻击。

栖息地：栖息在很多地形中，包括沼泽地、空旷的野外、山坡、以及耕地，甚至海拔9000英尺（2743米）的高山地区也能发现它们的踪迹。

分布：从欧洲北部到韩国北部。

图E-5　欧洲鼻角蝰

加蓬蝰蛇(Bitis gabonica)

说明:颜色鲜艳,身上有黑色、褐色和蓝色的几何图案。因为颜色复杂,因此在热带植物中很难被发现。它是所有蝰蛇当中体型最大、最重的。成年蛇平均体长4~5英尺(1.2~1.5米),也有超过6英尺(1.8米)的。这些蝰蛇鼻子尖上通常有一个角,也有的没有角。它们的毒牙很长——大蛇的毒牙可长达2英寸(5厘米)。毒液中既含有血毒素,也含有神经毒素。如果得不到适当的医疗诊治,咬伤可以致死。

特征:接近它时,它会盘起来并迅速攻击。

栖息地:浓密的森林中。

分布:塞拉利昂、苏丹、安哥拉以及纳塔耳的热带雨林。

图E-6 加蓬蝰蛇

鼓蝮巨蝰(Bitis arietans)

说明：不同的蛇颜色差别很大，通常是浅棕色或深棕色，并伴有白色或黄色的波浪型图案。成年蛇通常体长3~4英尺(0.9~1.2米)，偶尔也有5英尺(1.5米)的。体型粗厚，经常给人笨重迟钝的印象。成年鼓蝮巨蝰有长长的中空毒牙，毒液中的血毒素含量非常高，没有适当的治疗，会导致死亡。

特征：反应迅速，接近它时，它会马上盘起来，发出很大的嗞嗞的声音，并闪电出击。

栖息地：靠近溪流的疏林或草地中。

分布：非洲的大部分地区，尤其是干旱炎热的沙漠地区以及热带雨林。

图E-7　鼓蝮巨蝰

犀牛蝰蛇(也叫 river jack)(Bitis nasicornis)

说明:颜色从粉红、蓝色、绿色到紫色不一,身上花纹图案非常醒目。体型粗大、厚重,鼻子上有长长的角。成年犀牛蝰蛇平均身长 2~3 英尺(0.6~0.9 米),也有达到 4 英尺(1.2 米)的,毒液中含有血毒素和神经毒素。

特征:反应迅速,靠近时它会马上盘起身子,发出很大的嗞嗞声,并闪电出击。

栖息地:热带雨林。

分布:利比里亚、乌干达、扎伊尔。

图 E-8　犀牛蝰蛇

拉塞尔蝰蛇(Vipera russellii)

说明:身体颜色为褐色或棕黄色,并伴有椭圆形的黑色斑点。平均体长3.5英尺~5英尺(1.0~1.5米)。在它分布的地区,是很常见的一种毒蛇,该地区经常发生被它咬伤并致死的事件。它的毒液中的血毒素毒性非常高。

特征:胆大无礼,接近它时,它会发出很大的咝咝声,并迅速发动攻击。

栖息地:栖息范围很广,田地、草原、沼泽等,比较喜欢栖息在开阔、向阳的地方,不过除了浓密的森林,几乎到处都可以发现它的踪影。

分布:巴基斯坦西部地区、印度全境、缅甸、泰国、中国西南部地区。

图 E-9　拉塞尔蝰蛇

角蝰(Cerastes vipera)

说明:身体颜色接近沙子的颜色,为黄色或略带粉红色。通常2英尺(0.6米)长,或者更短。毒液含血毒素。

特征:身体能够变平,钻入沙子里面去。角蝰能够悄悄滑行,滑行时姿态很像角响尾蛇,这使它们能够在沙子上快速前进。

栖息地:干燥的沙漠地带。

分布:从阿尔及利亚到埃及的非洲北部地区。

图 E-10　角　蝰

美国铜头蝮蛇(**Agkistrodon contortrix**)

说明:身体颜色通常为淡棕色,背部有颜色较深的窄窄的圆环图案,不过大蛇身上的斑纹很少,不显眼。头部通常为铜红色。腹部颜色较浅,有一些斑点。毒液中含有血毒素,不过很少,对成年人来说并不是特别危险。

特征:胆小易受惊,通常躲在隐蔽的地方,被发现时,会努力逃走,如果被逼到角落无处可逃,会不停颤动尾巴,并发出很特别的嗡嗡声。

栖息地:喜欢干燥的高处,在田野或森林中也可能会发现它们的踪影。

分布:美国南部以及东南部地区。

图 E-11　美国铜头蝮蛇

巨蝮(Lachesis muta)

说明:身体颜色为褐色或深棕色,背部有粉红色花纹和黑色斑点。它的鳞片非常突出。在所有响尾蛇属中,巨蝮是体型最大的,平均身长 6.5 英尺~7 英尺(2~2.1 米),有些甚至长达 12 英尺(3.7 米)。它有长长的中空毒牙,毒液中含有血毒素。巨蝮很少咬人,但是一旦被它咬中就很危险。

特征:可能会一动不动地待着,除非有东西碰到它,这时它多数会逃开,不过如果被逼至绝路,它也可能会变得凶狠。它没有响尾,但是它的尾巴在干树叶上震动也会发出咔哒的声音。

栖息地:多数生活在低纬度的热带森林中,有时也在凉爽的地区出没,比较喜欢潮湿或者干燥的地方,经常会藏身于动物洞穴中。

分布:尼加拉瓜南部地区、哥斯达黎加、厄瓜多尔、秘鲁、玻利维亚、巴西以及巴拉圭。

图 E-12 巨 蝮

棉口蛇(**Agkistrodon piscivorus**)

说明:身体颜色不一,幼蛇颜色鲜艳,夹有铜色、淡棕色、深棕色带状花纹,成年之后,带状花纹颜色逐渐减退,最后变成完全的黑色。成年蛇平均身长 3~4 英尺(0.9~1.2),偶尔有达到 6 英尺的(1.8 米)。毒液含有血毒素。棉口蛇致死的事件极少发生,不过确实发生过。

特征:擅长游泳。经常趴在圆木上,或者沼泽地、河口、滞缓的溪流边的倾斜树木上晒太阳。受到惊扰时多数会撤退,但是也有可能会坚守阵地。

栖息地:湿地、湖泊、河流、小溪。

分布:美国南部地区,包括伊利诺斯州南部、密苏里州、堪萨斯州东南部、得克萨斯州中部、维吉尼亚州、卡罗莱纳州、以及佛罗里达州。

图 E-13　棉口蛇

东部菱斑响尾蛇(Crotalus adamanteus)

说明:身体颜色为橄榄绿色,并伴有深色的菱形斑纹,菱斑边缘为白色或黄色。这是美国境内最大的毒蛇,平均身长 3.5~5 英尺(1.0~1.5 米),最大的身长可达 7 英尺(2.1 米)。它有一个很大的毒腺和很长的中空毒牙,毒液含有血毒素。

特征:很大胆,受到惊扰时倾向于抵抗并保护自己,它会盘起身体,并且充气使身体膨胀,发出低低的咝咝声,响尾通常会震动。

栖息地:喜欢栖息在开阔的沙地,或者礁石上,但事实上可以发现于任何地方。

分布:从卡罗莱纳州北部向南到佛罗里达,向西到路易斯安娜州。

图 E–14　东部菱斑响尾蛇

矛头蛇(Brothrops lanceolatus)

这个属里包括几种血缘很近的种类,所有的对人类都很危险。

说明:身体颜色并不一致,通常是棕色的或橄榄色,背部有浅浅的沙漏状斑纹。成年蛇平均身长3.5~5英尺(1.0~1.5米),也曾发现过7英尺(2.1米)长的。毒液中的血毒素浓度非常高,曾咬死过很多人。

特征:攻击前会先盘起身体,不过它可以从任何姿势进行攻击。

栖息地:大多数生活在地面,经常发现于长有节茎植物的田地里,或者房屋周围。有一小部分生活在树上,特别是棕榈树的根部。

分布:中美洲和南美洲地区,除了智利。

图 E-15 矛头蛇

竹叶青(Trimeresurus sp)

说明:这是小型蛇类,身体颜色为翠绿色,经常咬伤人,不过很少致命。毒液含有血毒素,被这些蛇咬伤会相当疼痛,并且造成一定的组织受损。它们袭击时,通常会袭击人的上肢、颈部、头部和肩部。

特征:主要生活在灌木或者树上。

栖息地:通常栖息在枝叶茂盛的茶树上。

分布:柬埔寨、缅甸、马来西亚、印度尼西亚、越南、印度、巽他群岛、以及中国东南部地区。

图 E-16　竹叶青

响尾蛇(Trimeresurus flavoviridis)

说明:身体颜色为浅棕色,有长长的深棕色和绿色斑纹,斑纹边缘为黄色。成年蛇平均身长4~5英尺(1.2~1.5米),最长可达7英尺(2.1米)。毒液中含有血毒素,毒性不高,但是有过咬死人的记录。

注意:被这种蛇咬伤的发生率很高,因此对这种蛇也要相当重视,它经常潜入人类居住的地方寻找目标。

特征:易怒,容易发动攻击。
栖息地:很多环境中都能发现它们。
分布:冲绳群岛、奄美群岛。

图 E-17　响尾蛇

跳跃蝮蛇(Bothrops nummifera)

说明:这种蛇非常强健,身体不长,但是很结实。平均身长2.5~3 英尺(0.8~0.9 米),身体颜色为鲜艳的棕色和黑色相间。毒液含有血毒素,但是极少致命。被它咬伤会很疼,并造成大面积局部组织受损。这种蛇和可怕的巨蝮很像,都有非常粗糙的鳞片。

特征:攻击强劲有力,身体有时会跳离地面。

栖息地:很多环境都可能称为它们的栖息地。

分布:从墨西哥南部地区到中美洲地区。

图 E–18　跳跃蝮蛇

马来响尾蛇(Callaselasma rhodostoma)

说明:一种小型蛇类,身长 2~3 英尺(0.6~0.9 米),身体背部呈红棕色,有环箍状花纹,花纹在脊骨处很细,为深棕色,在两边呈淡红棕色。毒液含有血毒素,咬伤非常疼痛,并会造成组织受损。这种蛇每年造成几百起咬伤事故,不过死亡率很低。

特征:性情温和,不过如果被踩到还是会咬人的。

栖息地:橡胶植物上很常见。

分布:泰国、老挝、柬埔寨、爪哇岛,苏门答腊岛、马来西亚、以及越南。

图 E-19　马来响尾蛇

热带响尾蛇(Crotalus durissus)

说明:身体颜色为深棕色,背部有颜色更深的菱形花纹,颈部有长长的深色条状花纹。平均身长 4~5 英尺(1.2~1.5 米),有的可能达到 6 英尺(1.8 米)。毒液含有大量神经毒素,被咬后会造成受害者神经系统出问题,不过很少造成局部组织受损。症状包括头晕、失明、呼吸困难、颈部肌肉麻痹。

特征:很少用响尾发出警告,靠近时,它们通常会盘起身体,昂起头,使头高过盘着的身体。它也可能会用响尾发出轻而短的咔哒声。

栖息地:干旱、多小山的地区。

分布:墨西哥南部的干旱地区,以及除了智利以外的中南美洲所有地区。

图 E-20　热带响尾蛇

瓦格勒蝮蛇(也被叫做温和毒蛇)(Trimeresurus wagleri)

说明:身体呈绿色,零星分布着边缘为黑色的鳞片。身体很粗壮,成年蛇平均身长2~3英尺(0.6~0.9米),毒液含有血毒素,毒性很高,被咬中会相当危险。

特征:性情很温和,不过受到逗弄时也会咬人。

栖息地:生活在雨林环境中,通常发现于人类居住地附近

注意:在有些村庄,当地居民认为在房屋附近发现这种蛇是一个好兆头。

分布:泰国、马来西亚、印度尼西亚、婆罗州以及菲律宾。

图E-21 瓦格勒蝮蛇

响尾蛇

西部菱斑响尾蛇(Crotalus atrox)

说明:身体为浅棕色,有深棕色菱斑花纹,尾巴是乳白色,并且有很密集的黑色环状花纹。这是美国第二大的有毒响尾蛇,平均身长3~5英尺(0.9~1.5米),最长可达7英尺(2.1米),毒液含有血毒素,会引起剧痛和组织受损。

特征:大胆,受到惊扰时很容易抵抗。

栖息地:比较喜欢栖息于开阔沙质地区,或者礁石之上,但是实际上可能在任何地形中发现它们。

分布:德克萨斯州、路易斯安娜州、阿肯色州、加利福尼亚南部以及墨西哥北部。

图 E–22　西部菱斑响尾蛇

响尾蛇

莫哈韦响尾蛇(Crotalus scutulatus)

说明:身体呈淡绿色或者橄榄色,很像西部菱斑响尾蛇。成年蛇平均身长2.5~3英尺(0.8~0.9米),大的可达4英尺(1.2米)。毒液中既有血毒素,也有神经毒素。这是一个重要的种类,因为它的毒液毒性非常高,比之北美其他响尾蛇,它对呼吸系统的影响非常明显。咬伤处几乎没有局部组织受损,也几乎没有什么反应,看起来好像没什么危险,直到你开始呼吸困难。

特征:并不总是事先警告,它可能先攻击,然后响尾才发出声音,也可能根本不发出声音。

栖息地:干旱的沙漠及荒原地区。

分布:德克萨斯西部、加利福尼亚州莫哈韦沙漠到墨西哥高地一带。

图 E–23　莫哈韦响尾蛇

普通眼镜蛇(Naja najia)

说明:成年眼镜蛇身体为棕色或黑色,鳞片为双色。在羽冠上方有眼镜状的斑点。平均身长 4~5 英尺(1.2~1.5 米),大的可达 6.5 英尺(2 米)。毒液含有神经毒素。
特征:随时会攻击、保护自己。它会将身体前部的二分之一到三分之二的身体抬起来,羽冠渐渐膨胀,向前或向下攻击。
栖息地:生活在多种环境中,经常进入人类居住地寻找目标。
分布:印度全境、斯里兰卡、巴基斯坦、缅甸、泰国、柬埔寨、越南、老挝、马来西亚、苏门答腊岛、爪哇岛以及西里伯斯岛。

图 E-24　普通眼镜蛇

普通金环蛇(Bungarus caeruleus)

说明：身体颜色为灰色到黑色，有细细的白色环状花纹，腹部为白色。平均身长3~6英尺(0.9~1.8米)。毒液中含有烈性神经毒素，咬伤后致死率相当高。

特征：金环蛇在夜间活动，并不具有攻击性。当它受到惊吓时，会朝各个方向急冲，尾巴会抬起来。

栖息地：空旷地区，经常发现于人类居住地，很多是发现在极少有人居住的建筑物里。

分布：印度和巴基斯坦西部地区

图E-25　普通金环蛇

珊瑚礁眼镜蛇(Micrurus fulvius)

说明:身体颜色为鲜艳的黑、黄、红三色相间。头部很小,身体呈圆柱形,平均身长1.5~3英尺(0.46~0.9米),珊瑚礁眼镜蛇有两个小小的固定毒牙,它们不具攻击性,但是当被碰到或踩到时会咬人。它并不需要咀嚼就能释放毒液。它的毒液里含有烈性神经毒素,症状可能在咬了几个小时之后才出现。应将受害者送到医疗机构观察,并进行诊治。有专门针对该类毒蛇的抗蛇毒血清。

特征:行踪隐秘,没有攻击性,除非被碰到或踩到,它才会咬人。在清晨和晚间比较活跃。

栖息地:潮湿的林木地区,也会到城郊寻找食物。

分布:美国南部(卡罗莱纳州北部海岸到德克萨斯州西部)。

图E-26 珊瑚礁眼镜蛇

死亡蝮蛇(Acanthophis antarcticus)

虽然这种蛇名字叫蝮蛇,但是它并不属于蝮蛇科,而是属于眼镜蛇科。

说明:身体颜色为浅棕色和红色相间,有深色环状花纹,尾巴是黄色的,很短。这种蛇很小,平均身长18英寸(46厘米),很少能长到3英尺(0.9米)长。身体很短,但是粗厚。头部比颈部宽大得多,尾巴短而细。毒液中含有剧毒神经毒素,被它咬了之后,如果得不到诊治,有大约50%的死亡率。

特征:脾气很坏,受到很小的刺激都会马上攻击。

栖息地:沙地。

分布:新几内亚、斯兰岛、泰宁巴尔岛、俾斯麦群岛、澳大利亚以及实珍群岛。

图 E-27　死亡蝮蛇

埃及眼镜蛇(Naja haje)

说明:颜色不一,成年蛇可能是黑色、棕色或者略呈黄色,有些是浅棕色,并有深棕色宽环花纹。平均身长5~6英尺(1.5~1.8米),最长的可达8英尺(2.4米)。这种蛇身体很重,有一个又长又宽的羽冠,当受到惊扰时,羽冠会打开。毒液中含有毒性非常强烈的神经毒素。

特征:受到逗弄时会保护自己,可能会有攻击性。

栖息地:干旱地区耕作过的土地、石质的山坡上、年代久远的废墟、乡间的村庄。

分布:非洲北部大部分地区、阿拉伯半岛的西南部地区。

图E–28 埃及眼镜蛇

眼镜王蛇(Ophiophagus hannah)

说明:身体颜色为橄榄色和浅棕色相间,有些可能有隐约的深色环状花纹。这是最大的毒蛇，平均身长可达7~9英尺(2.1~2.7米),甚至有一些能长到18英尺(5.5米)。大的眼镜蛇能够使3~4英尺(0.9~1.2米)的身体部分直立于地面,并且羽冠膨胀,发出很大的嗞嗞声,简直像咆哮。毒液含有毒性非常强的神经毒素,如果不马上治疗,死亡几乎无法避免。
特征:会主动攻击,特别是在保护蛇蛋的时候。
栖息地:主要生活在丛林中,不过有些发现于人类居住地区。
分布:泰国、印度、中国东南部、菲律宾、马来亚、缅甸、巴基斯坦、柬埔寨、老挝、越南、苏门答腊岛、爪哇岛、婆罗洲以及西里伯斯岛。

图 E-29　眼镜王蛇

虎蛇(Notechis scutatus)

说明:颜色不一,有的略呈绿灰色,有的略呈黄色,有的是全黑。大多数背脊上有深色细条状图案。成年蛇平均身长3.5~5英尺(1.0~1.5米),有一些长达7英尺(2.1米)。这是世界上最致命的毒蛇之一。它的毒液中含有神经毒素,如果受害者得不到救治,通常会很快死亡。

特征:受到逗弄时会具有攻击性。它发怒时会将颈部伸展开来。攻击时速度很快,头部会迅速向前刺出,用力之猛,有时连整个身体都会向前冲出。晚上很活跃,人在路边走时如果踩到它,会马上变成它的受害者。

栖息地:干燥的地区。

分布:塔斯马尼亚、澳大利亚南部地区到昆士兰州、贝斯海峡群岛。

图E-30 虎蛇

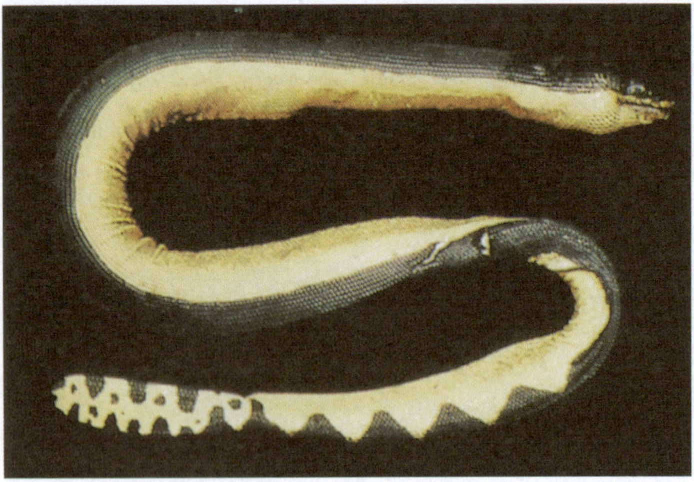

黄蝮海蛇(Pelamis platurus)

说明:背部黑色和深棕色相间,身体两侧和腹部呈鲜黄色。平均身长 25~30 英寸(63~76 厘米),尾部扁平,像桨一样。毒液含有神经毒素,有过致死的记录。

分布:太平洋的很多岛屿、夏威夷、哥斯达黎加海岸、巴拿马。

图 E-31　黄蝮海蛇

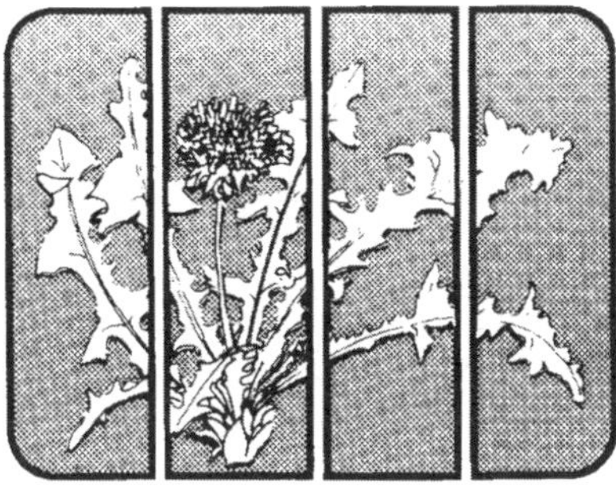

附录 F

可食植物

在一个生存环境中，植物能够提供食物和药材。其安全使用需要绝对的肯定识别、了解烹制方法以及了解其可能具有的危险的特征。熟悉植物的植物学结构并了解其生长地点的信息，会使你找到并识别植物更容易。本附录中有你可能最常遇到的植物的图片、说明、生长环境和分布地区以及其可食部分。

金合欢树(Acacia farnesiana)

说明:这种树枝叶伸展,通常很矮,有刺,互生复叶,单片的叶子很小,花呈球状,鲜黄色,有浓郁的香气。树干为灰白色,果实为深棕色,像豆荚。

生长环境和分布地区:金合欢树生长于空旷、向阳的地方,遍布于热带地区。

注意:大约有500种金合欢树,非洲、亚洲南部以及澳洲有很多这种树,在美洲较为温暖和干燥的地区也有很多。

可食部分:嫩叶、花朵、豆荚,可以生吃,也可以煮食。

图 F-1 金合欢树

龙舌兰(Agave)

说明:在主干基部一圈生长着厚实、肉质的叶子,形成很大的叶丛。它们只开一次花,然后就枯萎死去。有巨大的花柄。

生长环境和分布地区:龙舌兰喜欢生长在空旷、干燥的地区,发现于中美洲、加勒比海地区、美国西部部分荒漠地区,以及墨西哥。

可食部分:花朵和花蕾都是可食的,食用前先煮一下。

注意:有些品种的汁液可能会引起皮肤过敏。

其他用途:砍断巨大的花柄,收集里面的汁液饮用。有些品种的叶子含有丰富的纤维,非常坚韧,捣烂叶子,取出其中的纤维用来制作绳索和编织。大多数品种的叶子尖端呈针状,很锋利,可以用来缝纫或者制作鱼钩。有些品种的汁液含有某种化合物,可以当肥皂用。

图 F-2 龙舌兰

竹芋(Maranta arundinacea)

说明:这种植物可以长到5英尺(1.5米)高,叶子1英尺(米0.3)长、4英(10厘米)寸宽。叶子在夜晚会卷起来。

生长环境和分布地区:本是南美洲的土产植物,不过现在在潮湿的热带地区广为分布,喜欢生长在空旷、向阳的地方。

可食部分:根茎含有大量淀粉,将根茎用水煮一下,把它当成蔬菜来吃。

图F–3　竹　芋

竹子(Bambusa,Dendrocalamus,Phyllostachys)

说明:竹子是木质的禾本科植物,能长到50英尺(15米)高,叶子像青草,茎干就跟你熟悉的竹制家具或渔杆一样。

生长环境和分布地区:空旷地区,丛林地区,低地,或者山上,只要是温暖、潮湿的地方都可能发现竹子。竹子是远东土产植物,温带和热带都有分布,不过现在已经移植到了世界各地。

可食部分:几乎所有品种的竹笋都可以吃,无论是生吃还是煮食。生的竹笋有一点苦味,煮了之后苦味就会消失。食用前,剥开外面坚硬的笋皮,笋皮上长有一层茶色或红色的毛。开花竹子结的种子也是可以吃的,可像稻米一样煮食,或者研磨成粉,用水混合,可以用来做蛋糕。

其他用途:成熟的竹子可以用来做建筑材料,或者用来做容器,如勺子、汤匙,以及其他各种炊具。

竹子还可以用来制作工具和武器(见第4章),你可以将竹子劈开,然后将几片竹片绑在一起做一个强弓。

图 F-4 竹 子

香蕉和大蕉(Musa)

说明：树状植物，顶部有一些巨大的叶子，花朵呈簇状，很密集，悬挂在树上。

生长环境和分布地区：生长在开阔的田地，或者森林边缘，这些地方它们是作为农作物种植的。分布在潮湿的热带地区。

可食部分：水果可以生吃，或者煮食，或者烘烤。花朵可以像蔬菜一样煮了吃。许多品种的根茎和叶鞘都可以煮食。中心部分全年都可以食用，生吃或煮食均可。

其他用途：植物上位置较低的外皮可以覆盖在煤炭上用来烘烤食物。树桩可以用来收集水(第 ## 页)。

图 F-5　香　蕉

猴面包树(Adansonia digitata)

说明: 猴面包树可长至60英尺(0.46米)高,树干直径可达30英尺(9米)。它们的树枝短而粗,树皮是灰色的,很厚。树叶复生,呈掌状。花朵是白色的,有几英尺大,悬挂在高高的树枝上。果实像一个足球,长可达1.5英尺,果实上长有浓密的短毛。

生长环境和分布地区: 生长在稀树大草原上。分布于非洲、澳洲部分地区以及马达加斯加岛。

可食部分: 嫩叶可以用来做蔬菜汤。嫩猴面包树的根部柔软,也可以吃。果实的果肉及种子也可以吃。将一把果肉放入一杯水中,就是很好的提神饮料。种子还可以做面粉,烘烤种子,然后研磨。

其他用途: 将果肉和水混在一起饮用,可以帮助治疗腹泻。中空的树干经常贮有淡水,是很好的水源。树皮切成条、捣碎,可以获得韧力很强的纤维,可用来做绳索。

图 F-6　猴面包树

巴托科李(**Flacourtia inermis**)

说明:这种灌木或小树呈深绿色,互生单叶。果实为鲜红色,里面有6个或以上的种子。

生长环境和分布地区:这种植物本是菲律宾土产,但是现在因为其果实,很多地方都种植。生长在非洲和亚洲的热带雨林的林中空地或边缘地区。

可食部分:果实,生吃或煮食。

图 F-7 巴托科李

熊莓,有时也被称为熊果(Arctostaphylos uvaursi)

说明:这是一种很常见的常绿灌木,树皮为红色、鳞状。叶子很厚,类似皮革,叶子长1.5英寸(4厘米)、宽0.5英寸(1.3厘米)。开白色的花朵,结鲜红色的果实。

生长环境和分布地区:分布在北极和亚北极地区,多数生长于沙质或石质土壤中。

可食部分:果实可以吃,生吃或煮食。嫩叶可以泡茶解渴。

图F-8 熊莓

黑莓,树莓,露莓(Rubus)

说明:这些植物长有多刺的茎干,茎干向上生长到一定程度之后向地面弯曲呈弓形。互生叶序,通常为复叶。果实颜色可能为红色、黑色、黄色或橙色。

生长环境和分布地区:生长在开阔的、向阳的地方,如森林边、湖边、河边或路边等。分布于整个温带地区。

可食部分:果实、剥了皮的嫩芽都可以吃。

其他用途:叶子可以泡茶喝。用干的黑莓根皮泡茶喝,可以医治腹泻。

图 F-9 黑 莓

蓝莓，黑果(Vaccinium，Gaylussacia)

说明：高度从1英尺~12英尺(0.3~3.7米)高不等。所有的都是互生单叶，果实颜色也不一，可以是深蓝色、黑色或红色，果实里有很多细小的种子。

生长环境和分布地区：喜欢生长在开阔、向阳的地方。分布在北半球温带大部分地区，以及中美洲海拔较高的地区。

图F-10　蓝　莓

欧洲蕨(Pteridium aquilinum)

说明:有很大、很粗糙的复叶,可长达3英尺(0.9米)。茎干为地下茎,坚韧、纤细。

生长环境和分布地区:分布在温带和热带的大部分地区,喜欢生长在开阔、向阳的地方,如森林边缘,烧过或者砍伐过的森林中。

可食部分:嫩叶可以煮食,不过不要吃太多,因为它可能含有一种能够破坏体内生物酶的物质。

图F-11 欧洲蕨

面包果树(**Artocarpus incisa**)

说明：这种树可以长至30英尺(9米)高，叶子为深绿色，深裂状，长2.5英尺(0.8米)，宽1英尺(0.3米)。果实很大，呈球状，颜色为绿色，成熟时可长达1英尺(0.3米)

生长环境和分布地区：分布于潮湿的热带地区，在森林和人类房屋的周边可以发现它们。本是南太平洋地区的土产植物，不过现已在西印度群岛及玻利尼西亚的部分地区广泛种植。

可食部分：果肉可以生吃。果实可以切成条，晒干，然后磨成粉留待以后使用。种子烹制之后可以食用。

其他用途：粘稠的汁液可以用来粘东西或者填塞东西以防渗漏。还可以用作粘鸟胶(将汁液涂在鸟儿经常栖息的树枝上，可以捕获较小的鸟类)。

图 F-12　面包果树

英国士兵地衣(Cladonia rangiferina)

说明:这是一种很矮的灰绿色植物,只有几英寸高。它不会开花,但是会长出鲜红色的再生组织。

生长环境和分布地区:生长于空旷的干燥地区。在北美大部分地区都很常见。

可食部分:它的所有部分都可以食用,不过它很松脆、易碎。放一点木灰在水中,然后浸泡地衣,这样可以去除苦味,然后晒干,压碎,放入牛奶或其他食物中食用。

图 F-13　英国士兵地衣

宽叶车前草 (**Plantago major P. rugelili**)

说明:这些植物的叶子很宽,可以超过1英尺(0.3米)宽,叶子贴近地面生长。叶丛中间长出一根花穗,花朵就开在这根花穗上。

生长环境和分布地区:分布于北半球温带地区,你可以在路边的草丛中找到它们。

可食部分:嫩叶可以生吃或煮食。

其他用途:可以减轻伤口或痛处的疼痛。将整株植物清洗并浸泡一小会儿,然后将它放在伤口上。还可以治疗腹泻,将一盎司(28克)该植物放入一品脱(0.6升)水中煮沸,冷却饮用。

图 F-14 宽叶车前草

扁形棕榈(Corypha elata)

说明:这种树可以高达60英尺(18米),有很大的扇状叶子,叶子可长达10英尺(3米),分裂成大约100多条窄的细条。花开在树的顶端,形成很大的花簇。花开之后,树就会枯萎死亡。
生长环境和分布地区:分布于东印度群岛海岸地区。
可食部分:树干含有淀粉,可以生吃。树干最尖端的部分也可以生吃或煮食。研碎花柄可以获得大量的液体。果仁也可食用。

警告:种子外皮可能会使一些人产生皮肤过敏。

其他用途:叶子可以用来编织。

图F-15　扁形棕榈

香蒲(Typha latifolia)

说明:香蒲的外形很像草,有带状的叶子,0.5 英寸~2 英寸(1.3~5 厘米)宽,长可达 6 英尺(1.8 米)。这一类植物有几个品种,不过都叫做香蒲。雄蕊为浓密的一个花团,生长在雌蕊上方,雄蕊的花期很短,只留下雌蕊渐渐结出棕色的香蒲果实。雄蕊的花粉很多,呈鲜黄色。

生长环境和分布地区:香蒲几乎遍及世界各地,你可以在阳光明媚的湖边、小溪边、沟渠边、河边或者稍有咸味的水边找到它们。

可食部分:新抽出的嫩芽可以生吃或煮食。茎干通常很老,但是含有丰富的淀粉,捣碎茎干,提炼出淀粉,可以当面粉用。花粉也含有大量淀粉。还未成熟的香蒲,其雌蕊部分可以煮食,或者像烤玉米那样烤着吃。

其他用途:干叶子是非常好的编织材料,可以用来编浮舟或木筏,棉花状的种子可以用来做枕头,有很好的隔热保温效果。花粉是很好的火绒材料。

图 F-16 香 蒲

仙影拳仙人掌(Cereus)

说明:这些仙人掌很高、很细。茎干呈分裂状,上面长着很多刺。

生长环境和分布地区:分布于加勒比海地区、中美洲以及美国西部地区的沙漠及其他干旱、空旷、向阳的地方。

可食部分:果实可以食用,不过有些会引起轻度腹泻。

其他用途:果肉是很好的饮料来源。可劈开茎干,刮出里面的果肉。

图 F–17　仙影拳仙人掌

菊苣(Cichorium intybus)

说明:可长到6英尺(1.8米)高,茎干基部生有簇状叶丛,茎干上面也长有一些叶子。茎干基部的叶子长得很像蒲公英的叶子。花朵是天蓝色的,但是只在阳光灿烂的日子开放。有乳状的汁液。

生长环境和分布地区:生长在田地、荒地、杂草丛生的地方,是欧洲和亚洲的土产植物,但是非洲和北美洲大部分地区也有分布,不过被视为野草。

可食部分:所有的部分均可食用,嫩叶可以做沙拉生吃,或者煮熟了当蔬菜吃。根部需要烹调了之后再食用。将根部烘烤至深棕色,然后研磨成粉,可以替代咖啡。

图F-18 菊 苣

椰子(Cocos nucifera)

说明:有一个又高又细的主干,巨大的叶子簇生在主干顶端。一片叶子可以长达20英尺(6米),每片叶子上有100多对小叶片。

生长环境和分布地区:椰子树遍布于热带地区,尤其海岸边更加常见。

可食部分:坚果可以食用,嫩椰子的汁液含有丰富的糖分和维生素,是极好的饮料。果肉也很有营养,不过含有大量的油。果肉可以放置阳光下晒干保存。

其他用途:椰子油可以用作烹调油,可以涂在金属表面防腐蚀,可以治疗海水疮和日光灼伤,可以滋润皮肤,还可以用来做应急的火把。树干可以用来搭建屋子,叶子用来覆盖屋顶。将树桩中间挖空,可以用作食物容器。椰子壳是很好的漂浮物,壳上的纤维可以用来编织绳索及其他东西。叶子基部的纱布状纤维可以用来做过滤网,或者用来编织捕虫网,还可以做成布垫敷在伤口上。椰子壳还是很好的研磨器具。干椰子壳的纤维是非常好的火绒。熏烧椰子壳可以驱除蚊虫。提炼椰子油有几种方法,可以放在阳光下晒,也可以放在慢火上加热,或者放入水中煮。漂流到海中的椰子是很好的海上求生者的淡水来源。

图 F-19　椰　子

蔓越橘(**Vaccinium macrocarpon**)

说明:这种植物的叶子很小,互生状。茎干贴着地面蔓延。果实为红色浆果。

生长环境和分布地区:只分布于北半球较为寒冷地区的空旷、向阳的湿地中。

可食部分:浆果生吃时很酸,可以放一点水进去煮,如果有糖,可以加一点糖做成果冻。

其他用途:蔓越橘可能有利尿作用。

图 F-20 蔓越橘

岩高兰(Empetrum nigrum)

说明:这是一种矮小的常绿灌木,有细小的针状叶子。浆果很小,黑得发亮,整个冬季都可以结果。

生长环境和分布地区:分布于北美洲和欧亚大陆极地地区的冻原地带。

可食部分:浆果可以生吃,或者晒干保存。

图 F-21 岩高兰

蒲公英(Taraxacum officinal)

说明：叶子有锯齿状的边缘，叶子贴近地面生长，很少超过8英寸(20厘米)长。花朵为鲜黄色。蒲公英有若干品种。

生长环境和分布地区：分布于北半球，生长在开阔、向阳的地方。

可食部分：所有部分均可食用，叶子可以生吃也可以煮食，根部需要煮熟了才能吃。根部烘烤之后磨成粉是很好的咖啡替代品。

其他用途：花茎里面白色的汁液可以用作胶水。

图 F-22　蒲公英

枣椰子(Phoenix dactylifera)

说明:这是一种很高的、没有树枝的树木。树木顶端长有巨大的复叶。果实成熟了之后呈黄色。

生长环境和分布地区:分布于干旱的亚热带地区。本是北非和阿拉伯地区的土产植物,不过现在已经在其他亚热带地区广泛种植。

可食部分:果实可以生吃,不过未熟的果实非常苦。果实晒干之后可以保存很长时间。

其他用途:树干是非常珍贵的建筑材料,因为在沙漠地区很少能找到像树一样的植物。树叶也很结实,可以用来盖屋顶或编织。叶子基部看上去像粗糙的布料,可以用来刷洗、清洁。

图 F-23　枣椰子

接骨木(Sambucus canadensis)

说明:这是一种多茎干的灌木,叶子为对生复叶。它可长至20英尺(6米)高,花朵是白色的,散发出浓郁的香气。花簇很大,顶部平整,有1英尺(0.3米)宽。成熟之后的果实为深蓝色。

生长环境和分布地区:接骨木通常生长在空旷、潮湿的地区,如沼泽边、河边、沟渠边,或者湖边。分布在北美洲东部大部分地区和加拿大。

可食部分:花朵和果实都可食用。花还可以做成饮料。将花头浸泡在水中8小时,然后扔掉花,剩下的水可以饮用。

警告:植物其他部分有毒,如果吃了会有危险。

图 F-24　接骨木

野无花果树(Ficus)

说明：这些树木的树叶为互生单叶，叶缘是全缘形。叶子颜色通常为深绿色，并闪闪发亮。所有的无花果树都有粘稠的乳状汁液。果实的大小随种类大小不一，不过成熟之后通常是黄褐色的。

生长环境和分布地区：无花果树是热带和亚热带植物。可以生长在不同的环境中，像浓密的森林、森林边缘、或者人类居住地的周围。

可食部分：果实可以生吃或煮食。有些无花果几乎没有味道。

图 F-25　无花果树

柳兰(**Epilobium angustifolium**)

说明:这种植物高6英尺(1.8米)左右,有巨大的、艳丽的粉红色花朵和批针形的叶子。它的近亲矮柳兰(Epilobium latifolium)高1~2英尺(0.3~0.6米)。

生长环境和分布地区:生长在极地地区稀疏的森林中,山坡上,溪流的岸边或者海边,尤其是焚烧过的地区,柳兰可以大量生长。矮柳兰沿着小溪、沙洲以及湖岸上生长,高山以及寒冷的山坡上也会有矮柳兰生长。

可食部分:春天的叶子、茎干和花朵可以食用,不过到了夏天会很老。老的茎干可能会裂开,其中的木髓可以生吃。

图F-26　柳　兰

狐尾草(Setaria)

说明:这是一种很容易辨认的野草,有细细的、圆柱形头状物,长满长毛。结出的谷子很小,不超过1/4英寸(6毫米)长。成熟之后,密集的谷粒常常会使植物头部低垂下来。

生长环境和分布地区:生长在开阔、向阳的路边、田地边,有些品种生长在潮湿的沼泽地区。分布于美国、欧洲、亚洲西部以及炎热的非洲。在有些地区,狐尾草是作为粮食作物种植的。

可食部分:谷子可以生吃,但是很硬,有时还很苦,煮一下可以去除苦味,吃起来也容易些。

图F-27　狐尾草

冰岛苔藓(**Cetraria islandica**)

说明:这类苔藓只有几英寸高,颜色为灰色、白色或红色不一。

生长环境和分布地区:生长在空旷的地方,只分布于极地地区。

可食部分:所有的部分均可食用。在冬季或旱季,它们是干的,并且松脆易碎,不过浸泡之后会变得柔软。煮一下可以去除苦味,煮了之后可以直接吃,或者加入牛奶或谷类食品中食用。干了之后很容易保存。

图 F-28　冰岛苔藓

榄仁树(Terminalia catappa)

说明:这是一种常绿树木,可高达30英尺(9米),叶子为革质,18英寸(46厘米)长,6英寸(15厘米)宽,非常亮。开黄绿色小花。果实扁平,有4英寸(10厘米)长。果实成熟了之后为绿色。

生长环境和分布地区:经常在海边发现这种树。加勒比海以及中南美洲地区很常见,而且很多。在南亚、澳洲北部以及玻利尼西亚的热带雨林中也有分布。

可食部分:种子很好吃,将果子外面绿色的肉质皮剥掉,生吃种子,或者煮了再吃。

图 F-29 榄仁树

印度马铃薯(爱斯基摩马铃薯)(Claytonia)

说明:所有该属植物都是有点肉质的,只有几英寸高,花朵一英寸(2.5 厘米)大左右,颜色非常艳丽。

生长环境和分布地区:有些品种生长在肥沃的森林中,在叶子长出前,它们很醒目。西部品种分布在美国北部大部分地区以及加拿大境内。

可食部分:块茎可以食用,不过必须先煮熟了才能吃。

图 F-30　印度马铃薯

杜松(Juniperus)

说明:杜松,有时也称作雪松,是一种乔木或者灌木,树枝上密集长满鳞状叶子。每片叶子不超过1/2英寸(1.3厘米)长。所有该属植物都散发出一种独特的芬芳,很像雪松发出的香味。浆果状的松果通常是蓝色的,外面包着一层白色的蜡状物。

生长环境和分布地区:分布于北美洲和欧洲北部地区,生长在开阔、干燥、向阳的地方。有些品种也发现于欧洲东南部,一直到亚洲的日本,以及非洲北部的山地。

可食部分:松果和嫩枝可以食用。松果可以生吃,也可以将种子剥出来烘烤,可以替代咖啡。松果晒干、压碎之后可以用作烧肉的调料。采摘嫩枝用来泡茶喝。

警告:有很多植物被称作雪松,但是和杜松没有任何亲缘关系,而且可能有害。记住一定要有浆果状的松果,针叶,以及含树脂的、芳香的汁液,要确保你找到的植物是杜松。

图 F-31　杜　松

荷花(Nelumbo)

说明:有两个品种:一种开黄色花,一种开粉红色花。花朵很大,很艳丽。叶子很大,半径可达5英尺(1.5米),或漂浮在水面上,或伸出水面。果实的形状很特别,仿佛被压平了似的,每个果实里面有大约20个很硬的种子。

生长环境和分布地区:黄色荷花是北美洲特产。粉红色品种在东方分布很广,不过世界很多其他地区也广为种植。荷花生长在平静的淡水中。

可食部分:所有部分均可食用,生吃或煮食。植物水下部分含有大量淀粉。从泥里面挖出其肉质组织,可以烤着吃或者煮了吃。嫩叶可以像蔬菜一样煮熟了再吃。种子很美味,也很有营养,可以生吃,或者将其烘干,研磨成粉。

图F-32 荷花

暗绿叶黄体芋(**Xanthosoma caracu**)

说明:这种植物有柔软的、箭状叶子,可长达2英尺(0.6米)。叶子没有伸出地面的叶茎。

生长环境和分布地区:分布于加勒比海地区。生长在开阔、向阳的田野中。

可食部分:块茎含有丰富淀粉,不过要煮熟了才能吃,因为植物各个部分都含有一种化合物,烹制可以破坏这种化合物。

图F–33　暗绿叶黄体芋

芒果(**Mangifera indica**)

说明:这种树可高达100英尺(30米)。有闪亮的、暗绿色的互生单叶。花朵很小,不显眼。果实里有一个很大的种子。芒果有很多培植的变种,有些品种果肉是红色的,有些则为黄色或橙色。

生长环境和分布地区:这种树生长在温暖、潮湿的地方。原产于印度北部、缅甸以及马来西亚西部地区,不过现已在热带地区广为种植。

可食部分:果实是很有营养的食物。未熟的果肉可以切碎了吃,也可以做成沙拉。成熟之后的芒果可以剥皮生吃。

警告:如果你对毒叶藤过敏,那么不要吃芒果,因为它们可能会使敏感的人产生严重反应。

图 F-34　芒　果

驴蹄草(Calthia palustris)

说明:这种植物茎干很短,茎干上生有圆形的深绿色叶子。花朵颜色为鲜黄色。

生长环境和分布地区:生长在沼泽、湖泊或者水流缓慢的溪流中。北极和亚北极地区有很多这种植物,美国东北部大部分地区也有分布。

可食部分:煮了之后,所有的部分均可食用。

警告:不要生吃。

图 F-35　驴蹄草

桑树(Morus)

说明:这种树木生有互生单叶,叶缘通常是浅裂形的,叶子表面很粗糙。果实为蓝色或黑色,里面有很多种子。

生长环境和分布地区:分布于北美洲、南美洲、欧洲、亚洲以及非洲的温带和热带地区。多生长于森林里、路边以及荒芜的田地里。

可食部分:果实可以食用,生吃、煮食均可。还可以晒干了保存。

警告:如果吃得太多,可能会引起腹泻。

其他用途:树的内皮可以撕成条,用来做线或绳子。

图 F-36 桑树

窄叶车前草(Plantago lanceolata)

说明:该种植物的叶子长约5英寸(13厘米),宽约1英寸(2.5厘米),叶子表面覆盖着一层绒毛。叶子形成一个莲座叶丛。花很小,不显眼。

生长环境和分布地区:分布于北美洲和欧洲大部分地区,是很常见的一种杂草。

可食部分:柔软的嫩叶可以生吃,其他叶子需要煮熟了吃。

图 F-37 窄叶车前草

荨麻(Urtica,laportea)

说明:这些植物有几英尺高,开不起眼的小花。茎干、叶柄以及叶子背面上长有纤细的、绒毛状的刺毛。皮肤触碰到这些刺毛会有刺痛的感觉。

生长环境和分布地区:喜欢生长在溪边或者森林边缘的潮湿地区。分布于北美洲、中美洲、加勒比海地区以及欧洲北部地区。

可食部分:嫩芽和嫩叶可以吃。煮一下可以破坏刺毛中让皮肤刺痛的元素。

图 F-38 荨 麻

聂帕榈(**Nipa fruticans**)

说明:树干很短,而且大部分生于地下。叶子很大,直立生长,可达20英尺(6米)高。叶子分成很多叶片。叶子中间长有一根很短的茎干,花头就在这根茎干上。果实(种子)头为深褐色,半径可达一英尺(0.3米)。

生长环境和分布地区:生长在亚洲东部沿海的泥质海岸上。

可食部分:嫩花茎和种子是很好的水和食物的来源。在花茎上切开一个口子,收集里面流出的汁液,汁液中含有丰富的糖分。种子很硬,不过可以食用。

其他用途:叶子是非常好的盖屋顶材料,还可用来编织成粗糙的织物。

图 F-39　聂帕榈

垂花葱(Allium cernuum)

说明:野生洋葱和大蒜有很多种,垂花葱只是其中一种,所有这些植物都很容易辨认,因为它们都散发出一种独特的气味。
生长环境和分布地区:野生洋葱和大蒜喜欢生长在空旷、向阳的地方,分布于整个温带地区,不过世界各地都有其培植变种。
可食部分:球茎和嫩叶可以食用。

警告:有几种植物的球茎很像洋葱的球茎,却是非常毒的,要确定你找到的是真正的洋葱或大蒜。

其他用途: 大量食用洋葱可以使你身体散发出一种气味,帮助抵制昆虫。

图 F-40　垂花葱

香附子(**Cyperus esculentus**)

说明:这是一种很常见的植物,有三角形的茎干和像草一样的叶子。它可以长到8英寸~24英寸(20~61厘米)高。从轮生叶子的一个轮生体上会长出柔软的、刺果状的花来。块茎生长于根部最下端,半径约为1/2~1英寸(1.3~2.5厘米)。

生长环境和分布地区:香附子生长于潮湿的沙地,遍布于世界各地。在耕地里,它是很常见的杂草,而且很茂盛。

可食部分:块茎可以生吃,也可以煮熟或烘烤了之后吃,还可以研磨成粉,代替咖啡饮用。

图 F-41 香附子

橡树(Quercus)

说明:橡树有互生的叶子,结有橡树果。主要有两类橡树:红橡树和白橡树。红橡树的叶子上生有刺毛,树的上半部分树皮光滑。红橡树的橡果需要两年才能成熟。白橡树的叶子上没有刺毛,上半部分的树皮粗糙。白橡果一年成熟。

生长环境和分布地区:橡树在很多环境中都可以生长。分布于北美洲、中美洲,以及欧亚部分地区。

可食部分:所有部分均可食用,但是经常含有大量的、苦的物质。白橡果的味道通常比红橡果的味道要好。采集橡果,去掉皮。将红橡果放在水中浸泡一到两天以去除苦味,你可以放一些木灰在浸泡橡果的水中,这样可以缩短去苦味的时间。将橡果煮熟了吃,或者磨成粉,可以当发酵粉用。将橡果烘烤至很深的颜色,可以替代咖啡。

其他用途:橡木是优质的建筑材料,也是极好的薪材。小橡木可以劈开,劈成细长的小条,厚 1/8~1/4 英寸(3~6 毫米),宽 1/2 英寸(13 毫米),用这些细条可以编席子、篮子,或者可以用来给包裹、雪橇、家具等物品做骨架。将橡树皮放到水中浸泡,所得的溶液可以用作制革剂来保存皮革。

图 F-42　橡　树

滨藜(Atriplex)

说明:这种植物长得很像葡萄,有箭头形状的叶子,叶子大约2英寸(5厘米)长。

生长环境和分布地区:滨藜属植物只生长在盐质土壤里。分布于北美洲沿海岸,以及内陆碱性湖泊沿岸。地中海沿岸,到非洲北部内陆地区,向东到小亚细亚和西伯利亚中部地区也有分布。

可食部分:整株植物都可以食用,生吃或煮食。

图 F-43　滨　藜

小棕榈(Sapal palmetto)

说明:这是一种高大的乔木,没有树枝,树干大部分长着不落的叶基。叶子很大,为掌状单叶。果实是深蓝色或黑色的,有一个坚硬的种子。

生长环境和分布地区:分布于美国东南沿海地区。

可食部分:果实可以生吃,坚硬的种子可以磨成粉。树心在任何季节都很有营养,可砍断树的顶部,从中挖出树心。

图 F-44 小棕榈

柿子树(Diospyros virginiana)及其他品种

说明:这些树木长有暗绿色的、椭圆形的互生叶子,叶缘为全缘形。花很不显眼。果实为橙色,很粘稠,里面有一些种子。
生长环境和分布地区:柿子树在森林边缘很常见,广泛分布在非洲、北美洲东部以及远东地区。
可食部分:叶子富含维生素C。果实可以生吃或烤着吃。叶子可以泡茶喝,晒干,然后放入热水中。

警告:有些人无法消化柿子果肉。

图 F–45　柿子树

苋(**Amaranthus**)

说明:这些植物可长到3~5英尺(0.9~1.5米),在世界很多地方都有分布。所有的苋属植物都是互生单叶,有些茎干可能会呈红色。细小、密集的簇状花丛开在植物顶端。种子为褐色或黑色。

生长环境和分布地区:苋属植物生长在路边,荒地,或者作为杂草生长在世界各地的农作物耕地里。有些品种在南美洲被当作谷物来种植。

可食部分:所有的部分均可食用,不过有些可能带有尖利的刺,吃之前必须先把刺去掉。嫩枝叶或者老的枝条上抽出的新芽是非常好的蔬菜,可以简单煮一下,或者直接生吃。种子也非常有营养。将种子从老的枝条顶端摇下来,可以生吃,或者煮食,也可以磨成粉。

图 F-46　苋

桶状仙人掌(Mammalaria)

说明:这种仙人掌很矮,没有叶子,呈桶形。整株植物外面覆盖着一层尖利的刺。

生长环境和分布地区:生长在沙漠地区,分布在美国西部大部分地区以及中美洲部分地区。

用途:是沙漠里很好的水的来源。

图 F-47 桶状仙人掌

松树(Pinus)

说明：松树很容易辨认，它们的针状叶子成束生长，每一束可能有一到五片针叶，所含针叶的数目因不同种类而不同。有些树木也有针状树叶，跟松树很像，不过也很容易将松树和它们区分开来，因为松树有一种独特的芳香和粘稠的汁液。

生长环境和分布地区：松树多生长在空旷、向阳的地方。它们分布在北美洲、中美洲、加勒比海大部分地区、非洲北部、中东、欧洲以及亚洲部分地区。

可食部分：所有种类的种子均可食用。嫩的雄性松果只在春天出现，可以以此为食，煮熟了吃或者烘烤之后吃。嫩枝条的皮可以吃，撕下嫩枝的树皮，咀嚼，吸取里面的汁液，汁液富含糖分和维生素，尤其是在春天，汁液分泌正旺，营养也更高。

其他用途：松脂可以用作胶水，给物品作防水处理。从树上收集松脂，如果数量不够，可以在树皮上切一个V形切口，让更多的松脂流出来。将收集到的松脂放入容器中加热，热松脂可以当胶水用。可以直接用，也可以加入一些灰土使之黏性更强，不过要趁热马上使用。

图 F-48　松　树

美洲商陆(Phytolacca americana)

说明:可长至10英尺(3米)高,树叶为椭圆形,可长达3英尺(0.9米)。果实很多,生长呈簇状。

生长环境和分布地区:生长在林中空地、田野中、或者路边的开阔、向阳的地方。分布于北美洲东部、中美洲以及加勒比海地区。

可食部分:嫩叶和茎干经过煮食可以吃。将它们煮两次,第一次煮完之后将水倒掉,再煮一次。果实煮了之后也可吃。

警告:如果生吃,所有部分都是有毒的。切记不要吃地面以下的植物部分,因为它们含有浓度极高的毒素。

其他用途:新鲜浆果的汁可以用来染色。

图 F-49 美洲商陆

仙人果(Opuntia)

说明:长有扁平的垫状茎干,颜色为绿色,上面长着许多覆有绒毛的圆形小点,这些小点里面有尖利的刺毛。

生长环境和分布地区:分布于美国大部分地区,以及中美洲和南美洲。生长在干旱、半干旱地区,或者较为潮湿地区的干燥沙地里。世界其他地方的干旱、半干旱地区也有部分品种种植。

可食部分:所有部分均可食用。将果实的皮剥掉,果肉可以生吃。或者捣碎,吸取里面的汁液解渴。小心避开那些细小、尖利的刺毛。

其他用途:植物的垫状部分含有大量水分,仔细将外面的皮剥掉,确保在入口之前去掉所有尖利的刺毛。垫状部分还可以帮助伤口愈合。将它们切开,然后将果肉敷在伤口上。

图 F-50　仙人果

马齿苋(Portulaca oleracea)

说明:这些植物贴着地面生长,很少超过几英尺高。茎干和叶子是肉质的,通常略呈红色。叶子呈桨形,一英寸(2.5厘米)或者更长,簇生在茎干末端。开黄色或粉红色花。种子很小,是黑色的。

生长环境和分布地区:生长在阳光充足的地方,你可以在世界各地的耕田里、田地边缘或者其他杂草丛生的地方发现它们。

可食部分:所有部分均可食用,可以生吃,或者洗了之后煮食味道更佳。种子可以做成面粉,或者生吃。

图 F-51　马齿苋

芦苇(Phragmites australis)

说明:这些粗壮的禾本科植物可长至12英尺(3.7米)高,有灰绿色的叶子,叶子宽约1.5英寸(3.8厘米)。初夏时会长出许多褐色的开花的树枝,这时候很少有谷子,不过到了夏季末,这些花枝就变成了一团团绒毛状的谷子了。

生长环境和分布地区:你可以在任何开阔、潮湿的地方发现芦苇,特别是那些挖掘过泥土的地方。芦苇分布于北半球和南半球的温带地区。

可食部分:任何部分在任何季节都可食用,生吃或煮食都可以。可在茎干刚长出地面时收获它们,然后煮熟了吃。或者在开花前收割它们,然后晒干、捣碎,制成面粉。地下部分的茎干也可以挖出来煮了吃,不过通常很老。种子可以生吃或煮食,但是极少能发现种子。

图F-52 芦 苇

石水龙骨(Polydpodium virginianum)

说明：这种蕨类植物以及其近亲品种有很小的叶子，大约5英寸(13厘米)长，2英寸(5厘米)宽，还有一根毛茸茸的、蔓延生长的根状茎。有些叶子背面有一些小圆点。

生长环境和分布地区：这种蕨类植物在多岩石的、阴凉的山坡上很常见。它以及近亲品种在中北美洲东部分布很广。

可食部分：嫩叶可以食用。

图 F-53　石水龙骨

石牛肚(**Umbelicaria**)

说明:该植物呈块状,边缘卷曲。植物的上部通常是黑色的,背面颜色较浅。

生长环境和分布地区:在岩石或者大石头上寻找这种植物。在北美洲很常见。

可食部分:整株食物都是可食的。将它从岩石上刮下来,清洗掉上面的沙砾。它可能很干燥、很松脆,可以浸泡在水中,直至它变软。石牛肚可能含有大量苦味素,在水中浸泡,然后用水煮,多煮几次,可以去掉苦味。

警告:有过石牛肚中毒的记录,因此食用前请用可食性通用检验法检验。

图 **F-54** 石牛肚

番樱桃(Eugenia jambos)

说明:这种树可长到10~30英尺(3~9米)高,有对生单叶,叶子为绿色,表面有光泽。花呈绒毛状,黄绿色。果实为蛋形,成熟的时候呈红色或紫色。
生长环境和分布地区:这种植物在热带地区广泛种植。半荒野地区也可能会发现这种植物,通常发现于灌木丛中、荒地中、或者次生丛林中。
可食部分:果实可以食用,生吃或煮食均可。

图F-55　番樱桃

圣约翰面包树(Ceratonia siliqua)

说明：这是一种高大乔木，有一个很大的扩展树冠，长有互生复叶。豆荚长1.5英尺(0.46米)，里面长满圆形的、坚硬的种子，豆荚有厚厚的果肉。

生长环境和分布地区：分布于地中海、中东地区，以及非洲北部部分地区。

可食部分：嫩豆荚可以生吃或煮食。成熟豆荚里面的种子可以磨成粉，可以煮粥。

图F-56 圣约翰面包树

檫树(Sassafras albidum)

说明:这是一种灌木或小型乔木,同一株树上长有不同的叶子。有些叶子有一个裂片,有些有两个裂片,而有些没有裂片。初春开花,花很小,是黄色的。果实为深蓝色。

生长环境和分布地区:檫树长在路边或者森林边缘,通常喜欢开阔、向阳的地方。是北美洲东部地区的常见树木。

可食部分:嫩枝和嫩叶可以生吃,或者晒干保存。干嫩枝和嫩叶可以做汤。挖出地下部分,剥去树皮,将其晾干,然后用水煮沸,做成檫树茶。

图 F–57　檫 树

高粱(Sorghum)

说明：高粱属有很多不同的种类，所有的高粱在其植物头部都长有谷子。谷子颜色从褐色到白色、红色、或黑色不一。在世界上许多地方，高粱是主要的粮食作物。

生长环境和分布地区：分布于世界各地，通常在较为温暖的气候中更为常见。所有种类的高粱都生长在开阔、向阳的地方。

可食部分：谷子在任何生长阶段都是可以食用的。未成熟时，谷子是乳状的，可以生吃。长老之后，需要煮了吃。高粱是一种很有营养的食物。

其他用途：长得很高的高粱的茎干可以用作建筑材料。

图 F-58　高　粱

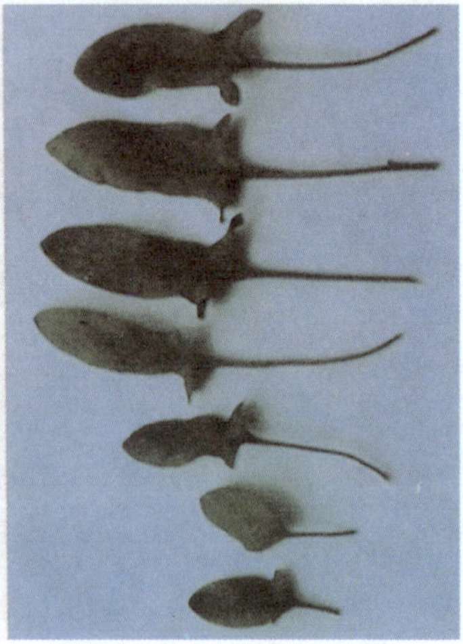

酸模(**Rumex acetosella**)

说明：这种植物很少超过一英尺(0.3米)高，叶子互生，叶子基部经呈箭状。开很小的花，茎干通常略呈红色。

生长环境和分布地区：分布于北美洲和欧洲。通常生长在荒芜的田地里，或者其他开垦过的土地里。

可食部分：整株植物都可以生吃或者煮食。

警告：这些植物含有草酸宁，如果生吃太多可能会中毒。烹制之后好像能破坏草酸宁。

图 F–59 酸 模

萍蓬草,黄睡莲(Nuphar)

说明:该植物的叶子长2英尺(0.6米),叶基部分有三角形的凹痕,叶子的形状并不一致。花朵颜色为黄色,大约一英寸(2.5厘米)大小。果实呈瓶状,成熟之后是绿色的。

生长环境和分布地区:这些植物在北美洲大部分地区都有分布。它们生长在平静的、淡水的浅水里,水不超过6英尺(1.8米)深。

可食部分:所有部分均可食用。果实里面有一些深褐色的种子,可以烘烤,然后磨成粉。巨大的根茎含有大量淀粉,把它从泥里挖出来,剥掉外面的皮,然后用水煮。有时根茎里面含有大量苦的化合物,用水多煮几遍可能会去掉苦味。

图 F-60　萍蓬草,黄睡莲

桄榔(Arenga pinnata)

说明:这种树可以长到50英尺(15米)高,有巨大的树叶,叶子可长达20英尺(6米),呈针状。花开在叶子下面,呈很大、很醒目的簇状花丛,果实就从这里结出的。

生长环境和分布地区:这种植物原产于东印度群岛,不过现在热带很多地区都种植了这种植物。它们多生长在森林边缘。

可食部分:这种植物的主要用途是提炼糖,但是种子和茎干的尖端可以用来当作救急食物。用石头或其他类似工具摩擦嫩花柄,收集流出来的汁液,汁液中含有大量糖分。种子煮了之后也可以吃。茎干尖端可以当蔬菜吃。

警告:种子外面的肉质层可能会引起皮肤过敏。

其他用途:叶子基部粗糙的毛状物是优质的制作绳索的材料,不但坚固,而且不容易腐烂。

图 F-61　桄　榔

甘蔗(Saccharum officinarum)

说明:这种植物可长至15英尺(4.6米)高,是一种禾本植物,有草状的叶子。茎干是绿色的,或者略呈红色,茎干上长叶子的部分比茎干其他地方突出。种植的甘蔗很少开花。

生长环境和分布地区:生长在田地里,分布于世界各地的热带地区。因为是农作物,因此经常会发现一片大量的甘蔗林。

可食部分:茎干含有丰富糖分,很有营养。用牙齿撕掉外面的部分,生吃甘蔗。也可以将甘蔗中的汁液挤出来饮用。

图F-62 甘 蔗

番荔枝(Annona squamosa)

说明:这种树木并不高大,很少超过20英尺(6米)高,树枝很多,有修长的互生单叶,叶子颜色为暗绿色。果实成熟之后是绿色的,圆形,表面有突出的疙瘩。果肉是白色的,呈奶油状。
生长环境和分布地区:分布于热带地区,生长在田地四周,村庄附近以及房屋四周。
可食部分:新鲜的果实可以生吃。
其他用途:种子磨成细粉之后可以作杀虫剂。

警告:种子磨成的细粉,若进入眼睛会很危险。

图 F-63　番荔枝

芋,椰林薯蓣,血桐,芋根,芋头(Colocasia, Alocasia)

说明:该类植物都有巨大的叶子,有的可高达20英尺(6米),茎干很短。根茎厚实多肉,含有大量淀粉。

生长环境和分布地区:分布于潮湿的热带地区。生长在田地里或者房屋及村庄附近。

可食部分:煮了之后,所有部分均可食用。

警告:如果生吃,可能会导致嘴唇和喉咙严重发炎红肿。

图 F-64　芋

铁树(Cordyline terminalis)

说明：铁树的茎干上没有树枝，树叶呈带状，经常簇生于茎干顶端。树叶的颜色不一，可能是绿色，也可能是红色。簇生花丛开在植物的顶端，呈巨大的羽毛状。铁树可长至15英尺(4.6米)高。

生长环境和分布地区：生长在热带地区的森林边缘或者房屋附近。本是远东土产植物，不过现已在热带地区广泛种植。

可食部分：根部和嫩叶是很好的救急食物来源。根部很短，很结实，需要煮或烘烤了之后再吃，里面富含淀粉。嫩叶需要煮了再吃。叶子还可以用来包裹其他食物用来烤或者蒸。

其他用途：叶子可以用来覆盖避身所，或者可以做斗篷。叶子还可以垫在鞋子里做鞋垫，尤其是当你的脚起了水泡时，铁树叶做的鞋垫会很有用。树叶还可做临时的凉鞋。顶端的叶子，如果还没有完全打开，可以当作消毒绷带使用。将叶子切成带状，然后编制成绳索。用六片叶子就可以做一个悬挂形的篮子。将每片叶子的尖端撕成几片，然后将叶子的尖端两两系在一起，最后把三对叶子合在一起，就做成了一个篮子。

图F-65 铁树

椤(有不同种类)

说明:这种树木很高,树干修长,通常有非常粗糙的树皮状外表。有花边的带状树叶从树干顶端向外伸展。
生长环境和分布地区:生长在潮湿的热带雨林中。
可食部分:嫩叶以及树干柔软的内部可以食用。嫩叶需要煮熟了再吃。树干的内部可以烘烤了吃或者生吃。

图 F-66 椤

菱角(Trapa natans)

说明:这是一种水生植物,根部生长在淤泥里,有细碎的水下叶子,漂浮于水面的叶子要大得多,呈粗糙的锯齿状。果实长在水下,有四个尖角。

生长环境和分布地区:只生长在淡水中。本是亚洲特产,不过现在已经分布于世界很多地方,温带和热带地区都有。

可食部分:果实可以生吃或煮食。种子也可以吃。

图 F-67 菱 角

满江红(**Ceratopteris thalictroides**)

说明:这种海绵状的、柔软的蕨类植物有2~3英尺(0.6~0.9米)高,叶子很光滑。

生长环境和分布地区:分布于热带地区,生长在小溪或者湖泊里,飘浮于水面上,或者长在水边。

可食部分:煮过之后,整株植物均可食用。

图F-68　满江红

睡莲(Nymphaea odorata)

说明:睡莲有巨大的三角形的叶子,飘浮于水面上。花朵也很大,通常为白色或红色,散发出浓郁的香气。粗壮、肉质的根状茎生长在淤泥里。

生长环境和分布地区:分布于温度及亚热带大部分地区。

可食部分:花朵、种子以及根状茎都可以食用,生吃或煮食均可。食用根状茎前,先剥掉它软木般的外皮,可用生吃,或者撕成细条,晾干,磨成粉。种子晾干之后烘烤,然后磨成粉。

其他用途:将粗厚的根部放入水中煮,煮过的水可以用来治疗腹泻,或者漱口治疗喉咙痛。

图 F-69　睡　莲

泽泻(Alisma plantago-aquatica)

说明:这种植物开白色小花,叶子呈心形,末端很尖,簇生于植物基部。

生长环境和分布地区:分布于温带和热带地区,生长在阳光充足的淡水里,或潮湿的地里。

可食部分:根茎含有丰富淀粉。用水煮或者浸泡可以去除苦味。

图 F-70　泽　泻

野山柑(Capparis aphylla)

说明:这是一种多刺灌木,旱季叶子会凋落,茎干是灰绿色的,开粉红色花。

生长环境和分布地区:灌木林地,热带旱生林地,荒漠丛林或者荒地里有很多这种灌木。它们在北非和中东很常见。

可食部分:果实和新抽出的嫩芽可以生吃。

图 F-71 野山柑

菰(**Zizania aquatica**)

说明： 菰是一种很高的禾本科植物，平均高度为3~5英尺(0.9~1.5米)，不过最高可以长到15英尺(4.6米)。谷子长在植物顶端，呈稀疏头状。谷子成熟之后为深褐色，或者有点发黑。

生长环境和分布地区： 分布于热带和温带地区，生长在非常潮湿的地方。

可食部分： 在春节和夏季，较低茎干的内芯部分可以吃，新长的根也可以吃。吃之前先去掉粗糙的外皮。夏季末以及秋季，收集谷子，将其晒干、烘烤，然后弄碎，取出里面的菰米。菰米可以煮熟吃，或者烘烤着吃，也可以将其磨成粉。

图 F-72　菰

野蔷薇(Rosa)

说明:这种灌木高 2~8 英尺(0.6~2.4 米),叶子互生,有尖刺。花朵可能为红色、粉红色或黄色。果实叫做蔷薇果,可以在植物上保留全年。

生长环境和分布地区:分布于北半球。生长在干燥的田地里或稀疏的森林中。

可食部分:花朵和蓓蕾可以生吃或者煮食。不得已时,嫩芽也可以剥下来吃。新鲜的嫩叶可以煮沸当茶喝。花瓣零落之后,可以吃蔷薇果,果肉非常有营养,富含维生素 C。蔷薇果干了之后可以研磨成粉。

警告:只能吃果实的外层,因为有些品种的种子有很多刺,可能会导致身体内部不适。

图 F–73　野蔷薇

薯蓣(Dioscores)

说明:薯蓣是蔓生植物,沿着地面匍匐生长,有心形或箭状的互生叶子。根茎可以长到很大,重达好几磅。

生长环境和分布地区:真正的薯蓣只生长在热带地区,它们是重要的粮食作物。可在田地里寻找它们。

可食部分:根茎可以煮了吃,像蔬菜一样。

图 F-74 薯 蓣

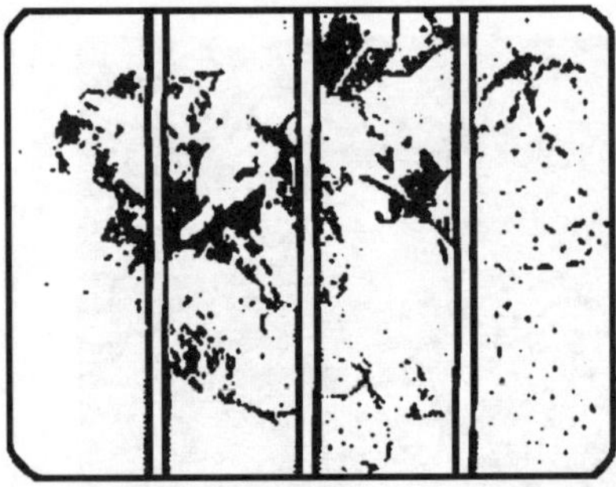

附录 G

有毒的植物

植物中毒基本上包括接触、摄入、吸收或吸入。接触会造成皮肤肿痛，摄入会导致体内中毒，皮肤吸收或通过呼吸系统吸入也会中毒。很多种有毒植物是可食植物的近亲，并且外观十分相像。在为军事任务所作的准备中，就包括学会识别目标地区的有害植物。可食植物的肯定识别会消除突然中毒的危险。但在植物生长地无法进行实验，特别是在不熟悉的地区。

毒叶藤和毒橡(Rhus radicans, Rhus toxicodendron)

说明:这两种木本植物外表很相像,经常被弄混。两种植物都有互生复叶,每片复叶有三片小叶。每年落叶,有浆果状的果实。茎干可能是锈棕色的。

毒叶藤是一种攀缘植物,可以爬到很高的树木上。单片小叶叶缘为分裂形,不过分裂很浅,灰色的果实上没有绒毛。

毒橡通常是灌木状的,不过也可以攀缘。毒橡的小叶通常是分裂形的,和橡树的小叶很像。果实上有绒毛。

警告:记住,毒叶藤和毒橡的所有部分都可能会引起严重的皮肤过敏,特别是那些过敏体质的人。虽然有很多鸟类和动物以此为食,但并不意味着它们对人类没有危险。

生长环境和分布地区:毒叶藤和毒橡只分布于北美洲,几乎可以生长在任何地形中。

图 G-1　毒叶藤和毒橡

毒漆(Rhus vernix)

说明:这是一种灌木,有12英尺(3.7米)高,互生羽状复叶,小叶为深绿色,全缘形。开不显眼的黄绿色花。果实簇生悬挂在植物上,颜色为灰褐色。

警告:这种植物的任何部分在任何季节都应该被视为有毒的。接触到这些植物可能会引起严重皮肤过敏。

生长环境和分布地区:毒漆只分布在北美洲,只生长在酸性湿地中。

图G-2　毒　漆

蓖麻(**Ricinus communis**)

说明:这是一种半木质植物,叶子很大,互生,呈扇形。花很小,不显眼。果实簇生在植物顶端。

警告:植物的任何部分都很毒,不能吃。它的种子很大,常常会被错认为是一种豆状食物。

生长环境和分布地区:遍布热带地区。

图 G-3 蓖 麻

楝树(Melia azedarach)

说明:这种植物有一个伸展形的树冠,可长到30英尺(9米)高,有互生复叶,小叶呈锯齿状。花的颜色为淡紫色,不过花心颜色很深。花朵丛生,呈球形。果实如弹子大小,刚开始结果时是浅橙色,之后颜色逐渐变淡。

警告:所有部分都应该视为有毒,不能吃。

生长环境和分布地区:楝树原生于非洲,不过现在作为装饰性树木,在热带和亚热带地区广为种植。有些地区,楝树还被赋予宗教意味,因此可能会在房屋及村庄附近种植。另外,楝树在街道两旁也很常见。

图G-4 楝树

毒百合(Zygadenus)

说明:这种植物有球状根,可能会被错认为是类似洋葱的植物。叶子很像草,花朵有六瓣花瓣,花瓣上有一片绿色的、心形的图案。花茎醒目地突出于叶子之上。

警告:这种植物的任何部分都很毒。

生长环境和分布地区:大多数毒百合生长在潮湿、开阔、向阳的地方,不过有些品种更喜欢干燥、多岩石的斜坡上。在美国西部部分地区很常见。另外,美国东部、北美洲亚北极西部部分地区、西伯利亚东部地区也有部分品种分布。

图 G-5　毒百合

佛罗里达毒树(**Metopium toxiferum**)

说明:这种树木可长至40英尺(12米)高,有互生复叶。每片复叶上的小叶数目为单数(3,5或7)。嫩叶为深绿色,闪闪发亮。

警告:这种植物能引起皮肤过敏。接触了之后皮肤可能会起水泡。植物燃烧释放的烟可能会使你不舒服,或者使眼睛受伤。

生长环境和分布地区:生长在开阔、干燥的林地中。它是佛罗里达群岛最常见的树木之一,加勒比地区也能发现这种植物。

图G-6　佛罗里达毒树

马缨丹(Lantana camara)

说明:这是一种灌木状的植物,5英尺(1.5米)高左右,有对生圆形叶子。簇生花朵的顶部很平。不同地区开的花颜色不同,从白色、黄色、或橙色不一。果实呈浆果状,深蓝色或黑色。这种植物有一个显著特征,就是它的各个部分都散发出浓郁的香气。

警告:这种植物的任何部分吃了都会中毒,甚至可能会致命。有些人接触之后会产生过敏,引起皮炎。

生长环境和分布地区:马缨丹在热带地区作为装饰性植物种植,不过在有些地区也有野生的,生长在路边或荒芜的田地里。

图 G-7　马缨丹

毒番石榴(Hippomane manchineel)

说明:这种植物有互生的、闪亮的绿色叶子。果实成熟之后为绿色或黄绿色。

警告:这种植物非常毒。大多数人接触半小时之后就会产生严重的皮肤过敏。燃烧产生的烟会熏得眼睛极不舒服。任何部分都不可以食用。

生长环境和分布地区:这种植物喜欢生长在沿海地区。佛罗里达南部、加勒比海地区、中美洲以及南美洲北部地区都有分布。

图 G-8 毒番石榴

欧洲夹竹桃(Nerium oleander)

说明:这种灌木有互生叶子,叶子非常直,深绿色。花朵颜色可能是白色、红色、粉红色,或者中间色。果实褐色,呈豆荚状,里面有很多细小的种子。

警告:这种植物的各个部分都很毒。不要用这种植物当薪材煮饭。

生长环境和分布地区:原产于地中海地区,现在作为装饰性植物,在热带和亚热带地区广为种植。一般种植在开阔、向阳的地方。

图 G-9 欧洲夹竹桃

海绿(Anagallis arvensis)

说明:这种矮小的一年生植物只有几英寸高,生有对生叶子。花朵有五片花瓣,可能是深红色或者蓝色。不开花时,这种植物很像常见的繁缕,可能会偶尔被错当成繁缕而采集。

警告:这种植物的所有部分都有毒。

生长环境和分布地区:这种野草可能生长在谷物田地里、田地边、路边、或者其他杂草丛生的地方。原产于欧洲,现已被引进到美国。中东和非洲北部也有分布。

图 G–10 海 绿

相思子(**Abrus praecatorius**)

说明:这是一种攀缘植物,有互生复叶,开淡紫色花。种子红色或黑色,很漂亮。一粒种子里含有的毒素足以使一个成年人丧命。

警告:这是所有有毒植物中最毒的品种之一。植物的任何部分都应该被视为有毒,不能吃。

生长环境和分布地区:这是一种很常见的野草,分布在非洲部分地区、佛罗里达南部以及中南美洲。

图 G-11　相思子

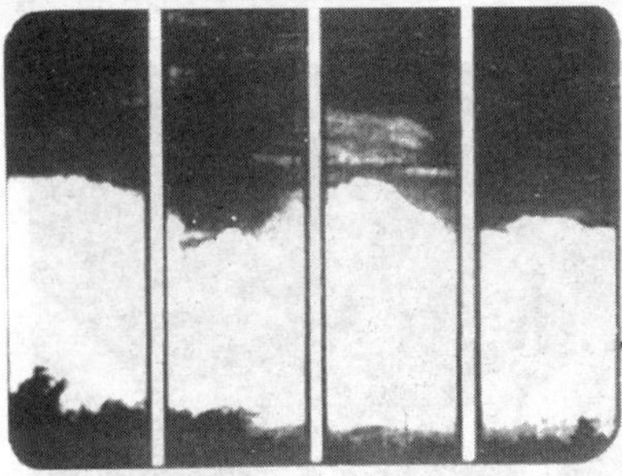

附录 H

云层——天气预报员

大约200年前，一个英国人根据地面观测到的云层形状，将云层分为三类，并用拉丁文给它们命名：卷云、堆积云以及层云。这三个名称，配合其他拉丁单词，直到现在还在使用。

熟悉云的不同形状以及它们预示的天气，你就能采取适宜的措施，免受天气之苦。

卷云

卷云（图H–1）是一种高空云，看上去像细细的条纹或卷毛，它们通常离地面6千米（4英里）高，甚至更高，一般意味着晴朗的天气。但是在寒冷的天气中，如果卷云开始积聚，并且伴随着从北方持续吹来的不断增强的风，则预示着一场暴风雪即将来临。

堆积云

堆积云（图H–2）是绒毛状的白色云层，有一个多重圆顶的顶部。堆积云比卷云低得多，通常也预示着晴朗的天气。它们多在晴朗天气的中午出现，像一个平底的大棉花球。逐渐地，它们会变得越来越大，越来越高，不断累积，看上去像一座云山。这时它们可能会转变为雷雨云。

层　云

层云（图H–3）是灰色的低空云，经常布满整个天空，使天空一片灰色，这些云通常意味着要下雨。

雨　云

雨云（图H–4）是灰色的云层，布满整个天空。

积雨云

积雨云（图H–5）是由堆积云不断累积形成的，它可以一直延伸到很高的高空中，形状像一块铁砧，如果这种云层朝你这边移动，你将会遇上暴风雨天气。

卷层云

卷层云（图H-6）是形状比较一致的高空薄层云，它们比卷云颜色要深。卷层云预示着好天气。

飞　云

在高纬度地区，卷积云是小小的白色云团。卷积云预示着好天气。

图 H-1　卷　云

图 H-2　堆积云

图 H-3　层　云

图 H-4　雨　云

图 H-5　积雨云

图 H-6　卷层云

U.S. Army Survival Manual

美军生存手册

体验版

美国陆军司令部 制定

张雪兰 贾士娥 译

全国百佳出版社
中央编译出版社
CCTP
Central Compilation & Translation Press

图书在版编目（CIP）数据

美军生存手册/美国陆军司令部制订；张雪兰，贾士娥译．—北京：中央编译出版社，2010.8
ISBN 978-7-5117-0509-9

Ⅰ．美…　Ⅱ．①美…②张…③贾…　Ⅲ．生存—应用训练—手册　Ⅳ．①E13—62

中国版本图书馆 CIP 数据核字（2010）第 155280 号

美军生存手册

出 版 人　和　龑
责任编辑　王丽芳
责任印制　尹　珺
出版发行　中央编译出版社
地　　址　北京西单西斜街 36 号（100032）
电　　话　（010）66509360（总编室）　（010）66509246（编辑室）
（010）66161011（团购部）　（010）66130345（网络销售）
（010）66509364（发行部）　（010）66509618（读者服务部）
网　　址　www. cctpbook. com
经　　销　全国新华书店
印　　刷　北京亚通印刷有限责任公司
开　　本　880 毫米×1230 毫米　1/32
字　　数　400 千字
印　　张　17.5 印张
版　　次　2010 年 10 月第 1 版第 1 次印刷
定　　价　38.00 元

本社常年法律顾问：北京大成律师事务所首席顾问律师　鲁哈达
凡有印装质量问题，本社负责调换。电话：（010）66509618